大学生职业发展教育

DAXUESHENG ZHIYE FAZHAN JIAOYU

◎主　编　陈　磊

◎副主编　张晓敏　黄利梅　陈红芹　张　瑛

◎参　编　吴　磊　王　刚　蒋　瑜　张露霜

重庆大学出版社

内容提要

本书遵循教育部印发的《大学生职业发展与就业指导课程教学要求》和《普通本科学校创业教育教学基本要求(试行)》,通过职业生涯规划、创新创业基础、就业指导三个部分,从职业发展规律、自我和职业认知、生涯决策规划、就业准备、职业适应与发展、创业基本知识和流程等多个层面,对大学生职业发展应了解和掌握的知识进行了系统介绍,帮助大学生早日明晰自己的职业定位,提高其就业和创新创业能力。

本书具有贴近学生、贴近实际、突出实用等特点,有很强的针对性、启发性和可操作性,适合作为本科和高等职业院校学生的公共课教材,也可供广大青年读者阅读参考。

图书在版编目(CIP)数据

大学生职业发展教育 / 陈磊主编. -- 重庆:重庆
大学出版社,2018.8(2022.7 重印)
ISBN 978-7-5689-1280-8

Ⅰ.①大… Ⅱ.①陈… Ⅲ.①大学生—职业选择
Ⅳ.①G647.38

中国版本图书馆 CIP 数据核字(2018)第 170438 号

大学生职业发展教育

主　编:陈　磊
副主编:张晓敏　黄利梅
陈红芹　张　瑛
策划编辑:尚东亮
责任编辑:李桂英　何俊峰　　版式设计:尚东亮
责任校对:刘　刚　　　　　　责任印制:张　策

*

重庆大学出版社出版发行
出版人:饶帮华
社址:重庆市沙坪坝区大学城西路 21 号
邮编:401331
电话:(023) 88617190　88617185(中小学)
传真:(023) 88617186　88617166
网址:http://www.cqup.com.cn
邮箱:fxk@ cqup.com.cn(营销中心)
全国新华书店经销
重庆市正前方彩色印刷有限公司印刷

*

开本:787mm×1092mm　1/16　印张:21　字数:487千
2018 年 9 月第 1 版　　2022 年 7 月第 7 次印刷
印数:18 001—24 000
ISBN 978-7-5689-1280-8　定价:49.00 元

前言 PREFACE

近年来我国高校毕业生数量逐年递增,在今后相当长的时期内,大学毕业生就业形势依然严峻。大学毕业生就业问题是关系到国家经济发展、社会和谐稳定和人民群众根本利益的重大全局性问题,受到党和政府的高度重视。教育部办公厅印发的《大学生职业发展与就业指导课程教学要求》(教高厅〔2007〕7号),明确了大学生职业发展与就业指导课程为必修课程,要求通过理论教学与实践训练,提高广大毕业生的就业能力。《国务院办公厅关于深化高等学校创新创业教育改革的实施意见》(国办发〔2015〕36号)要求高校建立健全课堂教学、自主学习、结合实践、指导帮扶、文化引领融为一体的高校创新创业教育体系,提升人才培养质量,增强学生的创新精神、创业意识和创新创业能力。党的十九大报告指出,就业是最大的民生,要坚持就业优先战略和积极就业政策,实现更高质量和更充分就业,促进高校毕业生等青年群体多渠道就业创业。《国务院办公厅关于深化产教融合的若干意见》(国办发〔2017〕95号)强调,深化产教融合,促进教育链、人才链与产业链、创新链有机衔接,是当前推进人力资源供给侧结构性改革的迫切要求,对新形势下全面提高教育质量、扩大就业创业、推进经济转型升级、培育经济发展新动能具有重要意义。

在当前就业环境下,有效指导大学生科学规划职业生涯,加强职业修炼,提高职业素养,增强求职就业竞争力,顺利走上工作岗位,实现人生职业理想,是高校工作重点之一。目前,全国各类高校都开设了职业发展教育相关课程,为进一步提高大学生职业发展与就业指导课程的教育质量,配合国家实施的大学生就业创业工程,更好地服务大学生就业创业,培养大学生创新精神和创业热情,我们编写了这本《大学生职业发展教育》教材。本书分为"职业生涯规划""创新创业基础""就业指导"三部分,紧密结合职业生涯规划发展、毕业就业、创业实践的新特点,依照生涯规划活动的基本过程和规律,系统介绍了职业发展理论、自我认知、职业认知、生涯决策规划、就业准备、求职实践、职业适应与发展、创业知识、创业实践等内容。理论体系既完整又新颖,贴近学生,贴近实际,有很强的针对性和可操作性。

本书由郑州师范学院创新创业就业指导中心主任陈磊主持完成。参与本书编写的人员都是对大学生职业发展教育教学和科研具有较深造诣、具有扎实理论和丰富教学指导经验的教师和领导。具体分工如下:第一部分,"职业生涯规划"由张晓敏编写;第二部分,"创新创业基础"由黄利梅编写;第三部分,"就业指导"由陈红芹编写。张瑛负责全书统稿和校对工作。吴磊、王刚、蒋瑜、张露霜等参与了资料收集等工作。

在编写过程中,本书广泛学习和借鉴了国内外同行的相关成果,在此致以衷心的感谢!由于作者水平有限,书中难免存在不足之处,恳请各位同行和读者批评指正!

编 者

2018年6月

目录 CONTENTS

第 1 编　职业生涯规划

第2编　创新创业教育

第3编 就业指导

第1编
职业生涯规划

第1章 职业生涯规划概述

1.1 职业生涯相关概念

职业生涯伴随着人的大半生,对于每个人的重要性不言而喻,人生成功与否以及身份的认定都要由职业生涯来衡量。我们上学以及选择所学专业都是为未来的工作作准备,拥有"正确"的职业生涯才会使我们拥有快乐、成功和充实的人生。

1.1.1 职业及相关术语

1)职业概念及构成要素

职业是指人们从事相对稳定的、有收入的、专门类别的社会劳动,是在不同行业和组织中存在的一组类似职位。职业独立于个人而存在于某个行业或机构中,如会计是一种职业,在很多行业中都存在。职业最重要的作用是获取生活来源,强调谋生手段和经济上的合理回报,人们通过职业得以立足社会、服务社会和实现自我价值。不同的职业,通常意味着不同的发展机会与空间,也决定了不同的生活方式。

职业的构成要素如下:

①职业名称。职业的符号特征,一般是由社会通用的称谓来命名的。

②职业主体。从事一定社会分工活动的劳动者,必须具有承担该职业活动所需要的资格和能力。

③职业客体。职业活动的工作对象、内容、劳动方式和场所等。

④职业报酬。通过职业活动所取得的各种报酬。

⑤职业技术。劳动者在从事职业活动中所运用的自然技术、社会技术与思维技术的总和。

职业是人类社会发展到一定阶段,出现了社会分工后的产物。随着社会需求的不断变化、科学技术和经济的发展,职业分化越来越细,越来越多,新的职业不断产生,过时的职业渐渐消失。在知识经济条件下,有关知识、信息、科学技术含量高的现代职业也将迅速发展。同时,现代职业对从业者的任职要求也越来越高。

2)职业相关术语

(1)工作

工作是指在一个组织机构中,由一个或多个具有相似特征的人所从事的有薪资的职位。

工作由人来完成,以任务、结果和组织为中心。一份工作可能包含一个或一组相似的带薪职位。

(2)职位

职位是指组织中所从事的一组任务,根据多数任职者在一定劳动时间内完成的任务多少为标准而设置。职位形成于当组织划分出某一知识领域或一套技术任务之时,这些任务的完成将使整个组织运转得更好。在某个职业的具体单位内部,按照任务、责任、权力以及所需资格的不同,存在着职位分类。如公务员有综合管理类、专业技术类、行政执法类等类别。找工作,最后是要落实到谋取某个组织的具体职位。职位和工作的不同在于:人们得到或失去工作,组织得到或失去职位。

(3)事业

事业是指值得个人投注一生心力,以获得最大人生价值的生涯目标。它存在于个人的追求中,连续、稳定,被当作生命的一部分。事业需要个人不计报酬全身心投入,以最大限度地实现人生价值,体现奋斗目标和理想。任何事业都是以某种职业为前提和基础的。没有工作就没有职业,没有职业就没有事业。

1.1.2 职业生涯

1)生涯

生涯出自《庄子·内篇·养生主》:"吾生也有涯,而知也无涯",指生命是有边际和限度的。在古代汉语中,生涯有生活和生计两种含义。《辞海》中对生涯的解释是:从事某种活动或职业的生活。在西方人的概念中,"生涯"一词就像在马场上驰骋竞技,包含着未知和冒险。美国生涯发展协会认为,生涯是指个人通过从事工作所创造出的一种有目的的、延续不断的生活模式。现在人们较为接受的是美国著名生涯专家舒伯(Super,1976)的观点:生涯是生活中各种事件的连续演进方向和历程,统合了人一生中的依次发展的各种职业和生活角色,由个人对工作的投入而流露出独特的自我发展形态。

生涯是一个动态的过程,伴随人的一生,具有发展变化性;生涯会受到家庭、环境、经历等方面的影响,每个人的生涯都与别人的不尽相同。由此,生涯的内容是宽泛的,是以工作为中心的人生发展历程,具有终身性、综合性、独特性和个性化的特点。

2)职业生涯的定义

学者从不同的角度出发,对职业生涯作出了不同的定义。职业生涯早期的概念是沙特列(Shartle)提出:职业生涯是指一个人在工作生活中所经历的职业或职位的总称。美国学者罗斯威尔(Willian J.Rothwell)和思莱德(Henry J.Sredl)将职业生涯界定为人的一生中与工作相关的活动、行为、态度、价值观、愿望的有机整体。雪恩(Edgar H.Schein)则将职业生涯分为外职业生涯和内职业生涯。外职业生涯是指经历一种职业的通路,包括招聘、培训、晋升、解雇、退休等各个阶段。内职业生涯更多地注重于取得的成功或满足于主观感情以及工作事务与家庭义务、个人消闲等其他需求的平衡,强调了职业的过程以及职业过程中个人情感与工作、家庭、个人事务的关系。麦克法兰德(McFarland)认为:职业生涯是指一个人依据理想的长期目标,所形成一系列工作选择,以及相关的教育或训练活动,是有计划的职业发展历程。韦伯斯特(Webster)指出,职业生涯是个人一生职业、社会与人际关系的总称,即个人终身发展的历程。

我国学者吴国存将职业生涯分为狭义的职业生涯和广义的职业生涯。从个体生命空间意义上考察,前者是指一个人从职业学习开始至职业劳动结束,包括整个人生职业工作历程,即将职业生涯限定于直接从事职业工作的这段生命时光,起始于任职前的职业学习和培训。广义的职业生涯是指从职业能力的获得、职业兴趣的培养、选择职业、就职,直至最后完全退出职业劳动这样一个完整的职业发展过程,起始于人的出生。

从学者们的定义可以看出,职业生涯与职业不同,是一个发展的概念,动态的过程,是一个人的职业经历,是一个人一生中职业、职位的变迁以及工作、理想实现的过程。职业生涯是一个漫长的过程,伴随我们大半生,在一个人的生命中占有绝对重要的位置。大多数人的职业生涯的时间占可利用社会时间的70%~90%。从一定意义上说,人的生命价值在于职业生涯方面取得的成功和成就,拥有成功的职业生涯才能实现完美人生。

3)职业生涯的分类

职业生涯可分为内职业生涯和外职业生涯。

内职业生涯是指从事一种职业时的知识、观念、经验、能力、心理素质、内心感受等因素的组合及其变化过程。内职业生涯的特点是靠自己的不断探索和学习而获得,不随外职业生涯的获得而具备,也不会由于外职业生涯的失去而自动丧失,是别人无法替代和窃取的人生财富。外职业生涯是指从事职业时的工作单位、工作时间、工作地点、工作内容、工作职务与职称、工作环境、工资待遇等因素的组合及其变化过程。招聘面试的过程最能体现外职业生涯的各个因素,比如公司面试时会问应聘者这些问题:哪一年开始工作的? 第一个工作地点在哪里? 在哪家公司? 在这家公司的什么部门工作? 担任什么职务? 平时主要的工作内容是什么? 工资收入是多少? 曾经获得过哪些荣誉等。这些东西的组合及其变化构成了外职业生涯。外职业生涯的特点在于由他人给予和认可,也容易被其剥夺。

内职业生涯的发展是外职业生涯的前提,内职业生涯决定外职业生涯,外职业生涯是依赖内职业生涯的发展而增长的;只有内、外职业生涯同时发展,职业生涯才能一帆风顺。如果外职业生涯达到一定高度,而内职业生涯没有办法与之匹配,会给人带来很多痛苦和压力。

1.1.3　职业生涯规划

1)职业生涯规划的概念

职业生涯规划又称为职业生涯设计。"规划"的基本意义包括两部分:一是规,可以简单地理解为制订目标,属于战略层面;二是划,指核算、刻画,可以理解为制订行动方案,属于战术方面。规划就是指为实现未来目标而制订的整套行动方案。职业生涯规划是指个人结合自身情况、眼前的机遇和制约因素,为自己确定最佳的职业方向、职业目标,选择职业道路,制订教育计划、发展计划,为实现职业目标而确定行动时间和行动方案,并且对计划持续执行、反馈调整。它是对个人一生职业发展道路的设想和规划,包括打算选择什么样的行业、职业,在什么地区、什么组织担任什么职务,如何达到目标等内容,是建立在对个人、组织、社会等因素科学分析的基础之上的。

2) 大学生职业生涯规划的特点

大学阶段正处于职业生涯中的准备期和探索期,生涯规划对大学生来说,有着更具体、更重要的内涵。大学生职业生涯规划有以下3个特点:

①可操作性。规划虽然要根据自己的愿望来制订,但不能不切实际,应当客观、全面地认识自己的性格、兴趣、价值观和能力,根据实际条件考虑生涯发展目标,设计未来的行动方案,并最终落实到具体行动上。

②开放性。规划应充分考虑社会条件,了解各种职业、行业、环境的需求趋势和影响因素,还要充分参考他人意见,利用测评机构,对自己进行多方面的探索。

③适应性。生涯之学是应变之学,大学生未来生涯发展会有很多可变因素。因此规划应留有余地,可评估、调整。

3) 大学生进行职业生涯规划的意义

①帮助大学生全面认知自我,正确地进行自我定位。职业生涯规划中的自我探索和职业探索可以让大学生了解自己的职业兴趣、能力特长和社会对人才的要求,对自己的优势和劣势进行分析,选择切合实际的职业目标,确定符合自己兴趣和能力的生涯发展路线。

②有利于大学生发掘自我潜能,形成积极的人生态度。通过职业生涯规划,大学生确立了各个学习阶段的目标,清楚自己的发展任务,就会增强动力,挖掘潜能,把握人生机会,建立自我激励机制,形成积极向上的人生态度。

③提高大学生的职业素养,增强就业竞争力。在这充满竞争的变革时代,职业活动竞争日益激烈,社会对人才的职业素养要求也越来越高。大学生职业素养的高低是大学生求职成功的关键因素。科学合理的规划能促使大学生在校期间及早确立目标,制订计划,强化专业能力,培养职业素养,提高就业核心竞争力,顺利实现职业目标和理想。

1.1.4　职业生涯规划的要素及步骤

1) 生涯规划要素

生涯规划包括5个要素:知己、知彼、抉择、目标、行动。

知己即自我认知,了解自己的兴趣、能力、价值观、个性以及家庭、学校、社会教育对个人产生的影响等。知彼是熟悉周围的环境,探索外在的世界,特别是与职业生涯发展有关的工作世界,主要了解职业的特性、所需的能力、就业渠道、工作内容、工作发展前景、行业及职业的薪资待遇等。

抉择是在知己知彼的基础上对可能的备选项进行权衡、比较,分析可能面临的冲突、阻力、助力等,然后作出合理选择。抉择之后就是确定目标,考虑自己职业生涯的前景,确定切合实际的目标,指导行动。积极的行动会使成功的概率大大提高,如果没有行动去实现,这些规划只不过是空中楼阁而已。

以上5个要素是关联的,知己和知彼联系密切,使确定的个人生涯目标符合现实。自己对所从事的职业感兴趣,并不是被动地工作;所从事的职业发挥了自身的特长,利用了自己的优势,自己对工作游刃有余。做到知己知彼后,抉择、确定目标和行动才有现实的基础,才能制订出好的职业生涯规划。

2）职业生涯规划步骤

一个系统的生涯规划包括觉知与承诺、自我探索、认识工作世界、决策、行动和再评估6个环节。

（1）觉知与承诺

这个阶段，目的是使学生了解生涯规划的重要性和意义，开始有意识、自觉地花时间来对自己的生涯进行积极的规划。

（2）自我探索

生涯规划是一个由内而外的过程，进行生涯规划时首先要认清楚自己，了解自己的性格、兴趣、价值观、能力等。

（3）认识工作世界

人们进行生涯规划不仅要认清楚自己，也要认清楚所面对的工作世界，以求能够达到个人和职业的匹配。认识工作世界包括自己所学专业与职业的关系、工作世界的发展趋势、职业对个人专业知识、工作技能和整体素质方面的要求、未来的发展空间等。

（4）决策

我们在充分获得了自我信息和工作世界信息之后，要对这些信息进行分类梳理和筛选，并作出决定。

（5）行动

行动在职业生涯规划中是非常关键的。前面所做的一切都必须化为行动，否则就没有意义。行动包括为实现未来的目标所作出的各种努力，为求职所作的各项准备等。

（6）再评估

生涯规划是一个动态发展过程，即使作出规划，也不是一成不变的。当外界环境发生变化的时候，生涯规划也要在实践中经历检验，有可能还会按照既定路线继续前行，也有可能会发现过去的规划不太适合现在的自己，所以要再次进行生涯探索，不断地修正和完善生涯规划。职业生涯规划步骤如图1.1所示。

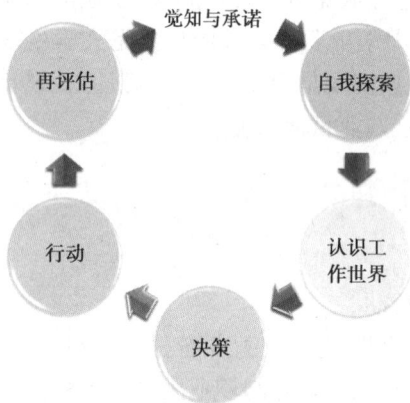

图1.1　职业生涯规划步骤图

1.2　职业生涯规划基本理论

职业生涯规划基本理论是在心理学、人力资源管理学、社会学等学科理论基础上经过不断整合与发展而建立起来的，具有较强的实用性。其代表性理论有职业选择理论、职业生涯发展理论、职业生涯决策理论3类。

1.2.1 职业选择理论

职业选择理论重视人的需要、能力、兴趣、人格等内在因素在职业选择中的重要作用,大致分为两种类型。一类是强调个人特质与职业特征相匹配的特质论,如帕森斯的特质因素理论和霍兰德的人格类型论;另一类是以强调个人内在动机为核心的动力论,如罗伊的人格发展论和鲍丁的心理动力论。特质因素理论和人格类型论在职业生涯辅导中经常被采用。

1)帕森斯的特质因素理论

特质因素理论是用于职业选择、职业指导的经典性理论,最早由美国波士顿大学教授弗兰克·帕森斯提出,是职业生涯管理理论中最早的职业辅导理论。

(1)特质因素理论的含义

帕森斯的特质因素理论又称人职匹配理论。帕森斯在其《选择一个职业》中提出,人与职业匹配是职业选择的焦点。"特质"是指个人的人格特征,包括能力倾向、兴趣、价值观和人格等,这些都可以通过心理测量工具来加以评量。"因素"则是指在工作上要取得成功必须具备的条件或资格,这可以通过对工作的分析而了解。帕森斯认为,每个人都有自己一系列的人格模式和特质,并且可以对其进行有效的衡量。同时每种人格模式的个人都有与其相适应的职业类型。

帕森斯阐明了职业选择的三大主要因素或条件:

①应清楚地了解自己的态度、能力、兴趣、智谋、局限和其他特征。

②应清楚地了解职业的性质、工资待遇、工作条件、所需知识、在不同职业工作岗位上所占的优势、不利和补偿、机会和前途等。

③人—职匹配。在了解自己的特性和职业的各项指标的基础上,进行比较分析,选择一种适合个人特点又有可能得到并能在职业上取得成功的职业。

帕森斯的理论内涵即是在清楚认识、了解个人的主观条件和社会职业岗位需求条件基础上,将主客观条件与社会职业岗位(对自己有一定可能性的)相对照、相匹配,最后选择一个与个人匹配相当的职业。

(2)职业—人匹配的类型

帕森斯认为人职匹配分为两种类型:

①因素匹配,如所需专门技术和专业知识的职业与掌握该种特殊技能和专业知识的择业者相匹配;或者脏、累、苦、劳动条件很差的职业,需要吃苦耐劳、体格健壮的劳动者与之匹配。

②特性匹配,如具有敏感、易动感情、不守常规、个性强、理想主义等人格特性的人,宜从事审美性、自我情感表达的艺术创作类型的职业。

人职匹配理论对大学生职业规划有一定的指导意义:一是帮助大学生做好个性化的职业生涯规划,使个体的潜能和差异性得到张扬。二是培养大学生正确的择业心态。三是多渠道地帮助学生了解企业,了解自己,学习技能。其局限性在于,将个人特质与工作要求视为静态的关系,忽略了一个人的学习和成长的潜能以及社会因素对于职业设计的影响和制约作用。

2) 霍兰德人格类型论

美国约翰·霍普金斯大学心理学教授、著名职业指导专家约翰·霍兰德(John Holland)于1959年提出职业兴趣理论。他认为,某一类型的职业通常会吸引具有相同人格特质的人,而具有相同人格特质的人对许多生活事件的反应模式也是相似的,他们创造了具有某一特色的生活环境,也包括工作环境。

霍兰德职业兴趣理论有4个核心假设:

①大多数的人可区分为6种类型,即实用型(Realist,R)、研究型(Investigative,I)、艺术型(Artistic,A)、社会型(Social,S)、企业型(Enterprising,E)及事务型(Conventional,C),这既是兴趣类型,也是人格类型。因为霍兰德认为职业兴趣的选择表达了一个人的人格特征。

②职业环境亦可区分为相应的具有同样名称的6大类型。

③人们寻求能够与自己兴趣、能力相匹配的职业环境。

④兴趣与职业的匹配程度决定了个体的职业满意度、稳定性和成就感。

霍兰德职业兴趣类型及其主要特征如表1.1所示。

表 1.1　霍兰德职业兴趣类型及其主要特征

类型	共同特征	重　视	职业环境要求	典型职业
实用型(R)	愿意使用工具从事操作性工作,动手能力强,做事手脚灵活、动作协调。偏好于具体任务,不善言辞,做事保守,较为谦虚。缺乏社交能力,通常喜欢独立做事	具体实际的事务,诚实,有常识	更愿意与"物"打交道	计算机硬件人员、摄影师、制图员、机械装配工、木匠、厨师、技工、修理工、农民
研究型(I)	抽象思维能力强,求知欲强,肯动脑、善思考。喜欢独立的和富有创造性的工作。知识渊博,有学识才能,考虑问题理性,做事精确、善于逻辑分析和推理,不断探讨未知的领域	知识,学习,成就,独立	分析研究问题,运用复杂和抽象的思考创造性地解决问题,能运用智慧独立地工作	科学研究人员、大学教授、工程师、心理学家、医生、系统分析员
艺术型(A)	有创造力,乐于创造新颖、与众不同的成果,渴望表现自己的个性,实现自身的价值。做事理想化,追求完美。善于表达,怀旧,心态较为复杂	有创意的想法,自我表达,自由,美	创造力,对情感的表现力,自由,开放	演员、导演、艺术设计师、雕刻家、建筑师、歌唱家、作曲家、乐队指挥、小说家、诗人、剧作家
社会型(S)	喜欢与人交往,不断结交新的朋友,善言谈,愿意教导别人。关心社会问题,渴望发挥自己的社会作用。寻求广泛的人际关系	服务社会和他人,公正,理解,平等,理想	人际交往能力,帮助他人,愿意承担社会责任	教师、咨询人员、公关人员、护士、牧师

续表

类型	共同特征	重视	职业环境要求	典型职业
企业型（E）	具有领导才能,喜欢竞争、冒险,有野心、抱负。为人务实,习惯以利益得失、权力、地位等来衡量做事的价值,做事有较强的目的性	经济和社会地位的成功,忠诚,冒险,责任	具备经营、管理、劝服、监督和领导才能,以实现机构、政治、社会及经济目标的工作	项目经理、销售人员、营销管理人员、政府官员、企业领导、法官、律师
事务型（C）	尊重权威和规章制度,喜欢按计划办事,细心、有条理。关注实际和细节情况,通常较为谨慎和保守	准确,有序,稳定	有组织能力,能听从并遵从指示,能按时完成工作并达到标准	秘书、办公室人员、记事员、会计、行政助理、图书馆管理员、出纳员、打字员、投资分析员

霍兰德所划分的 6 种类型并非是并列的,而是有着明晰的边界的。他以六边形标示出 6 种类型的关系。

①相邻关系,如 RI、IR、IA、AI、AS、SA、SE、ES、EC、CE、RC 及 CR。属于这类关系的两种类型的个体之间共同点较多,实用型 R、研究型 I 的人都不太偏好人际交往,这两种职业环境中也都较少机会与人接触。

②相隔关系,如 RA、RE、IC、IS、AR、AE、SI、SC、EA、ER、CI 及 CS,属于这类关系的两种类型个体之间共同点较相邻关系少。

③在六边形上处于对角位置的类型之间即为相对关系,如 RS、IE、AC、SR、EI 及 CA,相对关系的人格类型共同点少。因此,一个人同时对处于相对关系的两种职业环境都兴趣很浓的情况较为少见。霍兰德职业兴趣六边形模型如图 1.2 所示。

人们通常倾向选择与自我兴趣类型匹配的职业环境,如具有实用型兴趣的人希望在实用型的职业环境中工作,可以最好地发挥个人的潜能。但在职业选择中,个体并非一定要选择与自己兴趣完全对应的职业环境。

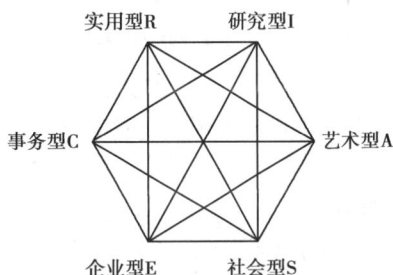

图 1.2　霍兰德职业兴趣六边形模型

一方面是因为个体本身是多种兴趣类型的综合体,单一类型显著突出的情况不多,所以评价个体的兴趣类型时也时常以其在 6 种类型中得分居前三位的类型组合而成,组合时根据分数的高低依次排列字母,构成其兴趣组型,如 RCA、AIS 等;另一方面是因为影响职业选择的因素是多方面的,不完全依据兴趣类型,还要参照社会的职业需求及获得职业的现实可能性。所以,职业选择时会不断妥协,寻求于相邻职业环境,甚至相隔职业环境,在这种环境中,个体需要逐渐适应工作环境。但如果个体寻找的是相对的职业环境,意味着所进入的是与自我兴趣完全不同的职业环境,则工作起来可能难以适应,或者难以做到工作时觉得很快乐,相反,甚至可能会每天工作得很痛苦。

1.2.2　职业生涯发展理论

职业生涯发展理论是从动态研究人的职业行为、职业发展阶段的。生涯发展流派的主要代表人物是美国著名职业指导专家金斯伯格和美国学者舒伯,其中最有影响力的是舒伯的生涯发展理论。舒伯的职业发展理论比金斯伯格的更详细,包括职业生涯整体发展论和职业生涯阶段论。舒伯把职业生涯的发展看成一个持续的过程,一直伴随人的一生。其在职业生涯发展理论上的贡献主要有生涯发展阶段理论和生涯层面理论(又称生涯角色理论)。

1)生涯发展阶段理论

舒伯根据自己"生涯发展形态研究"的结果,参照布勒(Bueller)的分类,也将生涯发展阶段划分为成长、探索、建立、维持与衰退 5 个阶段,每一阶段都有特定的发展任务需要完成,需要达到一定的发展水准或成就,前一个阶段任务的达成与否关系到后一阶段的发展。

(1)成长阶段(出生至 14 岁)

这个阶段是个体对职业从好奇、幻想到兴趣,到有意识培养职业能力的逐步成长过程。这个阶段发展的任务是人们通过学校学习、社会活动来认识自我、理解世界以及工作的意义,初步建立起良好的人生态度。

(2)探索阶段(15~24 岁)

这个阶段是职业认同阶段,人们的任务是通过学校的活动、社团休闲活动、打零工等机会,对自我能力及角色、职业作一番探索,使职业偏好逐渐具体化、特定化并实现职业偏好。个人在这一时期有了初步的职业选择范围,并且为之准备教育或者实践。

(3)建立阶段(25~44 岁)

个体在这个阶段开始确定自己在整个生涯中应有的位置,并开始增加作为家庭照顾者的角色。这个阶段的任务主要是个体在不断的挑战中稳定工作,并学会在家庭和事业之间合理地均衡。

(4)维持阶段(45~65 岁)

个体已经在这个阶段找到了适合的领域。与前一阶段相比,这个阶段发生的变化主要是职位、工作和单位的变化,而不是职业的变化。这一阶段发展的任务是巩固已有的地位并力争有所提升。

(5)衰退阶段(65 岁以后)

个体在这个阶段的重心逐步由工作向家庭和休闲转移。这个阶段的人们的主要任务是安排退休和开始退休生活,在精神上寻求新的满足点。

舒伯在后期的研究中进一步深化了生涯发展阶段理论,将每个发展阶段同样分为成长、探索、建立、维持、衰退 5 个阶段,提出人生发展按照的是螺旋循环发展模式。例如,一个大一新生必须适应新的角色与学习环境,经过"成长"和"探索",一旦"建立"了较固定的适应模式,同时"维持"了大学学习生活之后,又要开始面对另一个阶段——准备求职。原有的已经适应了的习惯会逐渐衰退,继而对新阶段的任务又要进行"成长""探索""建立""维持"与"衰退",如此循环。舒伯在所有发展阶段理论都强调个人重视生涯发展的规律,根据发展阶段安排自己的任务,也要合理塑造生涯发展的过程,使得各个阶段能够如期而至,并符合它们应有的意义。

2) 生涯层面理论

1981 年,舒伯提出了一个生活广度、生活空间的生涯发展观,除了原有的发展阶段理论外,还加入了角色理论。他认为,人的一生是一个角色扮演和角色变化的过程,而角色的扮演和变化主要受生涯发展阶段的影响。他形象地将这种关系通过一个多重角色生涯发展综合图形来描绘,将这个生活广度、生活空间的生涯发展图形称为"生涯彩虹图",如图 1.3 所示。

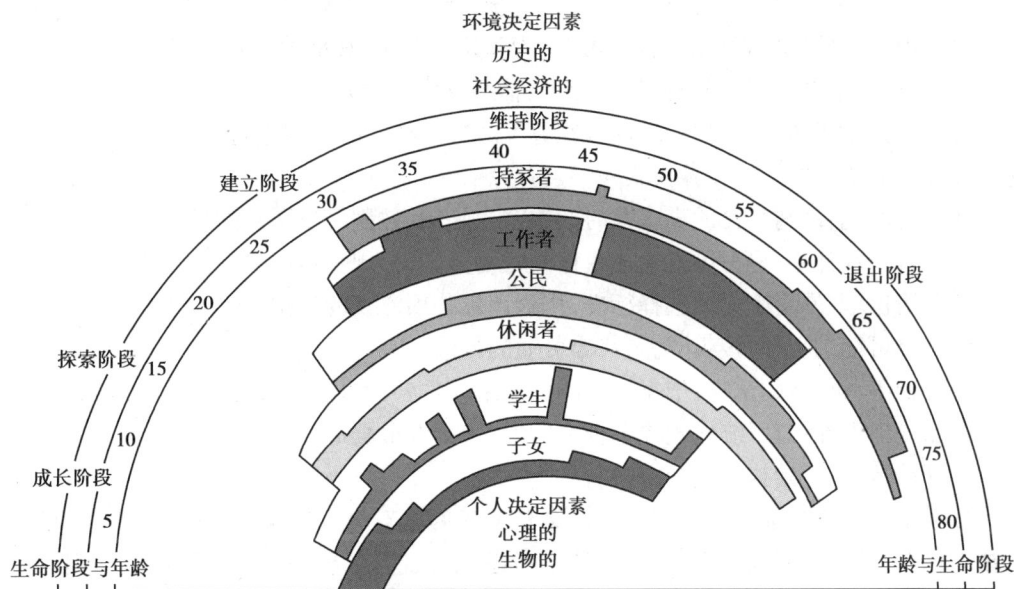

图 1.3 舒伯的生涯彩虹图

图中,最外面的一层代表横跨一生的"生活广度",即生涯发展的各阶段。内部各层由一系列生涯最基本的角色组成,代表纵观上下的"生活空间"。阴影部分代表在各个阶段对角色的投入程度,阴影越厚代表角色投入越多。各种角色之间是相互作用的,一个角色的成功,特别是早期的角色如果发展得比较好,将会为其他角色提供良好的关系基础。在一个角色上投入过多的精力,而没有平衡协调各角色的关系,则会导致其他角色的失败。生涯彩虹图直观地展现了个人生命的长度(发展阶段)、宽度(角色)和深度(对角色的投入程度),告诉我们各阶段该如何调配角色安排,有利于帮助我们独立设计自己的职业生涯。

1.2.3 职业生涯决策理论

从职业生涯决策研究取向来看,职业生涯决策模型可以分为标准化模型、描述性模型和规范性模型 3 类。标准化模型明确说明如何作出理性选择,如班杜拉的社会学习理论模式;描述性模型解释在现实生活中人们如何从实际选项中来作出选择,如丁克里奇的决策模式;规范性模型勾勒出作出更好的决策可能包括的步骤,是在试图弥补标准化职业生涯决策模型和描述性职业生涯决策模型不足的基础上发展起来的。比较有代表性的理论模型是认知信息加工理论。该理论采取规范性观点,规定并提出了个体思考职业生涯决策的几种方式,这些方式将改善个体职业生涯决策的能力。

1)职业生涯决策社会学习论

社会学习论是班杜拉(Bandura)所创,强调的是个人独特的学习经验对其人格与行为的影响。克朗伯兹(Krumboltz)将其观念引用于职业生涯发展与规划上,提出了职业生涯决策的社会学习论。职业生涯决策的社会学习理论指出,职业选择过程受到4类因素的影响:

①遗传天赋和特殊能力(如内在素质,身体障碍,音乐和艺术的能力)。

②环境条件与事件(如劳动法规,技术进步,社会机构变化,家庭资源)。

③学习的经验(如各种工具性学习,行为和认知反应,观察学习)。

④任务完成技能(设定目标,工作习惯,情绪反应方式)。

克朗伯兹于1977年以学习理论对职业生涯决策技巧的作用进行研究,提出了帮助他人进行职业生涯决策的7个步骤模式:

①界定问题:理清自己的需求及时间或个人限制,并制订出明确的目标。

②拟订行动计划:思考可能达成目标的行动方案,并规划达成目标的流程。

③澄清价值:界定个人的选择标准,作为评量各项方案的依据。

④找出可能的选择:搜集资料,找出可能的方法。

⑤评价各种可能的选择:依据自己的标准来评价各种可能的选择。

⑥系统地删除:有系统地删除不合适的方案,挑选最合适的方案。

⑦开始行动:开始执行行动方案。

职业生涯决策社会学习论注意到社会及遗传因素对个人决策的影响,个人在决策时不仅要考虑个人因素,明确我想要什么,还要考虑社会、遗传等因素,知道我可能得到什么,我能够做到什么。该模式还特别强调学习的重要性以及它们对职业选择的影响,把职业决策看成一种习得的技能,并主张职业决策技能是可以在教育和职业辅导课程中教授的,特别强调教授识别影响职业决策的因素。

2)认知信息加工理论

1991年,盖瑞·彼得森、詹姆斯·桑普森和罗伯特·里尔登合著了《生涯发展和服务:一种认知的方法》一书。这本书阐述了思考生涯发展的新方法,勾勒出更好的生涯决策包括的步骤。这一认知信息加工(又称CIP)方法基于8种假设:

①生涯选择以我们如何思考和感受为基础。

②进行生涯选择是一种问题解决活动。

③作为生涯问题解决者,我们的能力以我们了解什么和如何思考为基础。

④生涯决策要求有良好的记忆。

⑤生涯决策要求有动机。

⑥持续进行的生涯发展是我们毕生学习和成长的一部分。

⑦我们的生涯在很大程度上取决于我们思维的内容和思维的方式。

⑧我们生涯的质量取决于我们对生涯决策和生涯问题解决、了解的程度。

该理论把生涯发展与规划过程看成学习信息加工能力过程，绘制出认知信息加工模式图——信息加工金字塔，如图1.4所示。

信息加工金字塔模型包含了作出一个生涯选择所涉及的各种成分。金字塔底部的两部分称为知识领域。知识领域包括了解自我（自我知识）和了解自己的各种选择（职业知识）。自我认识包括了解自己的价值观、兴趣和技能，职业知识包括理解特定的职业、学校专业及其组织方式。自我知识和职业知识可

图1.4 生涯决策信息加工金字塔模型

以比作储存于计算机中的各种数据文件，各种零散的信息以图式的方式储存，或是储存为一条动态的信息。这些图式能使我们处理和解决生涯问题以及决策制订时需求的信息。如在自我知识领域中，如果我们做过一份兴趣量表，就会对自己的兴趣模式有更清晰的认识。

金字塔中间是决策技能领域，即一般信息加工技能，可以比作各种计算机程序，用于将事实和数据储存在计算机文件和内存中。它从各种文件中获得被选择的数据，并按照预先设定的方式使用这些数据来解决问题。其包括5个阶段：沟通、分析、综合、评估和执行，简称CASVE循环，CASVE是这5个阶段的英文单词首字母，可以在整个职业生涯问题解决和决策制订过程中为你提供指导。

金字塔最高端是执行加工领域，即元认知。元认知包括自我言语、自我觉察、自我监督。它告诉计算机在金字塔第二级水平上的程序将按照何种顺序运作。如在你关注各种职业和组织之前，可能会着手解决有关专业选择的问题，或者可能看重自己喜欢的生活方式（比如旅行），然后进行职业选择。这些思考主宰了我们决定为实现自己的目标而工作的时间和方式，以及我们将采取何种途径来解决生涯问题，并且这些思考有助于我们知道自己何时达到目标。

3个领域的关系：知识领域是基础，在此基础上，人们作出恰当的职业选择，而执行领域则对上述两个领域进行监督和调控。

CIP理论是帮助我们学会解决生涯问题和进行生涯决策的简单而有效的方法，强调在决策制订中如何定位、储存和使用信息。

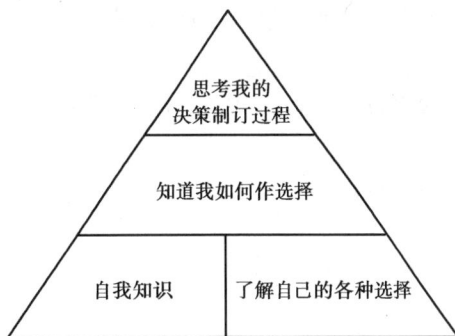

［生涯活动］

我的梦想秀

在重重学习压力下，什么都要为学习让路，那些曾经的梦想似乎离我们越来越远。如今我们已经通过了高考，实现了考上大学的目标。面对未来，我们需要新的目标来引领我们前行。

很小的时候，我的梦想是：_____

天真烂漫的小学,我的梦想是:＿＿＿＿＿＿＿＿＿＿＿＿＿＿＿＿＿＿＿

＿＿＿＿＿＿＿＿＿＿＿＿＿＿＿＿＿＿＿＿＿＿＿＿＿＿＿＿＿＿＿＿＿＿

初中的花季雨季里,我的梦想是:＿＿＿＿＿＿＿＿＿＿＿＿＿＿＿＿＿＿

＿＿＿＿＿＿＿＿＿＿＿＿＿＿＿＿＿＿＿＿＿＿＿＿＿＿＿＿＿＿＿＿＿＿

高中的激情岁月里,我的梦想是:＿＿＿＿＿＿＿＿＿＿＿＿＿＿＿＿＿＿

＿＿＿＿＿＿＿＿＿＿＿＿＿＿＿＿＿＿＿＿＿＿＿＿＿＿＿＿＿＿＿＿＿＿

走入大学后,我的梦想是:＿＿＿＿＿＿＿＿＿＿＿＿＿＿＿＿＿＿＿＿＿

＿＿＿＿＿＿＿＿＿＿＿＿＿＿＿＿＿＿＿＿＿＿＿＿＿＿＿＿＿＿＿＿＿＿

［思考题］

1. 什么是职业? 职业的构成要素有哪些?

2. 结合实际情况,谈谈对职业生涯规划内涵的理解。

3. 帕森斯的特质因素理论的内涵是什么?

4. 舒伯生涯发展观的主要内容是什么?

第2章　兴趣探索

2.1　兴趣和职业

爱因斯坦说过,兴趣是最好的老师。科学家杨振宁说:"成功的真正秘诀是兴趣。"兴趣能够使人集中精力,发挥整个身心的积极性,积极思考,大胆探索,增强克服困难的意志。如果一个人能根据自己的爱好去选择职业,其主动性就会得到充分发挥。

2.1.1　兴趣的概念和分类

兴趣是每个人自发形成的对某件事的积极的内在体验。从心理学意义上讲,兴趣指一个人关注、好奇,进而力求经常参与、探究和掌握某种事物、某种活动的心理倾向。如果在做某件事时你的内心能够感受到快乐的能量,并且愿意再次尝试,就意味着你对这件事感兴趣。兴趣回答了一个人"喜欢做什么的问题"。

人的兴趣是多种多样的,概括起来可以分为3大类:

1) 物质兴趣和精神兴趣

物质兴趣主要指人们对舒适的物质生活(如衣、食、住、行方面)的兴趣和追求;精神兴趣主要指人们对精神生活(如学习、研究、文学艺术、知识)的兴趣和追求。

2) 直接兴趣和间接兴趣

直接兴趣是指对活动过程的兴趣。例如,学生对一堂生动的课、一本好书表现出浓厚的兴趣;间接兴趣主要指对活动过程所产生的结果的兴趣。有的学生对某些课程一开始不感兴趣,但认识到学习好这些课程有助于提升自己服务社会的能力,就刻苦学习,进而表现出极大兴趣。将直接兴趣和间接兴趣有机地结合起来,才能充分发挥一个人的积极性和创造性。

3) 个人兴趣和社会兴趣

个人兴趣是个体以特定的事物、活动及人为对象,所产生的积极的和带有倾向性、选择性的态度和情绪。社会兴趣指社会成员对某一领域的普遍兴趣,或社会某一领域对社会成员的普遍需求。

当兴趣对象指向职业活动时,就形成了人们的职业兴趣,职业兴趣指的是个体探究某种职业或从事某种职业活动时表现出来的特殊个性倾向,比较稳定而持久。

2.1.2 兴趣的三个发展阶段

兴趣的发生和发展一般要经历这样一个过程：有趣—乐趣—志趣（简称"三趣"）。

有趣是兴趣的低级阶段，与一个人对某种事物的新奇感相连，这种兴趣具有一定的冲动性，往往是短暂的，随着新奇感的消失，兴趣也会自然地消失。乐趣是兴趣的第二阶段，即爱好，是在有趣的基础上发展而成，是一个人能去做某种事情并把它做好，在做的过程中产生快乐感，较为稳定、专一、深入。志趣是兴趣的高级阶段，当个人的爱好和社会责任、理想结合起来时，就会为之努力和奋斗，并在做的过程中产生成就感，爱好就形成了志趣。

2.1.3 兴趣与职业生涯的关系

1）兴趣是职业生涯选择的内在依据

一个人在一生中会选择什么样的职业，兴趣是占主导地位的，有时甚至比能力更重要。美国芝加哥大学心理学教授米哈利花30多年的时间对几百位各行各业的人进行了访谈，研究是什么东西真正令人感到幸福和满足。研究发现，人们感到最愉快和满足的时候，并不是在很放松，可以什么事都不做的时候，而是在人们专心致志地从事某种活动，并沉浸其中的时候。米哈利教授将这种状态称之为"flow"，（原意是"流动"，这里指的是"沉浸"或"忘我"的状态）这说明人们的满足感、幸福感往往来源于从事某种活动，而不是无所事事或单纯地享乐游玩，而这也正是工作原本的意义所在。爱迪生就是个很好的例子。他几乎每天都在实验室里辛苦工作十几小时，在那里吃饭、睡觉，但丝毫不以为苦，"我一生中从未间断过一天工作"，他宣称，"我每天其乐无穷"。

2）职业兴趣增强职业生涯的适应性

兴趣可以使人注意力集中，产生愉快紧张的心理状态，对人的认识和活动会产生积极影响，有利于调动工作主观能动性，让人充分发挥才能和挖掘潜能，提高工作能力、工作效率，适应工作环境并保持良好的稳定性。

3）职业兴趣是职场成功的动力

从事自己感兴趣的职业，是职业生涯迈向成功的第一步。职业兴趣是保持良好工作状态的动力源泉。如果人们能够从事自己感兴趣的职业，那么工作和生活会变得很愉快，并且工作时会更加有激情，有创造性，从而也为自己带来更多的成就感和满足感。

4）兴趣可以独立于职业而存在

职业是我们社会生活的一种表达方式，从兴趣到职业是一个自然人成长为社会人的过程，兴趣的宽度和广度都超过了职业。它并非仅服务于职业而存在，还可以属于自己的私人生活。我们要避免功利性地看待兴趣，认为只要对学习没用或对未来工作没用的兴趣就没有意义。

5）兴趣是多点的、变化的、感性的，而职业则体现为专注的、稳定的和理性的

我们在生活中可以有很多兴趣，但并非每种兴趣都能直接和间接地与职业联系在一起。据权威咨询公司的一项调查显示，世界上最成功的100位政界、商界和娱乐界人士，60%都

承认自己现在所成就的事业并非年轻时候兴趣所在。所以在根据兴趣选择职业时,我们不能停留在兴趣表面,应该分析兴趣背后的能量和偏好。

6)兴趣总在发生变化,而职业是一种稳定的、可持续状态

环境在变化,个体的思想和价值观都会发生变化,因而兴趣会发生转移,但不同的兴趣所带给我们的多元知识、经验和能力将陪伴我们终生。职业规划的目的是让我们用更成熟的方式探索兴趣和职业的关系,并不是要我们在一堂课的时间里给大家找到一个简单答案。

现实使兴趣不能在当前的职业中得到满足。那么应该如何安放自己的兴趣,是放弃还是坚守?可以尝试将兴趣与实际工作有效结合,分析兴趣类型和当前职业之间的联系,培养职业兴趣,在工作岗位上体现自身价值,积极寻找自己职业生涯幸福源。如果对兴趣和自己所从事的职业进行认真分析后就会发现:

第一,兴趣即志趣所在。第二,喜欢的职业符合性格特征,在个人能力允许的范围内,能得到你的价值观的认可。第三,目前所处环境与兴趣职业类型差别较大,无法融合。自己工作起来难以适应,或者难以做到工作时很快乐,甚至每天工作得很痛苦。这种情况可以考虑重新选择符合个人兴趣的新职业。

职业只是生活的一部分,平时要做好生活和工作的平衡和协调,满足自己的兴趣可以让人生更加美好和有意义。

2.1.4 影响职业兴趣形成的因素

职业兴趣是以一定的素质为前提,在生涯实践过程中逐渐发生和发展起来的。它的形成与个人的个性、自身能力、实践活动、客观环境和所处的历史条件有着密切的关系。

1)个人需要

不管人的兴趣是什么,都是以需要为前提和基础的,人们需要什么也就会对什么产生兴趣。个人需要包括生理需要和社会需要或者物质需要和精神需要,因此人的兴趣也同样表现在这两个方面。职业兴趣是在需要的基础上产生的,也是在需要的基础上发展的。

2)个人认识

兴趣不足是和个人的认识和情感密切联系着的。如果一个人对某项事物没有认识,也就不会产生情感,因而也就不会对它发生兴趣。同样,如果一个人缺乏某种职业知识,或者根本不了解这种职业,那么就不可能对这种职业感兴趣,在职业规划时想不到。相反,一个人认识越深刻,情感越丰富,兴趣也就越浓厚,有可能成为其职业。

3)家庭环境

由于家庭作为最基本的社会单元,对每个人的心理发展都会产生重要的影响,因此个人职业心理发展具有很强的社会化特征,家庭环境的熏陶对其职业兴趣的形成具有十分明显的导向作用。大多数人从幼年起就在家庭环境中感受其父母的职业活动,随着年龄的增长,逐步形成自己对职业价值的认识,使得个人在选择职业时,不可避免地带有家庭教育的印记。家庭因素对职业取向的影响主要体现在择业趋同性与协商性等方面。一般情况下,个

人对家庭成员特别是长辈的职业比较熟悉,在职业规划和职业选择上会产生一定的趋同性影响,同时受家庭群体职业活动的影响,个人的生涯决策或多或少产生于家庭成员共同协商的基础上。兴趣有时也受遗传的影响,父母的兴趣也会对孩子有直接影响。

4)受教育程度

个人接受教育的程度是影响其职业兴趣的重要因素。任何一种社会职业从客观上对从业人员都有知识与技能等方面的要求,而个人的知识与技能水平的高低在很大程度上取决于其受教育的程度。一般意义上,个人学历层次越高,接受职业培训范围越广,其职业取向领域就越宽。

5)社会因素

社会因素对个人职业兴趣的影响主要体现在政府政策导向、传统文化、社会时尚等方面。政府就业政策的宣传是主导的影响因素,传统的就业观念和就业模式也往往制约个人的职业选择,而社会时尚职业则始终是个人,特别是青年人追求的目标。

6)职业需求

职业需求是一定时期内用人单位可提供的不同职业岗位对从业人员的总需求量,是影响个人职业兴趣的客观因素。职业需求越多、类别越广,个人选择职业的余地就越大。职业需求对个人的职业兴趣具有一定的导向性,在一定条件下,可强化个人的职业选择,或抑制个人不切实际的职业取向,也可引导个人产生新的职业取向。

2.1.5　职业兴趣的培养途径

克朗伯兹(Krumboltz,1979)等人认为,兴趣是个人后天学习的结果。虽然职业兴趣形成后具有一定的稳定性,但根据实际需要,可以通过多种途径,加上自己的努力去发展和培养。

1)培养广泛的兴趣

兴趣广泛的人,眼界比较开阔,对自己职业领域的东西和其他职业领域的东西都有浓厚的兴趣,在职业生涯规划的选择上有较大的空间。

2)重视培养间接兴趣

间接兴趣不是事物本身的兴趣,而是对这种事物未来的结果感到需要而产生的兴趣。个人可以通过了解职业在社会活动中的意义、对人类活动的贡献、未来发展前景等以引起兴趣,还可以通过实践逐步提高间接兴趣。

3)要有中心兴趣

人的兴趣应当既广泛又有重点,才能学有所长,培养在某一方面的职业兴趣,促进自己的发展。

4)积极参加职业实践

人们可以通过参加各种职业实践活动深刻地认识和了解职业本身,根据社会和自我需要,有意识地去培养和发展兴趣,为事业的成功创造条件。

5) 客观评价自己的能力来确定职业兴趣

自己感兴趣的职业不一定是自己所擅长的,培养兴趣要评估自身的能力是否适合该职业,在此基础上培养的兴趣才是可长久利用的。

对大学生来说,还要通过拓宽职业的认知面,夯实专业基础,培养社会责任感,结合个人能力等途径去培养职业兴趣。

2.2　兴趣探索方法

职业兴趣可以是对某一职业的向往,也可以是在工作中或从事某一职业时得到的幸福和满足感。人们很早就意识到了兴趣对择业的重要影响。如果一个人从事了自己感兴趣的职业和喜欢的工作,就会废寝忘食地对待它,即使碰到一些困难也不会轻易退缩。相反,如果做不喜欢的工作,就很难有持久的工作热情。可见,兴趣对能否在工作中充分发挥潜力,能否长期从事这个职业,有着重要的影响。对于一些人,职业兴趣来自对职业的充分认知或亲身体验。何况,职业兴趣的产生不仅取决于职业本身,还与职业以外的因素有关。

2.2.1　自我分析

事实上,决定每个群体和个体对特定工作真正感兴趣的因素是职业深层兴趣。例如,一家消费性产品公司的品牌经理与一家高科技企业药品部门的产品经理,所从事的工作可能明显不同,但按传统的职业分类方法他们都被归为"营销"。这样,同一个人面对这两份工作时,可能会对其中一份工作感兴趣,却对另一份工作感到坐立不安,这是职业深层兴趣造成的现象。也就是说,性格相同的人,他们所感兴趣的职业可能根本不同。

大学生没有或者缺乏职业体验,所谓感兴趣的对象可能是想象中的工作,职业深层兴趣或许难以说得清楚;不过,用自我分析的方法却能收到理想的效果。

1) 从对事件的描述中获得职业兴趣的启发

事件的描述主要包括以下几个方面:

①过去你对完成哪项工作的成就感最强,那些工作属于什么职业;

②能够使你全身心投入并相信自己能做好的工作是什么;

③你最羡慕的人是从事什么职业的;

④最能吸引你目光的事情是什么,这些事情与什么职业有关;

⑤你最感兴趣的阅读内容是什么,它们与职业的关系如何;

⑥你对别人让你从事某种职业的建议是否认同,为什么?

2) 从对不同理想职业的检验中使职业兴趣得到确认

想象中的职业可能是个职业群,每个人所学的专业会应对着多种职业,所以,用逐个检验的方法,会使职业兴趣变得越来越清晰。将能够想象到的可能会产生职业兴趣的职业分别放到表 2.1 中进行检验,再综合其他方法得出结果。

表 2.1　职业兴趣量检验

在下面写下你认为最喜欢的职业		是	不确定	否
检验	是否十分渴望重复它			
	是否能愉快地、成功地完成它			
	过去是不是一直向往它			
	是否总能很快地学习它			
	是否总能让你满足			
	你是否从心里喜爱它			
	你的人生最快乐的事情是不是和它有关			

2.2.2　兴趣量表测评

基于心理学研究的成果,心理学家和职业指导专家为了探索职业兴趣,研究编制出了多种兴趣量表,它们成了自我认知的重要辅助手段。常见的兴趣量表有以下几种:

1)斯特朗兴趣调查

第一个职业兴趣量表是 1927 年斯特朗编制的斯特朗职业兴趣量表(Strong Vocational Interest Blank,SVIB),它用来测量个人兴趣与特定职业领域相比兴趣的相似性,都是经验法编制的量表。其方法是先编制涉及各种职业、学校科目、娱乐活动及人的类型的问卷,然后取两组被试,一组代表专门从事某种工作的标准职业者,另一组代表一般人,让两组被试接受测查,将两组被试反应不同的题目放在一起,构成职业兴趣量表。当时仅适用于男性,专门为女性而编制的量表则于 1933 年出版。1968 年坎贝尔(D.P.Campbell)主持了对该量表的修订工作,增加了基本兴趣量表(BIS)和一般职业主题(GOT),更名为 Strong Campbell Interest Inventory(SCII)。

斯特朗-坎贝尔兴趣量表是国外流行的职业兴趣测验,被广泛地应用于人才测评中,对个人职业选择提供了非常有效的信息,为企业的选员提供了非常有益的信息。SCII 1985 年的最新版本由 325 个问题组成。这些问题由职业、学校科目、活动、娱乐、人的类型、两种活动间的偏好和本人特征 7 个方面的内容组成。该量表把职业兴趣分成 6 种领域,即现实的、调查的、审美的、进取的、社会的和事务的领域。量表适合于初高中以上的被试者。它所表明的职业兴趣基本是大学生所选择的职业。斯特朗兴趣调查表(Strong Interest Inventory,SII,来源于 CPP)是斯特朗编制的最新版,1994 年由哈蒙等人修订。该调查表包括 317 个题目,被分为职业、学校科目、活动、休闲活动、人物类型、两种活动之间的偏好、个人风格、对工作世界的偏好 8 个部分。

2)库德职业兴趣测验

1934 年,库德所编制的一些兴趣量表也经历了与 SCII 差不多长的历史。最早的这类量表是库德偏好记录—职业篇(Kuder Preference Record-Vocational)。库德采用的是三择一的强迫选题,被试者必须在每一组中选出一个自己最喜欢的和一个自己最不喜欢的,所得的分数不是描述在某特定职业上得分的多少,而是10个广泛的兴趣领域分数。这10个兴趣领域是户外活动、机械、计算、科学、游说、艺术、写作、音乐、社会服务和文书,然后确定与之相应的10个同质性量表,被试的结果按这10个同质性量表记分,通过得分高低决定重要的兴趣领域。修订后而成的库德一般兴趣调查表是库德偏好记录—职业篇的扩充版,这个版本专供小学六年级到高中三年级文化程度的人使用。

库德职业兴趣调查表的记分与SCII一样,是参照特定的职业团体计算出来的,但还没有使用一个一般参照团体。相反,被试在每一个职业量表上的得分是以他的兴趣形态与该职业团体人士的兴趣形态之间的相关值来表示的。库德职业爱好调查表的最新版本同时提供了各种职业分数以及10个广泛的、同质的基本爱好分数,称为职业爱好评估(Vocational Interest Estimates,VIE)。VIE以百分位数表示,这些分数与霍兰德的6个职业爱好领域相对。1966年库德编制了库德职业兴趣调查表(KOIS),1985年再次修订了KOIS。库德职业兴趣调查表的结果分析如下:

①验证量表:评判结果的可靠度。

②职业兴趣评估:反映受测者对10种不同兴趣领域的偏好程度。测验结果按百分比分为高(75%)、中(25%~50%)、低(25%以下)3个兴趣等级。这10种兴趣领域的百分数还可以转换为霍兰德代码。

③职业量表:相比斯特朗职业兴趣量表(SVIB),包含更多的高基础率,涵盖的职业范围更为广泛。

④大学主修专业量表:可更好地解释年轻的被试者。

库德职业兴趣调查表与斯特朗职业兴趣量表的差异:

①使用强迫选择的自比项目形式(Alternative activities):测验结果可揭示个体内部的相对优势和弱势,而非这个个体某一特征的决定水平。

②以每个效标组的实际平均反应作为量表的确定项目,可提高量表的整体效度。

3)霍兰德职业倾向测量

继斯特朗和库德之后,在兴趣问卷编制领域比较有建树的是霍兰德。霍兰德的人格-职业类型匹配理论经过几十年的验证和检验,体系完善、符合逻辑和实证的科学标准,并且有广泛的应用实例。因此,在职业兴趣研究领域影响最大,其职业兴趣分类的标准也得到了大多数人的认同。目前一些应用最为广泛的量表是以霍兰德的研究成果为依据编制的。

1970年,霍兰德编制了第一个自我指导问卷(SDS),1985年又对其作了修订。SDS主要由两部分构成:一是职业类型测验,二是职业分类表。SDS的施测过程如下:

①根据个人的经历或感觉,确定自己感兴趣的职业,以便与后面的结果进行比较。

②进行测量。这包括职业活动、职业能力、职业能力和自我评价4个方面的内容,每个方面的内容都按6种类型以R-I-A-S-E-C的顺序排列,而且每个方面的各种类型题目的数目都是相等的(能力自我评价除外,它主要是进行6种类型活动能力水平等级评估)。

③确定职业码。其具体方法是把所有肯定的回答按6种类型计总分,取最大的三个维

度,按由大到小的顺序排列即可。

④根据这个职业的三字母码,在职业分类表中搜寻相应的职业,而对职业喜欢又有所不同。

［生涯活动］

1.自我兴趣测试

请具体、详细地回答以下问题,请特别注意问题的第二部分,即"为什么感兴趣"的部分,请认真考虑并作出回答。

(1)我的白日梦:请列出3种你非常感兴趣的职业(仅凭兴趣),这些工作的哪些特征吸引了你?

(2)从小到大你担任过或想担任哪些职务? 你喜欢的是哪些,不喜欢的是哪些? 为什么?

(3)你最崇拜或敬佩的人是谁? 他(她)对你产生了什么影响? 你觉得你跟他(她)有哪些方面很相似? 有哪些部分不同?

(4)请回忆两三个令你感到特别愉快,忘记了时空和自我的时刻,描述一下当时的场景,以及自己的感受。

(5)除了单纯的娱乐放松之外,你最喜欢哪几类电视节目,这些节目中哪些地方吸引了你?

(6)休闲的时候,你最喜欢做什么或者学什么,有哪些地方吸引了你?

(7)你的答案有什么共同点吗? 能否归纳主题或关键词,这些主题或关键词和霍兰德的哪种职业兴趣类型相对应? 如何能够让这些主题在你今后的生活中更充分地彰显?

说明:对最后一个问题的回答有助于你总结和归纳前面所有的问题,并将你在日常生活中的一些表现和职业兴趣类型联系起来,归纳出的主题或关键词是你未来进行职业决策时要考虑的关键因素。

2.我的度假计划

恭喜你获得了一个免费度假游的幸运大奖,你可以选择以下6个岛屿中的一个,要求你在这个岛屿上待满3个月。请不要考虑其他因素,仅凭兴趣选择你最想去的3个岛屿。

R岛:自然原始的岛屿。岛上自然生态保持得很好,有各种野生动物。居民以手工见长,自己种植花果蔬菜、修缮房屋、打造器物、制作工具,喜欢户外运动。

I岛:深思冥想的岛屿。有多处天文馆、科技博览馆及图书馆。居民喜好观察、学习,崇尚和追求真知,常有机会和来自各地的哲学家、科学家、心理学家等交换心得。

A岛:美丽浪漫的岛屿。有美术馆、音乐厅、街头雕塑和街边艺人,弥漫着浓厚的艺术文化气息。居民保留了传统的舞蹈、音乐与绘画,许多文艺界的朋友都喜欢来这里找寻灵感。

S岛:友善亲切的岛屿。居民个性温和、友善、乐于助人,社区均自成一个密切互动的服务网络,人们重视互助合作,重视教育,关怀他人,充满人文气息。

E岛:显赫富庶的岛屿。居民善于企业经营和贸易,能言善道。经济高度发展,有高级饭店、俱乐部、高尔夫球场。来往者多是企业家、经理人、政治家、律师等。

C岛:现代、井然的岛屿。岛上的建筑十分现代化,是进步的都市形态,以完善的户政管理、地政管理、金融管理见长。岛民个性冷静保守,处事有条不紊,善于组织规划,细心高效。

请按顺序写下你最愿意去的三个岛屿:_____

_____

岛屿的标志物及其含义:_____

_____

岛屿的关键词:_____

_____

说明:你最愿意去的3个岛屿的字母就是你的霍兰德代码。大多数人并非只有一种倾向,一般以3个字母作为个人的霍兰德代码,表示个人的职业兴趣倾向。霍兰德认为,这些倾向越相似,相容性越强,则一个人在选择职业时所面临的内在冲突和犹豫就会越少。

附:霍兰德职业索引

1.实用型为主的职业(以R开头)

RIA:牙科技术员、陶工、建筑设计员、模型工、细木工、制作链条人员。

RIS:厨师、林务员、跳水员、潜水员、染色员、电器修理工、眼镜制作工、电工、纺织机器装配工、服务员、装玻璃工人、发电厂工人、焊接工。

RIE:建筑和桥梁工程师、环境工程师、航空工程师、公路工程师、电力工程师、信号工程师、电话工程师、一般机械工程师、自动工程师、矿业工程师、海洋工程师、交通工程技术人员、制图员、家政经济人员、计量员、农民、农场工人、农业机械操作工、清洁工、无线电修理工、汽车修理工、手表修理工、管工、线路装配工、工具仓库管理员。

RIC:船上工作人员、接待员、杂志保管员、牙医助手、制帽工、磨坊工、石匠、机器制造工、机车(火车头)制造工、农业机器装配工、汽车装配工、缝纫机装配工、钟表装配和检验工、电动器具装配工、鞋匠、锁匠、货物检验员、电梯机修工、托儿所所长、钢琴调音员、装配工、印刷工、建筑钢铁工作员、卡车司机。

RAI:手工雕刻员、玻璃雕刻工、制作模型人员、家具木工、制作皮革品工、手工绣花工、手工钩针纺织工、排字工作员、印刷工作员、图画雕刻工、装订工。

RSE:消防员、交通巡警、警察、门卫、理发师、房间清洁工、屠夫、锻工、开凿工人、管道安装工、出租汽车驾驶员、货物搬运工、送报员、勘探员、娱乐场所的服务员、起卸机操作工、灭害虫者、电梯操作工、厨房助手。

RSI:纺织工、编织工、农业学校教师、某些职业课程教师(诸如艺术、商业、技术、工艺课程)、雨衣上胶工。

REC:抄水表员、保姆、实验室动物饲养员、动物管理员。

REI:轮船船长、航海领航员、大副、试管实验员。

RES:旅馆服务员、家畜饲养员、渔民、渔网修补工、水手长、收割机操作工、搬运工、公园服务员、救生员、登山导游、火车工程技术员、建筑工、铺轨工。

RCI:测量员、勘测员、仪表操作者、农业工程技术员、化学工程技师、民用工程技师、石油工程技师、资料室管理员、探矿工、煅烧工、烧窑工、矿工、保养工、磨床工、取样工、样品检验员、纺纱工、炮手、漂洗工、电焊工、锯木工、刨床工、制帽工、手工缝纫工、油漆工、染色工、按摩工、木匠、农民建筑工、电影放映员、勘测员助手。

RCS：公共汽车驾驶员、一等水手、游泳池服务员、裁缝、建筑工、石匠、烟囱修建工、混凝土工、电话修理工、爆炸手、邮递员、矿工、裱糊工人、纺纱工。

RCE：打井工、吊车驾驶员、农场工人、邮件分类员、铲车司机、拖拉机司机。

2.研究型为主的职业（以 I 开头）

IAS：普通经济学家、农场经济学家、财政经济学家、国际贸易经济学家、实验心理学家、工程心理学家、心理学家、哲学家、内科医生、数学家。

IAR：人类学家、天文学家、化学家、物理学家、医学病理、动物标本剥制者、化石修复者、艺术品管理者。

ISE：营养学家、饮食顾问、火灾检查员、邮政服务检查员。

ISC：侦察员、电视播音室修理员、电视修理服务员、验尸室人员、编目录者、医学实验定技师、调查研究者。

ISR：水生生物学者，昆虫学者、微生物学家、配镜师、矫正视力者、细菌学家、牙科医生、骨科医生。

ISA：实验心理学家、普通心理学家、发展心理学家、教育心理学家、社会心理学家、临床心理学家、目标学家、皮肤病学家、精神病学家、妇产科医师、眼科医生、五官科医生、医学实验室技术专家、民航医务人员、护士。

IES：细菌学家、生理学家、化学专家、地质专家、地理物理学专家、纺织技术专家、医院药剂师、工业药剂师、药房营业员。

IEC：档案保管员、保险统计员。

ICR：质量检验技术员、地质学技师、工程师、法官、图书馆技术辅导员、计算机操作员、医院听诊员、家禽检查员。

IRA：地理学家、地质学家、声学物理学家、矿物学家、古生物学家、石油学家、地震学家、声学物理学家、原子和分子物理学家、电学和磁学物理学家、气象学家、设计审核员、人口统计学家、数学统计学家、外科医生、城市规划家、气象员。

IRS：流体物理学家、物理海洋学家、等离子体物理学家、农业科学家、动物学家、食品科学家、园艺学家、植物学家、细菌学家、解剖学家、动物病理学家、作物病理学家、药物学家、生物化学家、生物物理学家、细胞生物学家、临床化学家、遗传学家、分子生物学家、质量控制工程师、地理学家、兽医、放射性治疗技师。

IRE：化验员、化学工程师、纺织工程师、食品技师、渔业技术专家、材料和测试工程师、电气工程师、土木工程师、航空工程师、行政官员、冶金专家、原子核工程师、陶瓷工程师、地质工程师、电力工程量、口腔科医生、牙科医生。

IRC：飞机领航员、飞行员、物理实验室技师、文献检查员、农业技术专家、动植物技术专家、生物技师、油管检查员、工商业规划者、矿藏安全检查员、纺织品检验员、照相机修理者、工程技术员、编计算程序者、工具设计者、仪器维修工。

3.事务型为主的职业(以 C 开头)

CRI:簿记员、会计、记时员、铸造机操作工、打字员、按键操作工、复印机操作工。

CRS:仓库保管员、档案管理员、缝纫工、讲述员、收款人。

CRE:标价员、实验室工作者、广告管理员、自动打字机操作员、电动机装配工、缝纫机操作工。

CIS:记账员、顾客服务员、报刊发行员、土地测量员、保险公司职员、会计师、估价员、邮政检查员、外贸检查员。

CIE:打字员、统计员、支票记录员、订货员、校对员、办公室工作人员。

CIR:校对员、工程职员、海底电报员、检修计划员等。

CSE:接待员、通信员、电话接线员、卖票员、旅馆服务员、私人职员、商学教师、旅游办事员。

CSR:运货代理商、铁路职员、交通检查员、办公室通信、簿记员、出纳员、银行财务职员。

CSA:秘书、图书管理员、办公室办事员。

CER:邮递员、数据处理员、办公室办事员。

CEI:推销员、经济分析家。

CES:银行会计、记账员、法人秘书、速记员、法院报告人。

4.企业型为主的职业(以 E 开头)

ECI:银行行长、审计员、信用管理员、地产管理员、商业管理员。

ECS:信用办事员、保险人员、各类进货员、海关服务经理、售货员、购买员、会计。

ERI:建筑物管理员、工业工程师、农场管理员、护士长、农业经营管理人员。

ERS:仓库管理员、房屋管理员、货栈监督管理员。

ERC:邮政局长、渔船船长、机械操作领班、木工领班、瓦工领班、驾驶员领班。

EIR:科学、技术和有关周期出版物的管理员。

EIC:专利代理人、鉴定人、运输服务检查员、安全检查员、废品收购人员。

EIS:警官、侦察员、交通检验员、安全咨询员、合同管理者、商人。

EAS:法官、律师、公证人。

EAR:展览室管理员、舞台管理员、播音员、驯兽员。

ESC:理发师、裁判员、政府行政管理员、财政管理员、工程管理员、职业病防治员、售货员、商业经理、办公室主任、人事负责人、调度员。

ESR:家具售货员、书店售货员、公共汽车驾驶员、日用品售货员、护士长、自然科学和工程的行政领导。

ESI:博物馆管理员、图书馆管理员、古迹管理员、饮食业经理、地区安全服务管理员、技术服务咨询者、超级市场管理员、零售商品店店员、批发商、出租汽车服务站调度员。

ESA:博物馆馆长、报刊管理员、音乐器材售货员、广告商售画营业员、导游、(轮船或班机上的)事务长、飞机上的服务员、船员、法官、律师。

5.艺术型为主的职业(以 A 开头)

ASE:戏剧导演、舞蹈教师、广告撰稿人,报刊、专栏作者、记者、演员、英语翻译。

ASI:音乐教师、乐器教师、美术教师、管弦乐指挥,合唱队指挥、歌星、演奏家、哲学家、作家、广告经理、时装模特。

AER:新闻摄影师、电视摄影师、艺术指导、录音指导、丑角演员、魔术师、木偶戏演员、骑士、跳水员。

AEI:音乐指挥、舞台指导、电影导演。

AES:流行歌手、舞蹈演员、电影导演、广播节目主持人、舞蹈教师、口技表演者、喜剧演员、模特。

AIS:画家、剧作家、编辑、评论家、时装艺术大师、新闻摄影师、男演员、文学作者。

AIE:花匠、皮衣设计师、工业产品设计师、剪影艺术家、复制雕刻品大师。

AIR:建筑师、画家、摄影师、绘图员、环境美化工、雕刻家、包装设计师、陶器设计师、绣花工、漫画工。

6.社会型为主的职业(以 S 开头)

SEC:社会活动家、退伍军人服务官员、工商会事务代表、教育咨询者、宿舍管理员、旅馆经理、饮食服务管理员。

SER:体育教练、游泳指导。

SEI:大学校长、学院院长、医院行政管理员、历史学家、家政经济学家、职业学校教师、资料员。

SEA:娱乐活动管理员、国外服务办事员、社会服务助理、一般咨询者、宗教教育工作者。

SCE:部长助理、福利机构职员、生产协调人、环境卫生管理人员、戏院经理、餐馆经理、售票员。

SRI:外科医师助手、医院服务员。

SRE:体育教师、职业病治疗者、体育教练、专业运动员、房管员、儿童家庭教师、警察、引座员、传达员、保姆。

SRC:护理员、护理助理、医院勤杂工、理发师、学校儿童服务人员。

SIA:社会学家、心理咨询者、学校心理学家、政治科学家、大学或学院的系主任、大学或学院的教育学教师、大学农业教师、大学工程和建筑课程的教师、大学法律教师、大学数学、医学、物理、社会科学和生命科学的教师、研究生助教、成人教育教师。

SIE:营养学家、饮食学家、海关检查员、安全检查员、税务稽查员、校长。

SIC:描图员、兽医助手、诊所助理、体检检查员、监督缓刑犯的工作者、娱乐指导者、咨询人员、社会科学教师。

SIR:理疗员、救护队工作人员、手足病医生、职业病治疗助手。

[思考题]

1.简述兴趣与职业生涯的关系。

2.结合自己的情况,分析职业兴趣产生的过程。

3.探索职业兴趣的方法有哪些?

第3章 性格探索

3.1 性格和职业

每个人都有自己的独特性格,都有和其性格适配的职业类型。性格与职业的适配性是职业满意度、职业成就的重要基础。大学生在制订职业生涯规划时,要考虑性格因素,应了解自己的性格类型以及职业对性格的要求,根据扬长避短的原则选择适合自己的职业,发挥性格优势的一面。

3.1.1 性格的概念和特征

1) 性格的概念

性格是人对现实的态度和相应的行为方式中的比较稳定的、具有核心意义的个性心理特征。性格(Character)一词源于希腊语"Kharakter",意为"印记""雕刻"或"雕成之物"。后来转意为"绘图""标志"和"特征",意指由外界环境造成的、深层的人格结构。

性格不是生来就有的,是在先天素质的基础上受到后天教育和环境的影响以及人自身积极活动逐渐形成的,也会因为经历和遭遇不同而改变,具有一定的可变性。但是每个人的自我塑造的可能性是有限度的。从职业发展角度来说,性格属于个体深层次的素质,其形成与大脑生成过程关系密切。人脑的内在结构(触突)在经历先天塑造与后天培养后,到一定年龄将不易改变。因此一个人潜在的性格特征在一定程度也是稳定的,且与众不同。

2) 性格的特征

性格的特征是指性格各个方面不同的特征,一般按照下列4个组成部分进行分析。

(1)性格的态度特征

人对现实的态度系统的特点是性格特征的重要部分。人对客观现实的态度是多种多样的。属于这方面性格特征主要是在心理及各种社会关系方面的性格特征,即个人与社会的关系、个人与集体的关系、个人与个人的关系以及对待自己的态度等方面的性格特征。

①对社会、集体和他人的态度的性格特征。属于这方面的性格特征主要有公而忘私或假公济私;忠心耿耿或三心二意;善于交际或行为孤僻;热爱集体或自私自利;礼貌或粗暴待人;正直或虚伪,富有同情心或冷酷无情等。

②对工作、劳动和学习的态度的性格特征。属于这方面的性格特征主要有勤劳或懒惰;认真或马虎;细致或粗心;创新或墨守成规;节俭或浪费等。

③对自己态度的性格特征。属于这方面的性格特征有自尊或自卑;谦虚或骄傲;严于律己或放任自己等。

（2）性格的意志特征

性格的意志特征是指人在对自己行为的自觉调节方式和水平方面的性格特征。一个人的行为方式往往反映出性格的意志特征。意志特征是性格特征的又一重要部分。

①对行为目的的明确程度的特征。属于这方面的特征主要有目的性或盲目性;独立性或易受暗示性;纪律性或散漫性等。

②对行为自觉控制水平的特征。属于这方面的特征主要有主动性或被动性;自制力强或缺乏自制力、冲动性等。

③在长期工作中表现出来的特征。属于这方面的特征主要有恒心或见异思迁;坚韧性或做事虎头蛇尾等。

④在紧急或困难情况下表现出来的特征。属于这方面的特征主要有勇敢或怯懦;沉着或惊慌失措;果断或优柔寡断等。

（3）性格的情绪特征

一个人稳定的经常表现的特点,就是他的性格的情绪特征。性格的情绪特征包括情绪活动的强度、稳定性、持久性和主导心境。

①情绪活动的强度。情绪活动的强度表现为个人受情绪影响程度和情绪受意志控制程度。如有人情绪体验比较微弱,容易用意志控制,有人情绪体验比较强烈,难以用意志控制。

②情绪活动的稳定性。情绪活动的稳定性表现为情绪起伏和波动程度。例如,有人情绪比较平静,对情绪的控制比较容易;有人情绪容易冲动,对情绪的控制比较困难。

③情绪活动的持久性。情绪活动的持久性指个性情绪保持时间的持久程度。如有人情绪活动持续的时间比较长,对工作和学习有深刻的影响;有人情绪活动持续的时间比较短,对工作和学习影响也小。

④主导心境特征。主导心境特征指不同的主导心境在一个人身上表现的程度。如主导心境表现的形式是多种多样的,有人经常愉快,有人经常忧伤;有人受主导心境支配的时间长(主导心境的稳定性大);有人受主导心境支配的时间短(主导心境的稳定性小)。

（4）性格的理智特征

性格的理智特征是指人在认知过程中的性格特点,人的认知水平的差异称为能力特征,人的认知活动特点与风格被称为性格的理智特征。

①感知方面的性格特征。人在感知方面的个别差异可以区分出主动观察型(不易受环境刺激干扰)和被动感知型(易受环境刺激干扰);逻辑型(注意细节)和概括型(更注意事物的一般和轮廓);记录型和解释型;快速型和精确型等。

②记忆方面的性格特征。人在记忆方面的个别差异可以区分出主动记忆型和被动记忆型;直观形象记忆型和逻辑思维记忆型;在识记上有快慢之分;在时间保持上有长短之分等。

③想象方面的性格差异。人在想象方面的个别差异可以区分出主动想象型和被动想象型;幻想型和现实型;敢于想象型和想象受阻型和广阔想象型等。研究表明,在想象过程中创造性和再造性成分的多少,常常是反映一个人的性格的"独立性"或"依赖性"的特征。

④思维方面的性格差异。人在思维方面的性格差异可以区分出独立型和依赖型;分析型和综合型等。性格的上述各个方面的特征并不是孤立的,而是相互联系着的,在个体身上结合为独特的统一体,从而形成一个人不同于他人的性格。在以上4个方面的性格特征中,性格的态度特征和意志特征是最主要的两个方面,其中又以性格的态度特征更为重要。它直接体现了一个人对事物所特有的、稳定的倾向,也是一个人本质属性和世界观的反映。

3.1.2　性格的分类

人的性格分为很多类型,不同心理学家有不同的分类。

英国的培因和法国的李波特根据理智、情绪、意志3种心理机能在人的性格中所占优势的不同,把人们的性格划分为理智型、情绪型和意志型。理智型的人通常以理智来评价、支配和控制自己的行动;情绪型的人往往不善于思考,其言行举止易受情绪左右;意志型的人一般表现为行动目标明确、主动积极、果敢坚定,有较强的自制力。

瑞士心理学家荣格根据里比多(Libido)的倾向,把人们的性格分为外向型和内向型。里比多是一种来自本能的力量,是一种生命力,决定着个人的一切活动的方向。个体的里比多的活动倾向于外部环境,就是外倾性的人;里比多的活动倾向于自己,就是内倾性的人。外倾型(外向型)的人,重视外在世界、爱社交、活跃、开朗、自信、勇于进取,对周围一切事物都很感兴趣,容易适应环境的变化。内倾型(内向型)的人,重视主观世界、好沉思、善内省,常常沉浸在自我欣赏和陶醉之中,孤僻,缺乏自信,易害羞,冷漠、寡言,较难适应环境的变化。外倾型和内倾型是性格的两大态度类型,也就是性格反映特有情境的两种态度或方式。

美国心理学家维特金等人根据个体独立性程度,把人们的性格划分为独立型和顺从型。独立型的人善于独立思考,不易受外来因素的干扰,能够独立地发现问题和解决问题;顺从型的人易受外来因素的干扰,常不加分析地接受他人意见,应变能力较差。

3.1.3　职业性格的概念和类型

职业性格是指人们在长期特定的职业生活中所形成的与职业相联系的、稳定的心理特征。有的人对待工作总是一丝不苟,踏实认真;在待人处事中总是表现出高度的原则性、果断、活泼、负责;在对待自己的态度上总是表现为谦虚、自信,严于律己等,所有这些特征的总和就是他的职业性格。职业性格回答了一个人适合做什么的问题。

职业性格的类型及特点有以下8个:

1) 变化型

此类型的人在新的和意外的活动或工作情境中感到愉快,喜欢有变化的和多样化的工作,善于转移注意力。如记者、推销员、演员。

2) 重复型

此类型的人适合连续从事同样的工作,按固定的计划或进度办事,喜欢重复的、有规律的、有标准的工种。如纺织工、机床工、印刷工、电影放映员。

3) 服从型

此类型的人愿意配合别人或按别人指示办事,而不愿意自己独立作出决策,担负责任。

如办公室职员、秘书、翻译。

4）独立型

喜欢计划自己的活动和指导别人的活动或对未来的事情作出决定，在独立负责的工作情境中感到愉快。如管理人员、律师、警察、侦察员。

5）协作型

此类型的人在与人协同工作时感到愉快，善于引导别人，并想得到同事们的喜欢。如社会工作者、咨询人员。

6）机智型

此类型的人在紧张和危险的情况下能自我控制沉着应对，发生意外和差错时不慌不忙出色地完成任务。如驾驶员、飞行员、公安员、消防员、救生员。

7）自我表现型

此类型的人喜欢表现自己的爱好和个性，根据自己的感情作出选择，能通过自己的工作来表现自己的思想。如演员、诗人、音乐家、画家。

8）严谨型

此类型的人注重工作过程中各个环节、细节的精确性，愿意按一套规划和步骤进行工作，尽可能做得完美，倾向于严格、努力地工作以看到自己出色完成工作的效果。如会计、出纳员、统计员、校对员、图书档案管理员、打字员。

3.1.4　性格和职业的关系

性格对职业的影响主要表现为对每个人职业气质、职业风格和职业选择方式的影响。因为性格不同，我们会对不同的事情产生兴趣，用不同的方式和他人交往，性格的差异也使我们在选择职业时使用不同的方式来作决定。虽然内向的人不善言辞，但是是很好的倾听者，思考的时间多于说话的时间。因此职业气质更多表现为沉稳、内敛、善于思考。感性的人虽然看起来比较敏感，甚至多愁善感，却善解人意，容易换位思考，先天具有很强的人性关怀能力，在服务行业、公益事业等具有明显的优势。

性格影响着一个人对职业的适应性，例如，乐观的人适合教师、社会工作者等职业；冷静的人比较适合会计、科研人员等职业；理性的人适合工程师、技师等职业。但性格对职业选择并不起决定性作用。仔细观察我们身边的多种职业就会发现，很多个性特征不同的人都在从事同一种职业。美国著名心理学家堂娜·邓宁在《你的职业性格是什么》一书中，公布了针对MBTI性格理论中性格类型所做的职业取向调查结果，发现每一种性格类型的人所偏好的职业都达三四十种，跨几个甚至几十个行业。这让我们了解到，任何职业都可以给不同性格的人发挥其个性优势的机会，只有不同性格的人共同参与，一个职业才会充满活力。

认知自己的性格，选择适合自己性格的职业，可以帮助我们利用和发挥天性中的优势，提高工作效率和对工作生活的满意度；了解目标职业所需要的性格，可以让我们主动塑造自己的性格，以适应未来的职业发展。

3.2 性格探索方法

MBTI 全称 Myers-Briggs Type Indicator，是一种迫选型、自我报告式的性格评估工具，用以衡量和描述人们在获取信息、作出决策、对待生活等方面的心理活动规律和性格类型。它以瑞士心理学家荣格的性格理论为基础，由美国的伊莎贝尔·迈尔斯（Isabel Myers）和凯瑟琳·布里格斯（Katharine Briggs）母女共同研制开发。MBTI 理论揭示了性格类型的多样性和由此导致的不同个体行为之间行为模式、价值取向的差异性。性格类型深刻地影响着人们观察事物的角度、思考问题的方式、决策的动机、工作中的行事风格，以及人际交往中的习惯和喜好。MBTI 是当今世界上应用广泛的性格测试工具。

3.2.1 MBTI 的四个维度

MBTI 用四个维度偏好二分法评估一个人的性格类型偏好，每个维度均有两个对立的两级构成。

1）能量的投注方向：外倾型（E）—内倾型（I）

该维度用以表示个体心理能量的获得途径和与外界相互作用的程度，即个体的注意较多地指向于外部的客观环境还是内部的概念建构和思想观念。

外倾型比较注重外在环境的变化，需要通过经历来了解世界；内倾型关注内部精神世界，其心理能量通过内部的思想、情绪等获得。外倾型与内倾型的比较如表 3.1 所示。

表 3.1 外倾型与内倾型的比较

外倾型（E）	内倾型（I）
与他人相处精力充沛	独自度过时光，精力充沛
希望成为注意的焦点	避免成为注意的焦点
行动，之后思考	思考，之后行动
喜欢边想边说出声	在心中思考问题不善于表露
易于"读"和了解 随意地分享个人信息	相对封闭 更愿意在经挑选的小群体中分享个人的信息
说的比听的多	听的比说的多
高度热情地社交	不把热情表现出来
反应快，喜欢快节奏	仔细考虑后才有所反应，喜欢慢节奏
重于广度而不是深度	喜欢深度而不是广度

2）信息的接收方式：感觉型（S）—直觉型（N）

该维度表示个体关注外在世界的方法，即倾向于通过各种感官去注意现实的、直接的、实际的、可观察的事件还是对事件将来的各种可能性和事件背后隐含的意义及符号和理论感兴趣。

感觉型关注真实而有形的事件,相信感官能告诉他们关于外界的准确信息,也相信自己的经验;直觉型重视想象力,注重将来,重视努力改变事物而不是维持它们的现状。感觉型与直觉型的比较如表3.2所示。

表3.2　感觉型与直觉型的比较

感觉型(S)	直觉型(N)
相信确定和有形的事物	相信灵感和推断
喜欢新想法—它们必须有实际意义	喜欢新思想和概念必须符合自己的意愿
重视现实性和常识性	重视想象力和独创力
喜欢使用和琢磨已知的技能	喜欢学习新技能,但掌握之后很容易就厌倦了
留心具体的和特殊的;进行细节描述	留心普遍的和有象征性的;使用隐喻和类比
循序渐进地讲述有关情况	跳跃性地展现事实,以一种绕圈子的方式
着眼于现实或现在	着眼于未来

3)作决策的方式:思维型(T)—情感型(F)

该维度用以表示个体在作决定和下结论的方法,即是依靠客观的逻辑推理还是主观的情感和价值。

情感型期望自己的情感与他人保持一致,他们作决定的基石是何者对他们自己和他人是重要的,情感型作决定的依据是个人的价值观;思维型依据客观事实的、非个人的逻辑分析来作决定,他们注重因果关系并寻求事实的客观尺度,因此较少受个人感情的影响。思维型与情感型的比较如表3.3所示。

表3.3　思维型与情感型的比较

思维型(T)	情感型(F)
退后一步思考,对问题进行客观的分析	超前思考,考虑行为对他人的影响
重视符合逻辑、公正、公平的价值;一视同仁	重视同情与和睦;重视准则的例外性
容易发现缺点,有吹毛求疵倾向,倾向于批评	给人快乐,容易理解别人
被认为冷酷、麻木、漠不关心	被认为感情过多,缺少逻辑性,软弱
认为圆通比坦率更重要	认为圆通与坦率同样重要
只有情感符合逻辑时,才是正确的,才可取	无论是否有意义,认为任何感情都可取
渴望成就而激励	为了获得欣赏而激励

4)喜好的生活方式:判断型(J)—知觉型(P)。

该维度用以描述个体如何与外界打交道,即倾向于以一种较固定的方式生活(或作决定)还是以一种更自然的方式生活(或收集信息)。

判断型倾向于以一种有序的、有计划的方式对其生活加以控制,期望看到问题被解决,习惯并喜欢作决定;知觉型个体偏好于知觉经验,他们不断地收集信息以使其生活保持弹性和自然。他们努力使事件保持开放性,让其自然地变化,以便出现更好的事件。判断型与知觉型的比较如表 3.4 所示。

表 3.4 判断型与知觉型的比较

判断型(J)	知觉型(P)
作了决定后感到快乐	当各种选择都存在时,感到快乐
有"工作原则":先工作再玩	"玩的原则":先玩再完成工作
建立目标,并准时地完成	随着新信息的获取,不断改变目标
愿意知道它们将面对的情况	喜欢适应新情况
着重结果(重点在于完成任务)	着重过程(重点在于如何完成工作)
满足感来源于完成计划	满足感来源于计划的开始
把时间看作有限的资源,认真对待最后期限	认为时间是可更新的资源,最后期限是有收缩的

根据上述 MBTI 四个维度偏好二分法描述,认真分析、判断究竟对哪种偏好的描述更接近你自己,把代表 4 个偏好的字母写在下面的横线上。

在 E 和 I 这个维度上,我认为更接近我本性的是_____。

在 S 和 N 这个维度上,我认为更接近我本性的是_____。

在 T 和 F 这个维度上,我认为更接近我本性的是_____。

在 J 和 P 这个维度上,我认为更接近我本性的是_____。

我的优势类型"四字母"是:_____,这 4 个特性代表了你的性格类型和职业偏好。

MBTI 测试需要注意的事项:

①根据四个维度解释、判断性格类型只是一种参考方法,建议使用专业的测评工具进行测试,并在专业顾问的指导下确认自己的性格类型。

②必须由你自己来判断哪一种性格倾向最符合你。

③无论你的性格倾向属于哪一种,都没有优劣之分,不同特点对不同工作存在适合与不适合的区别,而表现出具体条件下的优势和劣势。

④不要试图面面俱到,应把握好自己的优、劣势,扬长避短,选择适合自己的职业发展之路。

⑤不要让性格左右你对事业、人际交往的选择,接受他人与你相反的性格倾向类型。

3.2.2 MBTI 16 种人格类型

人的性格非常复杂,MBTI 每个维度都会互相影响,我们要理解一个人的性格时,最好是将四个维度结合起来。在 MBTI 中,四维八极构成了 16 种不同的人格类型,如表 3.5 所示。

表 3.5　MBTI 16 种性格类型及特征

ISTJ	ISFJ	INFJ	INTJ
沉静认真，贯彻始终，得人信赖而取得成功。讲求实际，注重事实，能够合理地去做决定。应做的事情，而且坚定不移地把它们行完成，不会因外界事物而分散精神。以做事有次序，条理为乐——不论在工作上，家庭生活上，重视传统和忠诚	沉静，友善，有责任感和谨慎。能坚定不移地承担责任。做事贯彻始终，不辞辛劳和准确无误。忠诚，细心，替人着想，细心；往往记着所重视的人的各种微小事情，关心别人的感受，努力创造一个有秩序，和谐的工作和家居环境	探索意念，人际关系和物质拥有的意义和它们之间的关系。希望了解什么可以激发人们的推动力，对别人有洞察力，能够履行坚持的价值观念。有一个清晰的理念以谋求大众的最佳利益，能够有条理地，果断地去实践自己的理念	有创意的头脑，有很大的冲劲去实践自己的理念和达到自己的目标。能够很快地掌握事情发展的规律，并想出长远的发展方向。一旦作出承诺，便会有条理地展开工作，直到完成为止。有怀疑精神，独立自主，无论为自己或是为他人，有高水准工作表现

ISTP	ISFP	INFS	INTP
容忍，有弹性；是冷静的观察者，有问题出现便迅速采取行动，找出可行的解决方法。能够分析哪些东西可以使事情进行顺利，又能够从大量资料中，找出实际问题的重心。很重视事件的前因后果，能够以理性原则把事实组织起来，重视效率	沉静，友善，敏感和仁慈。欣赏目前和周遭所发生的事情。喜欢有自己的空间，做事能把握自己的时间。忠于自己所重视的人；不喜欢争论和冲突。不会强迫别人接受自己的意见或价值观	理想主义者，忠于自己的价值观及自己所重视的人。外在的生活与内在的价值观配合。有好奇心，很快看到事情的可能性，能够加速对理念的实践。试图了解别人，协助别人发展潜能。适应力强，有弹性；如果和他们的价值观没有抵触，往往就能包容他人	对任何感兴趣的事物，都要探索一个合理的解释。喜欢理论和抽象的事情，喜欢思维多于社交活动。沉静，满足，有弹性，适应力强。在他们感兴趣的范畴内，有非凡的能力去专注而深入地解决问题。有怀疑精神，有时喜欢批评，常常善于分析

ESTP	ESFP	ENFP	ENTP
有弹性，容忍；讲求实际，专注及时的效益。对理论和概念上的解释感到不耐烦。希望以积极的行动去解决问题。专注于"此时此地"，喜欢主动与别人交往；喜欢物质享受的生活方式；能够通过实践达到最佳的学习效果	外向，友善，包容。热爱生命，热爱人，爱物质享受。喜欢与别人共事。在工作上，能用常识，注意现实的情况，使工作富有趣味性，灵活性，即兴性。易接受新朋友，灵活地适应新环境。与别人一起学习新技能可以达到最佳的学习效果	热情而热心，富于想象力。认为生活充满很多可能性。能够很快地找出时间和资料之间的关联性。而且自信心地依照所看到的模式去做。很需要别人的肯定，乐于欣赏和支持别人。即兴而富于弹性，时常信赖自己的临场表现和流畅的语言能力	思维敏捷，机灵，能激励他人，警觉性高，勇于发言。能随机应变地去应付新的和富于挑战性的问题。善于引出在概念上可能发生的问题，然后很有策略地加以分析。对日常例行事物感到厌倦，甚少以相同方法去处理同一事情，能够灵活地处理二连三的新事物

讲求实际，注重现实、事实。果断，很快作出实际可行的决定。能够安排计划和组织人员以完成工作，尽可能以最有效率的方法达到目的。能够注意日常例行工作的细节。有一套清晰的逻辑标准，会有系统地跟着去做，也想别人跟着去做。会以强硬态度去执行计划	有爱心，尽责，合作。渴望有和谐的环境，而且自有决心营造这样的环境。喜欢与别人共事，能准确，准时地完成工作。忠诚，即使在细微的事情上也能如此。能够注意到别人在日常生活中的需要而努力供应他们；渴望别人赞赏自己和欣赏自己所作的贡献	温情，有同情心，反应敏捷和有责任感。高度关注别人的情绪，需要和动机。能够看到每个人的潜质，要帮助别人发挥自己的潜能；能够积极地协助他人和组织的成长。忠诚，对赞美和批评都能作出很快的回应。社交活跃，在一组人中能够惠及别人	坦率、果断，乐于作为领导者。很容易看到不合逻辑和缺乏效率的程序和政策，从而开展和实施一个能够顾及全面的制度去解决一些组织上的问题。喜欢有长远的计划，喜欢有一套制订的目标。往往是博学多闻的，喜欢追求知识，又能把知识传给给别人。能够有力地提出自己的主张

3.2.3 MBTI 与职业的匹配

知道了自己的性格类型,有助于了解职业倾向。有研究表明,S-N、T-F 两种维度的组合与职业的选择更为相关;工作安全感则受 IJ、IP、EP、EJ 的影响最大。

表 3.6 描述了各种性格类型的职业倾向。在理解自己的职业倾向的时候,不要局限于类别名称的描述,而应注重某一工作类别的特征。

表 3.6　MBTI 16 种性格类型的职业倾向

ISTJ	ISFJ	INFJ	INTJ
• 管理者 • 行政管理 • 执法者 • 会计 可以利用自己的经验和对细节的注意完成任务的职业	• 教育 • 健康护理 • 宗教服务 能够运用自己的经验亲力亲为帮助别人的职业,这种帮助是协助或辅助性的	• 宗教 • 咨询服务 • 教学/教导 • 艺术 能够促进情感、智力或精神发展的职业	• 科学或技术领域 • 计算机 • 法律 能够运用自己的智力创造或技术知识去构思、分析和完成任务的职业
ISTP	ISFP	INFP	INTP
• 熟练工种 • 技术领域 • 农业 • 执法者 • 军人 能够动手操作、分析数据或事情的职业	• 健康护理 • 商业 • 执法者 能够让他们用友善、专注于细节的相关服务的职业	• 咨询服务 • 写作 • 艺术 能够运用创造和集中于他们的价值观的职业	• 科学或技术领域 能够基于自己的专业技术知识独立、客观分析问题的职业
ESTP	ESFP	ENFP	ENTP
• 市场 • 熟练工种 • 商业 • 执法者 • 应用技术 能够利用行动关注必要细节的职业	• 健康护理 • 教学/教导 • 教练 • 儿童保育 • 熟练工种 能够利用外向的天性和热情去帮助那些有实际需要的人们的职业	• 咨询服务 • 教学/教导 • 宗教 • 艺术 能够利用创造和交流去帮助促进他人成长的职业	• 科学 • 管理者 • 技术 • 艺术 能够有机会不断承担新挑战的工作
ESTJ	ESFJ	ENFJ	ENTJ
• 管理者 • 行政管理 • 执法者 能够运用对事物的逻辑性和组织完成任务的职业	• 教育 • 健康护理 • 宗教 能够运用个人关怀为他人提供服务的职业	• 宗教 • 艺术 • 教学/教导 能够帮助别人在情感、智力和精神上成长的职业	• 管理者 • 领导者 能够运用实际分析、战略计划和组织完成任务的职业

除了借助MBTI或其他测评工具探索自己的性格类型外,还可以结合自己在生活中的性格表现以及家人、朋友、同学等的评价来判断自己的性格类型。

[生涯活动]

性格测定

答题方法:在1~50题每个题后的括号里,凡是符合你情况的就填A,不符合的就填B,模棱两可的就填C。

测试题:

1.遇到高兴的事我总是很爱笑。 （ ）

2.能立即适应新环境。 （ ）

3.喜欢兴奋而紧张地劳动。 （ ）

4.能与观点不同的人和睦相处。 （ ）

5.经常与朋友借出、借入东西。 （ ）

6.喜欢别出心裁地做一些别人未做或不愿做的事。 （ ）

7.我认为人的幸福应自然流露出来不应拘小节。 （ ）

8.在大庭广众之下工作显得更富生气。 （ ）

9.我愿意把问题挑明而不愿一个人受闷气。 （ ）

10.我不经常分析自己的思想和动机。 （ ）

11.我盼望生活有变动,不要死水一潭。 （ ）

12.与其事先考虑是否能成功倒不如先干干试试。 （ ）

13.马上可以领会新工作的要领。 （ ）

14.发生事故不惊慌,能想办法摆脱困境。 （ ）

15.对社会上发生的事情很关心。 （ ）

16.对实际生活无用的知识不感兴趣。 （ ）

17.一旦知道行不通立刻改变主意。 （ ）

18.看到别人做错事马上提醒他。 （ ）

19.认为处事要先发制人。 （ ）

20.有许多要做的事情不知从何处下手。 （ ）

21.任何说话的场所都愿参加。 （ ）

22.喜欢研究别人而不是自己。 （ ）

23.做事粗糙。 （ ）

24.不愿别人提示而愿独出心裁。 （ ）

25.不愿回想自己的过去。 （ ）

26.对别人十分信任。 （ ）

27.走路、穿衣、说话我不喜欢磨磨蹭蹭的。 （ ）

28.我交的朋友很广泛,各种各样的。 （ ）

29. 我尽量注意不伤别人的感情。 （　）

30. 今日事情今日做，能做的事情马上做，用不着左思右想的。 （　）

31. 别人说三道四我并不介意。 （　）

32. 人生应当充满冒险，这是很有意思的。 （　）

33. 不论理由如何，我认为自杀的人都是很傻的。 （　）

34. 我喜欢体育活动，也爱看电视中的体育节目。 （　）

35. 写信不打草稿。 （　）

36. 愿意帮助别人。 （　）

37. 心里有事存不住。 （　）

38. 过十字路口时即使没车，红灯亮着时也不穿过去。 （　）

39. 听别人说话时脑子里会不断涌出新主意。 （　）

40. 与朋友聊天时不顾忌别人在场。 （　）

41. 常常与别人商量。 （　）

42. 不管谁和我讲话我都坦荡自如。 （　）

43. 只要是我信服的人我愿意听从调遣。 （　）

44. 我好读书不求甚解。 （　）

45. 不怕失败。 （　）

46. 很受孩子们的欢迎。 （　）

47. 空闲时不知如何打发时间。 （　）

48. 有什么想法常愿意告诉别人。 （　）

49. 对什么问题都好发表议论。 （　）

50. 听到别人的意见就很快改变自己的看法。 （　）

计分方法：在括号里填 A 的记 2 分，填 B 的记 0 分，填 C 的记 1 分，最后相加即得出总分。

性格评定：根据现在世界广泛应用的、由瑞士著名心理学家荣格提出的性格倾向说把性格分成外向型和内向型两大类。总分在 70 分以上属外向型，41~69 分属平衡型（性格倾向不明显），40 分以下的视为"非外向型"。

具有外向型性格的人经常对外部事物表示关心，开朗活泼、感情外露、自由奔放，做事当机立断，不拘小节，具有独立性、活动性、协调性、现实性、开放性、灵活性强的特点。在学习和工作上反应较快，但往往从兴趣、情感出发，缺乏计划性和坚持性。具有内向型性格的人重视主观世界，内心世界丰富，常沉浸在自我欣赏和幻想之中，沉着安静、处事谨慎、深思熟虑，计划性、规律性、安定性、逻辑性、周密性强，应变能力较差，不善交际，在工作学习上善于思考，但视野狭窄容易产生自卑感，爱抠小事。

[思考题]

1. 什么是性格？性格的特征表现在哪些方面？

2. 简述性格和职业之间的关系。

3. 你的性格类型属于哪一种，有哪些特点？如何依据性格特征选择职业方向？

第4章 能力探索

4.1 能力与职业

4.1.1 能力的概念

能力是指顺利完成某一项活动所必需的主观条件。然而,能力不能独立发挥作用,它总是和要完成一定的活动相联系在一起的。人在活动中表现自己的能力,又在活动中发展自己的能力。不同的职业活动需要不同的能力,因此,了解能力的类型对职业规划和职业发展具有重要意义。

按照人先天具有与后天培养,能力可以分为能力倾向和技能。

能力倾向指上天赋予每个人的特殊才能。虽然能力倾向是通过后天的活动呈现出来的,但这是一种潜能,与生俱来,也可能因为没有被开发而荒废。

技能是经过后天学习和练习而培养形成的能力,是通过练习获得的能够完成一定任务的动作系统,如表达能力、组织能力、人际交往能力等。

4.1.2 技能的分类

美国学者辛迪·梵和理查德·鲍利斯将技能分为知识技能、自我管理技能、可迁移技能3种。

1)知识技能

知识技能是经过教育、学习或培训获得的专业性和系统性的知识,常常与专业学习或工作内容直接相关。知识技能除通过正规学校学习外,还可以通过阅读、看电视、听,以及娱乐休闲、社团活动、家庭劳动、志愿者工作中学到,步入职场之后还可以通过单位培训、研讨班、专业会议中学到。

2)自我管理技能

自我管理技能用来描述人具有的某些特征,又被称为适应性技能。用来说明个体在不同环境下如何管理自己,被看作个性品质,包括时间管理、团队协作、人际沟通、情绪管理、问题解决等能力,被称为"成功所需的品质、个人最有价值的资产"。良好的自我管理技能可以通过主观努力培养和训练获得,能够帮助个体更好地适应周围环境、应对工作中出现的问题。素质可以通过以下途径获得和提高,如榜样的力量、认同与练习、观念的多元化、自我认知的提高、意志力的培养、丰富的精神生活,甚至业余爱好、娱乐休闲、社团活动、家庭职责等。

3) 可迁移技能

可迁移技能也称为通用技能,是指在某一环境中获得的,可以有效移用到其他不同环境的技能。可迁移技能可以在工作内外获得,在许多领域之间通用并得到进一步完善和增强,具有可迁移性、普遍性、实用性。可迁移技能一般用行为动词来表示,如沟通、创造、领导、团队合作等。技能可以通过实验、试验、实训、参与实践、观察学习、模仿体会、专业训练、实习培训,甚至业余爱好、娱乐休闲、社团活动、家庭职责获得。

4.1.3　能力结构

美国哈佛大学教授、发展心理学家霍华德·加德纳提出多元智力论(《智力的结构》,1983),指出人的智力是多元的,是由并行重要的多种能力而非由主次的一两个核心能力构成的,而每种能力都是以相对独立不是以集合的形式存在的。每个人都是独特的智力个体,不同的个体具有不同的能力倾向,不存在哪个个体更聪明。只要每个个体把自己独特的能力倾向充分地发挥出来,就已经做到了卓越的自己。

加德纳认为,个体身上至少存在独立的 8 种智力:

1) 言语—语言智力

语言智力是指有效运用口头语言和书写文字的能力。拥有此项突出智能的人能够顺利而高效利用语言描述事件、表达思想并与人交流,如记者、编辑、作家、演说家、政治家等。

2) 逻辑—数理智力

数理智力是指运算和推理能力。拥有此项突出智能的人对事物之间的各种关系如类比、对比、因果和逻辑关系比较敏感,通过数理运算和逻辑推理等进行思维。如侦探、律师、工程师、税务会计、电脑程序员、统计学家、数学家、科学家、逻辑学家等。

3) 视觉—空间智力

空间智力是指感受、辨别、记忆、改变物体空间关系,并借此表达思想和情感的能力。拥有此项突出智能的人对线条、形态、结构、色彩和空间关系比较敏感,能够通过平面图形和立体造型将它们表现出来,如画家、雕刻家、航海家、军事战略家、建筑师、室内装潢师、侦查员、向导等。

4) 音乐—节奏智力

节奏智力是指察觉、辨别、改编和表达音乐的能力。拥有此项突出智能的人对音乐(节奏、音调、音色和旋律)比较敏感,能通过作曲、演奏、歌唱等表达音乐,如作曲家、指挥家、歌唱家、演奏家、乐器制造者、乐器调音师等。

5) 身体—动觉智力

动觉智力是指运用四肢和躯干的能力。拥有此项突出智能的人可以较好地控制自己的身体,对事件能够作出恰当的身体反应,以及善于利用身体语言表达自己的思想和情感,如运动员、舞蹈家、外科医生、赛车手、演员、机械师、工匠等。

6）交往—交流智力

交流智力是指与人相处和交往的能力。拥有此项突出智能的人善于觉察、体验他人的情绪、情感和意图并据此作出适宜反应，如教师、律师、推销员、公关人员、谈话节目主持人、管理者、政治家等。

7）自知—自省智力

自省智力是指认识、洞察和反省自身的能力。拥有此项突出智能的人能正确认识和评价自身的情感、动机、欲望、个性和意志并作出适当反应，如哲学家、小说家、律师等。

8）自然观察智力

自然观察智力是指观察自然界中的各种形态，对物体进行辨认和分类，能够洞察自然或人造系统的能力。拥有此项突出智能的人善于观察、反映、联结、条理化、综合以及联系自然界和人文世界，如农业科学家、植物学家、地质学家、猎人、生态学家和园林设计师。

4.1.4 能力与职业

1）职业能力概念与分类

职业能力指直接影响职业活动效率，使职业活动顺利进行的个体心理特征，是从事某种职业的多种能力的综合。职业能力回答了一个人能做什么的问题。

职业能力分为一般职业能力、特殊职业能力、职业综合能力。

按照能力所表现的活动领域不同可以把职业能力划分为一般能力和特殊能力。一般职业能力是指在进行各种活动中必须具备的基本能力，也称智力。它是能力中最主要的一部分，其中抽象思维是核心。一般能力包括了语言能力、数理能力、空间判断能力、察觉细节能力、书写能力、运动协调能力、动手能力、社会交往能力、组织管理9种能力。特殊职业能力指从事特殊职业所需要的专业能力，又称专门能力，和职业活动紧密相连，如计算能力、音乐能力、绘画能力、数学能力、运动能力等。从事一项专业性活动时，既需要一般能力又需要特殊能力，二者相互关联、促进。

职业综合能力包括以下4个方面：

①跨职业的专业能力，如运用数学和测量方法的能力、计算机应用能力、运用外语解决技术问题和进行交流的能力。

②方法能力，如收集信息和筛选能力；制订工作计划、独立决策和实施的能力；具备自我评价和接受他人评价的承受力，并从失败中有效吸取经验教训。

③社会能力，如团队协作能力、人际交往和善于沟通的能力。

④个人能力，指大多数职业活动所共同需要的通用能力。

2）能力与职业关系

我国近代职业教育的倡导者黄炎培先生说："一个人职业和才能相不相当，相差很大，用经济眼光看起来，要是相当，不晓得增加多少效能，要是不相当，不晓得埋没了多少人才；就个人论起来，相当，不晓得有多少快乐，不相当，不晓得有多少怨苦。"明尼苏达工作适应论（美国心理学家罗圭斯特和戴维斯提出）认为，只有当工作环境能满足个人的需求，个人会感到"内在满意";而当个人能够满足工作的技能要求时,个人能够达到"外在满意"(即令自己的雇主、同事感到满意)。当个人能够同时达到内在和外在满意时,个人与环境之间的关系就比较协调,工作满意度就会比较高,在该工作领域也能持久发展。

大学生择业要考虑个人能力与职业技能要求相匹配。一定的职业能力是胜任某种岗位的必要条件,选择做自己擅长的工作比勉为其难做不擅长的工作要明智得多。此外,大学生要积极探索个人的能力倾向,要根据自己的优势能力确定职业方向和领域,才能胜任并在工作中取得一定成就。

4.2　能力探索方法

我们可以通过瑞文标准推理测验、韦克斯勒成人智力量表、一般职业能力倾向测验、行政能力测验等标准化的能力测验来认知个人能力,还可以通过非标准化评估方法测试个人能力。

4.2.1　一般职业能力倾向测验

普通能力倾向成套测验(General Aptitude Test Battery,GATB),最初是美国劳工部从1934年利用了10多年时间研究制定的,后来,日本劳动省将GATB进行了日本版的标准化,制定《一般职业适应性检查》(1969年版)。这套测验主要是实现对许多职业领域中工作所必需的几种能力倾向的测定,为自评量表。目前使用的由12种测验项目构成,其中8种是纸笔测验,其余4种是操作测验,两种测验可以测定9种能力倾向。这9种能力倾向对完成各种职业的工作都是必要的,都要通过一种实践性测验获得。

①G-智能能力,指一般的学习能力。对测验说明、指导语和诸原理的理解能力、推理判断的能力、迅速适应新环境的能力。

②V-言语能力,指理解言语的意义及与它关联的概念,并有效地掌握它的能力;对言语相互关系及文章和句子意义的理解能力;也包括表达信息和自己想法的能力。

③N-数理能力,指在正确快速进行计算的同时,能进行推理,解决应用问题的能力。

④Q-书写知觉能力,指对词、印刷物、各种票类之细微部分正确知觉的能力;能直观地比较辨别词和数字,发现有错误或校正的能力。

⑤S-空间判断能力,指对立体图形以及平面图形与立体图形之间关系的理解、判断能力。

⑥P-形状知觉能力,指对实物或图解之细微部分正确知觉的能力;根据视觉能够对图形的形状和阴影部分的细微差异进行比较辨别的能力。

⑦K-运动协调能力,指正确而迅速地使眼和手相协调,并迅速完成操作的能力;要求手能跟随着眼能看到的东西正确而迅速地作出反应动作,并进行准确控制的能力。

⑧F-手指灵巧度,指快速而正确地活动手指,用手指很准确地操作细小东西的能力。

⑨M-手腕灵巧度,指随心所欲地、灵巧地活动手及手腕的能力。如拿着、放置、调换、翻

转物体时手的精巧运动和腕的自由运动能力。

这种能力倾向测验,是从个人在完成各种职业所必需的能力中,提炼出各种职业对个人所要求的最有特征的 2~3 种,其中纸笔测验可集体进行,记分采用标准分数。各能力因素的原始分数转换为标准分数后便可绘制个人能力倾向剖析图,并与职业能力倾向类型相对照,被试者就可以从测验结果中知道能够充分发挥个人能力特性的职业活动领域。

GATB 的职业能力倾向类型分类

职业能力倾向类型	职业
①G-V-N	人文系统的专业职业
②G-V-Q	特别需要言语能力的事务职业
③G-N-Q	自然科学系统的专门职业
④G-N-Q	需要数的能力的一般事务职业
⑤G-Q-K	机械事务的职业
⑥G-Q-M	机械装置的操纵、运转及警备、保安职业
⑦G-Q	需要一般性判断的注意力的职业
⑧G-S-P	美术方面的职业
⑨N-S-M	设计、制图作业及电气职业
⑩Q-P-F	制版、描图的职业
⑪Q-P	检查分类职业
⑫S-P-F	造型、手指作业的职业
⑬S-P-M	造型、手臂作业的职业
⑭P-M	手臂作业的职业
⑮K-F-M	看视作业、身体性作业的职业

4.2.2　累计技能词汇表法

这是通过非标准化评估方法测试个人的能力。面对激烈的就业竞争,大学生个体必须具备技能的 KST 体系。KST 体系中的 K 即知识技能(Knowledge),S 即可迁移技能(Skill),T 即自我管理技能(Trait)。

1) 专业知识技能的发现

你大学学习的什么专业?

你的专业课有哪些?

你还辅修了什么专业?

你选修了哪些课程?

你参加过哪些课外培训、研讨会、专业会议?

你听过哪些讲座?

你自学了什么科目、知识?

对你的经历进行分析,尽可能全面地列出所掌握的知识技能,再从中分别挑选出自己感觉比较精通的和在工作中应用或希望应用的知识技能,最后排列出最重要的5项知识技能:

_____。

在盘点了自己现有的知识技能以后,把思绪转向未来,想想有哪些知识技能目前还不具备但希望自己拥有。可以通过什么样的途径来获得这些知识。

2)自我管理技能的发现

请用5个形容词来描述你的优点。(可参考表4.1)

_____。

在老师眼里,你是一个什么样的学生?

你的同学通常怎么评价你?

通常,你给人留下最深刻的印象是什么?

你觉得自己身上最明显的特点是什么?

表 4.1　素质词汇表

学术性强的—勤学的,博学的	机敏的—警戒的,警惕的,警觉的
精确的—准确的,正确的	野心勃勃的—有抱负的,毅然决然的
活跃的—活泼的,精力充沛的,	好分析的—逻辑的,批判的
适合的—灵活的,适应的	感谢的—感激的,感恩的
精通的—娴熟的,内行的,熟练的	能说会道的—善于表达的,擅长辞令的
胆大的—勇敢的,冒险的	艺术的—美学的,优美的
攻击性强的—强有力的,好斗的	随和的—放松的,随意的
坚持己见的—强调的,坚持的	有效的—多产的,有说服力的
健壮的—强壮的,肌肉发达的	有效率的—省力的,省时的
留心(细节)的—观察敏锐的	雄辩的—鼓舞人心的,精神饱满的
吸引人的—漂亮的,英俊的	有感情的—感动的,多愁善感的
平衡的—公平的,公正的,无私的	同情的—理解的,关心的
心胸开阔的—宽容的,开明的	着重的—强调的,有力的,有把握的
有条理的—有效率的,勤勉的	精力充沛的—活泼的,活跃的,有生气的
平静的—沉着的,不动摇的,镇定的	进取的—冒险的,努力的
正直的—直率的,坦率的,真诚的	热情的—热切的,热烈的,兴奋的

续表

有能力的—有竞争力的,内行的,技艺精湛的	博学的—消息灵通的,有文化修养的
仔细的—谨慎的,小心的	慷慨的—乐善好施的,仁慈的
喜悦的—高兴的,快乐的,欢快的	讲道德的—体面的,有德行的,道德的
清楚的—明白的,明确的,确切的	富于表现力的—生动的,有力的
聪明的—伶俐的,敏锐的,敏捷的	公平的—无私的,无偏见的
有能力的—熟练的,高效的	有远见的—明智的,有预见的
竞争的—好斗的,努力奋争的	流行的—时髦的,走俏的,现行的
有信心的—自信的,有把握的	坚定的—不动摇的,稳定的,不屈不挠的
志趣相投的—愉快的,融洽的	灵活的—适应性强的,易调教的
认真的—可靠的,负责的	有力的—强大的,强壮的
考虑周到的—体贴的,亲切的	合礼仪的—适当的,有礼貌的,冷静的
前后一致的—稳定的,有规律的,恒定不变的	朴素的—节俭的,节省的,节约的
常规的—传统的,认可的	大方的—慷慨的,无私的,乐善好施的
合作的—同意的,一致的	亲切的—真诚的,友好的,和蔼的
有勇气的—勇敢的,无畏的,英勇的	温和的—好心的,温柔的,有同情心的
周到的—有礼貌的,彬彬有礼的,尊敬的	乐群的—爱交际的,友好的
有创造性的—新颖的,有创意的	吃苦耐劳的—坚强的,坚韧不拔的
好奇的—好问的,爱探究的	健康的—精力充沛的,强壮的,健壮的
果断的—坚决的,坚定的,明确的	有帮助的—建设性的,有用的
慎重的—小心的,审慎的	诚实的—真诚的,坦率的
微妙的—机智的,敏感的	有希望的—乐观的,鼓舞人心的
民主的—平等的,公平的,平衡的	幽默的—诙谐的,滑稽的,可笑的

3)可迁移技能的发现

从可迁移技能词汇表中(表4.2)圈出任何你所拥有的功能性技能,在这个技能的后面加一个宾语("什么""谁")来突出。

如果某项技能使你回想起你的成就,就在你的成就表中写下这项成就的名字。

表 4.2　迁移技能词汇表

达到	照顾	巩固	指导	构成	最大化
执行	运送	建设	洞察	阐述	测量
适应	制图	联系	发现	募捐	调停
管理	选择	控制	拆除	收集	会见
做广告	分类	烹调	展示	测量	记忆
劝告	打扫	协调	证明	给予	指导
开玩笑	攀登	复制	草拟	统治	最小化
分析	训练	纠正	绘制	研磨	示范
预测	收集	联络	训练	种植/喂养	现代化
申请	着色	咨询	驾驶	引导	修改
评价	交流	计数	编辑	处理	教导
安排	比较	创造	授受	收获	激发
装配	比赛	培养	鼓励	前进	移动
声称	编辑	决定	忍耐	治愈	航行
评估	完成	定义	加强	帮助	商讨
协助	构成	代表	提高	识别	养育
参加	领会	运送	娱乐	举例	观察
审核	计算	证明	建立	想象	获得
权衡	集中	设计	估计	执行	操作
讨价还价	概念化	详述	评估	改进	组织
美化	调和	探测	膨胀	即兴表演	创造
预算	面对	发展	解释	增加	战胜
购买	联结	发明	探索	影响	包装
计算	保存	诊断	表达	通知	绘画
促进	领导	生产	分享	发起	参加
喂养	学习	编程	运送	革新/发明	感觉
感受	搬运	提升	演出	检查	坚持
填充	倾听	校对	简化	鼓舞	说服
融资	装载	保护	唱歌	安装	摄影
调整	定位	提供	绘图	互动	倡导

4)3种技能的组合训练

试着把你的3种技能结合在一起并表达出来(通过特质突出可迁移能力):

例如:细致地—归类—办公文档;严谨地—制作—电脑软件;全面详尽地—考虑—班级管理工作;担任—兼职销售工作,锻炼了—吃苦耐劳的精神,培养了—与客户清晰—沟通、快速—了解并满足—客户需求的能力。

5)KST体系

在KST体系中,知识是形成技能和素质的前提和基础,越是专业的技能、较高的素质越需要专业的、综合的知识。比如说大学生累积的专业知识的多少决定其专业技能的专业性的强弱;大学生了解、领会的生活知识、大学阶段所学习的基础知识和综合知识的多少为其综合素质形成的高低奠定必要条件。比如,大学生个体对应用心理学、人际沟通知识掌握的多少形成人际沟通素质。

在KST体系中,技能是用人单位考核员工的重要内容,也是大学生能否胜任某个职位的关键。在现代激烈的就业竞争中,大学生个体进入大学校门后就很快意识到这一点,所以总是试图通过某个课程的学习就能直接具备某种技能。比如学完营销学课程就问老师自己是否已经是优秀的销售员,当老师给予否定回答的时候大学生个体会有强烈的挫败感,课程知识无用论的念头也随即产生。结果导致目前中国一般高校中部分学生应付性的学习,最后取得的学历和应该累积的知识、形成的技能不对等,最终在人才市场上因为不具有核心竞争力而没有就业优势。在此我们总结,一方面,知识特别是专业知识和专业技能不能画等号,也就是说不是有多少专业知识就必定有多高的专业技能,知识只是技能的前提和基础,技能的形成还要通过实验、试验、实训、实习、实践等方式才能形成,教育部强调大学的应用性重要原因也在于此。

在KST体系中,素质是用人单位最为信赖的因素之一,也是大学生步入职场之后推动其职业发展的重要因素。用人单位通过招聘筛选,在同一组织内部,员工能力相差无几,这种情况下,谁的素质更优秀一些,就成为了其核心竞争力,无疑会助推其职业的发展。

4.2.3　探索职业对技能的要求

对大部分大学生而言,大学的下一个路口是职场和社会,每个大学生都要进入一个行业,从事某一职业,从某个职位开始自己的职业生涯。因此,从大一开始,了解未来想从事的职业,既能厘清大学阶段的学习方向,也能够在未来就业时有条不紊。所以,大学阶段了解3~5个未来想从事的职业很必要。我们简单总结出以下几个途径:

①参考一些专业的职业网站。

②浏览一些专业的求职网站。中华英才网、前程无忧网、智联招聘网是目前国内比较权威的求职网站,网站内要招聘的职位描述和任职者描述相对专业和详细。

③生涯人物访谈。就是对曾经从事过或正在从事某职业的人了解该职业的技能要求。这种方法能够更加深入地了解自己感兴趣的职业的特性、入职标准、工作方式等情况,印证通过其他渠道获得的职业信息。借鉴被访者的生涯决策和职场感受,有助于自己的职业选择判断和决策。认识自己和职场要求的差距,并有针对性地设法弥补提升;还可能结识职场人士,拓展求职人脉。

[生涯活动]

职业能力的测试量表

下面有 9 组题,每组题有 6 个题目,都是从人的日常活动出发来反映人的某一方面的能力。请根据自己的实际情况对这些活动作出评价,你可以大致了解自己的职业能力情况。

第一组

	强	弱
(1)善于表达自己的观点。	( )	( )
(2)阅读速度快,并能抓住中心内容。	( )	( )
(3)清楚地向别人解释难懂的概念。	( )	( )
(4)对文章中的字、词、段落和篇章的理解、分析和综合的能力。	( )	( )
(5)掌握词汇的程度。	( )	( )
(6)中学时的语文成绩。	( )	( )
总计次数	( )	( )

第二组

	强	弱
(1)作出精确的测量(如测长、宽、高等)。	( )	( )
(2)解算术应用题。	( )	( )
(3)笔算能力。	( )	( )
(4)心算能力。	( )	( )
(5)使用工具(如计算器)的计算能力。	( )	( )
(6)中学时的数学成绩。	( )	( )
总计次数	( )	( )

第三组

	强	弱
(1)美术素描画的水平。	( )	( )
(2)画三维度的立体图形。	( )	( )
(3)看几何图形的立方体感。	( )	( )
(4)想象盒子展开后的平面形状。	( )	( )
(5)玩拼板(图)游戏。	( )	( )
(6)中学时对立体几何题的理解及解题能力。	( )	( )
总计次数	( )	( )

第四组

	强	弱
(1)发现相似图形中的细微差异。	( )	( )
(2)识别物体的形状差异。	( )	( )

(3)注意到多数人忽视的物体的细节。 （　　） （　　）

(4)检查物体的细节。 （　　） （　　）

(5)观察图案是否正确。 （　　） （　　）

(6)学习时善于找出数学作业中的细小错误。 （　　） （　　）

总计次数（　　） （　　）

第五组

	强	弱
(1)快而正确地抄写资料(如姓名、数字等)。	（　　）	（　　）
(2)阅读中发现错字。	（　　）	（　　）
(3)发现计算错误。	（　　）	（　　）
(4)在图书馆很快地查找编码卡片。	（　　）	（　　）
(5)发现图表中的细小错误。	（　　）	（　　）
(6)自我控制能力(如较长时间做抄写工作)。	（　　）	（　　）
总计次数	（　　）	（　　）

第六组

	强	弱
(1)劳动技术课中做操纵机器一类的活动。	（　　）	（　　）
(2)玩电子游戏或瞄准打靶。	（　　）	（　　）
(3)在体操、广播操一类活动中身体的协调能力。	（　　）	（　　）
(4)打球的姿势的水平度。	（　　）	（　　）
(5)打字比赛或算盘比赛。	（　　）	（　　）
(6)闭眼单脚站立的平衡能力。	（　　）	（　　）
总计次数	（　　）	（　　）

第七组

	强	弱
(1)灵巧地使用手工工具(如榔头、锤子)。	（　　）	（　　）
(2)灵巧地使用很小的工具(如镊子、缝衣针等)。	（　　）	（　　）
(3)弹乐器时手指的灵活度。	（　　）	（　　）
(4)动手做一件小手工品。	（　　）	（　　）
(5)很快地削水果(如苹果、梨子)。	（　　）	（　　）
(6)修理、装配、拆卸、编织、缝补等一类的活动。	（　　）	（　　）
总计次数	（　　）	（　　）

第八组

	强	弱
(1)善于在陌生的场合发表自己的意见。	（　　）	（　　）
(2)善于在新场所结交新朋友。	（　　）	（　　）
(3)口头表达能力。	（　　）	（　　）

（4）善于与人友好交往并协同工作。　　　　　　　（　　）　　（　　）

（5）善于帮助别人。　　　　　　　　　　　　　　（　　）　　（　　）

（6）擅长做别人的思想工作。　　　　　　　　　　（　　）　　（　　）

　　　　　　　　　　　　　　　　　　　总计次数（　　）　　（　　）

第九组

　　　　　　　　　　　　　　　　　　　　　　　强　　　　弱

（1）善于组织单位或班级的集体活动。　　　　　　（　　）　　（　　）

（2）在集体活动或学习中，时常关心他人的情况。　（　　）　　（　　）

（3）在日常生活中能经常动脑筋，想出别人想不到的好点子。（　　）（　　）

（4）冷静果断处理突然发生的事情。　　　　　　　（　　）　　（　　）

（5）在曾做过的组织工作中，认为自己的能力属于哪一类水平。（　　）（　　）

（6）善于解决同事或同学之间的矛盾。　　　　　　（　　）　　（　　）

　　　　　　　　　　　　　　　　　　　总计次数（　　）　　（　　）

方法：

请根据每组回答的"强""弱"的总次数，填写表4.3。

表4.3　回答的记录表

组　别	相应的职业能力	强/次数	弱/次数
第一组	语言能力		
第二组	数理能力		
第三组	空间判断能力		
第四组	察觉细节能力		
第五组	书写能力		
第六组	运动协调能力		
第七组	动手能力		
第八组	社会交往能力		
第九组	组织管理能力		

结果分析：

第一组：语言能力。你具有对词、句子、段落、篇章的理解能力，以及善于清楚而正确地表达自己观念和向别人介绍信息的能力。你最适宜从事的职业有外销员、商务师、导游、演员、导演、编辑、播音员、节目主持人、教师、律师、审判员等。

第二组：数理能力。你能迅速而准确地运算，并具有在快速准确地进行计算的同时，进行推理，解决应用问题的能力。你最适宜从事的职业有会计、银行职员、保险公司职员、税务员、审计员、统计员、自然科学家、计算机工程师等。

第三组：空间判断能力。你具有对立体图形以及平面图形与立体图形之间关系的理解能力，包括能看懂几何图形、对立体图形三个面的理解能力，识别物体在空间运动中的关系，解决几何问题。你最适宜从事的职业有技术员、工程师、服装设计师、艺术家、家具设计师、建筑师、摄影师、家电维修员、自然科学家、军官、司机等。

第四组：察觉细节能力。你对物体或图形的有关细节具有正确的知觉能力，对图形的明暗、线的宽度和长度能作出区别和比较，可以看出其细微的差别。你最适宜从事的职业有技术员、工程师、电工、房管员、咨询师、运动员、教练员、导演、图书馆员、会计、银行职员、保险公司职员、审计员、统计员、编辑、播音员、自然科学家、计算机工程师等。

第五组：书写能力。你具有对词、印刷品、账目表格等细微部分正确的知觉能力，善于发现错字和正确地校对数字的能力。你最适宜从事的职业有教师、公务员、社会科学家、秘书、打字员、编辑、银行职业、咨询师、经理、记者、作家等。

第六组：运动协调能力。你的眼、手、脚、身体能够迅速准确和协调地做出准确的动作和运动反应，手能跟随眼睛所看的东西迅速行动，具有正确控制能力。你最适宜从事的职业有运动员、教练员、演员、服装设计师、家具设计师、美容师、电工、司机、服务员、导游、医生、护士、药剂师、导演、警察等。

第七组：动手能力。你的手、手指、手腕能迅速而准确地活动和操作小的物体，在拿取、放置、调换、翻转物体时手能做出精巧运动和腕的自由运动。你最适宜从事的职业有医生、护士、药剂师、运动员、教练员、自然科学家、技术员、工程师、服装设计师、家具设计师、艺术家、美容师、售货员、服务员、保育员、摄影师、演员、导演等。

第八组：社会交往能力。你善于与人之间的相互交往、相互联系、相互帮助、相互作用和影响，具有协同工作和建立良好人际关系的能力。你最适宜从事的职业有采购员、推销员、公共关系人员、外销人员、商务师、编辑、调度员、经理、服务员、房管员、导游、咨询师、银行信贷员、税务员、审计员、保险公司职员、演员、导演、教师、社会科学家、公务员、秘书、警察、律师等。

第九组：组织管理能力。你擅长组织和安排各种活动，具有协调人际关系的能力。你最适宜从事的职业有调度员、导游、教练员、导演、教师、经理、公务员、商务师、保育员、咨询师、税务员、秘书、律师、警察等。

注意：并不是不具有职业要求的相应能力就不能从事这一职业，由于职业能力特别是专门能力可以在职业实践中培养出来，择业者可以通过发挥自己的能动性，并在工作中培养和发展自己的职业能力，使之适应职业的需要。

［思考题］

1.简述能力和职业的关系。

2.技能的分类有哪些？可以分别通过哪些途径获得？

3.写出 3~5 个成就经历，分析其中使用的技能，总结出使每件事情成功的主要技能，概括出自己的优势技能。

第 5 章　职业价值观探索

5.1　价值观与职业

什么是"好工作"？在工作中追求的是什么？重视的是什么？回答这些问题，需要了解和澄清个人的价值观。价值观对一个人的行为和生活选择有着不可估量的影响，探索自己的价值观，会更好地为自己的全面发展作出选择。

5.1.1　价值观的概念及特征

价值观是一个人在工作和生活中非常看重的原则、标准和品质。心理学将价值观归为个性倾向的一种。个性倾向决定人的心理活动的选择性、对事物不同态度以及各种行为模式，标志着一个人憧憬什么、企求什么、争取什么、坚信什么、喜欢什么、嫌弃什么和什么驱使他活动等。价值观为人自认为正当的行为提供充分理由，是浸透于人的个性中支配着人的行为、态度、观点、理想、信念的一种内心尺度。

价值观的特征表现为以下几个方面：

1) 主观性

由于个人的先天条件、人生经历、所受教育和所处环境、兴趣爱好等不同，对于得失、荣辱、福祸、善恶的标准不一样，人们对各种事物有不同的主观评价。

2) 选择性

价值观在社会实践中萌发和形成，随自我意识的成熟进行自由选择。在客观条件下，人们的价值观不同，动机模式不同，产生的行为也不同。

3) 相对稳定性

价值观随着人们认知能力的发展，在环境教育影响下逐渐形成，具有相对稳定、持久、不易发生变化，但随着环境的变化，经验的积累，价值观可能会发生变化。

4) 社会历史性

因为时代变迁、生活变化会改变人们的观念，所以价值观表现出一定的社会属性。

5.1.2　价值观类型

美国心理学家洛特克于 1937 年在其《人类价值观的本质》中提出了 13 种价值观：

①成就感:提升社会地位,得到社会认同,希望工作能得到他人的认可,对工作的完成和挑战成功感到满足。

②美感的追求:能有机会多方面地欣赏周遭的人、事、物,或任何自己觉得重要且有意义的事物。

③挑战:能有机会运用聪明才智来解决困难,舍弃传统的方法,而选择创新的方法处理事物。

④健康:包括身体和心理,工作能够免于焦虑、紧张和恐惧情绪,希望能够心平气和地处理事务。

⑤收入与财富:工作能够明显、有效地改变自己的财务状况,希望能够得到金钱所能买到的东西。

⑥独立性:在工作中能有弹性,可以充分掌握自己的时间和行动,自由度高。

⑦爱、家庭、人际关系:关心他人,与别人分享,协助别人解决问题,体贴、关爱,对周遭的人慷慨。

⑧道德感:与组织的目标、价值观、宗教观和工作使命能够不相冲突,紧密结合。

⑨欢乐:享受生命,结交新朋友,与别人共处,一同享受美好时光。

⑩权力:能够影响或控制他人,使他人照着自己的意思去行动。

⑪安全感:能够满足基本的需求,有安全感,远离突如其来的变动。

⑫自我成长:能够追求知识上的刺激,寻求更圆满的人生,在智慧、知识与人生的体会上有所提升。

⑬协助他人:认识到自己的付出对团体是有帮助的,别人因为你的行为而受惠颇多。

5.1.3 价值观和职业

1)职业价值观概念

职业价值观是一个人的人生目标和人生态度在职业选择方面的具体表现,是职业主体的价值观在职业问题上的反映。它与一个人的个性心理倾向、自身经历、教育背景等有密切联系,包含了职业主体的职业道德、职业意识、职业责任、职业感情、职业态度、职业纪律等。职业价值观是人们衡量职业优劣和重要性的内心尺度。哪个职业好?哪个岗位适合自己?从事某一项具体工作的目的是什么?这些都是职业价值观的具体表现。

职业价值观表明了一个人通过工作所要追求的理想是什么,回答了"我的人生需求到底是什么"的问题。探索个人的职业价值观,要注重在职业选择中优先考虑众多价值观中的哪一种。由于社会分工不同,每种职业都有自己的特性,不同职业存在一定的差别,而个人身心条件、年龄阅历、所受教育和兴趣爱好等不同,因此人们对各种职业有着不同的主观评价。

2)职业价值观分类

职业价值观分为九类并有适合的职业类型与之相对应。

(1)自由型(非工资生活者型)

该类型职业价值观的人不受别人支配,凭自己的能力做事情,想充分施展本领。适合的职业类型有室内装饰、图书管理、摄影师、音乐教师、作曲、编剧、雕刻家、漫画家等艺术性职业。

（2）小康型

该类型职业价值观的人追求虚荣，优越感很强，很渴望能有社会地位和名誉，希望常常受到众人尊敬。其欲望得不到满足时，由于过分强烈的自我意识，有时反而很自卑。适合的职业类型有记账员、会计、银行出纳员、法庭速记员、成本估算员、税务员、核算员、打字员、办公室职员、计算机操作员、统计员、秘书等。

（3）支配型（权力型）

该类型职业价值观的人想当上组织的一把手，飞扬跋扈，不顾他人的想法，为所欲为，且视此为无比快乐。适合的职业类型有推销员、进货员、商品批发员、旅馆经理、饭店经理、广告宣传员、调度员、律师、政治家、零售商等。

（4）自我实现型

该类型职业价值观的人不关心平常的幸福，一心一意想发挥个性，追求真理。不考虑自己的收入、地位及他人对自己的看法，尽力挖掘自己的潜力，施展自己的本领，并视此为有意义的生活。适合的职业类型有气象学家、生物学家、天文学家、药剂师、动物学者、化学家、编辑、地质学者、物理学者、数学家、实验员、科研人员、科技工作者等。

（5）志愿型

该类型职业价值观的人富有同情心，把他人的痛苦视为自己的痛苦，不愿干表面上哗众取宠的事，把默默地帮助不幸的人视为无比快乐。适合的职业类型有社会学家、福利机构工作者、导游、咨询人员、社会工作者、社会科学教师、护士等。

（6）技术型

该类型职业价值观的人认为立足社会的根本在于一技之长。因此钻研一门技术，认为自己靠本事吃饭既可靠又稳当。适合的职业类型有木匠、农民、工程师、飞机机械师、自动化技师、野生动物专家、机械工、电工、司机、机械制图员等。

（7）经济型（经理型）

该类型职业价值观的人断然认为世界上的各种关系都建立在金钱的基础上，包括人与人之间的关系，甚至父母与子女之间的爱也带有金钱的烙印。这种类型的人确信，金钱可以买到世界上所有的幸福。各种职业中都有这种类型的人，商人尤甚。

（8）合作型

该类型职业价值观的人人际关系较好，认为朋友是最大的财富。适合的职业类型有公关人员、推销人员、秘书等。

（9）享受型

该类型职业价值观的人喜欢安逸的生活，不愿从事任何挑战性的工作。无固定职业类型。

3）价值观和职业生涯的关系

价值观对一个人职业目标和择业动机起决定性作用，在人们的职业生涯发展中起到极其重要的、决定方向性的作用，甚至往往超过了兴趣和性格对其的影响。从价值观角度看，职业生涯成败的判断标准就是个人是否得到了自己想要的生活，职业所带来的生活方式是否符合自己的价值观,这决定着人们就业后的工作态度和劳动绩效水平,从而决定了人们的职业发展情况。

因此,在为自己做生涯设计之前,一定要清楚个人的价值观及职业价值观。价值观及职业价值观决定了哪些因素对你是重要的,哪些要素是你优先考虑和选择的。

5.2 价值观探索

价值观会随着人们的需求变化而发生变化,大学生的价值观正在建立和形成的过程中,由于时代的变迁、多元价值体系的冲击,以及个人的成长和发展所带来的变化,个人的价值观常常变得混乱,这就需要对自己的价值观进行探索。清楚自己的价值观,可以帮助我们理智地选择适合自己的工作环境和工作领域,更好地规划职业发展方向。

5.2.1 真实价值观澄清

拉舍(Raths,1996)等学者指出,真实的"价值"需要具备以下几个基本要素:

①选择。价值观的选择应该是自己自由选择的结果,没有受到任何压力,并且价值观的选择应该是经过对众多价值观的比较和深思熟虑之后作出的。

②珍视。自己所选择的价值观应该是自己非常珍惜和重视的,并引以为豪。

③行动。价值观是指引自己行动的标准和原则,自己的行动应始终如一地追随自己的价值观。

澄清真实的价值观需要以下7个步骤:

①自主选择。自发提出所有自己可能会考虑的价值观。

②从众多的价值观中挑选。在同一领域的其他价值观选项面前,能抛弃其他价值观选择出一项。

③对每个可选项的后果有周到的思考。经过全面思考、深思熟虑后,仍然选择这一选项。

④珍视和爱护所选的价值观。为你的选择感到自豪,不后悔舍弃的,内心满意。

⑤对该价值观坚持和维护。愿意公开并且向其他人承认你的价值观,为它辩护。

⑥按自己的选择实践。用选择的价值观指导自己的行动。

⑦一贯如此行动。长期地、多次地实践你的价值观。

澄清价值观要注意的是每个人都有自己的核心价值观,每一种价值观都没有绝对的好坏之分。个人的价值观要与社会主流价值观一致,避免不良价值观取向。

5.2.2 职业锚理论

职业锚理论产生于美国麻省理工学院斯隆商学院、著名的职业指导专家埃德加·H.施恩(Edgar H.Schein)教授领导的专门研究小组。职业锚,实际就是人们选择和发展自己的职业所围绕的中心,是指当一个人不得不作出选择的时候,无论如何都不会放弃职业中那种至关重要的东西或价值观。职业锚(职业系留点)强调个人能力、动机和价值观 3 方面的相互作用与整合。个人在进行职业规划和定位时,可以运用职业锚思考自己具有的能力,确定自己的发展方向,审视自己的价值观是否与当前的工作相匹配。

1978 年,美国的埃德加·H.施恩提出的职业锚理论包括技术/功能型、管理型、自主/独立型、安全/稳定型、创造型 5 种。在 20 世纪 90 年代又发现了 3 种类型的职业锚:安全稳定型、生活型、服务型职业锚。施恩将职业锚增加到 8 种类型,并推出了职业锚测试量表。

1)技术/功能型

技术/功能型的人追求在技术或功能领域的成长和技能的不断提高,以及应用这种技术或职能的机会。他们对自己的认可来自自己的专业水平,喜欢面对专业领域的挑战。

2)管理型

管理型的人追求并致力于工作晋升,倾心于全面管理,将公司的成功与否看成自己的工作。通常具体的管理工作仅仅被看成通向更高、更全面管理层的必经之路。

3)自主/独立型

自主/独立型的人希望能随心所欲安排自己的工作方式、工作习惯和生活方式。追求能施展个人能力的工作环境,最大限度地摆脱组织的限制和制约。他们宁愿放弃提升或工作发展机会,也不愿意放弃自由与独立。

4)安全/稳定型

安全/稳定型的人追求工作中的安全与稳定感。他们可以预测将来的成功从而感到放松。他们关心财务安全,如退休金和退休计划。稳定感包括诚言、忠诚,以及完成老板交代的工作。尽管有时他们可以达到一个较高的职位,但他们并不关心具体的职位和具体的工作内容。

5)创造型

创造型的人希望使用自己的能力去创建属于自己的公司或创建完全属于自己的产品(或服务),而且愿意去冒风险,并消除面临的障碍。他们想向世界证明自己的创新性和独特性。他们在工作中学习并评估将来的机会,一旦感觉时机成熟,便会走出去创建自己的事业。

6)服务型

服务型的人一直追求他们认可的核心价值,例如:帮助他人,改善人们的安全条件,希望通过新的产品消除疾病等。他们一直追寻这种机会,这意味着即使变换公司,也不会接受不允许他们实现这种价值的变动或工作提升。

7)挑战型

挑战型的人喜欢解决看上去无法解决的问题,战胜强硬的对手,克服无法克服的困难、消除障碍等。对他们而言,参加工作的原因是工作允许他们去战胜各种不可能。新奇、变化和困难是他们的终极目标。如果事情非常容易,就马上变得非常令他们厌烦。

8）生活型

生活型的人希望将生活的各个主要方面整合为一个整体,喜欢平衡个人的、家庭的和职业的需要。他们需要一个能够提供足够弹性的工作环境来实现这一目标,甚至可以牺牲职业的一些方面,例如放弃职位的提升来换取三者的平衡。他们将成功定义得比职业成功更广泛。相对于具体的工作环境、工作内容,生活型的人更关注自己如何生活,在哪里居住,如何处理家庭事情及怎样自我提升等。

可以根据以上8种职业锚类型的描述,判断何种职业锚符合自己对职业的期望,从而明确自己的核心职业价值观。

5.2.3　价值观清单(分类卡)

①列举50项重要而常见的价值观,然后写在扑克牌大小的卡片上。根据自己的感觉快速地将价值观卡片按"总是重视""常常重视""有时重视""很少重视""从不重视"进行分类。在"总是重视"栏目中不能超过8张卡片。要根据自己的感觉来分类,明确什么对你最重要。

②将每个栏目中的卡片排序,将你感觉最强烈的价值卡片放在顶端,其他依次按重要程度降序排列。

③思考你此前的职业决策和你的重要价值观,注意你的价值观是支持、否定、刚好匹配,还是与你的职业抉择完全无关。

根据分类卡所挑选出的,写下你的思考:

重要价值观:＿＿＿＿＿＿＿＿＿＿＿＿＿＿＿＿＿＿＿＿＿＿＿＿＿＿＿。

不重要价值观＿＿＿＿＿＿＿＿＿＿＿＿＿＿＿＿＿＿＿＿＿＿＿＿＿＿。

居中的价值观＿＿＿＿＿＿＿＿＿＿＿＿＿＿＿＿＿＿＿＿＿＿＿＿＿＿。

5.2.4　价值观拍卖活动

现在有15个工作价值项目,所有拍卖项目的底价都是500元,你手里有5 000元,出价时,注意以下原则:

①每次竞拍报价需要以至少100元,但不超过1 000元的幅度上升;

②每种物品只能由一人购得。

请浏览以下的拍卖品清单,然后决定你将如何参与竞拍。请好好把握这仅有的一次机会!

价值出价表

1.为大众福利尽一份力。

2.追求美感与艺术氛围。

3.寻求创意,发明新事物、设计新产品、倡导新观念。

4.独立思考、学习与分析事理。

5.独立自主,依己意行事。

6.做好工作,看到具体成果,有成就感。

7.受他人推崇并尊敬。

8.发挥督导或管理他人的能力。

9.有丰厚的收入。

10.工作稳定,生活有保障。

11.良好舒适的工作环境。

12.与主管平等且融洽相处。

13.与志同道合的伙伴一起愉快工作。

14.能选择自己喜爱的生活方式,并能实现理想。

15.工作富有变化、不单调。

[生涯活动]

职业价值观标准化测评

下面有52道题目,每个题目都有5个备选答案,请根据自己的实际情况或想法,在题目后面圈出相应字母,每题只能选择一个答案。通过测验,你可以大致了解自己的职业价值观倾向。

A—非常重要　B—比较重要　C—一般重要　D—较不重要　E—很不重要

1.你的工作必须经常解决新的问题。 A B C D E

2.你的工作能为社会福利带来看得见的效果。 A B C D E

3.你的工作奖金很高。 A B C D E

4.你的工作内容经常变换。 A B C D E

5.你能在你的工作范围内自由发挥。 A B C D E

6.你的工作能使你的同学、朋友非常羡慕你。 A B C D E

7.你的工作带有艺术性。 A B C D E

8.你的工作能使人感觉到你是团体中的一份子。 A B C D E

9.不论你怎么干,你总能和大多数人一样晋级和涨工资。 A B C D E

10.你的工作使你有可能经常变换工作地点、场所或方式。 A B C D E

11.在工作中你能接触到各种不同的人。 A B C D E

12.你的工作上下班时间比较随便、自由。 A B C D E

13.你的工作使你不断获得成功的感觉。 A B C D E

14.你的工作赋予你高于别人的权力。 A B C D E

15.在工作中你能试行一些自己的新想法。 A B C D E

16.在工作中你不会因为身体或能力等因素,被人瞧不起。 A B C D E

17.你能从工作的成果中,知道自己做得不错。 A B C D E

18.你的工作经常要外出,参加各种集会和活动。 A B C D E

19.只要你干上这份工作,就不再被调到其他意想不到的单位和工种上去。 A B C D E

20.你的工作能使世界更美丽。 A B C D E

21.在你的工作中,不会有人常来打扰你。 A B C D E

22.只要努力,你的工资会高于其他同龄人,升级或涨工资的可能性就比干其他工作大得多。

A B C D E

23.你的工作是一项对智力的挑战。 A B C D E

24.你的工作要求你把一些事务管理得井井有条。 A B C D E

25.你的工作单位有舒适的休息室、更衣室、浴室及其他设备。 A B C D E

26.你的工作有可能结识各行各业的知名人物。 A B C D E

27.在你的工作中,能和同事建立良好的关系。 A B C D E

28.在别人眼中,你的工作是很重要的。 A B C D E

29.在工作中你经常接触到新鲜的事物。 A B C D E

30.你的工作使你能常常帮助别人。 A B C D E

31.你在工作单位中,有可能经常变换工作。 A B C D E

32.你的工作作风使你被别人尊重。 A B C D E

33.你的同事和领导人品较好,相处比较随便。 A B C D E

34.你的工作会使许多人认识你。 A B C D E

35.你的工作场所很好,比如有适度的灯光,安静、清洁的工作环境,甚至恒温、恒湿等优越的条件。 A B C D E

36.在工作中,你为他人服务,使他人感到很满意,你自己也很高兴。 A B C D E

37.你的工作需要计划和组织别人的工作。 A B C D E

38.你的工作需要敏锐的思考等。 A B C D E

39.你的工作可以使你获得较多的额外收入,如常发实物,常购买打折的商品,常发商品的提货券,有机会购买进口物品。 A B C D E

40.在工作中你是不受别人差遣的。 A B C D E

41.你的工作结果应该是一种艺术而不是一般的产品。 A B C D E

42.在工作中你不必担心会因为所做的事情领导不满意,而受到他的训斥或被他经济惩罚。 A B C D E

43.在工作中你能和领导有融洽的关系。 A B C D E

44.你可以看见自己努力工作的成果。 A B C D E

45.在工作中常常要你提出许多新的想法。 A B C D E

46.由于你的工作,经常有许多人来感谢你。 A B C D E

47.你的工作成果常常能得到上级、同事或社会的肯定。 A B C D E

48.在工作中,你可能做一个负责人,虽然可能只领导很少几个人,但你信奉"宁做兵头,不做将尾"的俗语。 A B C D E

49.你从事的工作经常在报刊、电视中被提到,因而在人们的心目中很有地位。 A B C D E

50.你的工作有数量可观的夜班费、加班费、保健费或营养费等。 A B C D E

51.你的工作比较轻松,你精神上也不紧张。 A B C D E

52.你的工作需要和影视、戏剧、音乐、美术、文学等打交道。　　　　A B C D E

评分与评价：

52 道题分别代表 13 项工作价值观。每圈一个 A 得 5 分，B 得 4 分，C 得 3 分，D 得 2 分，E 得 1 分。请你计算每一项的得分总数，并把它填在每一项的得分栏上，然后在下面依次列出得分最高和最低的 3 项：

得分最高的 3 项是：1.　　　　；2.　　　　；3.　　　　。

得分最低的 3 项是：1.　　　　；2.　　　　；3.　　　　。

从得分最高和最低的 3 项中，可以大致看出你的价值倾向，在选择职业时就可以加以考虑。

职业价值观测评说明：

1.利他主义（2，30，36，46），工作的目的和价值，在于直接为大众的幸福和利益尽一份力。

2.美感（7，20，41，52），工作的目的和价值，在于能不断地追求美的东西，得到美感的享受。

3.智力刺激（1，23，38，45），工作的目的和价值，在于不断进行智力的操作，动脑思考，学习以及探索新事物、解决新问题。

4.成就感（13，17，44，47），工作的目的和价值，在于不断创新、取得成就，不断得到领导与同事的赞扬，或不断实现自己想要做的事。

5.独立性（5，15，21，40），工作的目的和价值，在于能充分发挥自己的独立性和主动性，按自己的方式、步调或想法去做，不受他人的干扰。

6.社会地位（6，28，32，49），工作的目的和价值，在于所从事的工作在人们的心目中有较高的社会地位，从而使自己得到了别人的重视与尊敬。

7.管理（14，24，37，48），工作的目的和价值，在于获得对他人或某事物的管理支配权，能指挥和调遣一定范围内的人或事物。

8.经济报酬（3，22，39，50），工作的目的和价值，在于获得优厚的报酬，使自己有足够的财力去获得自己想要的东西，使自己的生活过得较为富足。

9.社会交际（11，18，26，34），工作的目的和价值，在于能和各种人交往，建立比较广泛的社会联系和关系，甚至能和知名人物结识。

10.安全感（9，16，19，42），不管自己能力怎样，希望在工作中有一个安稳局面，不会因为奖金、涨工资、调动工作或领导训斥等经常提心吊胆，心烦意乱。

11.舒适（12，25，35，51），希望能将工作作为一种消遣、休息或享受的形式，追求比较舒适、轻松、自由、优越的工作条件和环境。

12.人际关系（8，27，33，43），希望一起工作的大多数同事和领导人品较好，相处在一起感到愉快、自然，认为这就是很有价值的事，是一种极大的满足。

13.变异性或追求新意（4，10，29，31），希望工作的内容应该经常变换，使工作和生活显得丰富多彩，不单调枯燥。

测评只是给出可能的解释、参照途径，并不一定要按照解释去执行。

[思考题]

1.简述价值观和职业生涯之间的关系。

2.你重视的价值观有哪些,在什么样的职业中会充分体现?

3.澄清个人价值观有哪些步骤?

第6章 职业世界探索

6.1 了解职业

职业,是社会分工的必然结果,是大学生职业发展问题的外在性对象。毕业以后,一部分学生读研或出国留学,相当比例的学生将进入职场,开始自己的职业生涯。不管将来生涯方向如何选择,最终都离不开借助职业平台实现人生理想。

职业生涯是人生最主要的组成部分之一,认知职业世界,学习职业基本知识,掌握职业环境分析基本技巧,是生涯规划的重要环节,也是职业发展的基础。

6.1.1 职业的分类

1)国内职业的分类

1999年版《中华人民共和国职业分类大典》将国内职业分为1 838个,共8个大类,66个种类,413个小类。2005—2010年增补新增职业,职业细类共2 028个,2015年新版《中华人民共和国职业分类大典》职业分类结构为8个大类、75个中类、434个小类、1 481个职业。

第一大类　党的机关、国家机关、群众团体和社会组织、企事业单位负责人;

第二大类　专业技术人员;

第三大类　办事人员和有关人员;

第四大类　社会生产服务和生活服务人员;

第五大类　农、林、牧、渔业生产及辅助人员;

第六大类　生产制造及有关人员;

第七大类　军人;

第八大类　不便分类的其他从业人员。

2)工作世界地图(美国ACT高考中心职业分类)

美国大学考试中心(ACT)普里蒂奇(Prediger,1993)教授在霍兰德六边形模型上增加了两个维度——数据—观念、人—事物,数据—观念维度分别表示与具体事实、数字、计算等打交道的工作和用理论、文字、音乐等方式表达或运作的工作;人—事物维度分别表示与人相关的工作以及与具体物体相关的工作。在兴趣两维基础上普里蒂奇进一步将职业群体的具体位置标定在坐标图上,从而得到工作世界图。工作世界地图(第三版)把26个职业领域(类似工作集群)分为6大群体(职业类型)、12个区域,这些区域几乎涵盖了美国的所有职业。每种职业领域都按照数据、观念、人、物4种工作任务族群来确定其在工作地图中的位置,如图6.1所示。

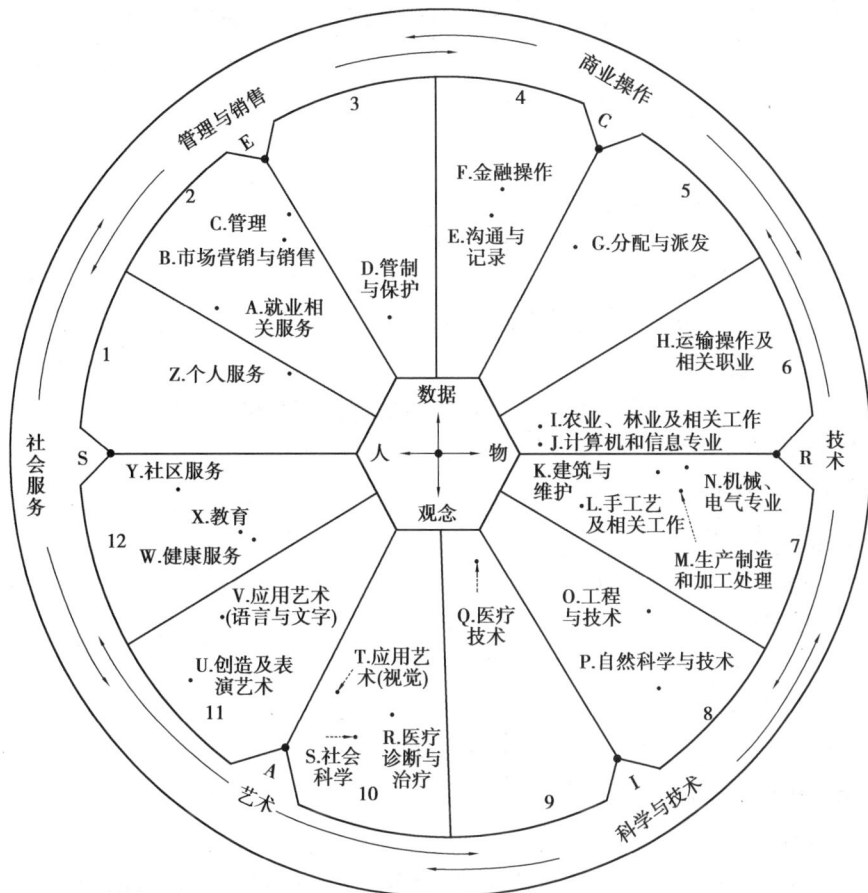

图6.1　工作世界地图

职业组群与职业领域

管理与销售职业族群

A.就业相关服务

员工福利经理、面试官、人力资源经理、劳工关系专员、培训/教育经理

B.市场营销与销售

广告经理、采购者、保险代理、房地产代理、销售/市场经理、旅行代理

C.管理

金融经理、外事服务官、总经理、酒店经理、财产/房产经理

D.管制与保护

海关检查员、侦探/警察、FBI探员、食物与药品检查员、公园管理员、警务人员

商业操作职业群

E.沟通与记录

摘录者、法庭记录员、酒店职员、医学档案技术员

F.金融操作

会计师/审计师,银行出纳员、财务/信用分析师、税务师、资产评估师

G.分配与派发

空中交通管制员、运输/收货员、仓管员、邮递员、飞行调度员

技术职业族群

H.运输操作及相关职业

飞行员、宇航员、公共汽车司机、火车、卡车司机、船长

I.农业林业及相关工作

水产养殖者、农场经理、林务员、苗圃/温室经理、树艺师

J.计算机和信息专业

保险精算师、档案员、计算机程序员、计算机系统分析师、网站开发者

K.建筑与维护

木匠、电工、消防员、水管工

L.手工艺及相关工作

家具师、厨师、珠宝匠、酿酒师

M.生产制造及加工处理

钣金工、焊工、印刷机操作工,工具、模具制造者

N.机械电气专业

锁匠、技工、各领域(汽车、航空、广播等)技师

科学与技术职业族群

O.工程与技术

各领域的工程师(民用、机械)和技术员(能源、质量控制等)、建筑师、生产计划员、调查员

P.自然科学与技术

物理学家、气象学家、生物学家、食品工艺师

Q.医疗技术

营养师、药剂师、配镜师、各领域的放射线技师(医疗、外科手术等)

R.医疗诊断与诊治

麻醉师、牙医、全科护士、理疗师、兽医

S.社会科学

人类学家、社会学家、实验心理学家、政治学者、犯罪学家

艺术职业族群

T.应用艺术(视觉)

动画片绘制者、时装设计者、图形艺术家(软件)、摄影师、布景师

U.创造及表演艺术

演员、作曲家、时装模特、舞蹈家、音乐家、作家

V.应用艺术(语言与文字)

记者、专栏作家、编辑、广告词撰稿人、公共关系专家、图书管理员、翻译

社会服务族群

W.健康服务

运动培训者、管理者、娱乐治疗师、精神科技师、口腔保健员

X.教育

运动教练、学院/大学教师、教育管理者、各领域的教师

Y.社区服务

各领域的咨询师、律师、社会工作者

Z.个人服务

理发师、飞机乘务员、发型设计师

需要说明的是:

①ACT工作世界地图只列举了各类别的若干职业和专业,并没有也不可能列出所有适合的职业和专业。大家可以根据所列出的职业和专业为线索,来判断未列出的职业和专业是否属于这个类别。

②专业不等于职业,有一些专业可能会属于不同的职业类别,遇到这种情况可以进一步了解该专业信息,以便作出判断。

③如果自己的职业倾向尚未明确,在专业选择时就可根据主要的性格特点和爱好选择应用范围较宽的专业,即宜粗不宜细的原则。

④遇到自己难以定位的情况,可以向专业人员求助。

6.1.2 职业发展趋势

随着经济社会发展、科技进步和产业结构调整升级,我国的社会职业构成和内涵发生了很大变化。

1)职业结构变迁速度越来越快

从农业革命到工业革命再到新的产业革命,两百多年时间里不断出现新的行业,一些传统职业开始衰落甚至消失,一些新的职业不断涌现并迅速发展。我国已步入工业化、城镇化、市场化、国际化的发展轨道,这种社会发展趋势成为推动第三产业发展的强大动力。第三产业在国民经济发展中发挥了重要作用,未来第三产业的职业总量会保持持续增长的态势。

2)职业教育的技术含量增大,体力劳动逐渐脑力化

随着教育水平的不断提升,科技的不断发展,就业岗位需要受过良好教育、掌握最新技术的劳动者,体力劳动和单纯机械操作将减少。

3)与高科技相关的职业不断发展

随着信息革命的到来,新兴的尖端技术不断涌现,汇集成高新技术的革命潮流,计算机技术、电子技术、自动控制技术、新材料、新能源、航天技术、海洋技术、生物技术等推动了传统产业革命的现代化,增加了就业岗位的科技含量。

4)职业对人才的素质要求日益提高

知识经济和全球化时代,脑力劳动在社会职业中的重要作用明显。同时,科技转化为生产力的周期明显缩短,对从业人员的素质要求不断提高,单一的技能和知识结构难以适应新职业的要求。信息灵、能力强、素质高、复合型人才日益受用人单位青睐。

5)职业选择多样化

随着社会的发展,工作方式也呈多样化,永久性职业减少。经济全球化和科技进步颠覆了传统的工作概念,出现了弹性工作制,在家工作、远程办公、多重工作、自由职业、自我创业等工作形式。未来职业流动速度也会增强,很多人一生会更换多种职业,在不同部门、不同组织和不同专业间流动。

综上所述,未来社会最需要的是智能型、复合型、社会型、创业型的劳动者,继续教育和终身教育将成为人们生活的重要内容,成为人们生存的不可或缺的手段。

6.1.3 职场概况

1)行业

行业是指具有相同性质的经济活动的组织的集合。如建筑业、教育业、金融业、餐饮业等。行业是管理概念,国家标准《国民经济行业分类》是依据 ISIC(联合国统计司制定的《所有经济活动的国际标准行业分类》)基本原则建立的国家统计分类标准,明确规定了全社会经济活动的分类与代码,适用于统计、规划、财政、税收、工商等国家宏观管理中对经济活动的分类,并用于信息处理和信息交换,是经济管理和统计工作的基础性分类。《国民经济行业分类(GB/T 4754—2017)》新行业分类共有 20 个门类、97 个大类、473 个中类、1 380 个小类。与 2011 年版比较,门类没有变化,大类增加了 1 个,中类增加了 41 个,小类增加了 286 个,新增行业类别体现新产业、新业态、新商业模式。20 个门类如下:

①农、林、牧、渔业。

②采矿业。

③制造业。

④电力、热力、燃气及水生产和供应业。

⑤建筑业。

⑥批发和零售业。

⑦交通运输、仓储和邮政业。

⑧住宿和餐饮业。

⑨信息传输、软件和信息技术服务业。

⑩金融业。

⑪房地产业。

⑫租赁和商务服务业。

⑬科学研究和技术服务业。

⑭水利、环境和公共设施管理业。

⑮居民服务、修理和其他服务业。

⑯教育。

⑰卫生和社会工作。

⑱文化、体育和娱乐业。

⑲公共管理、社会保障和社会组织。

⑳国际组织。

行业是职业的背景,职业的发展和行业前景息息相关。行业环境将直接影响企业的发展状况,也影响个人的职业选择。职业是针对"个人"所从事的"工作类别"而言;行业是针对"单位"所从事的主要"经济活动性质"而言。职业和行业之间是相互交叉的,不同行业可以含有相同职业,同一行业也可以包括不同的职业。

2)产业

产业是具有某种同类属性的企业经济活动的集合,是经济学概念。20 世纪 20 年代,国际劳工局最早对产业作了比较系统的划分,根据生产活动发生的顺序进行的划分,把一个国家的所有产业分为初级生产部门、次级生产部门和服务部门。第二次世界大战以后,西方国家大多采用了三次产业分类法,如第一产业、第二产业、第三产业等。第三产业的发展程度高低是衡量现代经济发达程度的重要标志。我国产业的划分:第一产业为农业,包括农、林、牧、渔各业;第二产业为工业,包括采矿业、制造业、电力、热力、燃气及水生产和供应业、建筑业各业;第三产业除第一和第二产业以外的行业,还分流通和服务两部分,共有以下 4 个层次:

①流通部门,包括交通运输、邮电通信、商业、饮食、物资供销和仓储等业。

②为生产和生活服务的部门,包括金融、保险、地质普查、房地产、公用事业、居民服务、旅游、咨询信息服务和各类技术服务等业。

③为提高科学文化水平和居民素质服务的部门,包括教育、文化、广播、电视、科学研究、卫生、体育和社会福利等业。

④为社会公共需要服务的部门,包括国家机关、政党机关、社会团体以及军队和警察等。

3)单位

单位是为了达成特定的目标而故意构建、重建的社会单位,也称组织,是大学毕业生毕业求职过程中选择、沟通的对象。我国的用人单位可以从单位性质、所有制形式、隶属关系、规模大小、营利性组织和非营利性组织的角度进行分类。

(1)企业单位

企业单位指从事生产、流通、服务等经济活动,以生产或服务满足社会需要,实行自主经营、独立核算、依法设立的一种营利性组织。从投资主体性质可分为国有企业、集体企业、股份合作企业、联营企业、有限责任公司、股份有限公司、私营企业、外商投资企业、港澳台商投资企业等。

(2)事业单位

事业单位指以增进社会福利,满足社会文化、教育、科学、卫生等方面需要,提供各种社会服务为直接目的的社会组织,不以盈利为直接目的。工作成果与价值不表现为可估量的物质形态或货币形态。事业单位相对于企业单位而言,包括一些有公务员工作的单位,是国家机构的分支。事业单位的经营模式随着改革的深入而不断变化,接受国家财政支持程度也有差异。

（3）机关单位

机关单位具有代表国家权力和行使国家行政、检察、审判职能,组织、协调社会、政治、经济、科技等活动的独立核算的单位。机关单位包括国家机关(立法机关、警察机关、行政、审判、检察机关、司法机关)、党政机关、社会团体、经济管理机关。

（4）社会组织

社会组织包括社会团体、基金会、民办非企业单位。

4）人才市场

人才市场又称劳动力市场,指在劳动力管理和就业领域中,按照市场规律,自觉运用市场机制调节劳动力供求关系,对劳动力的流动进行合理引导,从而实现对劳动力的合理配置的机构。人才市场是企业、事业单位进行招工、招聘,劳动者进行求职、投递填写简历的市场。

目前我国主要劳动力市场由以下几类就业机构构成:

①各级人事部门举办的人才交流中心。

②各类民办的人才交流中心。

③各级劳动社会保障部门举办的职业介绍所。

④各类民办的职业介绍所。

⑤政府有关部门举办的各类劳动力供需交流会。

⑥社区劳动服务部门。

⑦专门的职业介绍网站。

6.2 职业环境认知

职业环境是一种社会存在,对人的成长和职业发展有着重要的影响,为了更好地进行职业选择与职业生涯规划,必须对外部环境进行分析,通过外部环境分析弄清环境对职业发展的要求、影响及作用。了解哪些因素是自己就业的有利环境和不利环境,对各种影响因素加以衡量、评估,并作出反应。大学生就业一般会受到社会环境、企业组织环境、个人成长环境等方面的影响。

6.2.1 职业社会环境分析

职业社会环境主要指由政策设置、经济状况、行业发展状况、社会发展等所形成的就业社会氛围。

1）政策环境分析

大学生就业政策是国家为实现一定时期的路线、方针而制定的高层次人力资源配置的行为准则,体现了一定时期社会发展需要,是大学生就业过程中所应遵循的基本规范。我国大学生就业政策在不同发展阶段有着不同的政策内容。在统包分配的就业制度条件下,毕业生在国家下达的分配计划内有个人选择志愿的权利,但最终必须服从学校具体制订的调配方案,毕业生的就业是依附性就业。这种就业政策调控和约束性极强,与当时的经济体制相配套,曾为社会经济发展起过重要作用。

当前运行的毕业生就业制度,是在国家就业方针、政策引导下毕业生和用人单位双向选择的制度,毕业生有自主择业的权利,用人单位有自主用工的权利,双方在相互满足对方需要的基础上而达成一种契约关系,但依然会受到政策的导向、调控和约束。如单位的用工政策、吸引人才的政策、发达地区和中心城市的进入控制政策,都会对毕业生择业产生重要制约作用。此外,劳动人事制度中的人才流动、公务员制度、社会职业结构调整的有关政策,都会对大学生择业产生直接或间接影响。

2)经济环境分析

经济环境指构成企业生存和发展的社会经济状况和国家经济政策,是影响消费者购买能力和支出模式的因素,包括收入的变化、消费者支出模式的变化等。

从整个国家范围来说,经济的发展和科学技术的进步,劳动生产率的提高,职业演化速度的加快,就业岗位的增加,都是极为相关的因素。一个地区在一定时期的经济状况,直接影响其劳动就业状况,经济发展速度快的地区往往成为大学生择业的热点,以珠江三角洲地区、长江三角洲地区、环渤海地区为代表的东部沿海地区的工业经济基础较好。而中西部内陆地区经济发展水平相对较低,使人才分布则呈山地型,有的地方人才多,是高地,有的地方人才少,是平地。近年来东北振兴、西部开发和中部崛起规划对中高级人才的需求量都非常大,在进行职业规划的时候,毕业生可客观地分析自己,选择一个适合自己发展的平台,寻找更广阔的发展空间。

经济状况直接反映到职业的经济地位和行业的经济状况上,近年来高新技术发展迅猛,产生了巨大的经济效益,同时也带来了劳动力结构、社会职业结构的变化,毕业生就业出现结构性矛盾,表现为专业与需求、层次与需求的失衡现象。这就要求大学生认识到经济环境对自己职业选择的影响,发挥主观能动性,克服环境的不利因素,主动适应社会需要。

3)社会发展环境

信息化、全球化时代带来国际化人才竞争,社会对人才的要求也在不断变化。信息技术的高度发展缩短了全球各个国家的距离,使经济资源在全球范围内进行重新组合和配置。知识经济时代人力资源成为利润创造的"第一资源",新一轮国际竞争之一就是越演越烈的人才竞争,通过高薪酬、福利、工作环境、生活环境来吸纳全球范围内的优质人力资源。因此,大学生进行职业生涯规划时,应当具有一定的国际化视角,具备国际化标准的能力和素质,谋求长久的发展。

6.2.2 组织(单位)环境分析

进行组织环境分析是"知彼"的核心。组织环境分析包括行业环境分析和组织环境分析、岗位环境分析。

1) 行业环境分析

行业环境分析内容包括行业现状、行业目前的优势与问题、行业发展前景预测、国际国内重大事件对该行业的影响、目前行业优势与问题何在、行业发展趋势如何等。分析行业环境的时候，一定要结合社会大环境发展趋势，了解行业发展前景，还要注意国家政策对行业的影响，尽量选择有前景、发展空间较大的行业。求职时，"趋热避冷"是很多求职者的思维定式。金融业、IT 业等热门行业往往意味着高收入、高福利和长远的发展，而农林牧渔业、传统制造业等行业却总给人收入低、工作枯燥的印象。行业的冷与热是相对的，行业前景不等于职业前景，不应被眼前的热门行业和冷门行业所迷惑，要有前瞻性地思考明天的职业趋势，以成长性强的职业作为自己的目标。

不同行业对人才的技能、层次等都有不同的要求，即将进入职场的大学生还必须对自己准备进入的行业有一个全面系统的了解，清楚目标行业从业者的受教育程度、基本素养、能力倾向、资质、个性等。

2) 组织环境分析

组织环境一般包括单位类型、企业文化、发展前景、发展阶段、产品服务、员工素质、工作氛围等。首先，要确定自己适合什么样的企业文化，什么样的环境，从而找到真正适合自己要求的单位。如果用几年的时间一直在做自己并不适合的工作（这种情况非常常见），就是在浪费生命。组织（单位）是从业者生存和发展的土壤，每个组织都有自己的发展目标、运作模式。个人在择业时，有必要通过各种渠道了解单位的基本情况：经济类型，发展历史，主营业务，在同行中的地位，经营状况，规模和实力，福利待遇，地理位置等。

3) 岗位环境分析

对岗位环境探索的具体内容如下：

①岗位描述：这个岗位是什么、做什么，这个岗位要具备什么素质，谁做过和谁在做着这个岗位的工作？

②岗位晋升通路：和这个岗位相关的岗位是什么？这个岗位的职业发展通路是什么？

③背景下的岗位要求：不同行业对这个岗位的理解是什么？不同类型企业及企业所处发展阶段对这个岗位的理解是什么？不同领导和上司对这个岗位的理解和要求是什么？

④个人与岗位的差距：当综合了解岗位要求后，就可以进行差距量化和差距补充了。

6.2.3 个体成长环境

个体成长环境主要指所受教育环境。广义的教育环境包括了社会上的一切教育活动。这里着重探讨家庭教育、学校教育对大学生择业意识和择业行为的影响。

1) 家庭教育

家庭是人生活的重要场所，任何人的性格和品质的形成及个人的成长都离不开家庭环境的影响。从家庭教育来看，家庭是社会的细胞，父母是儿童的第一任教师，父母的教育方式及家庭气氛对儿童的成长起着重要的作用。家庭的教育方式对子女性格、爱好、兴趣等的培养和熏陶，直接影响其职业能力的发展。

大学生在进行职业生涯规划时,还需要考虑家庭的经济状况、家人期望、家族文化等因素对本人的影响。个人在成长过程中,不同时期也会根据自己的成长经历和所受教育的情况,不断修正、调整,并最终确立职业理想和职业计划。正确而全面地评估家庭情况才能有针对性地设计适合自己的职业规划。

2)学校教育

大学教育是按照专业门类来培养学生适应职业需要的基本素质和能力的过程,是通过基础课、专业基础课的教学活动和实习、社会实践等其他教育活动,使学生从某一专业的逻辑起点达到能够解决该专业一定问题的理论和技术修养水平,从而形成适应某类或某种职业需要的专业特长。大学生所受的专业教育直接制约着其职业适应的范围,如果所学的专业面较窄,则其职业适应的范围就小;反之,职业适应的范围就相对宽广。随着高校招生和毕业生就业制度改革的深入和学分制的实行,满足学生专业志愿和扩大其职业适应领域等方面的情况,都得到了更好的改变。

教育因素对大学生择业的影响,还包括社会教育及自我教育等。应该认识到,大学生所受的不同阶段的教育和大学期间不同内容的教育诸如专业教育、思想教育、就业指导等,都具有互补性。前一阶段他们所受教育的欠缺,可能得到后一阶段教育的补充;各种教育内容的相互交叉和渗透,可以促进大学生整体素质的提高。所以,大学生应当自觉认识自己成长的家庭环境与受教育的条件对其个性形成的影响,并通过主观努力,改变自己的不利因素,全面提高素质,为求职择业创造更加有利的条件。

[生涯活动]

我的家族职业树

了解职业,不妨从自己最熟悉的身边人开始。

(1)画一棵大树,在树梢处写自己爱好的一个或多个职业;在枝干处分别写上家庭成员的称谓和从事的职业,圈出主要人物;在树根处写上家庭成员的共同特点。

(2)思考

①家族中最多人从事的职业:_____。

②想要从事这种职业吗?为什么?_____。

③爸爸如何形容他的职业?爸爸平时会提到哪些职业?他怎么说的?

_____。

④爸爸的想法对我的影响:_____。

⑤妈妈如何形容她的职业?妈妈平时会提到哪些职业?她怎么说的?

_____。

⑥妈妈的想法对我的影响:_____。

⑦家族中还有谁对职业的想法对我影响深刻?他们怎么说?

_____。

⑧家族中对彼此职业感到满意或羡慕的是什么？

_____。

⑨家族彼此羡慕的职业：_____。

⑩对他们的想法我觉得：_____。

⑪家族中还有谁对职业的想法对我影响深刻？他们怎么说？_____。

⑫我的家人最常提到有关职业的事：_____。

⑬对我的影响：_____。

⑭哪些职业是我绝不考虑的？_____。

⑮哪些职业是我有考虑的？_____。

⑯选择职业时，我还重视哪些条件？_____。

你的感悟：_____。

6.3　职业信息的收集方法

职业信息是对与职业有关的所有信息的统称,完整的职业信息包括职业资源信息、职业新闻信息、职业政策信息、职业测评信息等。职业信息的采集与应用为个人和企业、社会以及人的职业生涯搭建起一座桥梁,帮助个人了解社会对不同职业角色的具体要求,培养职业角色意识,了解企业文化、价值、经验和规范,确定职业理想,增强个人的社会适应能力,有利于个人的社会化,有利于树立正确的职业观,有利于个人作出明智的职业选择。了解和认识相关职业,就需要我们学会收集和管理职业信息。

6.3.1　搜索职业信息的方法

我们身处一个资讯发达的时代,探索职业的途径有很多。依据一定的规律可以提高信息搜索的效率,例如从近至远的探索。所谓近和远,是指信息与探索者的距离。通常近的信息比较丰富,远的信息更为深入;近的信息较易获得,远的信息则需要更多的投入和与环境的互动才能了解。所以,从近至远的探索是一个范围逐渐缩小、了解逐渐加深的过程。图6.2列举了从近到远获取信息的一些方式。

个人进行职业收集信息通常可采取查阅、参观、访谈、讨论、实习等方法。

1)查阅

将个人希望了解的职业方向,通过查阅书籍、媒体、网络、期刊及有关声像资料获取一般性资料。其优点：

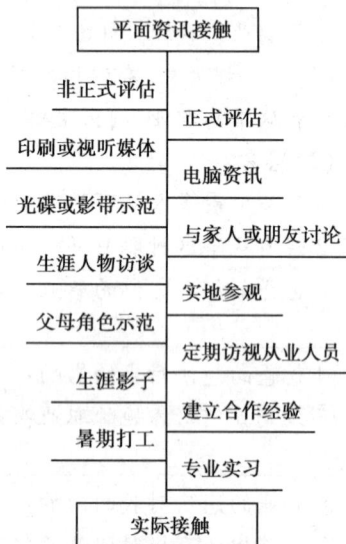

图6.2　生涯资讯来源与使用者接受距离区分图

平面资讯接触 / 非正式评估 / 正式评估 / 印刷或视听媒体 / 电脑资讯 / 光碟或影带示范 / 与家人或朋友讨论 / 生涯人物访谈 / 实地参观 / 父母角色示范 / 定期访视从业人员 / 生涯影子 / 建立合作经验 / 暑期打工 / 专业实习 / 实际接触

方便、快捷、信息量大、成本低。其不足在于：间接的、隔离的信息，可能与现实感受有一定差距。

2）参观

到相关职业现场进行短时间的观察、了解。通过职场实地参观，可以了解职业相应工作的性质、内容，职业环境及氛围，获取个人第一手体验。

3）访谈

通过和相关的从业人员交流，了解相关职业的知识、技能需求、待遇和发展前景等。进行资深从业人员访谈可获取个别的主观经验。

4）讨论

讨论意味着与别人共享对职业的探索结果，相互打消一些不现实或前景暗淡的东西，而共同发现一些更好的东西，更多的前进道路。

5）实习

到职业场所进行一定时间的打工、义务劳动或教学实习、实践。实习可以更深入、更真实地对职业的工作任务、工作要求、工作环境及个人的适应情况进行了解、判断，可以了解工作的程序、报酬、奖罚、管理及升迁发展的各种信息。

通过一定方式收集相关职业的信息，一般可以收集行业简介、行业现状、行业发展趋势、岗位设置、主要公司、行业证书等。

6.3.2　职业信息的管理

收集好职业信息后，还要求我们进行职业描述，形成文档，便于分类管理。

进行职业描述时，要描述以下内容：

职业名称：职业的符号特征，一般是由社会通用称谓来命名。

职业定义：对使用工具、从事的工作活动的说明。

职业资格等级：反映职业胜任程度。

职业能力特征：从业者需要具备的能力要素。

职业人格特征：从业者需要具备的人格要素。

受教育程度：接受正规教育的要求。

技术技能：从业者所必备的知识、技能基本要求，需要掌握的基本操作技术。

职业环境：工作场所的条件。

职业报酬：工资、待遇。

针对某一个特定职业来说，求职者如果能够了解这些职业描述内容，就能够有目的地选择职业目标、实现就业、选择培训和发展职业生涯。

[生涯活动]

1) 形成预期的职业库

通过自我探索可以帮助个人初步形成一个职业探索的范围,自我探索中的兴趣、性格探索,每一部分最后有相应适合的职业出现,此外,每个人还有自己心目中理想的职业,可以通过头脑风暴法的形式把它们也列出来。这样就获得了一份职业清单,看看这些职业有什么共同点,就可能启发你想到更多值得探索的职业。结合你的能力和价值观再次从职业清单中进行筛选,最终就得到你预期的职业库。

研究表明:在作决策时,太多的信息容易让人迷失,反而拿不定主意;而过少的信息又起不到让当事人了解客观事实的作用。在形成预期职业库的时候,职业清单的数量多少根据自己的情况要有适当的平衡,通常4~6个职业的选择是比较适中的。在信息探索过程中,抛开自己固有的想法,保持开放的心态,就容易获得客观的信息。

2) 实施生涯人物访谈

生涯人物访谈,是指为了获取职场信息,通过与一定数量的职场人士(通常是自己感兴趣的职业从业者,即生涯人物)会谈,了解相关职业、职位的实际工作情况。

开展一次有效的生涯人物访谈,一般可以按以下流程来操作:

(1) 遴选偏好职业

通过非正式途径或借助一定的工具(如 Holland 职业兴趣量表、职业性格 MBTI 量表、职业能力量表、职业价值观量表等)分析自己的兴趣、性格、能力和工作价值观,将分析结果与自己的教育背景和已掌握的职业知识,列出未来可能从事的3~5种职业,以便在这些职业领域内寻找在职人士作为生涯人物。

(2) 寻找访谈对象

生涯人物可以是自己的亲人、老师和朋友,可以是他们推荐的其他人,也可以借助行业协会、校友会或某个具体组织的网页来寻找其他职场人士。为了防止访谈对象的主观偏见,选择访谈的生涯人物应结构合理,既有初入职场的人士,又有工作了一定年限的中高层人士。具体来说,访问的人员可以包括老总、学者、人力资源专家、普通员工,还可以包括就业指导办的老师、专业课的老师、辅导员等,也可以采访职业顾问。当然,根据自己的时间和精力,适当选择3~5个生涯人物,防止出现主观偏见即可。正式访谈前,对生涯人物的信息掌握得越全面越好,姓名、职务和联系方式是必须知道的。

(3) 准备访谈提纲

采访前为自己准备一个"30秒的广告"。因为在访谈过程中生涯人物可能会问采访者的职业兴趣和求职意向,导入自己要访谈的内容,可以参考"行业探索要素"和"职业探索要素"清单。除此之外,还可以选择下列部分问题进行访谈:

您是如何找到这份工作的？主要职责是什么？

对于这份工作您最喜欢的是什么？最不喜欢的是什么？

这种职业需要什么样的技能、能力和个人品质？

目前这一行业同类岗位的薪酬水平如何？

您通过什么渠道提升自己？迄今为止，参加过哪些培训和继续教育？

您对自己现在所在行业有些什么看法？

您在从事这一工作之前，在哪些单位，干过哪些工作？

我现在可以通过什么方式、提高哪些技能和素质，以便日后能进入这一行业？

就您知道的情况而言，我的专业可以进入哪些领域工作？

什么样的初级工作最有益于学到尽可能多的知识？

什么样的个人品质或能力对本工作的成功来讲是重要的？

对一个即将进入该工作领域的人，您愿意提出特别建议吗？

还有哪些方法能帮助我深入了解该工作领域？

对一名即将进入职场的新人，特别需要注意哪些职业操守？

您能介绍一个下次访谈的对象吗？

（4）约定访谈事宜

预约方式有电话、QQ、电子邮件和普通信件等，可以直接网上搜索业内比较知名的企业或个人，或通过114查询到他们的各种联系方式。预约时首先介绍自己，然后说明找到他的途径，自己采访的目的，感兴趣的工作类型以及进行访谈所需要的时间（通常30分钟左右），确认访谈的方式、时间和地点。可以采用网上对话、电话交流或是面谈。

（5）操控访谈过程

访谈一定要守时、简洁，不浪费他人时间。访谈开始，一般可以用从其他渠道了解的生涯人物的正面消息轻松打开话题，之后按设计好的问题开始访谈。应征求生涯人物的意见，视情况对谈话进行录音，或书面记录，或不记录。尊重被访谈者，注意保护他们的信息安全和个人隐私。

遇到生涯人物谈兴正浓时，要乐于倾听，给生涯人物留出提供其他信息的机会。访谈结束时，请生涯人物再给自己推荐其他相关的生涯人物，这样就可以以滚雪球的方式拓展自己的职业认知领域。

（6）完善访后工作

对不允许访谈现场记录的内容应迅速补记，访谈完后将采访的资料整理到"生涯人物访谈表"。采访结束后一天之内，通过手机短信或邮件等合适的方式向生涯人物表示感谢。

在某个职业领域采访了多个生涯人物后，将收集的信息进行分析整理，对照之前自己对该职业的认识，找出主观认识与现实的偏差，确定自己是否适合这一行业、职业和工作环境，是否具备所需能力、知识与品质，形成书面总结报告，进而详细制订大学期间的自我提升计划。如果访谈结果与自己之前的认识出现严重脱节，应分析其原因所在，必要时对另一个职业领域开展新一轮生涯人物访谈。

6.4 职业对人才素养的要求

职业素质是指从业者在一定生理和心理条件基础上，通过教育培训、职业实践、自我修炼等途径形成和发展起来的，在职业活动中起决定性作用的、内在的、相对稳定的基本品质，是劳动者对社会职业了解与适应能力的一种综合体现。一般说来，劳动者能否顺利就业并取得成就，在很大程度上取决于本人的职业素质，职业素质越高的人，获得成功的机会就越多。

职业素养是职业素质的培养与发展的过程，是个体素质的职业化。职业素养是一种工作状态的标准化、规范化、制度化，即在合适的时间、合适的地点、用合适的方式，说合适的话、做合适的事，使其在知识技能、观念思维、态度心理上符合执业规范和标准。职业素养包含职业道德、职业思想(意识)、职业行为习惯、职业技能。一个人所拥有的资质、知识、行为和技能，是显性素养，这些可以通过各种学历证书、职业证书来证明，或者通过专业考试来验证。职业道德、职业意识和职业态度为隐性素养。

当前大学生就业压力日益增大，一方面寻不到中意的工作岗位；另一方面，用人单位找不到中意的所需人才。这种现象的存在与学生的职业素养难以满足企业的要求有关。"满足社会需要"是高等教育人才培养目的之一，既然社会需要具有较高的职业素养的毕业生，那么，高校教育应该把培养大学生的职业素养作为其重要目标之一。

6.4.1 职场成功需要的素养

"中国创新培训第一人"吴甘霖在其《一生成败看职商》一书中认为：一个人的能力和专业知识固然重要，但是，在职场要成功，最关键的并不在于他的能力与专业知识，而在于他所具有的职业素养。他甚至提出，一个人在职场中能否成功取决于其"职商"，而职商由以下10大职业素养构成：

①敬业：只有你善待岗位，岗位才能善待你。

②发展：与单位需要挂钩，才会一日千里。

③主动：从要我做到我要做。

④责任：会担当才有大发展。

⑤执行：保证完成任务。

⑥品格：小胜凭智，大胜凭德。

⑦绩效：不重苦劳重功劳。

⑧协作：在团队中实现最好的自我。

⑨智慧：有想法更要有办法。

⑩形象：你就是单位的品牌。

目前,中国企业普遍认为职业素养包含了以下要素:敬业精神、忠诚、良好的人际关系和团队精神、高度进取心、自动自发地工作、注重细节、追求完美、不找任何借口、具有较强的执行力、找方法提高工作效率、为企业提好的建议、维护企业形象、与企业共命运等方面的内容。

日本企业界总结出企业管理者必须具备的 10 种品德和 10 种能力。

10 种品德:有使命感、责任感、积极性、进取心、忍耐心、勇气、忠诚、老实、公平、热情。

10 种能力:有思维决定能力、规划能力、判断能力、创造能力、洞察能力、劝说能力、理解人的能力、解决问题能力、培养下级能力、调动积极性能力。

6.4.2 各类职业对人才的素质要求

你选择职业,职业也选择你,不同职业对求职者的知识、能力、性格等心理品质等有不同要求。

1) 科研型职业应具备的素质

科研工作是一种创造性劳动,科研型人员应具备以创造力为核心的知识结构。在知识结构方面,具备深厚扎实的基础知识、外语交流能力,既要有专长又要有较渊博的知识,达到专与博的有效结合。具备创造性、熟练的基本技能和理论理解及应用,把这三者融会贯通,协调结合起来的能力。具备独立思考,勤于实践,不怕挫折的良好心理素质。

2) 管理型职业应具备的素质

从事管理型职业人员应具备的素质,主要包括以下几点:能贯彻国家的方针政策并能灵活运用,有高度的公众意识;具备坚实的管理专业理论和实际知识,同时具有较广博的自然知识和社会知识;具备一定的领导、组织协调和社会才能以及中外语言文字表达能力;具有健康的身体和充沛的精力,以应对千头万绪和千变万化的工作。

3) 事务型职业应具备的素质

事务型职业,是指与组织机构内部日常的制度性、规范性、信息传播等有关的事务处理的职业活动,如打字员、档案管理员、办事员、秘书、图书管理员、法院书记等。事务型职业对从业者的素质要求,在知识方面侧重于基础文化知识,对职业技术专门的知识有较具体的了解,要懂得统计、档案管理知识、熟悉专门法规和规章条例,一些涉外单位对外语也有较高的要求,事务型职业不少岗位需要员工严守纪律、保守秘密,有的单位还在礼仪方面有特殊要求,在能力方面要求具有较高的社交能力、语言表达能力和干练的办事能力等。

4) 工程型职业应具备的素质

工程型职业,主要是指工业、建筑业等行业的工程技术人员应具备的素质要求:要有不辞劳苦、艰苦奋斗的创业精神和严肃认真、一丝不苟的求实工作态度。要谦虚谨慎,深入工作第一线,能和同事密切合作。在牢固掌握专业知识的基础上,对相近专业的知识要比较了解,并有较好的外语水平、计算机应用能力、语言表达能力和理论应用实际的能力。

5) 文化型职业应具备的素质

文化型职业在知识和能力上对从业者素质的要求:能博采众长和广泛涉猎;敏锐的观察

力;丰富的想象力;坚强的毅力;得天独厚的艺术天赋;不断的创新精神。

文化型职业,如作家、服装设计师、音乐家、舞蹈家、摄影家、书画雕刻家、广告设计师等。

6)社会型职业应具备的素质

社会型职业包括教育人,救死扶伤,提供公共服务,协调人际关系,为人民提供生活便利的工作,如教师、医生、律师、法官、广播电视工作者等社会公共服务人员。社会型职业要求从事其职业的人员在知识素质方面,应具有基础的科学文化知识,尤其是应该具备广泛的知识和职业要求的专业知识;在能力素质方面,要有一定事实上的理解能力、社会活动能力、组织协调能力、自身形象设计能力和文字表达能力等。随着经济的全球化,人才竞争的国际化,中外语言的表达能力和计算机操作使用技能已成为各种职业类型所必需的基本技能。

6.4.3　大学生应具备的职业技能和职业能力

1)职业对知识结构的要求

对大学生来说,掌握职业技能是就业的根本,也是顺利就业的途径之一。广义的职业技能是指大学生将来就业所需的技术和能力;狭义的职业技能是指大学生拥有的科学文化素养。职业技能是形成职业素养的基础,高素质的人才必然融会贯通知识结构。知识结构是指一个人经过专门学习培训后所拥有的知识体系的构成情况与结合方式,既有精深的专门知识,又有广博的知识面,具有事业发展实际需要的最合理、最优化的知识体系。

职业对求职者文化素质、知识结构的要求受多种因素的影响,尤其受到当代科学技术发展状况的影响。随着当今科学技术的飞速发展,社会生产发生着翻天覆地的变化。与此同时,各类现代职业对就业者文化素质和合理的知识结构的要求也越来越高。就知识结构而言,不仅对知识技能共性的要求越来越多,而且对就业者知识和技能的适应性要求也越来越强。不同类型的职业对求职者知识结构的共性要求有以下几个:

(1)宽厚扎实的基础知识

基础知识是知识大树之躯干,是知识结构的根基。美籍华裔物理学家、诺贝尔物理学奖获得者李政道说:"我是学物理的,不过,我不专看物理书,还喜欢看杂七杂八的书。人们认为:在年轻的时候,杂七杂八的书多看一些,头脑就能比较灵活。"大学毕业生无论选择何种职业,也不管要朝哪个专业方向发展,都少不了深厚扎实的基础知识来支撑。特别是随着科技和经济的高速发展,社会的产业、行业、职业结构调整的速度必然加快,大学毕业生在择业、就业上已不可能再是从一而终,职业岗位随时变动的状况不可避免。要适应这种变化,必须靠扎实宽厚的基础知识。

(2)广博精深的专业知识

大学毕业生是将要从事专业性较强工作的高级专门人才。专业知识是其知识结构的核心部分,也是科技人才知识结构的特色所在。广博精深,是指大学生对自己所要从事专业的概念体系、理论体系、研究方法、学科历史和现状、国内外最新信息等都要了解和把握。同时,对其专业邻近领域的知识也要有所了解和熟悉,善于将其所专的领域与其他相关知识领域紧密联系起来。

（3）大容量的新知识储备

现代各类职业都要求从业者的知识"程度高、内容新、实用强"。"程度高"是指知识层次高，知识面广；"内容新"是指从业者的知识结构应以反映当今科学技术发展状况的新知识、新信息为主；"实用强"是指从业者的知识在生产、工作中有很强的实用价值。目前用人单位普遍要求毕业生具有高学历，能够熟练地运用一门外语和使用计算机。此外，毕业生如能掌握一技之长诸如书法、绘画、驾驶、公关等也将提高其求职的成功率。

职业化的技能、知识，直接决定了发展的潜力和成功的可能，作为大学生可以从以下几方面提高职业技能：构建深厚扎实的基础知识、广博精深的专业知识和大容量的新知识；围绕就业目标，对自己所掌握的知识合理组合、恰当调配，形成知识系统；培养持续学习、终身学习的能力；培养创新意识、创新精神、创新能力；在实践中不断充实和调整知识结构。

2）大学生应具备的职业能力类型

（1）一般职业能力

一般职业能力主要是指一般的学习能力、文字和语言运用能力、数学运用能力、空间判断能力、形体知觉能力、颜色分辨能力、手的灵巧度、手、眼协调能力等。此外，任何职业岗位的工作都需要与人打交道。因此，人际交往能力、团队协作能力、环境的适应能力，以及遇到挫折时良好的心理承受能力都是我们在职业活动中不可缺少的能力。

（2）专业能力

专业能力主要是指从事某一职业的专业能力。在求职过程中，招聘方最关注的就是求职者是否具备胜任岗位工作的专业能力。

基础学科与核心职业能力的关系如表6.1所示。

表6.1　基础学科与核心职业能力

基础学科	核心职业能力
数学	对数字的敏感性；数理逻辑能力；空间思维能力；严谨的科学精神
语文	对语言的敏感性；语言逻辑能力；形象和情感思维能力；博大的人文精神
历史	对人类文明与社会发展的观察及辩证思考能力；历史观及人文精神
英语	对异国语言及文化的理解和包容能力；国际化视野
物理	动手操作能力；观察能力，严谨的科学精神
化学	动手操作能力；对微观世界的想象和观察及分析能力，严谨的科学精神
地理	对自然现象的观察、想象和理解能力；环境意识及严谨的科学精神
生物	对生命现象的观察、理解、想象和分析能力；严谨的科学精神
体育	身体的协调性、耐力、爆发力；积极阳光心态、胆量及勇气

（3）职业综合能力

①跨职业的专业能力。从以下 3 个方面可以体现出一个人跨职业的专业能力：一是运用数学和测量方法的能力；二是计算机应用能力；三是运用外语解决技术问题和进行交流的能力。

②方法能力。一是信息收集和筛选能力；二是掌握制订工作计划、独立决策和实施的能力；三是具备准确的自我评价能力和接受他人评价的承受力，并能够从成败经历中有效地吸取经验教训。

③社会能力。社会能力主要是指一个人的团队协作能力、人际交往和善于沟通的能力。在工作中能够协同他人共同完成工作，对他人公正宽容，具有准确裁定事物的判断力和自律能力等，这是岗位胜任和在工作中开拓进取的重要条件。

④个人能力。随着我国经济体制改革的深入、法制的不断健全完善，人的社会责任心和诚信将越来越被重视，假冒伪劣将越来越无藏身之地，一个人的职业道德会越来越受到全社会的尊重和赞赏，爱岗敬业、工作负责、注重细节的职业人格会得到全社会的肯定和推崇。

[思考题]

1.试述我国行业和职业的发展趋势。

2.如何分析了解一个职业？

3.职业信息的搜索方法有哪些？

4.理想的职业、岗位对人才的素养要求是什么？

第7章 职业生涯决策

7.1 职业生涯决策概述

决策时常出现在我们的学习、生活、职业发展过程中,每时每刻,我们都在不断地从各种可能的选择中挑选出我们所需要的和我们所喜爱的,有的决定可能需要花些时间去考虑,决定的后果可能关系到一个人未来的发展前途。如选择哪所大学,选择哪个专业,选择什么样的职业等。职业生涯决策是一个过程,而不单单是一种结果,需要考虑到求职者的价值观、兴趣、技能以及在职业、教育、休闲方面的各种选择。有了职业生涯决策方法的引导,求职者就可以理性地对待工作和职业的转换,把握好发展的良机。

7.1.1 职业生涯决策的基本含义与主要内容

1) 职业生涯决策的概念

人一生中都在不断地作各种决策,"确定干还是不干,叫决;明确用什么方法和工具干,叫策"。《辞海》中决策的定义是指人们在改造世界的过程中,寻求并决定某种最优化的目标和行动方案。

职业生涯决策就是个体在职业生涯规划过程中,选择职业发展方向,确定不同阶段的职业目标,明确职业生涯规划的要点,从而进行科学决策。这个过程是职业生涯规划中一个非常重要的环节,是形成职业生涯规划的前提。职业生涯决策有以下4个要素:

①职业生涯决策主体必须对自己的兴趣、性格、技能及价值观有清晰理性的认知,这是职业生涯决策的重要基础。

②要有可供职业生涯决策的多种选项,但是每一种方案都应该是在收集大量的信息的基础上形成的。

③要有权衡各选项的标准。职业生涯决策最重要的,就是要在充分探索自己和外部工作世界的基础上,比较可供选择的多个选项,尽量做到"人职匹配",达到个人最大的满意度。

④考虑其他影响因素。在职业决策过程中,身边一些重要的人,如父母、配偶、朋友等的观点和看法会对决策主体产生一定的影响。

2) 职业生涯决策的主要内容

每个人在不同的职业时期会遇到不同的职业决策问题,一般而言,职业生涯决策包括以下几方面内容:

（1）行业的选择

选择将要进入的行业是职业生涯决策最重要的问题，特别是对大学生而言，每一个专业都可以选择多种行业。对大学生来说，选择自己想要进入的行业基于对自我及外部工作世界客观、全面的了解。

（2）选择行业中的哪种职业

每一行业都有不同类型的职业，选择哪种职业也是职业生涯决策很重要的内容之一。

（3）选择适合的决策策略

职业决策是在对个人、职业世界作出客观分析的基础上，在几个选项中作出主观决策的一个过程。为了增大成功的可能性，必须选择适用的策略。

（4）从数个工作机会中选择其一

有多个选项才能有选择的可能性，职业决策的主体必须根据自己的情况，在多个工作选项中选择最适合自己的方案。

（5）选择工作地点

不同的工作地点有不同的生活状态，工作地点也是职业决策中的一个重要的方面，不同的工作地点有不同的工作模式和生活方式。

（6）选择工作的取向

选择工作的取向，即个人的工作作风。与决策风格相似，每个人也都有自己的工作作风和风格。

（7）选择生涯目标

进入职业世界后，职业决策并没有结束，它会一直伴随每个人的职业生涯。每个人都有自己的生涯目标，在不同的职业阶段有不同的目标，也可能有很多的目标，这也需要作出决策和取舍，选择更适合自己的。

7.1.2　职业决策的类型

每个人在作决定时，根据自己认为的重要性和风险而采取不同的思路和决策方式，逐渐形成了自己独特、相对稳定的决策风格。丁克里奇（Dinklage，1968 年）通过访谈研究确定了成人作职业生涯决策时所采用的策略和决策类型。丁克里奇将个体的教育、职业和个人决策时所采用的风格分为 8 类：

1）痛苦挣扎型

这类决策者花很多时间和精力来确认有哪些选择，收集信息，反复比较，却难以作出决策。每当要作出决策时，这类决策者头脑中总会闪现"我就是拿不定主意"。这个时候，越多的信息、选项对决策主体来说越是困扰的因素。

2）冲动型

这类决策者对第一时间产生的选择不会进行理性、客观的分析和评定，也不会再考虑其他选择而匆匆作出决策。每当要作出决策时，这类决策者的惯性思维是"先决定，以后再考虑"。这种冲动决策的隐患就是风险太大，等别人有更好的决策时就羡慕或后悔，他们经常会这样说"如果当初我没有那么冲动,我就会有更好的选择"。

3) 拖延型

拖延型决策者与当下的"拖延症"者类似,不到万不得已,是不会作出决策的,能往后推就往后推,得过且过,"到时候再说"是他们的口头禅。也许,每当要作出决策时,这类决策者心中抱有这样的希望:也许到时问题自然而然就解决了,因此才将对问题的思考和行动一直往后推迟。

4) 直觉型

这类决策者在决策时将自己的直觉感受作为决定的基础,但也拿不出客观的证据和理由,反正就是"觉得就应该这样选择",但是这种"爱你没商量"式的选择有时候会因为太主观而与客观事实存在较大的误差,所以直觉是不能作为决策的依据的。

5) 从众/随大流型

这类决策者很容易顺从别人的计划,而不是独立地作出决定。"他们都觉得好,我就觉得好"是这类决策者的口头语。这就是心理学中讲的盲从,别人考英语四级我也考,别人考研我也考,总之觉得别人有的自己也要有才觉得有安全感。这种决策的最大问题就是适合别人的不一定适合自己,得到的是虚假的安全感但是失去的是个性。

6) 瘫痪型

虽然这类决策者理性上接受了自己作决定的责任,却无法开始决策过程。他们"我知道我应该开始了,但想到这件事我就害怕"。他们无法真正为决策和决策的后果承担责任。

7) 宿命型

这类决策者不能自己承担责任,而将命运归因为外部形势的变化。"命中注定就该这样"是他们的口头语。当决策者将自己命运的主导权交给外界环境的时候,可以预见,这种决策者很容易觉得无力和无助,因而怨天尤人。殊不知自己的处境正是由于放弃了个人对生命的"主权而造成"的。

8) 计划型

这种类型的决策者作决定时善于倾听自己的声音,也考虑外在的环境要求,以作出适当的决策。

人们通常采用第1~7种决策模式,这些决策类型如果用在小的决策方面不会产生致命后果,但如果用在一些重大的决定中就不适合了。因此,在面临人生、职业的重大决策时要理性决策。

7.1.3 影响大学生职业生涯决策的因素

一般而言,影响职业决策的因素有以下3种。

1) 遗传与特殊能力

种族、性别、外表特征、智力、个人天赋等遗传因素在某种程度上决定了个人的职业表现或会影响个人的职业生涯。

2) 环境及重要事件

环境及重要事件具体包括社会的自然环境,政治、经济、文化环境,科技环境,尤其是家庭环境,如家庭的经济环境、家庭对个人的期望以及所在地区的教育水平,都会在很大程度上影响个人的求学和职业发展。

3) 工具式与联结式任务达成的技能

一般而言,个人在面临一项任务时,会呈现出特定的工作习惯、解决问题的能力、心理状态、情绪反应和认知的过程,这就是"任务取向的技能"。如对待未来的工作,有的同学积极乐观、热情,在学校与老师、学长了解工作信息,假期做兼职,这样到毕业的时候自己能做什么样的工作胸有成竹。但有的同学消极被动,拿到毕业证也不知道何去何从。

7.1.4 大学生职业生涯决策的原则

1) 择世所需原则

大学生在选择职业岗位时,把社会需要作为出发点和归宿,以社会对自己的要求为准绳,去观察、认识问题,进而决定自己的职业岗位。虽然大学生就业实行双向选择、自主择业,但自主择业是相对的、有条件的,并非可以不顾社会需要,一味地追求"自我设计"。社会的发展、科技的进步、经济的繁荣,也都期望合格的大学生去为之奋斗。从另一方面看,社会是由人构成的,社会需要本质上就是人类的需要。在现实生活中,无论个人需要的内容多么丰富,无论个人需要结构多么复杂,总是受现实社会要求的制约。人们正是通过不同的职业活动,在满足社会需要的同时,也在满足着个体的需要。社会的每一步发展,都是上述职业活动共同作用的结果。

2) 择己所长原则

大学生在选择职业岗位时,综合考虑自己的素质情况,根据自身的特长和优势选择职业岗位,以利于在职业岗位上能够顺利、出色地完成本职工作。发挥个人素质优势主要包括以下几个方面:

①发挥专业所长。大学生经过大学阶段的学习,不仅具有较为扎实的基础知识,而且具有一定的专业知识。因此在选择职业岗位时,要从所学专业特点出发,做到专业基本对口。这样就可以在职业岗位上发挥所长,大显身手。

②发挥能力所长。同一专业的同届毕业生,由于个人的情况不同,能力也有差异,根据不同的能力选择不同的职业岗位,是充分发挥个人素质优势的最佳体现。比如,有的人语言表达能力较强,适合搞教学、宣传工作;有的人设计能力较强,适合从事设计工作;有的人研究能力较强,适合搞科研,有的人组织能力较强,适合领导或管理工作;还有的人文字表达能力较强,适合从事文秘、编辑等工作。由此可见,根据自己的能力所长选择职业岗位,既是胜任工作的需要,也是发挥个人最大潜力,进行创造性劳动的需要。否则的话,事与愿违,功不成、业不就,就会贻误自己的事业与前程。

③适当考虑性格特点。就性格本身来讲,并不能决定一个人的成才方向和成就的高低。

同一性格的人,有的可能很有作为,有的则可能一事无成。性格相异的人也可能在同一领域、同一职业中成才。但是,在选择职业岗位时,适当考虑自己的性格特点,充分发挥性格所长则是十分必要的。比如在职业活动中,有的人是用理智去衡量一切并配合行动,这样的人就适合从事基础理论研究工作;有的人很有主见,并善于发现问题和解决问题,这样的人就较适合从事科学研究或领导工作。

3) 主动选择原则

大学毕业生不能消极等待职业选择,而应主动出击,积极参与。这里所说的主动选择,主要包括以下 3 个方面:

①主动参与职业岗位竞争。竞争机制的引入,冲击着各行各业,也冲击着人才就业市场。竞争使人们增加了紧迫感和危机感,也增加了责任感。从某种意义上说,职业岗位的竞争,就是靠才华、良好的素质去争得一份比较理想的职业。

②主动地了解人才供求信息和规格要求。由于社会对大学生的要求在不断发生着变化,因此主动了解用人单位对人才规格的要求和需求信息,对有的放矢地选择职业岗位有着重要意义。

③主动完善自己。大学生应根据社会需要,加强学习、主动提高、完善自己,以尽快适应新的工作岗位。

4) 分清主次原则

在就业选择过程中,摆在大学生面前的选择是多方面的。比如单位性质、工作地点、工作条件、生活待遇、发展方向等诸多方面,不可能每项都满足其心愿,重要的是在择业过程中怎样权衡利弊,分清主次,作出抉择。切不可因一味求全,急功近利,好高骛远而失去良机。

5) 着眼未来

大学生在选择职业时,不能只看眼前实惠,不看企业发展前景;不能只看暂时困难,而不看企业的未来;不能只图生活安逸,而不顾事业的追求等。选择职业时,要站得高,看得远,拓宽视野,理清思路,把自己的命运紧紧地和国家的命运联系在一起,找到自己的最佳位置,牢牢地把握好职业选择的主动权。

［生涯活动］

了解个人决策风格

思考到目前为止你所作的 3~5 项重大决定,按以下内容描述:
当时的情境,你所有的选择,你作出的选择,你的决策风格,对结果的评估。
我的 3~5 项重大决定:

_____。

我在重大事件上通常采用的决策风格:

_____。

7.2 理性决策模型——CASVE 循环

1971 年,美国佛罗里达州立大学萨姆森(Sampson)、皮得森(Peterson)、里尔顿(Reardon)和楞次(Lenz)创立了认知信息加工理论。他们认为生涯选择缘于认知过程和情感过程的交互作用,是一种相当复杂的决策活动,个人的生涯成熟取决于个人决策能力,而这一能力又取决于个人的知识和认知操作的有效性。这个理论的两个核心,即信息加工金字塔模型和 CASVE 循环,主要内容我们在第一章的职业生涯规划基本理论中已作过介绍。

CASVE 循环包括沟通、分析、综合、评估和执行、再循环 5 个阶段,可以在整个职业生涯问题解决和决策制订过程中为你提供指导,职业生涯决策就是这 5 个阶段之间循环往复的过程,如图 7.1 所示。

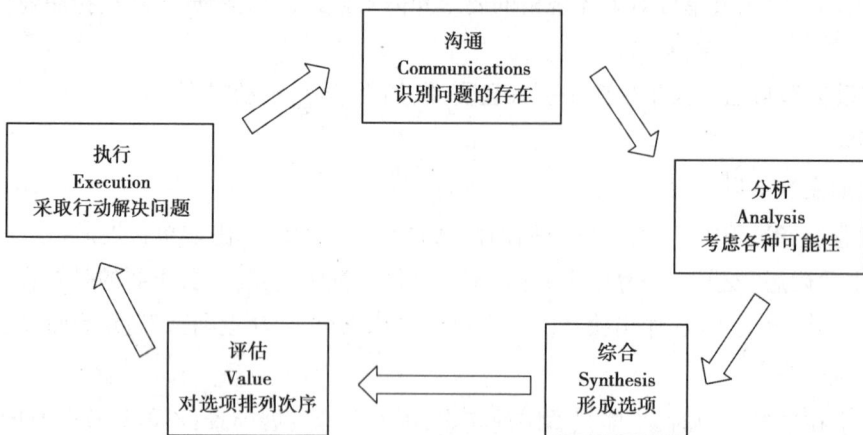

图 7.1 CASVE 循环

1) 沟通

沟通是识别问题的存在,发现理想与现状的差距,意识到自己需要作的选择。对大学生职业决策而言,在这个阶段,收集关于职业理想与现实之间存在差距的信息。这些信息可能通过内部或外部交流途径传达给我们。内部沟通包括情绪信号,例如不满、厌烦、焦虑和失望,还有身体信号,如昏昏欲睡、头痛、胃部疾病等。外部沟通包括父母对你的职业规划的询问,同学、朋友对你的职业评价。

这是意识到自己需要作出选择的阶段。在这个阶段,我们通过各种感官和思考充分接触问题,发觉已不容忽视的差距。

2) 分析

分析是联系问题各部分,对所有信息进行剖析。在这个阶段,问题解决者需要花时间去思考、观察、研究,对兴趣、能力、价值观和人格等自我知识,以及对各种环境知识进行分析,从而更好地理解现存状态和理想状态之间的差距。一方面要对自己的身体状况、感知、记忆、注意、意识、思维、情绪、动机、价值观、兴趣、人格、能力等方面深入分析;另一方面要全面了解和掌握外界与问题有关的各种信息,考虑各种可能性,了解自己和自己可能的选择。

这是了解自己各种选择的阶段。在这一阶段,生涯问题解决者通常会改善自我知识,不断了解职业世界和家庭需要。简单地说,在分析阶段,生涯决策者应尽可能了解造成在第一阶段发现的差距的原因。

分析阶段还需要把各种因素和相关知识联系起来,例如,把自我知识和职业选择联系起来;把家庭和个人生活的需要融入职业选择中。

3)综合

综合主要是综合和加工上一阶段提供的信息,从而制订消除差距的行动方案。其核心任务是确定我可以做什么来解决问题。

这是一个扩大并缩小选择清单的过程。首先,尽可能多地找到消除差距的方法,发散地思考每一种办法,甚至采用"头脑风暴法"进行创造思维。然后,缩小有效方法的数量,通常缩减到3~5个选项,因为这是我们头脑中最有效的记忆和工作容量的数目。

4)评估和执行

评估是从可行性和满意度两方面评估信息,将所有选择排列次序。对综合阶段得出的3~5个职业进行具体评价,评估获得该职业的可能性,以及这个选择对自身及他人的影响,从而进行排序。第一步是个体评估每个方案对自己、他人和社会的影响,以及解决问题的效率、效果等;第二步是对综合阶段最终确定的几个方案进行排序,选择第一个方案。

执行是根据最终选择制订计划、采取行动,这是实施选择的阶段,把思考转换为行动。很多人都觉得在执行阶段制订行动计划是令人兴奋和有价值的,因为终于可以开始采取积极行动去解决问题了。

5)CASVE 循环

CASVE 循环是一个不断重复的过程,在执行阶段之后,生涯决策者又回到沟通阶段,以确定已经选取的选择是否是最好的,是否能最有效地消除理想与现实间的差距。

如果 CASVE 循环问题的解决过程是成功的,那么原先在沟通阶段体验到的消极情绪就会转化为积极的。如果仍然是消极的,就需要再次进入 CASVE 循环。在问题解决和决策过程中,很多时候人们会很快完成 CASVE 循环的 5 个阶段,或者在某一个特定的阶段稍有延迟。CASVE 模型无论是对解决个人问题还是解决团体问题都非常有用。

［生涯活动］

分析你的决策 CASVE 循环

你是如何意识到自己的需求的:

_____

_____

你是如何分析这个问题、收集相关信息的?

_____

你是如何形成解决方案的,还有没有其他的可能性?

_____

你是如何在不同的解决方案之间作选择的,你的标准是什么?

_____

你是如何落实行动的,过程是否如你预期的那样?

_____

你怎样评价自己当时的决策过程,你对结果感到满意吗?

_____

在分析了 5 个重大决策之后,你对自己的决策模式是否有新的认识,这对你未来职业发展中的决策有何指导意义。

7.3 职业生涯决策的常用方法

7.3.1 SWOT 分析法

1)SWOT 分析法构成

SWOT 分析法也称 TOWS 分析法、道斯矩阵,即态势分析法。20 世纪 80 年代初由美国旧金山大学的管理学教授韦里克提出,经常被用于企业战略制订、竞争对手分析等场合。近年来常被运用于生涯决策分析时使用,用于检查个体的能力、兴趣,分析个人的优缺点,评估自己感兴趣的不同职业道路的机会和危险所在。其中 S 代表优势(Strength),W 代表劣势(Weakness),O 代表机会(Opportunity),T 代表威胁(Threat)。SWOT 分析法是基于内外部竞争环境和竞争条件下的态势分析,就是将与研究对象密切相关的各种主要内部优势、劣势和外部的机会和威胁等,通过调查列举出来,并依照矩阵形式排列,然后用系统分析的思想,把各种因素相互匹配起来加以分析,从中得出一系列相应的结论,而结论通常带有一定的决策性。

SWOT 分析法可以分为两部分:第一部分为 SW,是内部因素,主要用来分析内部条件;第二部分为 OT,是外部因素,主要用来分析外部条件。利用这种方法可以从中找出对自己有利的、值得发扬的因素,以及对自己不利的、要避开的东西,发现存在的问题,找出解决办法,并明确以后的发展方向。

2）SWOT 分析法在大学生职业生涯决策中的应用

（1）明确优劣势，扬长避短

大学生分析个人的长处和不足时，要把对大学生活的总结和自己的性格、兴趣、能力和需求分析等情况结合起来，发挥个人的优势，克服自身弱点。比如在自己的专业中学到了什么，在过去的学习经历中收获或提高了哪些方面的知识或能力，已具备的能力和潜力是什么，参加过哪些与专业相关的实践活动，哪些能力需要提高和锻炼，可以利用在学校参加各类社团活动以及社会实践的机会，培养自己的职业能力。通过对自己全面的评估，明确自己在职业定位中的类型。

（2）认清外部形势，积极应对

大学生在校期间应充分收集、分析职业信息，尽量获取有价值的信息，分析所处环境对职业选择的影响，系统审视外部环境存在的机会和威胁。在进行职业决策时认真评估行业和职业的特点和发展趋势，明确各职业资格标准、道德规范、职业晋升的途径和对人才的素质要求等。面对用人单位在招聘时存在的误区，应努力提高专业技能，培养和提高自己的实践能力，满足现代社会对人才的素质要求。

（3）SWOT 分析步骤

一般来说，大学生对自身的职业发展问题进行 SWOT 分析时，应遵循以下 4 个步骤：

①评估自己的长处和短处。每个人都有自己独特的技能、天赋和能力。在当今分工非常细的市场经济里，每个人只是擅长某一专业，而不是样样精通。

②找出你的职业机会和威胁。请列出你感兴趣的一两个行业或职业，然后认真地评估这些行业或职业所面临的机会和威胁。

③提纲式地列出今后 3~5 年内你最想实现的 4~5 个职业目标，仔细地对自己作一个 SWOT 分析评估。要尽所能地分析自己的优势，使之与行业提供的工作机会相匹配。

④提纲式地列出一份今后 3~5 年的职业行动计划。拟出一份实现上述第三步列出的每一个目标的行动计划，并且详细地说明为了实现每一个目标，你要做的每一件事，何时完成这些事。

7.3.2 平衡单决策法

平衡单决策法通过打分的方式，量化各项选择的分数，可以帮助大学生具体地分析每一个可能的选择，考虑各种方案实施后的利弊得失，排出优先顺序，确定选择方案。大学生在进行职业选择时，有时会碰到两个或两个以上不同的职业发展方案的选择问题，这时候如果能对不同选择进行量化，可能会使自己的目标更清晰。

1）平衡单决策法考虑因素

平衡单决策法由詹尼斯和曼恩于 1977 年设计，基本思想就是将重大事件的思考方向集中到以下 4 个维度：

①自我物质方面的得失。这主要考虑经济收入、福利待遇、工作环境、休闲时间、升迁机会、对健康的影响等。

②他人物质方面的得失。这主要考虑给家庭带来的经济支持、工作对家庭地位的影响、

与家人相处的时间等。

③自我赞许与否(自我精神方面的得失)。这主要考虑成就感、自我实现程度、生活方式的改变、工作的挑战性和创新性、社会地位和声望的影响、个人兴趣爱好的满足、达成长远生活目标的机会等。

④社会赞许与否(他人精神方面的得失)。这主要考虑对父母、师长、配偶、孩子、朋友等的影响。

2)平衡单决策法在职业决策中的应用步骤和注意事项

①列出各种可能的职业选择,一般为2~4个。

②从4个维度列出你选择职业生涯考虑的因素,将职业选项、评估维度、考虑因素等均填入"职业发展平衡单决策表"中。

③对每个因素按照自己的情况设置权重,1~10分,1分表示最不重要,10分表示最重要。

④考虑这些因素,从−1.0~1.0分给分,填入相应的表格位置,注意分数的正负,不符合预期为负数。

⑤每一项因素的得分乘以权重,得出每项因素的权重分,再计算每个职业的各因素的合计分。

⑥按照总分列出职业选择的优先级,分数最高者为最优。

[生涯活动]

1.结合自己实际情况进行SWOT分析。理清自己的竞争力和发展机会,从而制订出恰当的职业目标;同时认识不足和威胁,制订相应策略,发挥优势因素,克服劣势因素,利用机会化解威胁因素,见表7.1所示。

表7.1 我的SWOT分析

内部 个人 因素	S:可以控制并利用的内在积极因素 (如教育背景,丰富的专业知识和技能,能力特长,实践经验,优秀品质等)	W:可以控制并努力改善的消极因素 (如缺乏工作经验,经历,专业不对口,能力不足,负面的人格特征等)
外部 环境 因素	O:不可控制但可以利用的外部积极因素 (如就业机会增加,再教育机会增加,专业领域发展带来的机会,社会环境、地理位置,政策支持等)	T:不可控制但可以弱化的外部消极因素 (如名校毕业的竞争者,竞争人数多、缺少培训,专业领域发展有限等)

总体鉴定(评估确定的生涯发展目标):

_____。

具体职业行动计划:

_____。

2.利用平衡单决策法确定职业目标。

步骤:

（1）使用平衡方格单

把所考虑的2~3个职业问题，填入平衡方格单选项中，从4个考察维度列出你选择职业生涯考虑的因素，分别对4个方面的正面预期和负面预期进行分析。

（2）填写生涯细目表

填写生涯细目表。这张表上所列的各种考虑项目是预先设定的，所列的是未来发展时所考虑的项目。

（3）对每个考虑因素设置权重

为了体现出各项目不同程度的重要性，考虑在每个选择中这些因素的得失程度，对每个项目进行加权计分，加权的分数可以是1~10分，重要程度越高分值越高。也可以给出每项权重值，将打分乘以权重，打分可以取-1~1，得出加权分，依分数累计，得出每一职业选择的总分。（见表7.2）

（4）排定各种选择的等级

进行最后加权计分，将这些选择以分数高低排列。

表7.2　我的决策平衡单

职业决策 考虑因素	权重 1~10	得失（-1.0~1.0）		
		选项一	选项二	选项三
个人 物质 利益				
个人 精神 利益				
家人精神利益				
家人物质利益				
选项一总分：				
选项二总分：				
选项三总分：				

[思考题]

1.简述职业生涯决策的概念及要素。

2.职业选择的原则是什么？在职业选择中你最看重什么？

3.试述运用理性决策 CASVE 模型的主要技巧。

4.平衡单决策法运用于职业生涯决策对你有哪些启发？

第8章　职业生涯规划的制订与实施

8.1　职业生涯发展目标的设立

职场上有句名言:"今天你站在哪里不重要,但是你下一步迈向哪里却很重要。"在职业生涯发展的道路上,重要的不是你现在所处的位置,而是迈出下一步的方向。即便你是在一座山的顶端,如果方向搞错了,再跨出一步可能就是万丈深渊。虽然你现在是在一个山谷里,但是如果你找准了方向,每迈出一步就都是在上升。美国成功学大师安东尼·洛宾斯曾经提出过一个成功的万能公式:明确目标+详细计划+行动和修正+坚持到底=成功。这个公式同样是我们职业生涯规划成功的标准,那么这些目标和计划从何做起呢?

目标是对活动预期结果的主观设想,是在头脑中形成的一种主观意识形态,也是活动的预期目的,为活动指明方向。职业生涯发展目标设定是指结合自我评估和环境评估,确定自己长期的职业发展方向,明确今后自己取得职业成功时的状态和水平。职业发展目标的确立,是职业生涯规划的核心。职业发展目标是以自己的最佳才能、最优性格、最大兴趣、最有利的环境等信息为依据而设定的。为什么确定职业生涯发展方向非常重要? 请看下面的案例:

非洲撒哈拉大沙漠中有一个叫作比赛尔的地方,从前封闭而落后,可如今,每年都有成千上万的人到此处旅游。比赛尔人过去从来没有离开过这块贫瘠的土地,不是他们不愿意离开,而是尝试过很多次都没有走出去。人们说,在这里无论朝哪个方向走,最后都还是转回到出发的地方。

1926年,英国皇家学院院士肯·莱文非常纳闷比赛尔人为什么走不出去? 所以他雇了一个叫阿古特尔的比赛尔人,让他带路,看看到底为什么? 他们带了半个月的干粮和水,牵了两头骆驼,肯·莱文收起指南针,只挂一根木棍跟在后面。十天过去了,他们大约走了八百英里的路程,第十一天早晨,他们果然又回到了比赛尔。这样,肯·莱文终于明白了,比赛尔人之所以走不出大漠,是因为他们根本就不认识北斗星。在一望无际的沙漠里一个人只凭感觉往前走,会走出许多大小不一的圆圈,最后的足迹是一把卷尺的形状。比赛尔地处浩瀚的沙漠中间,方圆上千公里没有一点参照物,若不认识北斗星又没有指南针,想走出沙漠,确实是不可能的。

肯·莱文在离开比赛尔时,带上了那位上次与他合作的叫作阿古特尔的青年,告诉他白天休息,晚上朝着北面的那颗星星走。阿古特尔照肯·莱文说的方法去做,三天之后果然来到了大漠的边缘。阿古特尔因此成为比赛尔的开拓者,他的铜像被竖在小城的中央,铜像的底座上刻着一行字:新生活是从选定方向开始的。

这个故事告诉我们,一个人无论年龄多大,真正的人生却是从设定目标的那一天开始的,以前的日子都只不过是在绕圈子而已。一个人事业的成功在很大程度上取决于有无正确适当的目标,在职业生涯规划的初期,我们只有制订了明确的目标以后,才能把自己的行动与目标不断加以对照,自觉地克服一切困难,沿着已经设定的目标不断前进。

8.1.1 确定自己的职业发展路线

设定职业生涯发展目标前,首先要确定自己的职业发展路线。常见的职业发展路线有以下几种:

1) 专业技术型

此类型的人分布在工程、财会、营销、生产、法律等职能性领域,要求有专门技术性知识与能力、分析能力等。发展阶梯是职称的晋升及技术性成就的认可、奖励等级的提升和物质待遇的改善。如会计员—主管会计师—财务部经理—公司财务总监。

2) 行政管理型

此类型的人包括政府机构、企业组织及其各部门的主要负责人。他们善于处理人际关系,从宏观方面考虑问题,能影响、率领、控制组织成员,追求的是权力。相应的发展阶梯一般是从基层职能部门开始,然后向中级部门、高级部门逐步提升。

3) 综合型

综合型的人选择技术方向又对管理感兴趣。在奠定坚实的技术基础后,适当时转向专业技术部门的管理职位。现在许多单位对人才都有这样的要求。

4) 创造型

创造型的人包括发明家、风险投资人、研发人员、企业家。要求有自主权、管理才能,能施展自己特殊才能、喜欢冒险、力求新的东西,经常转换职业。

5) 自主型

自主型的人包括学者、自由职业者、手工业者、工商个体户。他们在自由领域中发展自己的个人事业。

职业发展路线不同,对从业者素质要求不同,今后的发展阶梯也不同。所以制订职业规划时必须作出选择,以便让自己的学习工作以及各项行动措施沿着设定的方向前进。选择职业发展路线通常需要考虑 3 个问题:想往哪一路线发展? 适合往哪一条路线发展? 可以往哪一条路线发展? 认真考虑,综合分析后确定最佳发展路线。

8.1.2 职业生涯发展目标设定方法

五 W 归零思考法也是进行职业规划的一个常用方法。它共有 5 个问题:

①Who am I? 我是谁?

②What will I do? 我想做什么?

③What can I do? 我会做什么?

④What does the situation allow me to do? 环境支持或允许我做什么?

⑤What can I be in the end? 我到底能做什么?

一个人如果认真回答了上述 5 个问题,找到它们的最高共同点,就有了自己的职业生涯规划。

对第一个问题"我是谁?"应该对自己进行一次深刻的反思,有一个比较清醒的认识,优点和缺点都应该一一列出来。

第二个问题"我想做什么?"是对自己职业发展的一个心理趋向的调查。每个人在不同阶段的兴趣和目标并不完全一致,有时甚至是完全对立的。但是随着年龄和经历的增长而逐渐固定,并最终锁定自己的终生理想。

第三个问题"我会做什么?"则是对自己能力与潜力的全面总结,个体职业的定位最根本还是要归结于其能力,而个体职业发展空间的大小则取决于自己的潜力。对于个体潜力的了解应该从几个方面去着手认识,如对事的兴趣、做事的韧劲、临事的判断力以及知识结构是否全面,是否及时更新等。

第四个问题"环境支持或允许我做什么?"这种环境支持在客观方面包括本地的各种状态,比如经济发展、人事政策、企业制度、职业空间等。人为主观方面包括同事关系、领导态度、亲戚关系等,两方面的因素应该综合起来看。有时我们在作职业选择时常常忽视主观方面的东西,没有将一切有利于自己发展的因素调动起来,从而影响自己的职业切入点。而在国外,通过同事、熟人的引荐找到工作是最正常的,也是最容易的。当然这和一些"走后门"等有着本质的区别。

明晰了前面 4 个问题,就会从各个问题中找到对实现有关职业目标有利的和不利的条件,列出不利条件最少的、自己想做而且又能够做的职业目标,那么第 5 个问题有关"我到底能做什么",自然就有了一个清楚明了的框架。

8.1.3　职业生涯发展目标的设定指导原则

尽管设定了自己的职业生涯发展目标,但是,并不是所有的目标都能达成,只有按照 SMART 指导原则设立的目标才有可操作性。

①Specific(明确的、具体的),不能用模棱两可的语言表达。比如"我每天要花两个小时的时间学外语"就比"我每天要好好学习"具体。

②Measurable(可测定的、可量化的),只有制订可量化的标准,才能精确地评价是否已经达到了自己的目标。

③Achievable(可达到的),就是说通过自己的努力可以做到的。

④Rewarding(价值性、意义),实现制订的目标所带来的成就感、满足感。

⑤Time-bound(时间表),要有计划分步骤地在限定时间内完成。

8.1.4　职业生涯发展目标的分解

案例：

1984 年，在东京国际马拉松邀请赛中，爆出一个大冷门，日本名不见经传的选手山田本一出人意料地夺得了世界冠军。许多记者蜂拥而至，他们围着山田本一问得最多的是，他凭什么可以脱颖而出，一举夺冠。山田本一淡淡一笑，说了这么一句话："凭智慧战胜对手。"

当时，许多人都不明白这句话的意思，甚至还有人认为，这位矮个子是在故弄玄虚。因为大家都知道，马拉松比赛是体力和耐力的较量，速度与爆发力都在其次，凭智慧取胜确实有点牵强附会。

1986 年，意大利国际马拉松邀请赛在米兰举行，山田本一代表日本参赛，又一次获得了世界冠军。当记者再次采访他时，他仍然还是那句老话："凭智慧战胜对手。"

山田本一在他的自传中这样写道：每次比赛之前，我都要乘车把比赛的线路仔细地看一遍，并把沿途比较醒目的标志画下来，比如第一个标志是银行；第二个标志是一棵大树；第三个标志是一座红房子……这样一直画到终点。比赛开始后，我就以百米的速度奋力地向第一个目标冲去，等到达第一个目标后，我又以同样的速度向第二个目标冲去。40 多千米的赛程，就被我分解成这么几个小目标轻松地跑完了。起初，我并不懂这样的道理，我把我的目标定在 40 多千米外终点线上的那面旗帜，结果我跑到十几千米时就疲惫不堪了，我被前面那段遥远的路程给吓到了。

很多年轻人也有自己的目标，可是在实现目标的道路上却总是觉得目标很遥远，无法达到。实际上，很多时候目标不是遥不可及，而是我们没有进行目标分解。把长期目标分解成中期目标再具体分解为不同的短期目标的时候，也就有了具体的行动计划和步骤。

职业生涯目标通常分为短期目标、中期目标、长期目标和人生目标，对应的是短期规划、中期规划、长期规划和人生规划。短期目标为一至二年内完成的任务，清晰具体、切合实际、与中长期目标一致有把握，有完成时间。如对专业知识的学习，进行社会实践，掌握哪些职业技能等。中期目标一般为三至五年的任务，尽可能具体明确并限定时间，符合自己的兴趣、价值观。长期目标一般为五至十年的规划，与志向吻合，与人生目标相融合，指导自己奋斗。人生目标是 40 年左右的职业状态和水平，有明确方向和大致程度，不要求详尽、准确。

8.2　职业生涯规划的制订

写好切合自身、合理的生涯规划书，对自己的未来发展非常重要。职业生涯规划书是大学生对自己生涯目标的选择、实施计划及行动方案的书面表达，可以呈现宏观职业生涯规划，在具体生活、学习和工作中起指导监督作用。

8.2.1　大学生职业生涯规划书格式和基本内容

职业生涯规划书格式常见格式有表格式、条列式、复合式、论文式，基本内容如下：

1) 树立职业志向

"志不立天下无可成之事。"立志是起跑点,影响一个人的奋斗目标和成就的大小,是规划的关键、重点。

2) 自我分析

认识自己,正确选择职业,选定适合自己的生涯发展路线。其内容包括兴趣、特长、性格、技能、价值观等分析。

3) 环境分析

分析环境条件特点,发展变化情况,自己与环境的关系、地位、环境的要求,对自己的有利和不利条件,趋利避害,使规划有实际意义。环境分析主要是对社会、行业、组织环境等进行分析。

4) 确定职业发展目标

生涯目标设定是规划核心,是在继职业选择、生涯路线选择后,对人生目标作出的抉择,以最佳才能、最优性格、最大兴趣、最有利环境信息为依据,分为短期目标、中期目标、长期目标和人生目标。

5) 规划职业生涯发展路线

6) 制订行动计划与措施

确定目标后,行动(落实目标的具体措施)是关键。大学阶段的目标实现,主要措施涵盖学习、见习、实习、社会实践、培训等方面。如为达到目标,在社会工作方面,计划采取什么措施,提高工作效率;在专业学习方面,计划学习什么知识,掌握什么技能提高业务能力。

7) 定期评估与反馈

定期评估与反馈的内容:职业重新选择,生涯路线重新选择,人生目标修正,实施措施与计划的变更等。

进行职业生涯规划需要注意的是,首先,要实事求是,准确的自我认知和自我评价是制订个人职业生涯规划的前提;其次,切实可行,个人的职业目标一定同自己的能力、特质和工作适应性匹配;最后,个人的职业目标要与自身环境协调一致,职业目标的制订不但要和自身条件契合,还要考虑职业发展状况和成长环境。

8.2.2　大学生职业生涯规划常见问题

很多大学生的职业生涯规划虽然很详细,但还是存在诸多问题,表现在以下几个方面:

1) 自我评估途径单一

应该多渠道进行自我评估,除了通过测评,还可以通过他人评价、专家建议等清晰了解自己。在进行自我认知时,应考虑情商这一因素,情商通常是指情绪商数,主要是指人在情绪、意志、耐受挫折等方面的品质,是由自我意识、控制情绪、自我激励、认知他人情绪和处理相互关系 5 种特征构成,是决定职业发展成功的关键要素。

2) 环境分析中的问题

在就业形势的评估中缺乏针对性,没有具体到就业地区;忽略专业就业形势;对行业、职位了解途径单一。

3)目标设定过于理想化,制订职业目标定位分析不明

应该根据自己的专业知识制订职业规划,积极务实;了解选择目标的原因和达到目标的途径;分析职业所需的知识储备、能力。

4)行动计划与措施制订中的问题

行动计划缺乏可操作性、不具体。既要重视专业课理论学习,又要重实践,勇于实践,在行动中完善自我,才有成功的可能。

5)轻视评估和反馈

对计划实施时出现的问题忽略,也没有对今后如何修正问题作分析;如果不能按原计划实行就从事别的工作,未说明为什么放弃这个计划,就选择另一个职业。

8.3　大学生职业生涯规划的实施

8.3.1　职业生涯规划的实施

职业生涯规划的实施就是把具体的行动方案落到实处,分阶段进行。为实现职业目标,大学生可将大学生涯划分为4个阶段,即大一为试探期,大二为定向期,大三为冲刺期,大四为分化期。不同阶段的行动与措施各不相同。

1)试探期

大学生通过测评工具和专业人员的辅导,进行自我评估和寻求职业目标;与职业生涯顾问、辅导员、导师以及学长进行交流,初步了解自己未来想从事的职业或与自己所学专业对口的职业,提高交流技巧,学习英语和计算机知识,争取可以通过计算机和网络辅助自己的学习。为可能的转专业、获得双学位、留学计划作好资料收集及课程准备,多利用学生手册了解相关规定。

2)定向期

此阶段,大学生以提高自身的基本素质为主,通过参加学生会或社团等组织,锻炼自己的各种能力。这个时期可以开始尝试兼职,社会实践活动,提高自己的责任感、主动性和耐挫折能力,增强英语口语能力,增强计算机应用能力。此时期开始在导师的指导下有选择地加强专业课的学习或辅修其他专业的知识充实自己,并经导师的评估检测自己的知识技能。

3)冲刺期

此阶段,大学生临近毕业,目标应锁定在提高求职技能,收集公司信息,寻找实习单位,并确定自己是否考研。在撰写专业学术文章时,可大胆提出自己的见解,锻炼自己独立解决问题的能力和创造性,培养学术创新精神。此阶段可参加和职业目标相关的社会实践,与同学交流求职工作的心得体会,利用校内外图书资源学习写简历、求职信,了解收集工作信息

的渠道并积极尝试,加入校友网络,和已经毕业的校友、学长谈话,了解往年的求职情况。

4) 分化期

此阶段,工作、考研或出国的主要目标要确立。大部分学生的目标应该锁定在工作申请及成功就业上。此阶段,可先对前三年的准备作一个总结,检验自己已确立的职业目标是否明确,前三年的准备是否充分;开始毕业后工作的申请,积极参加招聘活动,在实践中检验自己的积累和准备;预习或模拟面试。此时期还可积极利用学校提供的条件,了解就业指导中心提供的用人公司资料信息、强化求职技巧、进行模拟面试等训练,尽可能地在作出较为充分准备的情况下进行实战演练。考研的同学应调整心态,不应盲目放弃就业,错失良机,应把考研定为现阶段的第一目标,就业为第二目标,两个目标并重,但时间分配上以第一目标为主,就业要讲究策略。

从具体实施的角度,大学生在校期间的生涯规划大致可以分为以下 10 个阶段:

第一阶段:大学生入学第一学期前半期

本阶段的大学生虽然在角色上已经是大学生,但是在其心理上属于高中后期。大学前阶段,他们刚刚接受高考的洗礼,正在享受高考的胜利。很多学生踌躇满志,对大学生活充满了憧憬与幻想,几乎每个人都为自己确立了远大的目标,制订了实现目标的宏伟计划。但是这时的大学生对大学生活还不完全了解,对大学的认知只停留在道听途说层面,本人对自我和环境的探索不够。该阶段生涯目标的特点:生涯目标的确立多来自成长经历及外界的影响,目标高远,但显得空洞。

该阶段大学生的生涯规划任务是:

①适应大学生活;

②积极进行自我探索,分析高中时建立起来的职业生涯目标,发现问题并修正目标;

③了解社会职业、职位设置;

④制订切实可行的大学阶段成长计划;

⑤参加校园文化活动和社会实践活动;

⑥进行专业的心理咨询和职业咨询。

第二阶段:大学生入学后第一学期后半学期

大学生在校园已经有了两个月的生活和学习经验,对大学生活有了一定的了解,并且对自我有了一定的认识,制订了大学生涯规划。随着对所学专业的进一步了解及大学生活的深入,每一位学生的具体目标逐渐凸显出来。该阶段生涯目标的特点:逐渐与所学专业结合。

本阶段大学生的生涯规划任务有以下几个:

①进一步进行自我探索,发现自身的优势、劣势、兴趣、爱好、性格、能力,发现自己需要提高的地方;

②了解社会职位素质要求;

③根据自己的发现确定阶段性具体目标;

④制订实现目标的计划并积极行动;

⑤进行相应的素质测评;

⑥参加校园文化活动和社会实践活动;

⑦参加能力提升训练。

第三阶段:大学一年级下学期

大学生已基本适应大学生活,经过大学生活的亲身体验和专业课程的学习,各方面能力有了一定的提高,对自我探索逐渐深入,并开始探索职业发展方向。该阶段生涯目标的特点是:目标开始与自我性格、爱好、能力等相结合。

本阶段大学生的生涯规划任务有以下几个:

①继续进行自我和环境的探索,了解自己的职业发展方向,了解相关的职业资讯;

②对大学生涯进行合理规划;

③制订大学期间的阶段性目标;

④积极行动实现阶段目标;

⑤参加校园文化活动和社会实践活动;

⑥参加成长训练。

第四阶段:大学二年级上学期

大学生经过一年的大学生活的适应,已经完全适应大学生活,掌握了大学的生活规律,建立了一定的人际关系,新环境的适应压力逐渐消退;这时的大学生开始真正从现实角度关注自己的成长,积极参加各种活动,主动进行能力提升训练。与此同时,大学生对自己的性格、能力、优势、劣势、职业兴趣以及将来的职业方向,社会对各种人才的需求,社会经济政治的发展,社会各职业发展的趋势等状况的探索更加积极和有实效。他们已经意识到探索的重要性并积极行动,希望自己快速成长。但是受经历、经验、阅历的影响,这一阶段的大学生需要有效的帮助,借助外力的支持,会大大地加快大学生成长的速度。该阶段生涯目标的特点是:目标的确立开始考虑社会需要与个人需要的结合。

本阶段大学生的生涯规划任务有以下几个:

①进一步进行自我探索;

②了解将来的就业环境及职业方向;

③了解社会政治、经济、文化发展状况及职业、职位状况;

④制订自己的职业生涯规划;

⑤参加校园文化活动和社会实践活动。

第五阶段:第二学年第二学期前半学期(含暑假)

大学生对自我的认知和社会的认知达到了一定的水平,职业生涯发展方向进一步明确,这时的生涯规划避免了刚刚进入大学时的盲目性,更加切合实际,更具有可操作性。该阶段生涯目标的特点:在长远规划的基础上更加具体和现实。但由于个体的差异,有些学生仍会因寻找生涯发展目标和个人价值而处于迷茫状态。

本阶段大学生的生涯规划任务有以下几个:

①学习并掌握生涯规划中生涯目标的建立方法和生涯抉择方法;

②建立合理的价值体系和认知结构;

③围绕职业生涯规划制订相应的成长计划;

④参加校园文化活动和社会实践活动;

⑤参加专项行为训练,提升实现目标的行动力。

第六阶段:第二学年第二学期后半学期

大学生通过对自我及环境的探索,逐渐找到了自我价值与社会价值的方法,积极探求实现自我价值的有效途径;通过学习生涯规划目标的确立及生涯抉择方法,大大提高了自我掌控及自我设计的能力;通过参加各种实践及成长训练,综合能力快速提升,为即将到来的职业实践奠定了良好的基础。这时的大学生职业生涯发展道路开始出现不同,有的学生希望大学本科毕业后找到一份称心的工作,开始自己的职业生涯;有的学生则希望继续在某一领域进行深造。个人的选择来自两年的探索。该阶段生涯目标的特点:目标的确立直接反映了大学生的个人价值观,并与社会现实相结合。

本阶段大学生的生涯规划任务有以下几个:

①了解自己的职业兴趣,确定职业发展方向;

②掌握与就业相关的信息;

③掌握与就业相关的法律、政策、就业程序;

④树立正确的职业道德观念;

⑤完善并落实成长计划;

⑥参加校园文化活动和社会实践活动;

⑦参加专项行为训练,提升实现目标的行动力。

第七阶段:大学三年级第一学期

大学生由于志向的不同出现了生涯发展方向的不同,这种不同又带来了以后的发展道路不同。希望继续深造的学生开始为应考研究生备战,将志向确定为找工作的大学生则更加积极地参加各种活动,有些学生则会到相关单位进行职业实习。该阶段生涯目标的特点:长远目标逐渐明确和坚定,近期目标更加具体。

本阶段大学生的生涯规划任务有以下几个:

①进一步明确自己的职业方向;

②发现自身职业竞争力的不足之处,制订职业竞争力提升计划;

③参加职业实践;

④参加校园文化活动和社会实践活动;

⑤参加专项行为训练,提升实现目标的行动力。

第八阶段:大学三年级第二学期

大学生通过相应的职业实习,发现了自己的能力与职位要求之间的差距,通过职业实习也发现了自己原来的职业生涯与社会现实之间的差距,通过职业实习发现了自己理想的职业与社会可以提供的职位之间的差距。这时的大学生开始对自己进行全面的反思,重新建立更加切合社会现实的工作理念及自我认知。学生参加各种活动更具目的性。该阶段生涯目标的特点:由于与社会密切接触,职业生涯目标得到有效修正,修正后的目标进一步反映了个人理想与社会现实的结合。

本阶段大学生的生涯规划任务:

①对自己的职业生涯进行合理规划;

②确定职业发展方向和各阶段发展目标;

③寻求适合自己职业生涯发展的有效路径;

④掌握生涯评估方法和生涯目标修正方法;

⑤对生涯规划相关问题进行评估,发现问题;

⑥参加相应的能力提升训练。

第九阶段:大学四年级第一学期

大学生通过前三年的专业理论学习和相关训练,掌握了一定的专业理论和专业技能,人际交往能力、思维能力、创新意识、团队精神都得到了相应提高;经过自我全方位的探索及对所处环境的探索,特别是经过一年的职位实习,逐渐发现了适合自己的工作。这时的大学生会有意识地结合自己的理想职业规划自己剩余的大学生活。该阶段生涯目标的特点:目标更具有现实性和可操作性。

本阶段大学生的生涯规划任务有以下几个:

①结合自己的职业实践和职业发展理想,寻找现实自我和理想职业人之间的差距;

②参加快速提升训练;

③进一步了解社会及职位的发展变化;

④了解与本届大学生就业的相关政策及相关程序。

第十阶段:大学四年级第二学期

大学生面临大学毕业,即将走入社会,真正开始进入自己的职业生涯,从职业生涯规划层面上而言,能否真正适应将来的工作及工作环境,尽快走向成功,成为每一位即将走入社会的大学生关心的问题。大学生希望通过最后的大学生活使自己更加完善。本阶段生涯目标的特点:目标更加具体,体现为职业素质的培养和训练。

本阶段大学生的生涯规划任务有以下几个:

①了解相关就业及创业信息;

②参加相应快速提升训练;

③与相关单位及个人建立稳定的关系。

8.3.2 职业生涯规划的评估、反馈与调整

生涯评估是指在实现职业目标的过程中有意识地收集相关信息和评价,不断地总结经验和教训,自觉地修正对自我的认知,适时地调整职业目标。由于自身及外部环境条件的变化,职业生涯设计也要随之变化。大学生正处于人生观、价值观形成阶段,社会的经济、政治、文化也都在发展变化,种种不定因素使得原本制订好的规划设计会与实际情况产生偏差,这就要对设计做出修订。

修订的内容主要包括生涯机会的重新评估,职业的重新选择,职业目标的修订,计划和措施的变更等,这期间要做到谨慎判断,果断行动。谨慎判断就是无论变化多大,都要在理清来龙去脉后再作判断,果断行动就是要在判断后立即采取行动,重新修订自己的生涯设计。从而保证职业生涯的健康顺利发展,最终实现人生的职业理想。

设立自己的大学目标和计划

大学目标：

_____

_____

要达到这一目标,要经过的步骤：

_____

_____

设立第一年的目标和行动计划：

_____

_____

设立本学期的短期目标：

_____

_____

设立本月的短期目标：

_____

_____

[思考题]

1.职业发展路线有哪几种? 哪一个职业生涯发展方案最适合你并说明原因。

2.职业生涯发展目标的设定指导原则是什么?

3.简述大学生职业生涯规划的步骤。

4.你正处在人生发展的哪个阶段? 你对未来是否有清晰的目标和长远规划?

附录:我的职业生涯规划档案

姓名　　　　日期

一、如何描述自己?

1.你的霍兰德类型:_____

请根据表"霍兰德职业兴趣类型"表和职业兴趣测试报告中对 6 种类型的描述,在下面列出最能描述你自己的语句。

_____

_____

_____

_____

_____

_____

_____

_____

2.你的 MBTI 类型:_____

请根据表"MBTI 维度解释"表和"MBTI16 种性格类型及其通常具有的特征"表中对 MBTI 类型的描述,写下最能描述你自己的语句。

_____

_____

_____

_____

_____

_____

_____

二、职业清单

1.你的霍兰德类型建议你考虑的职业。

根据兴趣探索结果,列出至少 10 种与你的霍兰德类型相对应的职业,并标出每种职业的霍兰德代码。

　　　职业　　　　　　　　　　　霍兰德代码

(1)_____

(2)_____

(3)_____

(4)_____

(5)_____

（6）_____

（7）_____

（8）_____

（9）_____

（10）_____

　　同时请思考:什么样的职业令你感兴趣?

_____

　　2.你的MBTI类型所建议的职业。

　　3.根据你的MBTI类型偏好,从相关测评或资料中所列举的职业中挑出你感兴趣的职业,至少要有10种。

　　　　职业_____

（1）_____

（2）_____

（3）_____

（4）_____

（5）_____

（6）_____

（7）_____

（8）_____

（9）_____

（10）_____

　　这些职业之间有共同之处吗?请根据自己的MBTI类型思考,什么样的职业能使你感到满意?

_____

　　三、将清单上的职业进行分类和进一步探索

　　对你在前两页所列出的每一个职业进行分类,并把它填在相应的横线上。

　　第一类:很有可能

　　在兴趣和个性探索中都曾出现过的职业。

_____

_____

　　注意:这些职业都值得去深入地探索,你的职业探索最好首先集中在这些职业上。了解这些职业的要求和工作环境等细节。根据目前你对自己的兴趣和个性的了解,考虑你将会如何从事这份工作。

第二类:比较有可能

在兴趣或个性探索中曾出现过一次的职业

_____

_____

_____

注意:这些职业也有较大的可能性,供你进行下一步的探索。

第三类:有些可能

根据你的兴趣和个性探索,符合你一方面的情况却与另一方面的情况有冲突的职业。

_____

_____

_____

注意:如果你从事这些职业,会出现什么情况?是否会有矛盾冲突?如何解决?

第四类:其他的职业

在兴趣和个性探索中都未曾出现且与之没有共同点,但你感兴趣的职业。

_____

_____

_____

注意:这些职业的可能性通常不是很大。问问自己:你为什么会对它感兴趣?是出于什么样的动机?想想你的目标和信念是否与这些工作匹配。

四、价值观

你最重要的 5 项价值观,并请具体说明它们的含义。

(1) _____

_____

(2) _____

_____

(3) _____

_____

(4) _____

_____

(5) _____

_____

五、技能

找出你最擅长并愿意在未来职业中运用的技能。

1.最重要的 5 项知识

(1) _____

(2) _____

(3) _____

(4) _____

(5) _____

　　2.最重要的 5 项技能

(1) _____

(2) _____

(3) _____

(4) _____

(5) _____

　　3.最重要的 5 项素质

(1) _____

(2) _____

(3) _____

(4) _____

(5) _____

　　六、继续探索职业清单

　　查阅你在前面所列出的所有职业,根据你对自我的了解,结合你的价值观和技能,在下面空白处列出哪些你想继续探索的职业(可以是上面曾出现过的,也可以是未曾出现但符合上面共同特点的职业)。

_____

_____

_____

_____

_____

　　注意:在选择你想继续探索的职业时,请不要在未对它有任何了解前就轻易将它排除。在这张清单上,你需要有足够的职业供自己探索,但也要有一定的目标。也就是说,最好不少于 5 个不多于 10 个目标。将你的精力集中在下面的这些职业上。

　　七、目标设立于行动计划

　　1.我的长期目标

_____

_____

　　2.为了做到这一点,我还需要以下信息和帮助

_____

_____

　　3.为了实现这一目标,在这一个月内我应该做的事

_____

_____

第 2 编
创新创业教育

第9章　创新精神、创业与人生发展

9.1　创新精神

9.1.1　创新精神

创新精神是指创新创业者在创业过程中具有开创性的思想、观念、个性、意志、作风和品质等重要行为特征的高度凝练,主要表现为勇于创新、敢担风险、团结合作、坚持不懈等。

1) 创新是创新精神的灵魂

彼得·德鲁克认为,创新是表现创业精神的特殊工具。创业活动中的创新包括从产品创新到技术创新、市场创新、组织形式创新、管理理念创新等。

2) 冒险是创新精神的天性

没有敢冒风险的精神和承担风险的魄力就不能成为创业者。但是,创业应是一种理性的冒险行为而不是盲目冒险。

3) 合作是创新精神的精髓

社会分工越来越细,每个人的个人局限性不可能完成创业的全部任务。真正的创业者都是善于合作的,而且还能将这种合作精神扩展到企业的每个员工。这样,在面临困境时,团队成员才能够团结一心。

4) 执着是创新精神的本色

创业过程必然伴随着各种艰辛和曲折,因此创业者必须坚持不懈,咬定青山不放松。做到不抛弃、不放弃。正如阿里巴巴创始人马云所言:"今天很残酷,明天更残酷,后天很美好,但很多人都死在了明天晚上。"

9.1.2　创新精神的来源和培育

1) 创新精神的来源

创新精神的形成与发展主要受文化环境、产业环境、机制环境、生存环境等方面的影响。

(1) 文化环境

创新者是生活于现实文化环境中的学习者。作为学习者,其生活所在区域的文化价值观就是其学习的重要内容之一。

（2）产业环境

不同的产业环境会对创新精神产生影响。对垄断行业而言，企业缺少竞争，就容易抑制创新精神的产生。而在一个完全竞争的市场结构中，由于企业间优胜劣汰，竞争激烈，因此容易形成创新精神。

（3）机制环境

创新精神产生于特定的机制环境中，竞争的机制环境有利于创新精神的产生。

（4）生存环境

在资源贫乏的地方，人们为了改善生存状况而寻求发展机会，整合外界资源，更需要激发和形成创新精神。

2）创新精神的培育

创新精神的培育常常从培育创新人格、培养创新能力、宣扬创新文化和强化创新创业实践等方面去进行。

培育创新人格。个性特征对创新者个体来说非常重要，尤其是"独立性""坚持性""敢为性"等。所以，人格塑造与创新精神培养相辅相成。大学生要树立心理健康意识，优化心理素质，增强心理调适能力和社会生活的适应能力，自觉培养坚韧不拔的意志品质和艰苦奋斗的精神，提高承受和应对挫折的能力；此外，还可以采用创新案例，剖析创新者的人格特征，进行心理训练等，掌握形成心理素质与优良人格特征的途径和方法。

培养创新能力。创新是创业精神的核心。大学生要通过保持个性发展和好奇心、求知欲，勇于突破并有意识地突破前人、突破书本、突破老师。通过学习创新创造类课程，参加主题技能竞赛，感受、理解知识产生和发展的过程，培养科学精神和创新思维，提高自身创新能力。

注重创业实践活动的开展，在实践中培养创新精神。

创新创业教育的实践活动是学生扩展知识面，培养研究兴趣，热爱实践研究的必由之路。它有助于提高学生在社会实践中将主观能力充分发挥，增强学生的自信心和自豪感，激发学生的责任感和使命感。参加各种科研和专业竞赛活动是将大学生所学转化为实践、培养大学生科研能力、创新能力、实践能力等综合能力的重要策略和方法，并使他们在实践中形成创业所需要坚强的意志。

充分发挥学生的主体作用，使创新精神内化。

创新教育的关键是要让大学生从思想上重视、培养自身能力，从而激发自身的主观能动性。将创新精神、冒险精神和开拓进取的时代精神融于自我能力的培养提高，使学习源于校园而不仅止步于此。只有充分发挥了学生的主体作用，才能够在创新精神的培育过程中变被动为主动，才能够真正地使创新精神内化于学生的人生观、价值观中，才能够真正地促进、激发大学生的创新创业意识，也才能够使得当代大学生学会面对挑战、勇于战胜困难与挫折，在走出校门之后能够适应社会，能够快速成长，最终达到培养创新创业型人才的目标。

9.1.3　创新精神的作用

创新精神作为一种积极的思想观念和精神状态，对个人的进步和社会的发展具有积极的推动作用。

1) 创新精神促进人的全面自由发展

所谓人的全面自由发展,一是指人的性格和智慧得到全面合理的发展;二是指人的个性和才能得到自由的、自主的发展,这与我们弘扬创新精神在本质上是一致的。首先,弘扬创新精神要求人们追求独立自主,自主选择,自由创造,自我实现,自由自在的创业,自由自主的发展;其次,弘扬创新精神要求人们锻造全面的素质,培养强烈的事业心和责任感,培养多元意识和创新能力,培养坚定的信念和坚强的毅力,成为智商、情商、意志相统一的完善的人。显然,从一定的意义上说,弘扬创新精神就是弘扬自由创造的精神,就是培养全面发展的新人,这是促进人的全面与自由发展的重要内容。

2) 创新精神培育伟大的民族精神

我们的民族精神中包含了创新精神,艰苦创业的精神是我们中华民族精神的重要组成部分,而且民族精神的内容是在实践中不断地丰富和发展的,我们要在新的形势下加以继承和发扬,并结合时代和社会的发展要求,不断为之增添新的内容。新的时代是创新的时代,创新精神代表了时代精神,因此,我们要对它进行总结和概括,并且通过弘扬这种新时代的创新精神,培育和发展伟大的民族精神。

3) 创新精神推动改革开放和现代化建设

改革开放是一种创新的活动,需要有一种创新精神来支撑和推动;现代化建设是一种创造活动,需要有一种创造精神来支撑和推动。创新精神、创造精神是创业精神的范畴,是全党和全国人民奋发向上、开拓前进的精神支柱,是改革开放和现代化建设的强大动力。

9.2 创业概述

9.2.1 创业的定义和功能

1) 创业的定义

创业,在《辞海》中定义为"开创事业",即任何一项事业都是一个由无到有、由小到大、由简到繁、由旧到新的创造过程。创业是一种创新性活动,是创造不同价值的过程,这种价值的创造需要投入必要的时间和付出一定的努力,承担相应的金融、心理和社会风险,并能在金钱和个人成就感方面得到回报。

关于创业的概念,目前理论界尚未形成定论,本书采用应用较为广泛的哈佛大学史蒂文教授的定义:创业是不拘泥于当前的资源约束,寻求机会,进行价值创造的行为过程。创业作为一种过程,具有以下几个特点。

①创业者"不拘泥于当前的资源约束",主要指创业者不甘于资源供给的现状,努力突破资源束缚,通过资源整合来达到创业目标。

②创业者善于"寻求机会",主要指创业者在创业前要努力识别商业机会,发现了商业机会,就会有进一步整合资源的动力。所以,寻求机会是产生创业活动的重要一环。

③创业者能够"进行价值创造",主要指创业应该伴随着新价值的产生,通常是通过以产品或服务的方式服务消费者,创造商业价值和社会价值。

2)创业的功能

其实,创业是一种生活方式,是对人生的一种态度、一种追求;创业也是一种很好的经历,不管创业的结果如何,每个人都可以感悟、收获很多;创业更是一种重新认识自我、提升自我的有效途径,一个不断自我完善的蜕变过程。

创业的功能可以从个人、组织和国家3个层面分析。

（1）个人层面

在我国目前大众创业、万众创新的时代,创业为每个人创造了发展的机会和增加个人财富的可能性,对想开创自己的事业的个人而言,创业不但是一种充分实现自我的机会,更是发挥个人潜能的舞台。知识经济时代,智力已经成为关键性生产要素,拥有专业知识的大学生更有能力通过创业实现自我价值。大学生借助知识和创意去创建企业,有可能将梦想变为现实。

（2）组织层面

组织是创业者为把商业机会转换成商业价值而整合、配置资源的一种形式。不同的经济发展阶段和商业环境需要有相应的组织形式来支撑创业活动开展,创业者为了适应外界不断变化的商业环境,就必须不断地调整组织的功能与形式,从而推动组织发展。

（3）国家层面

创业有利于社会资源的合理配置。创业企业要能够生存并获得持续发展,必须具备比在位企业更强的竞争力。从行业内的发展来看,创业企业的成功将会影响行业现有的经营格局,加剧行业经营的竞争,形成优胜劣汰的局面,维持市场活力。竞争的加剧有利于资源向经营良好、效率更高的企业流动,从而促进市场的发展,促使社会资源进行合理配置。

创业有利于产生较高的社会效益。创业往往伴随着新技术、新工艺、新方法进入市场,催生大量科研成果转化型的企业出现,这对全社会创新能力、科研水平的提高和综合国力的提升有着巨大的促进作用。

9.2.2　创业的要素与类型

1)创业的要素

蒂蒙斯模型提炼出了创业的3大关键要素,即创业机会、创业团队和创业资源,如图9.1所示。

（1）创业机会

创业机会是指创业者可以利用的商业机会。从创业过程角度来说,机会是创业的起点,创业过程就是围绕着机会进行识别、开发、利用的过程。

（2）创业团队

创业团队是指在创业初期（包括创业成立前和成立早期）由一群才能互补、责任共担,愿为共同的创业目标奋斗的人所组成的特殊群体。

（3）创业资源

创业资源是指新创企业在创造价值的过程中需要的特定资产，包括有形与无形资产。它是新创企业创立和运营的必要条件，主要表现形式为创业人才、创业资本、创业技术和创业管理等。

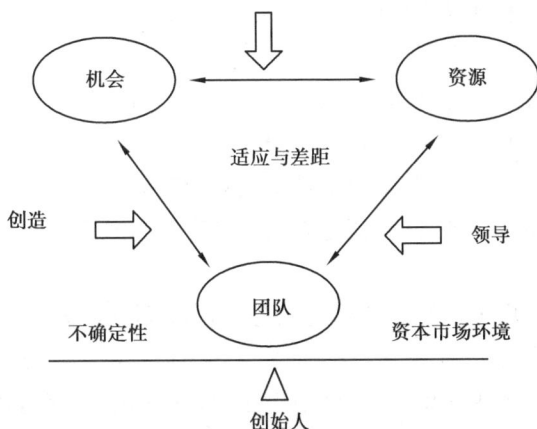

图9.1 蒂蒙斯的创业模型

一般认为，这3个核心要素是创业活动不可或缺的。如果没有机会，创业活动就成了盲动，难以创造真正的价值。应该说机会是普遍存在的，关键要看创业者及其创业团队能否有效识别和开发机会，如果没有创业者及其创业团队的主观努力，创业活动就不可能发生。创业者及其创业团队把握住合适的机会后，还需要有相应的资金和设备等资源。如果没有必要的资源，机会也就难以被开发和实现。三者之间的关系具体如下：

①商业机会是创业过程的重要驱动力，创业者或创业团队是创业过程的主导者，资源是创业成功的必要保证。创业过程始于创业机会，而不是资金、战略、网络、团队或商业计划。开始创业时，商业机会比资金、团队的才干和能力及合适的资源更重要。在创业过程中，资源与商机之间经历着一个适应—差距—适应的动态过程。商业计划是沟通创业者、商机和资源3个要素间匹配平衡的语言和规则。

②创业过程是商业机会、创业者和资源3个要素匹配和平衡的结果。创业者要善于配置和平衡，借此推进创业过程，包括对商机的理性分析和把握，对风险的认识和规避，对资源的合理利用和配置，对工作团队适应性的认识和分析。

③创业是一个连续不断地寻求平衡的行为组合。创业过程要保持发展，必须追求一种动态的平衡。

蒂蒙斯模型具有动态性的特征，认为创业过程实际上是3个因素之间相互作用，由不平衡向平衡方向发展的过程。随着创业过程的开展，其重点也相应发生变化，创业要能对机会、创业者及其创业团队、资源三者作出动态的调整。因此，该模型还要求3要素之间的匹配和平衡。创业现象也被认为是创业者、机会和资源三者之间的有效链接。其中，创业者是创业的核心，是使机会识别利用与资源获取组合得以实现的驱动者。

2）创业的类型

创业者会因为许多动机而走上创业的道路，个人背景、生活经历等方面的差异会让创业者选择不同的创业类型，也就是不同的起步方式。创业的路各不相同，可以从不同的角度对其进行分类：

（1）按照创业者的开始方式可分为以下几种：

①新公司由原行业精英人才组成，企图以最佳团队组合，集合众家之长，来发挥竞争优势。

②创业者运用原有的专业技术与顾客关系创立新公司，但是在流程与营销上有所创新，并且能够为顾客提供比原公司更满意的产品与服务。

③接手一家营运中的小公司，快速实现个人创业梦想。

④创业者拥有专业技术，能预先察觉未来市场变迁与顾客需求的新趋势，因而决定掌握机会，创立新公司。

⑤为特殊市场顾客提供更好的产品与服务而离职创立新公司，新公司具有服务特殊市场的专业能力与竞争优势。

⑥创业者为实现新企业理想，在一个刚萌芽的新市场中进行创新，企图获得领先创新的竞争优势，但相对不确定性风险也比较高。

（2）根据创业者对市场的不同认识分类

①复制型创业。复制原有公司的经营模式，创新的成分很低。例如，某人原本在餐厅里担任厨师，后来离职自行创立一家与原服务餐厅类似的新餐厅。虽然新创公司中属于复制型创业的比率很高，但这类型创业的创新贡献太低，缺乏创业精神的内涵，不是创业管理主要研究的对象。这种类型的创业基本上只能称为"如何开办新公司"，因此很少会被列入创业管理课程中学习的对象。

②模仿型创业。这种形式的创业，虽然对市场也无法带来新价值的创造，创新的成分也很低，但与复制型创业的不同之处在于，创业过程对创业者而言还是具有很大的冒险成分。例如，某一纺织公司的经理辞掉工作，开设一家当下流行的网络咖啡店。这种形式的创业具有较高的不确定性，学习过程长，犯错机会多，代价也较大。如果这种创业者具有适合的创业人格特性，经过系统的创业管理培训，掌握正确的市场进入时机，还是有很大机会可以获得成功的。

③安定型创业。这种形式的创业，虽然为市场创造了新的价值，但对创业者而言，本身并没有面临太大的改变，做的也是比较熟悉的工作。这种创业类型强调的是创业精神的实现，也就是创新的活动，而不是新组织的创造，企业内部创业即属于这一类型。例如研发单位的某小组在开发完成一项新产品后，继续在该企业部门开发另一项新产品。

④冒险型创业。这种形式的创业，除了对创业者本身会带来极大改变外，个人前途的不确定性也很高；对新企业的产品创新活动而言，也将面临很高的失败风险。冒险型创业是一种难度很高的创业类型，有较高的失败率，但成功后所得的报酬也很惊人。如果这种类型的创业想要获得成功，就必须在创业者能力、创业时机、创业精神发挥、创业策略研究拟订、经营模式设计、创业过程管理等各方面，都要有很好的搭配。

（3）根据创业目的可分为机会型创业和生存型创业

①机会型创业。机会型创业是指创业的出发点并非谋生，而是为了抓住、利用市场机遇。它以市场机会为出发点，以创造新的需要或满足潜在需求为目标，故会带动新企业发展。

②生存型创业。生存型创业是指为了谋生而自觉或被迫创业。它大多偏于尾随和模仿，故往往加剧了市场竞争。

9.2.3 创业过程与阶段划分

1）创业过程

创业过程包括创业者从产生创业想法到创建新企业或开创新事业并获取回报，涉及识别机会、组建团队、寻求融资等活动。

创业过程通常可分为以下5个环节：

（1）评估市场机会

评估市场机会是整个创业活动的起点，对创业成功有着关键意义。发现和评估新的市场机会，具体包括对市场机会的创新性、实际价值、风险与回报、个人能力和目标、市场竞争等方面的综合分析。

（2）制订创业计划

制订创业计划是对已发现的市场机会的进一步谋划，是创业活动开始的基础。创业者需要明确新企业主要从事哪些产品或服务，以此确定创业所需资源以及获得这些资源的途径和方法，制订生产经营的基本战略和策略。一份完善的创业计划，不仅对自己的创业活动有着极强的指导意义，而且也是说服投资者提供投资的重要文件。

（3）获取创业资源

获取创业资源是实施创业计划的第一步。创业者要对现有资源状况进行分析，区别创业的关键资源和一般资源，搞清楚资源缺口可能造成的影响和需要采取的弥补措施，想办法获取创业所需的资源，并在整个创业过程中加强对资源的控制和提高利用效率。

（4）创办新企业

创办新企业有不少事情要做，包括公司制度设计、经营地址选择、企业注册、确定进入市场途径等。对公司内部创业活动来说，可能没有公司制度设计问题，但同样要设计奖惩机制、制订利益分配原则；可能没有企业注册问题，但同样要有资金投入及预算控制问题。

（5）管理新企业

确保新企业的生存是创业者必须要面对的挑战，但创业者不能只考虑企业的生存，同时还要考虑企业的成长，企业不成长就无法生存得更好，在激烈的竞争环境中尤其如此。如何管理好一个新企业，与企业同命运，共成长，考验着创业者的智慧。

2）创业阶段

创业阶段可大致划分为机会识别、资源整合、创办新企业、新企业生存和成长4个主要阶段。对照前面提到的创业过程所包含的环节，评估市场机会、制订创业计划属于机会识别阶段，获取创业资源属于资源整合阶段，而管理新企业属于新企业生存和成长阶段，如图9.2所示。

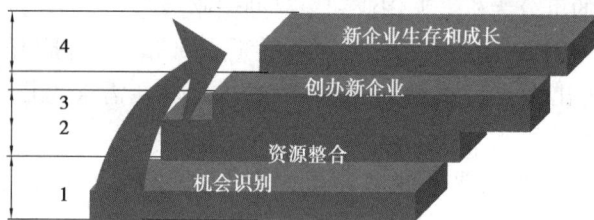

图 9.2 创业阶段

9.3 知识经济发展与创业

9.3.1 经济转型与创业热潮的关系

1)经济转型

(1)经济转型的含义

经济转型指的是资源配置和经济发展方式的转变,包括发展模式、发展要素、发展路径等的转变。具体地讲,经济转型是经济体制的更新,是经济增长方式的转变,是经济结构的提升,是支柱产业的替换,是国民经济体制和结构发生的一个由量变到质变的过程。

(2)经济转型的分类

①体制转型和结构转型

体制转型是指从高度集中的计划经济体制向市场经济体制转型。体制转型的目的是在一段时间内完成制度创新。结构转型是指从农业的、乡村的、封闭的传统社会向工业的、城镇的、开放的现代社会转型。结构转型的目的是实现经济增长方式的转变,从而在转型过程中改变一个国家和地区在世界和区域经济体系中的地位。

②激进式转型和渐进式转型

激进式转型是指实施激进而全面的改革计划,在尽可能短的时间内进行尽可能多的改革。大多数学者把俄罗斯和东欧"休克疗法"的经济改革称为激进式转型。激进式转型注重的是改革的终极目标。渐进式转型是指通过部分的和分阶段的改革,在尽可能不引起社会震荡的前提下循序渐进地实现改革的目标。多数学者把中国"摸着石头过河"的经济改革称为渐进式转型。渐进式转型注重的是改革过程。

2)创业热潮

创业热潮是指在一定时期内,由于政策调整或社会需求等条件发生变化而为某一地区提供了大量的创业机会,使得某一特定群体大规模从事创业活动的现象。我国改革开放以来经历了 5 次创业热潮。

第一次创业热潮发生于 1978—1984 年。党的十一届三中全会确定了改革开放的经济发展战略,政府放宽政策允许非公有制经济发展,一大批城市边缘人群和农民通过自谋职业掀起了第一次创业热潮。这次创业热潮有以下特征:创业人员多为农村人口和城镇无业人员,经营方式为个体工商户,经营行业一般都是传统行业,如饭馆、商店、加工厂、长途贩运等。横店集团的徐文荣、"傻子"瓜子的年广久、希望集团的刘氏四兄弟都是这一阶段涌现的创业典型。

3) 经济转型与创业热潮的关系

经济转型是创业热潮兴起的深层次原因。在伴随着经济转型的知识经济时代,创办高新技术企业成为经济发展的重要基础,创业在经济发展中的地位和作用更加突出,日益成为经济发展的主要动力,主要表现在以下 3 个方面:

(1) 经济转型是创业热潮兴起的深层次原因

经济转型的过程为创业热潮的兴起提供了大量的创业机会。一方面,伴随着国际化的改革,中国在加速工业化、城市化和市场化的同时为创业热潮的兴起提供了大量的创业机会,特别是在高新技术产业中。另一方面,当前经济转型进入经济社会各领域的全面转型,一部分原政府承担的社会、经济职能由市场中介机构承担,创业者依法创办这类中介机构,在政府监督下承担这些职能,有利于在市场中介领域引入竞争机制,有利于完善市场经济体制所必需的服务体系;同时在促进经济与社会发展、防止垄断、促进市场商品和生产要素流动等方面发挥着重要作用。

(2) 经济转型与创业热潮相互推进

在知识经济条件下,创业热潮的兴起使网络等通信手段更加发达,知识的生产速度加快,同时,知识的传播转移速度也得到加快,人们能够更广泛、更及时地实现知识、信息、资源共享。创业热潮的积极作用又反过来要求进一步加快经济转型,为更好地促进经济社会发展优化环境,因此经济转型与创业热潮是相互推进的过程。

(3) 经济转型的过程与创业热潮还在持续

当前,我国的经济转型从部分领域的转型进入经济社会的全面转型阶段,经济结构和社会结构呈现为整体性的加速跃迁。全球经济一体化的浪潮也在加快着我国的工业化、城市化和市场化的步伐。同时伴随着大数据时代、云计算、移动互联网和社交网络的广泛应用,移动互联领域掀起新的创业大潮,被称作"第四次创业浪潮"中的亮点,由此可见,经济转型的过程与创业热潮还在持续。

9.3.2 创业活动的功能属性

1) 创业活动的功能

创业具有增加就业、促进创新、创造价值等功能,同时也是解决社会问题的有效途径之一。

(1) 创业是社会就业的扩容器

创业可以提供就业岗位,服务社会。全社会广泛的创业活动,有利于解决社会就业问题,促进和谐社会的建立。

（2）创业是科技创新的加速器

创业可以实现先进技术转化，推动新发明、新产品或服务不断涌现，创造出新的市场需求，从而进一步推动和深化科技创新，提高企业乃至整个国家的创新能力，推动经济增长。

创业是新理论、新技术、新知识、新制度形成现实生产力的转化器，新建立的企业要想在激烈的市场竞争中站住脚，就要使用先进的生产技术，采用科学的技术手段，因此创业可以加速科技创新。

（3）创业是社会进步的推动器

创业活动促进社会经济体制的改革和深化，繁荣市场，丰富人们的生活，提高生活质量，促进社会稳定和谐，是实现共同富裕的有效途径，创业还可以激发整个社会的创新意识和创新精神，有利于社会文化、观念的转变。此外，创业使无数人进入了社会和经济的主流，对社会形成创新、宽容、民主、公正、诚信、感恩的观念，并对文化具有积极推动作用。

2）创业活动的属性

创业活动作为一种社会行为，具有以下几种属性：

（1）创新性

创办一个企业对社会来讲不是一件新鲜事，但对创业者来讲则是一个创新的过程。这里所谓的创新性，是指创业者在整个创业过程中所接触的几乎完全是新事物，所解决的几乎完全是新问题，新问题的解决需要创业者的智慧和能力，需要创业者的创造思维。

（2）风险性

创业活动是有风险的，创业成功给创业者带来喜悦，创业失败给创业者带来的不仅是沮丧，还有财产的损失、信心的丧失。如果考虑到创业风险就不去创业，就永远不会成为一个成功的创业者。创业成功偏爱于那些大胆细心、勇于面对风险的勇敢者。

（3）利益性

创业者的创业活动也许出于多种目的，但根本的动力是获利，这也是创业者的共同心愿。没有利益驱动，人们就不会冒着风险去创业，创业过程中获利的多少，也是人们衡量创业者创业成功与否的重要标志。

（4）艰难性

任何创业过程都是艰难的，尤其是白手起家的创业者，往往需要经过多年的艰苦奋斗，甚至倾注大量的心血，创业才可能成功。创业者要有吃苦的思想准备。

9.3.3　知识经济时代赋予创业的重要意义

1）知识经济时代的含义

知识经济，是以知识为基础的经济，是与农业经济、工业经济相对应的一个概念，是一种新型的富有生命力的经济形态。知识经济时代是以知识运营为经济增长方式、知识产业为龙头产业、知识经济为新的经济形态的时代。

2）知识经济时代赋予创业的重要意义

（1）创业是国家发展战略的需要

就业是民生之本，创业是富民之源。近年来，党中央、国务院高度重视创业工作，把全民创业摆在突出的位置,也明确提出,要统筹推进各类人才队伍建设,实施重大人才工程,加大创新创业人才培养支持力度。要关注青年、关爱青年,倾听青年心声,鼓励青年成长,支持青年创业。当前,我国正处于全面建成小康社会的关键时期和深化改革开放、加快转变经济发展方式的攻坚时期。鼓励创业,对于提高自主创新能力、建设创新型国家具有重要的战略意义。

(2)创业是增加就业的必然要求

创业是就业的基础和前提,就业离不开创业,以创业带动就业。任何一个社会,其创业者越多,其生产要素组合就越丰富、活跃,就业也就越容易。

(3)创业是知识经济时代技术创新的主要实现形式

知识经济的兴起,使知识上升到社会经济发展的基础地位。知识成了最重要的资源,"智能资本"成了最重要的资本,在知识基础上形成的科技实力成了最重要的竞争力,知识已成为时代发展的主流,尤其是以高科技信息为主体的知识经济体系,其发展速度令世人瞩目。

(4)创业是解决社会问题的有效途径之一

当前,我国进入全面建成十几亿人口的更高水平小康社会的关键时期,创业能够在增加社会财富,促进经济发展和社会繁荣;提供就业岗位,缓解社会就业压力;实现先进技术转化,促进科技创新和生产力提高;充分发挥才干,实现人生价值;积累财富,满足个人对物质的追求欲望;回报社会、贡献社会等方面发挥重要作用,成为解决社会问题的有效途径之一。

9.4 创业与职业生涯发展

9.4.1 广义和狭义的创业概念

广义的创业是指自主地开拓创新,创造自己的未来。狭义的创业是指创业者发扬创新精神,创造出新颖的产品和服务,并实现其潜在商业价值的运作过程。其实,创业并不只是开办一家企业。

9.4.2 创新型人才的素质要求

1) 创业与创新

在创业中,风险与机遇并存。创业的价值就在于创新出自己独特的东西,敢于走前人和别人没有走过的路。1997年,富士公司敏锐感知市场,果断进行产品转型,投身数码相机领域,并不断进行技术创新,逐渐确立了行业领先地位。反观柯达公司,仍固守传统胶片市场,结果只能够从影像业的霸主沦为末流,代价可谓刻骨铭心。古森社长在给员工的2008年新年致辞中表示:富士胶片要在21世纪成为"不断创新,持续发展的公司"。富士胶片之所以能在激烈的竞争中不断打败对手,就是缘于富士公司孜孜不倦地创新。

2) 创新型人才及其具备的特征

创新型人才是指勇于开拓进取,善于创造,能开创新局面,对社会发展作出创造性贡献的人才,通常具备以下几个特征:

(1) 有强烈的责任感

当前,我国正处于发展的战略机遇期,于是培养创新型人才,建设创新型社会就变得尤为迫切和重要。在一定意义上,创新型人才顺应了时代需求,肩负着推动国家自主创新,实现民族复兴的使命。因此,创新型人才必须具备良好的献身精神和强烈的时代责任感。

(2) 有坚韧的意志力

创新是一个艰苦探知的过程,其中势必充满各种困难和风险。创新型人才必须具备坚韧不拔、锲而不舍的精神,为了既定目标勇往直前,永不退却的意志,才能战胜创新过程中的种种困难,最终实现理想的创新效果。

(3) 有敏锐的创新思维

创新型人才需有见微知著的直觉能力和超前的思维方式,善于从寻常的事物中找出不寻常的东西,具备敏锐的创新思维。

(4) 有完备的知识体系

创新型人才必须具有广博而精深的文化内涵,具有深厚而扎实的基础知识,既有广度又有深度,才能使他们具备知识一体化、综合化意识,有助于增强综合思维能力和创新能力。

(5) 有科学的创新实践

创新的过程必须遵循科学、遵循事物的客观发展规律,从实际出发,以科学的态度进行创新实践。

3) 创业能力具有普遍性和时代适应性

创业能力是大学生开展创业活动所必需的各种技能的综合,与创业的成败直接相关。在飞速发展的知识经济时代,要顺应时代潮流,跟上时代的步伐。大学生的创业能力应着力从以下几个方面去培养、提高:

(1) 重视创业素质的自我培养

大学生创业者不仅要有创业观念,还要才德兼备,胆识共具。这些高要求决定了大学生想走上创业之路,就必须按照创业者素质的培养规律,重视创业素质的自我培养,注重培养自己的能力,锤炼自己的胆量,同时培养自己的创业品质、创业意志、创业观察能力和创业知识。

创业品质。提升工作品质,必须以观念创新为先导,以方法创新为突破,以标准创新为保障,以成果创新为目标。

创业意志。创业意志是为了实现成为创新人才的目的而培养的顽强意志。

创业观察能力。创新是发现并且是突破性发现。要实现突破性发现,就要求创新型人才必须具有敏锐的观察能力、深刻的洞察能力、见微知著的直觉能力和一触即发的灵感和顿悟,不断地将观察到的事物和已掌握的知识联系起来,发现事物之间的必然联系,及时发现别人没有发现的东西。

创业知识。创新是对已有知识的发展,在人类知识越来越丰富和深奥的今天,要求创新型人才的知识结构既有广度又有深度。因此,创新型人才必须具有广博而精深的文化内涵,既要有深厚而扎实的基础知识,了解相邻学科及必要的横向学科知识,又要精通自己的专业知识,并能掌握所从事学科专业的最新科学成就和发展趋势,这是从事创新研究的必要条件。

(2)积极参加实践活动

实践环节是大学生积累创业经验,培养创业能力的有效途径。大学生在校期间要积极参与创业实践活动,如大学生创业大赛、社团求职体验、市场和社会调查等活动来接触社会,了解市场,并磨炼自己的心志,提高自己的综合素质。在平时,大学生也可以直接与有创业经验的好友甚至商界人士交流、通信,以获得最直接的创业技巧和经验。这些实践活动既为他们将来开展创业活动积累了经验,又培养了他们分析问题和解决问题的能力、组织协调能力、管理能力、应变能力、语言表达能力等,也有利于加强大学生的创业意识和创业热情,为大学生作好应对挫折及面对各种困难的心理准备,促进大学生创业成功。

(3)广泛获取创业经验

第一,大学开设的创业指导课、教授的创业管理、创业心理等内容,帮助大学生打好创业知识的基础。第二,大学图书馆也提供创业指导方面的书籍,大学生可通过阅读来增加对创业市场的认识。第三,传统媒体、网络媒体等每天都提供大量的创业知识和信息。第四,各地创业中心、大学生科技园、留学生创业园等机构的网站,也蕴藏着丰富的创业知识。第五,大学生也可以在大四期间组成创业团队在学校的创业园区进行创业模拟训练,更可投身真正的创业实践,在真刀真枪的创业实践中提高自己的创业能力。

9.4.3 创业能力对个人职业生涯发展的意义和作用

创业成功是可以规划的,创业能力对个人职业生涯发展起着积极作用。

1)职业生涯规划的定义

职业生涯规划是指个人根据对自身情况和外部因素的分析,为自己确立职业目标,选择职业道路,以及制订相应的工作、培训和教育计划。并按照一定的时间安排,采取必要的行动来实现职业生涯目标的过程。简言之,职业生涯规划的意思就是:你打算入什么行业,干什么职业,想达到怎样的成就,想过怎样的生活,如何通过你的学习与工作达到你的目标。

2)创业能力对个人职业发展的意义

每个人都是独立的个体,有自己的能力优势、兴趣爱好、志向品质。职业选择得是否适当,将影响一个人将来事业的成败以及一生的幸福。同时,职业选择也在一定程度上有利于促进人的全面发展、优化社会风气。因此,职业选择对个人及社会都有极重要的意义。

目前,大学生就业形势日益严峻,因此,需转变就业观念。虽然选择创业已经成为大学生职业选择的一种,但是,创业是一项实践性很强的过程,要求创业者具备很高的创业意识、创业精神、创业素质。创业能力的高低直接决定了创新企业的成败和创业的成功率。

当大学生坚定地选择了创业后,就成为了一名真正的创业者,这时就要严格自我管理、科学自我规划。因此,在选择创业前,应该作好充分的准备,包括加强创业意识、培育创业精神,并积极参与创业实践,在实践中提升自己发现问题、解决问题的创业能力,然后再去创业,做到"一切有备而来",创业成功率无疑将大大提高。

3)创业能力对个人职业生涯发展的作用

创业的内涵不只是开办一家企业,因此,不论是就业还是创业,都需要自身具有创业能力。创业能力主要包括以下几点:

(1)学习能力

不论是创业前的专业知识和相关技能的学习,还是创业实践中的反思总结型学习,学习能力都显得尤为重要。在近代,知识和科技急剧发展,终身学习已然成为这个时代的共识。在个人职业生涯发展中,唯有不断学习,才能始终保持自身的绝对竞争力,才能更好地适应社会,顺利地实现自己的职业生涯目标。

(2)创新能力

创新是一种优秀的品质,可以说谁具备了创新精神和创新能力,谁就具备了核心竞争力。善于创新能使职场新人更快地踏入职场成功人士之列。

(3)决策能力

在职业生涯发展的过程中,经常不可避免地要面临众多选择,需要作出正确的决策。不论是职业方向的选择,工作岗位的确定,还是工作目标的制订及实施,都需要决策能力。拥有一个好的职业和适合自己的职业规划,能够充分发挥自己的聪明才智,成就一番事业。

(4)交际能力

良好的交际能力能妥善处理组织内外关系以及与客户的关系,尤其是上下级关系以及同事间的关系,以使职场新人能尽快适应工作环境,尽早融入工作团队。

(5)营销能力

营销的对象不仅是商品,还包括其他方面。这是个知识爆炸的时代,更是个人才爆炸的时代,如何让"伯乐"们尽可能准确地从"人才汪洋"中找到你、重用你,一些自我营销能力和技巧必不可少。

(6)管理能力

职业生涯发展是一个终身的过程,如何有序且高效地去实现最终的职业目标,这就需要个人积极的自我管理,包括短期、中期、远期目标管理,学习管理,时间管理,健康管理,情商管理等。

[思考题]

1.创业的定义和功能是什么?

2.创业的要素是什么?

3.怎么培育创业精神?

4.创业活动的功能属性是什么?

5.创业与个人职业生涯发展有哪些要求?

第10章 创业者与创业团队

10.1 创业者

10.1.1 创业者的概念

"创业者"一词来源于17世纪的法语词汇,表示某个新企业的风险承担者,早期的创业者也是风险承担的"承包商"。在欧美的经济研究中,将创业者定义为一个组织,管理生意或企业愿意承担风险的人。

创业者的概念经历了一个演变的过程,1755年,法国经济学家坎蒂隆(Cantillon)首次将"创业者"的概念引入经济学领域;19世纪初,法国经济学家萨伊说:"创业者是能够将资源从生产力低的地方转移到生产力高、产出多的地方。"究竟谁是创业者呢?萨伊也没有说明白。随着社会的发展和变化,进一步认识创业者和创业或许能给学生以启迪。

国内外学者将创业者的定义分为狭义和广义两种:狭义的创业者是指参与创业活动的核心人员;广义的创业者是指参与创业活动的全部人员。在一般情况下,在创业过程中,狭义的创业者会比广义的创业者承担更多风险,也会获得更多收益。

创业者一般被界定为具有以下几点的人:创业者是主导劳动方式的领导人;创业者是具有使命、荣誉、责任能力的人;创业者是组织、运用服务、技术、器物作业的人;创业者是具有思考、推理、判断能力的人;创业者是能使人追随并在追随的过程中获得利益的人;创业者是具有完全权利能力和行为能力的人。

10.1.2 创业者的类型

1)谋生型创业者

谋生型创业者往往是因为迫于生活的压力或是为了使自己的生活条件有所改善才决定创业的。

2)投资型创业者

投资型创业者是在已经拥有一定经济基础与实力的基础上进行创业的。这一类创业者的创业目标主要是为了获取更多的经济回报。

3)事业型创业者

事业型创业者是把实现自己的人生梦想作为创业的目标,把创办的企业当作自己毕生的事业。这类创业者是自我意识很强的人，他们不甘为别人打工，愿意为理想放弃一份稳定的职业。他们之所以选择自主创业是为了通过这一途径来证明自己的能力，实现自我价值，得到社会的认可。这类创业者往往是在有了一定的经济基础，经历了市场和社会的磨炼之后，更加明确了自己的人生追求而作出创业的选择。

10.1.3　创业者的素质与能力

了解创业者的素质就要先了解其创业能力，关键是如何理解"创业"和"能力"。在我国《辞海》中是这样分别解释的："创业"是指创立基业，如《孟子·梁惠王下》："君子创业垂统，为可继也。"又如诸葛亮《出师表》："先帝创业未半而中道崩殂。""能力"通常指完成一定活动的本领，包括完成一定活动的具体方式以及顺利完成一定活动所必需的个性心理特征。而在英文中的创业能力一词是 enterprise competencies，其中，"enterprise"的含义有事业心、进取心、探索精神、冒险事业、计划和设想等；"competencies"的含义有能胜任的，能干的，有足够的学识、判断力、技能或力量等。我国学者将 enterprise competencies 翻译成"事业心和开拓技能"。

综合上述观点和阐述，创业能力是指目标对象为了能从事承担风险的开拓性活动应具备的一系列心理特征。这里讲的开拓性活动可以是经济领域的，也可以是政治、文化、军事等领域的创办事业或经济实体的活动。这些活动具有 3 大特征：一是有较大的风险存在；二是有一定的创新体现；三是有强烈的实践探索特质。创业能力从大的范围来讲，是指人们在各行各业中创立新事业、开拓新领域的实践活动；从小的范围来讲，则是指人们创办小企业的实践活动。人的每一种能力都是人的生命力的展现，而创业能力是人的生命力的综合表现，更是生命力的一种高级体现。它融合自我生命的多种能量，将自己的梦想千方百计变为现实。有创业能力的人具有一种强烈的责任意识、创新意识和实践探索意识，还具有一种强烈的成就意识，需要将自己或他人的创意或点子物化成结果或者含有智能化的产品，通过结果或产品服务、满足社会市场需求，从而实现为社会创造价值，实现个人价值增值，同时也实现自己的梦想，获得成功的人生体验。这里所说的产品，可以是有形的物质产品，可以是无形的精神产品，也可以是服务性的产品，如信息服务、知识服务、技术服务、咨询服务等。创业，不仅需要稳扎稳打，也需要一步一个脚印，更需要制订战略目标规划，并且需要认真去执行战略规划。残酷的市场让我们要懂得随时应变，但是那些是战术，不是战略。战略就是我们创业的想法，我们想在多少年内做成什么事情。这些想法确定后，就没有必要去更改和修改，除非有了明显的数据显示出我们制订的战略出现了不科学的数据。战略不确定或者战略随意性，注定一个创业者必定走向失败！面对社会的发展、行业竞争，创业需要不断地转型。成功的创业者要敢于挑战自己，这是创业成功者的魅力所在。

创业者的素质是创业行动和创业者所需要的主体要素，包括知识和技能、经验和人格特质等。

1) 知识和技能

创业者的知识和技能是实施创业和创业成功的关键。

（1）创业者需要掌握的知识

创业成功需要创业者具备必要的知识，如商业方面的知识、技术方面的知识等。

①行业知识。如果创业者没有相关行业的经验，就肯定会走弯路。"不熟悉的不做"，就是说创业者应尽可能在自己熟悉的行业领域内进行创业，以提高创业成功的可能性。

②法律知识。创业成功的基础之一是创业者要守法经营，在国家法律法规允许的范围内从事创业活动，这就要求创业者一定要了解相关的法律知识。

③经济和管理知识。创业是一种商业行为，因此，需要创业者了解一定的商业知识，包括经济方面的知识和管理方面的知识。经济管理知识可以帮助创业者更好地识别商业机会，计算和筹集创业所需资金，进行盈亏平衡分析，更好地分析和把握市场，做好市场营销工作，并做好创业企业的人力资源管理、财务管理、企业管理等工作。

（2）创业者应具备的能力

创业能力是一种特殊的能力，这种特殊能力往往影响创业活动的效率和创业的成功率。创业能力包括决策能力、经营管理能力、专业技术能力与交往协调能力。

①决策能力。决策能力是创业者根据主客观条件，因地制宜，正确地确定创业的发展方向、目标、战略以及具体选择实施方案的能力。决策是一个人综合能力的表现，一个创业者首先要成为一个决策者。创业者的决策能力通常包括分析能力、判断能力和创新能力。大学生要创业，首先要从众多的创业目标以及方向中进行分析比较，选择最适合发挥自己特长与优势的创业方向和途径、方法。在创业过程中，能从错综复杂的现象中发现事物的本质，找出存在的真正问题，分析原因，从而正确处理问题，这就要求创业者具有良好的分析能力。所谓分析能力，就是能从客观事物的发展变化中找出因果关系，并善于从中把握事物的发展方向，分析是判断的前提，判断是分析的目的，良好的决策能力是良好的分析能力加果断的判断能力。创业实际就是一个充满创新的事业，创业者必须具备创新能力，有创新思维，无思维定式，不墨守成规，能根据客观情况的变化，及时提出新目标、新方案，不断开拓新局面，创出新路子。可以说，不断创新是创业者不断前进的关键环节。

②经营管理能力。经营管理能力是指对人员、资金的管理能力。它涉及人员的选择、使用、组合和优化；也涉及资金聚集、核算、分配、使用、流动。经营管理能力是一种较高层次的综合能力，是运筹性能力。经营管理能力的形成要从学会经营、学会管理、学会用人、学会理财几个方面去努力。一要学会经营。创业者一旦确定了创业目标，就要组织实施，为了在激烈的市场竞争中取得优势，必须学会经营。二要学会管理。要学会质量管理，要始终坚持质量第一的原则。质量不仅是生产物质产品的生命，也是从事服务业和其他工作的生命，创业者必须树立牢固的质量观。要学会效益管理，要始终坚持效益最佳原则，这是创业的终极目标。可以说，无效益的管理是失败的管理，无效益的创业是失败的创业。若要做到效益最佳，应要求在创业活动中人、物、资金、场地、时间的使用，都要选择最佳方案运作。做到人员和资金、设备和场地、原料和材料效益发挥最大化，使创业活动有条不紊地运转。学会管理还要敢于负责，创业者要对本企业、员工、消费者、顾客以及对整个社会都抱有高度的责任感。三要学会用人。市场经济的竞争是人才的竞争，谁拥有人才，谁就拥有市场、拥有顾客。一所学校没有品学兼优的教师，这所学校必然办不好。一个企业没有优秀的管理人才、技术

人才,这个企业就不会有好的经济效益和社会效益。一个创业者不吸纳德才兼备、志同道合的人共创事业,创业就难以成功。因此,必须学会用人。要善于吸纳比自己强或有某种专长的人共同创业。四要学会理财。学会理财,第一要学会开源节流。开源就是培植财源,在创业过程中除了抓好主要项目创收外,还要注意广辟资金来源。节流就是节省不必要的开支、树立节约每一滴水、每一度电的思想。但凡百万富翁、亿万富翁都是从几百元、几千元起家的,都经历了积少成多、勤俭节约的历程。第二要学会管理资金。要把握好资金的预决算,做到心中有数;要把握好资金的进出和周转,每笔资金的来源和支出都要记账,做到有账可查。第三是把握好资金投入的论证。每投入一笔资金都要进行可行性论证,有利可图才投入,大利大投入、小利小投入,保证使用好每一笔资金。总之,创业者心中应时刻装有一把算盘,每做一件事、每用一笔钱,都要掂量是否有利于事业的发展,有没有效益,会不会使资金增值,这样,才能理好财。五要讲诚信。就创业者个人而言,诚信乃立身之本,"言而无信,不知其可也"。创业者在创业过程中,如不讲信誉,就无法开创出自己的事业。失去信誉,就会寸步难行。

③专业技术能力。专业技术能力是创业者掌握和运用专业知识进行专业生产的能力。专业技术能力的形成具有很强的实践性。许多专业知识和专业技巧要在实践中摸索,逐步提高发展、完善。创业者要重视创业过程中知识积累、专业技术方面的经验和职业技能的训练,对书本上介绍过的知识和经验在加深理解的基础上予以提高、拓宽;对书本上没有介绍过的知识和经验要探索,在探索的过程中要详细记录、认真分析,进行总结、归纳,上升为理论,形成自己的经验特色并积累起来。只有这样,专业技术能力才会不断提高。

④交往协调能力。交往协调能力是指能够妥善地处理与公众(政府部门、新闻媒体、客户等)之间的关系,以及能够协调下属各部门成员之间关系的能力。创业者应该做到妥当地处理与外界的关系,尤其要争取政府部门、工商以及税务部门的支持与理解,同时要善于团结一切可以团结的人,团结一切可以团结的力量,求同存异共同协调的发展,做到不失原则、灵活有度,善于巧妙地将原则性和灵活性结合起来。总之,创业者只有搞好内外团结,处理好人际关系,才能建立一个有利于自己创业的和谐环境,为成功创业打好基础。协调交往能力在书本上是学不到的。它实际上是一种社会实践能力,需要在实践活动中学习,不断积累总结经验。这种能力的形成:一是要敢于与不熟悉的人打交道,敢于冒险和接受挑战,敢于承担责任和压力,对自己的决定和想法要充满信心、充满希望。二是养成观察与思考的习惯。社会上存在着许多复杂的人和事,在复杂的人和事面前要多观察、多思考,观察的过程实质上是调查的过程,是获取信息的过程,是掌握第一手材料的过程,观察得越仔细,掌握的信息就越准确。观察是为思考作准备,观察之后必须进行思考,做到三思而后行。三是处理好各种关系。可以说,社会活动是靠各种关系来维持的,处理好关系要善于应酬。应酬是职业上的"道具",是处事、待人接物的表现。心理学家称:应酬的最高境界是在毫无强迫的气氛里,把诚意传达给别人,使别人受到感应,并产生共识,自愿接受自己的观点。搞好应酬要做到宽以待人,严于律己,尽量做到既了解对方的立场又让对方了解自己的立场。协调交往能力并不是天生的,也不会在学校就形成,而是走向社会后慢慢积累社会经验,逐步学习社会知识而形成的。

⑤创新能力。创新是知识经济的主旋律,是企业化解外界风险和取得竞争优势的有效途径,创新能力是创业能力素质的重要组成部分。它包括两方面的含义:一是大脑活动的能力,即创造性思维、创造性想象、独立性思维和捕捉灵感的能力。二是创新实践的能力,即人在创新活动中完成创新任务的具体工作的能力。创新能力是一种综合能力,与人们的知识、技能、经验、心态等有着密切的关系。具有广博的知识、扎实的专业基础知识、熟练的专业技能、丰富的实践经验、良好的心态的人容易形成创新能力,创新能力取决于创新意识、智力、创造性思维和创造性想象等。

2)创业者特质

创业者形形色色、千差万别、不一而同。认真分析、研究创业者们的创业路径,行业选择尽管有差异,但他们都有共同的创业思维和创业特质。创业者在理想、行为、心理、知识、能力等方面具备以下素质。

(1)心怀梦想

哈佛大学拉克教授讲过这样一段话:"创业对大多数人而言是一件极具诱惑的事情,同时也是一件极具挑战的事。不是人人都能成功,也并非想象中那么困难。但任何一个梦想成功的人,倘若他知道创业需要策划、技术及创意的观念,那么成功已离他不远了。"真正成功的创业者表面看来是利益的驱动,实际上在他们内心深处就有一个"梦",这个"梦"驱动了创业者本身的动力,心中没有"梦"就没有拼搏的动力。

(2)实践探索

创业者在行为方式上主要有勤学善问、锲而不舍、灵活应变、吃苦耐劳、立行立改、良好的道德和敢于担当的责任。

①勤学善问。

勤学善问,顾名思义,既要勤学,又要善问。勤学就是多学习知识,学习书本知识是最根本的路径,书本将生活中的无数知识汇聚、糅合、提炼,再传授给我们。高尔基说:书籍是人类进步的阶梯;杜甫说:读书破万卷,下笔如有神,由此可见勤学的重要性。善问就是善于发现自己不懂的问题,及时向人求教。孔子教导人要不耻下问;《弟子规》中有"心有疑,随札记,就人问,求确义"。人们在求学过程中,如果心里有不明白、不清晰的地方,就要把这些问题一个个记下来,遇到良师益友就能够随时请教,并且要理解其中的真义才可通过。这就是人们应当抱有的学习态度。知识是勤学得来的,也是善问得来的,人们只有在学习中善问,在善问中求学,并与实践探索结合起来,才能求得真知。勤学善问从古至今都是学习的良方。大学生要做到勤学善问,才能充实自己、成长自己。

②锲而不舍。

人们要一心一意把事情做好,就要有毅力、有志气,克服外界诱惑,毅力表现为做任何事情都要有始有终,不能半途而废。人们只有坚持不懈、锲而不舍地实践探索才能促使自己去实现目标。中国古代有句谚语:行百里者半九十。执着追求和坚持不懈的人要为自己制订一个切实可行的计划;要有坚持的意识,对自己制订的计划要抱有积极的心态,脑子里要绷紧一根弦,时刻保持一种危机感,同时心态一定要好。王国维曾这样理解坚持不懈、锲而不舍的三种境界:"昨夜西风凋碧树,独上高楼,望尽天涯路",此第一境界也;"衣带渐宽终不悔，为伊消得人憔悴"，此第二境界也；"众里寻他千百度，蓦然回首，那人却在灯火阑珊处"，此第三境界也。

③灵活应变。

在信息经济时代，每个人每天都要面对比过去成倍增长的信息，如何迅速地分析这些信息，才能够把握时代脉搏、跟上时代潮流。所以，灵活应变能力是当代人应当具有的基本能力之一。在当今社会中，需要我们具有良好的应变能力。所谓应变能力是指人面对新事物或突发性事情能够正确处理的能力。应变能力是一个人处理新事物应具有的基本素质。提高灵活应变能力是勤奋实践的结果，它来自平时日积月累，平时多与人沟通、与人多接触，多学习他人身上的优点、长处。

④吃苦耐劳。

"宝剑锋从磨砺出，梅花香自苦寒来。"创业的成功需要坚韧不拔、毅力顽强、执着追求的精神。吃苦耐劳就是毅力的表现，只有具备吃苦耐劳的精神，创业者才能挺过创业的艰辛，取得创业的成功。创业既要勤劳又要能够吃苦，还要耐得住寂寞。

⑤立行立改。

创业者要善作善成，好的创业理念和计划通过实际的行动才能够变为现实。好的计划只有立即执行才有意义，否则永远是海市蜃楼。创业者在创业实践中要借势发力、乘势而为，创新更进一步，认识更深一刻。创业的步子要踩实、步点调准，一步一个脚印，稳步向前。创业必须下真功夫、苦功夫、实功夫，必须创在点子上、落在地面上。对能够立即解决的问题，要立即解决；对不能立即解决的问题，要创造条件解决。

如著名牛仔裤品牌 Levi's（李维斯）的创始人李维的创业路径就值得我们思考。他在去西部淘金的路上遇到大河，他看到了希望。河上没有桥，要是租一艘船摆渡很赚钱。他立即行动，赚到第一桶金。淘金劳动使工人流汗很多，工人要喝水，他就又做起了运水的生意。淘金工人衣服易破，他看到旧帆布帐篷扔得到处都是，他想，这东西给工人做成衣服多耐穿呀，立即行动，做起了服装生意。

（3）良好的心理品质

创业的成功是思想上长期准备的结果，事业的成功总是属于有思想准备的人，也属于有创业意识的人。创业之路是充满艰险与曲折的，这就需要创业者具有良好的创业心理品质，创业就等于是一个人去面对变化莫测的激烈竞争以及随时出现的需要迅速正确解决的问题和矛盾，这需要创业者具有非常强的心理调控能力，能够持续保持一种积极、沉稳的心态，即有良好的创业心理品质。它是对创业者的创业实践过程中的心理和行为起调节作用的个性心理特征。创业的成功在很大程度上取决于创业者的创业心理品质。正因为创业之路不会一帆风顺，所以，如果不具备良好的心理素质、坚忍的意志，一遇挫折就垂头丧气、一蹶不振，那么，在创业的道路上是走不远的。宋代大文豪苏轼说："古之成大事者，不惟有超世之才，亦必有坚韧不拔之志。"只有具有处变不惊的良好心理素质和越挫越勇的顽强意志，才能在创业的道路上自强不息、竞争进取、顽强拼搏，才能从小到大，从无到有，闯出属于自己的一番事业。

（4）实事求是的竞争意识

创业者实事求是的科学态度，能把握住自己的航向，直至达到成功的彼岸。创业者实事求是就是凭自己的头脑和双手,凭自己的智慧和才能,凭自己的努力和奋斗,建立起自己生活和事业的基础。创业者只有实事求是,勤劳致富,才能够建立起自己的事业。竞争意识是市场经济最重要的特征之一,是企业赖以生存和发展的基础,也是立足社会不可缺乏的一种精神。人生即竞争,竞争本身就是提高,竞争的目的只有一个,就是取胜。随着我国社会主义市场经济从低级向高级发展,竞争越来越激烈。从小规模的分散竞争发展到大集团集中竞争;从国内竞争发展到国际竞争;从单纯产品竞争发展到综合实力的竞争。因此,如果创业者缺乏竞争意识,实际上就等于放弃了自己的生存权利。创业者只有敢于竞争、善于竞争,才能取得成功。创业者创业之初所面临的是一个充满压力的市场,如果创业者缺乏实事求是的竞争意识,则可能一事无成。

10.1.4　创业者伦理

在商业社会中,企业伦理是企业以合法手段进行盈利时,所应遵守的道德规范,是关于企业公平竞争、市场营销策略、社会责任、消费者及员工道德修养等多方面的行为准则。企业伦理作为企业参与市场竞争的一种道德规范和自我约束,对整个经济秩序的良好运行起着十分重要的作用。随着企业自主经营意识的增强,越来越多的企业开始重视自身的伦理建设,争取以更好的形象在竞争中取得优势。但同时,也有许多企业为了眼前利益没有意识到这一点,企业伦理问题仍然是当前经济生活中一个非常现实、非常突出的问题,其潜在的危害性是很大的:第一,企业伦理状况差是当前影响企业经营和经济健康运行的一个突出的矛盾,这也造成经济运行质量不高,风险增大;第二,市场经济是信用经济,而企业信用状况差是我国市场经济发展的一个薄弱环节;第三,企业伦理建设是制约我国企业参与国际竞争的严重障碍;第四,不重视伦理建设,是造成经济犯罪的重要根源。所以,诚信、诚实、诚恳是一个人,也是一个企业生存和发展的基础。如果一个人没有良好的品德,自私自利,那么后果是很可怕的。如果一个企业缺少诚信,也就会失去发展的土壤。创业不能失去伦理,创业者要在项目模仿的尺度上、项目的来源上、知识产权上以及环境友好上,认真思考和实践,做到敢于担当、勇于担当。

10.2　创业团队

10.2.1　创业团队的含义

"宁要一流的人才和二流的项目,也不要一流的项目和二流的人才"是风险投资家的箴言。可以说,创业浪潮中的"项目秀""个人秀"的时代正在结束,团队的力量逐渐被越来越多的人看好。尤其是创业的起步阶段,如果没有一个高素质的团队,再理想的创业计划也会因缺少人才而不能实施。由于团队所具有的协作能力和灵活机动的运作模式,在很多公司内部,团队形式已成为新的组织模式。因此,在创业过程中,不仅要求创业者本身具有一定的创业能力,而且对团队成员的整体协同作战能力也提出了很高的要求。创业过程实际上就是团队不断成长的过程。

1) 创业团队的定义

关于创业团队的界定,不同的学者从不同的角度界定了创业团队的定义。

卡姆、舒曼、西格等认为创业团队是指两个或两个以上的个人参与创立一个事业并有相应的财务利益,这些个人出现在公司启动之前的阶段,即为在实际开始制造其产品或在市场上提供其服务之前的时期。

沃森等(1995)定义创业团队为两个或更多的个体联合团队。成立一个企业或事业,同时又一起运作。

Vyakamam,Jacobs 和 Handelberg(1997)定义创业团队:在企业的启动阶段,两个或更多的人,他们共同努力同时投入个人资源以达到目标,他们对企业的创立和管理负责。

Gaylen,Chandler 和 Hanks(1998)认为创业团队指的是当公司成立时对公司有其功能执掌的人或是在营运前两年加入的成员,对于公司没有所有权的雇员并不算在内。

除了以上比较有代表性的定义外,综合人们的研究成果,作为创业团队要满足以下几个条件:在企业创立的较早阶段就加入;拥有企业股份;在企业内承担相应的管理工作或其他任务,不是纯粹的投资人。因为创业团队是创业企业的高层管理团队,所以具有高层管理团队与其他类型团队相区别的关键特征。它在企业中位于高层,对企业的创立和发展等具有关键作用;它面临的环境相对于其他类型团队(如自我管理团队)更为复杂和多变;它面临的任务也是最多,包括各职能领域和企业内外的各种复杂任务;它要求的能力和经验等是分布式的,是多种多样的。

一般认为,创业团队是指创业者在创业过程中组成的以开拓新领域、实现共同的价值追求为共同目标,共同承担创业风险和共享未来利益并紧密合作的正式的或非正式的组织。它是群体的一种特殊组织,不是简单的聚集,也不是简单的集合、组合。最根本的区别在于:团队成员是互补的,各有其工作范围和目标,很难互相替换。

2) 优秀创业团队的特征

组建一支优秀的创业团队对任何创业者而言都是一项至关重要的工作。一支优秀的创业团队具有以下 6 个特征:

(1) 知己知彼

在优秀的创业团队中,团队成员能非常清醒地认识到自身的优势和劣势,同时对其他成员的长短处也比较清楚,这样就能最大限度地避免团队成员之间因为相互不熟悉而造成的各种矛盾,从而提高团队的向心力和凝聚力。同时团队成员的熟悉更有利于成员之间工作的合理分配,最大可能地发挥各自优势。

(2) 才华各异

一般而言,一支优秀的创业团队必须包括以下几种人:一个创新意识强的人,这个人可以决定公司未来发展的方向,是公司战略决策者;一个策划能力强的人,这个人能够全面周到地分析整个公司面临的机遇与风险,考虑成本、投资、收益的来源和预期收益以及公司管理规范、章程、长远规划设计等工作;一个执行能力较强的人,这个人具体负责执行过程,包括联系客户、接触终端消费者、拓展市场等;同时,在一个技术类的团队中还应该至少有一个研究开发型人才;当然,创业团队还需要有掌握必要的财务、法律、审计等其他专业知识的人才。

(3)目标一致

拥有共同的目标是团队区别于群体的重要特征。共同的创业目标将彼此紧紧连在一起,将分散的个体凝聚成为一股强劲的力量。一致的目标有利于在创业遇到困难时,团队成员能够志同道合,积极地为实现目标奋斗。

(4)彼此信任

信任是解决分歧、达成一致的最佳途径,相互信任有助于形成良好和高效的工作氛围,实现团队目标。团队成员相互信任有两个层次的含义:一是团队成员间相互的高度信任,团队成员要做到相互欣赏、相互信任、相互了解和相互配合,要彼此相信各自的正直、个性特点和工作能力;二是管理者对团队成员的信任,主要表现为在组织过程中的透明度和公开性,包括在决策过程中所体现的高度公正、公司管理过程中所体现的共同参与以及各阶层个人能力的不断提高等。这种信任可以在团队内部创造高度互信的互动能量,使团队成员乐于付出、相信团队的目标并为之付出自己的信任与激情。

(5)紧密合作性

紧密合作是出于长期共赢考虑,建立在共同利益基础上,实现深度的合作。首先要考虑怎么建立共同利益,包括长短期的。所谓紧密合作,就是要从整体出发,考虑相互之间的利益,使整体的利益最大化。

(6)成员高凝聚力和强烈归属感

凝聚力是指团队成员之间为实现目标而实施团结协作的程度。凝聚力外在表现于人们的个体动机行为对群体目标任务所具有的信赖性、依从性乃至服从性上。团队的凝聚力是个性心理特征中统一相应的整体配合效能、归属心理在意志过程中的"共同责任利益意识"的作用下而形成的一种士气状态。团队能够最大限度地实现成员价值的最大化,团队成员之间关系平等、密切合作、积极奉献,团队成员对团队有很强的归属感。

10.2.2　创业团队构成的元素

1)目标的确定及其管理

目标管理理论是由现代管理大师彼得·德鲁克根据目标设置理论提出的目标激励方案。其基础是目标理论中的目标设置理论。目标管理强调组织群体共同参与指定具体的可行的能够客观衡量的目标。目标管理又称为成果管理,是在泰罗的科学管理和行为科学管理理论的基础上形成的一套管理制度。创业团队使得创业活动的各项事务依靠团队来运作而不是依靠个人。每个创业团队都有一个既定的创业目标,该创业目标就是团队共同奋斗的"梦想"。

2)确定人员

首先要做事公正、公平、无私心。团队的任何人都要有上进心和好奇心,绝不能互相诋毁,要守信、守时、严守秘密,善待他人。要想让对方喜欢你,那么你需先喜欢对方。如果想让别人爱你,那么你首先要去爱别人。人是创业团队的主要元素,在新创企业中,人力资源是所有创业资源中最活跃、最重要的资源。因为创业的共同目标是通过人来实现的,不同的人通过分工共同完成创业团队的目标,所以人员的选择是创业团队建设中非常重要的一个部分,创业者应当充分考虑团队成员的能力、性格等方面的因素。

3)团队定位

团队是由员工和管理层组成的一个共同体,它合理利用每一个成员的知识和技能协同工作、解决问题,达到共同的目标。团队定位是指创业团队中的成员在创业活动中扮演的角色,也就是创业团队的分工定位问题。团队定位关系到每一个成员是否对自身的优劣有清醒的认识。创业活动的成功推进,不仅需要整个企业能够寻找合适的商机,同时也需要整个创业团队能够各司其职,并且形成一种良好的合力。因此,每个创业团队成员都应当对自身在团队中的位置有正确的定位,并且根据正确的定位充分发挥主观能动性,推进企业成长。

4)团队权利和权力

团队权利是指通过实践,团队成员的个人的责任担当而实现的利益分享。权利多少取决于在决策活动中的工作能力、团队的业绩以及处理潜在危险情况的思想准备。为了实现创业团队成员的良好合作,赋予每个成员一定的权利是有必要的。事实上,团队成员对于控制力的追求也是他们参与创业的一个重要的原因。为了满足这一要求,需要分配权限给他们,以达到激励的效果。对创业活动来说,所面临的是更为多变的动态环境,管理事务也比较复杂,创业团队成员每个人都需要承担较多的管理事务,客观上也需要创业团队成员有一定的权力,能够在特定的条件下进行决策。因此,权力的分配也有利于提高团队的运作效率。权利可以放弃、可以转让,而权力则必须依靠法律和制度行使。

5)团队计划

团队计划是创业团队未来的发展规划,也是目标和定位的具体体现。在计划的帮助下,创业者能够有效制订创业团队短期目标和长期目标,能够提出目标的有效实施方案,以及实施过程的控制和调整措施。这里所讨论的计划尚未达到商业计划书那种复杂程度,但是,从团队的组建和发展过程来看,计划的指导作用自始至终都是存在的。

为了充分推进创业过程,创业伙伴们必须不断磨合,才能形成一个拥有共同目标、人员配置得当、定位清晰、权限分明、计划充分的团队。实际上,很多团队组建的时候,甚至存在一个试用期来体验团队成员之间能否形成必要的默契,这就在很大程度上降低了团队组建的风险。

10.2.3　创业团队的组建原则

组建一支高效的创业团队,除了要努力做到使团队具备优秀创业团队的特征外,还应该人数合理,并设置均衡的利益分配机制。

1)人数合理

一般而言,一个大学生创业团队的人数应控制在 3~5 人为宜。创业之初,创业团队人数少,团队的群体效应发挥不出来,创业团队人数多,思想不容易统一。人数合理,以便领导与任务分工协调地有效开展,保证各项工作完成的速度和质量,提高办事效率,使团队的创业计划能先发制人,占据有利的市场地位。

2)设置均衡的利益分配机制

利益原则包含两层含义:第一,在创业团队成员之间形成合理的利益分配机制,这种分配机制最好在创业开始时就予以明确;第二,在初始创业团队和其他成员之间制定一种利益均衡机制,创业企业的全部股份最好不要在初始创业团队中全部分配完,为日后加入的关键团队成员,或企业急需的技术骨干等预留部分股份。

10.2.4 创业团队管理

1)创业者的领导能力

创业团队领导是创业团队的灵魂,是团队力量的协调者和整合者。面对市场诱惑和风险,创业者领导就是要有个美好的愿景吸引着团队成员。领导者要激发团队成员的热情和创造力、维持团队的稳定,领导者的独特魅力会促进团队成员之间的协助,并为了共同目标前进。

2)创业团队成员的激励问题

创业团队成员的激励是指创业还处于创业阶段,高成长性与高风险性并存,应以奖励股权和购买股权相结合为重点,建立激励制度。实现成员价值的主要形式是以奖励股权和购买股权相结合,根据成员过去为企业所作的实际贡献,将集体资产增长净值的一部分折合为相应股权奖励给他们,以此作为对其价值的承认和贡献奖励。成员团队激励机制包括物质激励、精神激励、政策激励和工作激励。

3)创业团队的冲突管理

创业团队成员在创业过程中总会发生矛盾,也就是创业冲突。一般来说创业冲突分为两个方面,即认知性冲突和情感性冲突。认知性冲突主要是因认识差异而形成的理念差异而导致的冲突,只要提高认识,善于沟通就能够达成共识;情感性冲突是基于人格、人际关系导向的差异而产生的不一致性而导致的冲突。情感性冲突会影响团队有效性的活动,防止情感性冲突需要互相理解和信任,建立沟通机制,增强合作。

4)创业团队精神传承

创业团队在长期的奋斗中形成的拼搏精神要传承下去,利于团队升级和市场开拓。创业者要让大学生知道创业的内涵、创业家特征识别以及如何成为创业家;要让大学生了解如何作创业准备,如何进行创业实践。创业团队形成的集体创新、拼搏精神分享、风险共担、合作进取的创业精神需要不断延续。

哲学层次的创业思想和创业观念,是人们对创业的理性认识;心理学层次的创业个性和创业意志,是人们创业的心理基础;行为学层次的创业作风和创业品质,是人们创业的行为模式。创业精神不仅是追求环境的趋势和变化,而且往往是尚未被人们注意的趋势和变化。创业精神包含了变革、革新、转换和引入新方法——新产品、新服务或者是做生意的新方式。创业者追求一种增长,他们不满足于停留在小规模或现有的规模上,创业者希望企业能够尽可能地增长,员工能够拼命工作,因为他们在不断寻找新趋势和机会。

创业精神是在各类社会中刺激经济增长和创造就业机会的一个必要因素。在发展中国家,成功的小企业是创造就业机会、增加收入和减少贫困的主要动力。因此,政府对创业的支持是促进经济发展的一项极为重要的策略。诚如经合组织商务产业咨询委员会2003年所指出:"培育创业精神的政策是创造就业机会和促进经济增长的关键。"政府官员可以采用优惠措施,鼓励人们不畏风险创建新企业。这类措施包括实施保护产权的法律和鼓励竞争性的市场机制。

创业精神在不同文化中的差异在某种程度上取决于创业所能得到的回报。看重社会地位和专业经验的文化可能不利于创业,而推崇通过个人奋斗取得成功的文化或政策则很可能激励创业精神。创业精神具有4个明显特征:一是高度的综合性。创业精神是由多种精神特质综合而成的。诸如创新精神、拼搏精神、进取精神、合作精神等都是形成创业精神的特质精神。二是三维整体性。无论是创业精神的产生、形成和内化,还是创业精神的外显、展现和外化,都是由哲学层次的创业思想和创业观念,心理学层次的创业个性和创业意志,行为学层次的创业作风和创业品质三个层面所构成的整体,缺少其中任何一个层面,都无法构成创业精神。三是超越历史的先进性。创业精神的最终体现就是开创前无古人的事业,创业精神本身必然具有超越历史的先进性,想前人之不敢想,做前人之不敢做。四是鲜明的时代特征。不同时代的人们面对不同的物质生活和精神生活条件,创业精神的物质基础和精神营养也就各不相同,创业精神的具体内涵也就不同。创业精神对创业实践有重要意义。它是创业理想产生的原动力,是创业成功的重要保证。

总之,创业能力与学术能力和职业能力既有相似之处,又有明显的不同。它是事业心和开拓能力的融合,介于学术能力与职业能力之间,是比学术能力和职业能力更具风险、更具开拓性的一种能力,本质上是一种创新能力和社会实践能力。如果有学术能力的人没有事业心和开拓精神,其学术境界往往就不会达到很高的水平,学术创新也是有限的。从科学发展史上来看,那些在学术上取得举世瞩目惊人成就的科学巨匠,都具有事业心和开拓精神。同样,如果有职业能力的人没有事业心和开拓精神,其职业生涯往往也不会精彩,生命的潜能就不可能得到充分发挥。正如学者柯林·博尔指出的那样:"如果一个人缺乏事业心和开拓能力,学术和职业方面的潜力就不能发挥,甚至变得没有意义。"

最后,用零点研究咨询集团创始人袁岳的话作为总结:理想的创业环境当然是一切制度与机制都能理想到位的情况下让创业家蓬勃兴起。但是真正的创业家未必这样看,因为任何困难与障碍也都限制了机会被其他人占领,任何不成熟的状况固然是风险也从而使得他今天依然还有机会,所以创业者在人格上就该不是一个怨天尤人的人,而是个"冒着经济风险,创立新组织,并利用新技术与新工艺为他们创造价值的个人"。他们在别人怨天尤人时观察,在别人说三道四时准备,在别人夸夸其谈时动手,在别人冷嘲热讽时坚持,在别人幸灾乐祸时再起,最后才有在别人碌碌无为时的成功。创业是如此一种力量,经历创业的个人甚至在后来都不相信这居然是自己,拥有生动的创业精神的企业总是能自我超越,而有着良好的创业气氛的社会总是日新月异。

10.2.5　创业团队的社会责任

创业团队在创造利润和对团队成员及股东承担法律责任的同时,还要承担对企业员工、消费者、社区和环境的责任。

1) 承担并履行好经济责任

创办和经营好企业,为极大丰富人民的物质文化生活,为国民经济的快速稳定发展和促进国家经济转型发挥应有的作用。创办企业最直观地说就是要做到盈利,尽可能扩大销售,降低成本,正确决策,保证利益相关者的合法权益。

2) 承担并履行好法律责任

创业团队要在遵纪守法方面做出表率,创业团队的行动都要遵守所有的法律、法规,包括环境保护法、消费者权益法和劳动保护法。完成所有的合同义务,带头诚信经营,合法经营,承兑保修允诺。带动企业的雇员、企业所在的社区等共同遵纪守法,共建法治社会。

3) 承担并履行好公益责任

一方面,创业团队应努力使自己企业的运营活动、产品及服务等不会对社会产生消极影响,团队应致力于加速产业技术升级和产业结构优化,大力发展绿色产业,增大企业吸纳就业能力,为环境保护和社会安定尽职尽责。

另一方面,我国社会现在正面临进一步的改革,政府的职能不断调整,小政府、大社会将是未来发展趋势。企业应充分发挥资本优势,为发展社会事业成为一个好的企业公民而对外捐助,通过支援社区教育、支持健康、人文关怀、文化与艺术、城市建设项目发展等途径,帮助社区改善公共环境,自愿为社区工作。

[思考题]

1. 查阅有关资料,回答创业动机及其类型和特点。

2. 创业者应具备的素质是什么?

3. 创业团队组建要素有哪些?

4. 创业团队应注意哪些问题?

5. 在不同创业阶段,创业角色如何转换,才能够创建"黄金团队"?

6. "三只老鼠偷油吃"的故事:三只老鼠采取咬尾巴的方式偷吃油罐子里的油,第二只、第三只老鼠看到第一只老鼠吃得那么香,怕它吃完了,就都跳下去吃油,结果油吃完了,又都争着第一个从油罐子里出来,互不相让,最后都没有出来,全部饿死了。结合创业团队建设,你有何启发?

第11章 创业机会与创业风险

11.1 创业机会的内涵

11.1.1 创业机会的内涵与构成要素

事件的发生需要一个契机,无论创业是如何开始的,它都源于一个机会,一个具有突破性的机会。

一般来说,"突破"是对事物原有状态的破坏,是打破原有的规则,是寻找新的可能性的过程。这使得我们应该注意到创业机会是一个具有商业性的、可操作的机会。

创业机会是指有利于创业的一组条件的形成情况。这组条件至少包含以下几个要素:

①某个细分市场存在或新形成了某种持续性需求。

②拟创业者开发了或持有有助于满足前述市场需求的创意。

③创业者有能力、有资源,可实施所持有的创意。

④创业者将自己的创意转变为具体的产品或服务,不需要大规模的资金和大的团队。

当这4个要素都得到满足之时,才可认为客观上存在或形成了某种创业机会。

11.1.2 创业机会的类型和来源

1)问题型机会

所谓"问题"就是着眼于周边人们"苦恼的事"和"困扰的事"。例如双职工家庭,没有时间照顾小孩,于是有了家庭托儿所;年轻人生活节奏快,没有时间去多个地点购买商品,于是产生了一站式购物的大型综合商场。

这些"问题"可能是个人产生的需求,可能是某个行业的中间环节,可能是新的发明创造等。生活中的每一个职业都是因为需求而产生的,如果能够解决别人眼中的"问题",那么解决过程中的方式就能形成一种职业,实际上也就是找到创业的机会。

因此,问题型机会是指由现实中存在的未被解决的问题所引发的一类机会。问题型机会在人们的日常生活中和企业实践中大量存在,比如顾客的抱怨、大量的退货、无法买到称心如意的商品、服务质量差等,在对这些问题的解决中会存在价值或大或小的创业机会。

2)预测型机会

预测型机会分为科技型预测机会和政策型预测机会。

（1）科技型预测机会

随着科技的发展，新的技术不断应用于时下的生活，每一个新兴事物的来临都会产生很多新生的行业取代原有行业，科技型预测能为经济活动引入新产品、新服务、新原材料，指引新市场形成或形成市场的新组织方，如果能够在科技型预测下把握住新事物出现之初"脉搏"，那么就能在新科技产生的行业中获得一席之地。科技型预测机会就来源于你对未来的预测，来自你对新兴行业的理解。

（2）政策型预测机会

国家和地方政府出台的各项政策对市场会形成各种不同的影响，这种在影响过程中产生的机会称为政策型机会。如搜狐汽车文章显示 2013 年 11 月和 12 月连续两个月都打破了我国乘用车市场月销量最高纪录。这是因为《大气污染防治行动计划》规定北京、上海、广州等特大城市要严格限制机动车保有量。这使京津冀、长三角、珠三角的城市群和特大城市的地方政府对汽车限购热情大增，传出多地地方政府汽车限购的信息，造成的恐慌性购买持续成为市场最大动力。

3）整合型机会

整合指的是资源整合，资源整合是建立在现有资源的基础之上，在生活中变废为宝。整合就是要优化资源配置，整合型机会是在原有资源闲置或无法产生利润的时候，进行识别、选择、汲取与配置利用原有资源产生的创业机会和项目。

11.1.3　创业机会的来源

关于创业机会的来源，美国凯斯西储大学谢恩教授认为，创业机会主要产生于 4 种变革，分别是技术变革、政治制度变革、社会人口结构变革以及产业结构变革。德鲁克认为，创业机会来源于 8 个方面：意外之事、不协调、程序需要、产业和市场结构、人口变化、认知、意义和情绪上的变化、新知识。其实，以下 4 种变革恰好是创业机会的最主要来源。

1）技术变革

技术变革可以使人们去做以前不可能做到的事情，或者更有效地去做以前只能用不太有效的方法去做的事情。

2）政治制度变革

政治制度变革革除了过去的禁区和障碍，或者将价值从经济因素的一部分转移到另一部分，或者创造了更大的价值。比如，环境保护政策的出台使得焚烧秸秆对环境的污染问题得到全社会的重视，在不能焚烧秸秆的情况下，秸秆的处理问题便进入了一些创业者的视野，于是秸秆罐头应运而生。

3）社会人口结构变革

社会人口结构变革，就是通过改变人们的偏好和创造以前并不存在的需求来创造机会。随着人们生活水平的提高，无论男女都更追求美丽的形象，于是美容产品应运而生。

4）产业结构变革

产业结构变革，指因其他企业或为主体顾客提供产品或服务的企业消亡，或者企业吞并、互相合并等原因而引起变化,进而对行业中竞争状态的改变。

11.2 创业机会识别

11.2.1 创业机会识别的一般过程

1) 创业机会识别是为了应对并化解机会的不确定性

创业机会是四类要素的有机组合,每个要素自身都有不确定性。

①客观上,特定商机具有不确定性。

②特定创意与商机的匹配关系具有不确定性。

③创业者是否有能力实施相应的创业,也具有一定的不确定性。

④创业者能否获得创业所需要的资源,更具有不确定性。

2) 创业机会识别的特殊性

创业机会识别具有一定程度的特殊性,主要表现在以下几个方面:

①创业机会不同于一般性商机,创业机会要求特定商机是可持续的,蕴含着可持续增长的需求;创业机会要求创业者有创意,进而通过实施相应的创意为客户创造价值。

②创业机会识别是一个反复探索的过程。创业者一是需要深入调研、甄别细分市场商机,并精心构思,设计自己的创意;二是要反复考察、认证创意、商机二者的匹配程度;三是需要反复调查、分析能否在恰当的时间获得实施相应创意所需的资源和能力。

③创业机会识别是将"创业的冲动"变为"理性的创业"的关键环节。理性的创业者如果没有适当的创业机会,则不会盲目创业。

3) 创业机会识别的主要环节

环节一:商业的价值性分析——商业价值

所谓分析商机的商业价值,就是分析特定商机所对应的市场需求规模与结构,特别是该商机刚刚形成时的需求规模与结构、可能的客户群、客户群的人文特征,以及哪些客户有可能成为新创企业的"目标客户",哪些客户有可能成为目标客户中的"领先客户"。

环节二:商业的时效性分析——机会持续时间与市场成长性

所谓商机的持续时间,即特定商机所对应的市场需求有可能持续多长时间。相应的市场需求持续越久,新创企业越是值得去追逐这样的商机。所谓商机的成长性,实际上是指特定商机所对应的市场需求的成长性。

环节三:机会要素的匹配性分析——商机、创意、资源、能力的匹配程度

商机与创意之间的匹配是最基本的,如果这两者不匹配,此时的商机自然就不能被视为创业机会,且其他要素之间的匹配性就无须分析了。如果商机与创意之间是匹配的,接下来就需要分析创业者的能力是否与自己的创意相匹配,即创业者是否有能力实施相应的创意,以及创业者是否能掌握实施该创意所需的资源。

环节四:机会的风险收益性分析

当且仅当机会的风险收益达到某种程度,诸如创业者"满意"的程度,才值得创业者放心地冒险起步、启动创业。

11.2.2 影响创业机会识别的因素

如何识别创业机会是创业领域最关键的问题之一。从创业过程角度来说,如何识别创业机会是创业的出发点。创业过程就是创业机会被识别、开发、利用的过程。正确识别创业机会是创业者应当具备的必需技能。

影响创业机会识别的关键因素一般来说包括先前经验、认知因素、社会关系网络以及创造性4个方面。

1)先前经验

先前经验也可以说是历史经验,在特定产业中的先前经验有助于创业者识别机会。在某个产业工作,个体可能识别出未被满足的利基市场,这个现象叫作"走廊原理"。某个人一旦投身于某产业创业,将比那些从产业外观察的人,更容易看到产业内的新机会。

2)认知因素

机会识别可能是一项先天技能或一种认知过程。有些人认为,创业者有"第六感",使他们能看到别人看不到的机会。多数创业者以这种观点看待自己,认为自己比别人更"警觉"。警觉在很大程度上是一种习得性的技能。拥有某个领域更多知识的人,倾向于比其他人对该领域内的机会更警觉。

3)社会关系网络

个人社会关系网络的深度和广度影响着机会识别。建立了大量社会与专家联系网络的人,比那些拥有少量社会关系网络的人更容易得到创业机会。一项对65家初创企业的调查发现,半数创业者报告说,他们通过社会联系得到了他们的商业创意。一项类似的研究,考察了独立创业者(独自识别出商业创意的创业者)与网络型创业者(通过社会联系识别创意的创业者)之间的差别,研究人员发现,网络型创业者比独立创业者识别出更多的机会,但他们不太可能将自己描述为特别警觉或有创造性的人。

4)创造性

创造性有助于产生新奇或有用的创意。从某种程度上讲,机会识别是一个创造过程,是不断反复的创造性思维过程。在听到更多趣闻轶事的基础上,可以很容易看到创造性包含在许多产品、服务和业务的形成过程中。

11.2.3 识别创业机会的行为技巧

创业者可以使用多种技术和方法识别创业机会,如对大样本数据或身边现象进行系统分析,对现实生活中存在的问题或顾客的抱怨进行分析以及通过创造等方法,都有助于创业者更好地识别创业机会。

1)通过系统分析识别创业机会

多数创业机会都可以通过系统分析发现。人们可以从企业的宏观环境(政治、法律、技术、人口等)和微观环境(顾客、竞争对手、供应商等)的变化中发现创业机会。借助市场调研,从环境变化中发现创业机会,是发现创业机会的一般规律。

2)通过问题分析或顾客建议识别创业机会

问题分析从一开始就要找出个人或组织的需求和他们面临的问题,这些需求和问题可能很明确,也可能很含蓄。创业者可能识别它们,也可能忽略它们。问题分析可以首先问"什么才是最好的"。一个有效并有回报的解决方法对创业者来说是识别创业机会的基础。

3)通过创造获得创业机会

这种方法在新技术行业中最为常见,可能始于未满足的市场需求,从而积极探索相应的新技术和新知识,也可能始于一项新技术发明,进而积极探索新技术的商业价值。通过创造获得机会比其他任何方式的难度都大,风险也更高。同时,如果能够成功,其回报也就更大。这种情况下所产生的创新在人类所具有的重大影响的创新中,居于压倒性的主导地位。

11.3 创业机会评价

11.3.1 有价值创业机会的基本特征

有的创业者认为自己有很好的想法和点子,对创业充满信心。有想法、有点子固然重要,但是并不是每个大胆的想法和新异的点子都能转化为创业机会。许多创业者就因仅凭想法去创业而失败了。那么如何判断好的创业机会呢?

好的创业机会具有以下4个特征:

①好的创业机会一定能吸引顾客。这里的吸引不是创业者主观臆测的,而是需要经过科学的调查、计算、分析得出的结论。

②好的创业机会需要符合创业者所处的商业环境。每个地域的商业条件都不尽相同,在其他地方很成功的商业机会在本地不一定就会成功。

③好的创业机会必须在创业机会有效期内被实施。创业机会的有效期是指商业想法推广到市场上所花的时间,若该创业机会具有同行竞争者,那么谁先实现创意谁的创意就最有效。

④好的创业机会必须符合创业者的创业条件。创业条件是指创业者拥有的资源,包括可以使用的人力资源、财务资源、信息资源、时间资源等。有商业价值的创业机会没有相对应的资源支持最终也不会成功。

11.3.2 个人与创业机会值的匹配

在创业之初,个人创业机会应该理智地分析创业机会与自身条件的匹配程度。不是每个机会都适合自己,即使创业机会非常具有价值,如果创业者不具备相关条件,那么创业也很难成功。判断创业机会是否适合创业者可以从以下几个方面来分析:

①创业潜力。在经济状况层面,要重点考虑的是能否承受从事创业活动而带来的机会成本。大规模问卷调查发现,创业前的收入水平越高,个体越不倾向于放弃当前工作机会去创业。创业活动是创业者与创业机会的高度结合,一方面创业者识别并开发创业机会,另一方面创业机会也在选择创业者,只有创业者和创业机会之间存在着恰当的匹配关系时,创业活动才最有可能发生,也更可能取得成功。

②社会网络。在社会网络层面,要考虑自己身边认识、熟悉的人能否支撑后续开发机会所必需的资源和其他因素。有研究已经证实,社会关系网络在创业活动中起到了重要的作用。社会关系网络越广,个体越容易发现创业机会,也更容易把握创业机会,实施创业活动。因在创业过程中,社会关系网络不仅为创业者提供了信息、知识和资源,而且为创业者提供了必要的情感和心理支持。创业绝非易事,这些情感和心理支持是支撑创业者走向成功的关键因素。此时,需要对社会关系网络作出评价:有没有朋友愿意资助或借贷资金,可能性有多大;有没有朋友能带来生意,可能性有多大;有没有朋友提供情感和心理支持;等等。

③时间因素。创业机会一般都是有时效性的,技术的变更、科技的发展都可以影响创业机会的时间因素。如果创业准备周期过长则可能错过创业机会。进入市场的先后对创业者的成功率也有所影响。

④个人因素。个人能力是创业中需要考虑的第一要素。个人能力包括个人经验、身体素质、学习能力。

11.3.3 创业机会评价的技巧和策略

评价创业机会需要采取科学的方法。美国百森商学院的蒂蒙斯教授提出的创业机会评价基本框架是比较完善的创业机会评价指标体系。蒂蒙斯教授认为,创业者应该从行业和市场、经济因素、收获条件、竞争优势、管理团队、致命缺陷问题、个人标准、理想与现实的战略差异8个方面评价创业机会的价值潜力,并围绕这8个方面形成53项指标,如表11.1所示。

表 11.1　创业机会评价的 8 个方面、53 项指标

行业和市场	1.市场容易识别,可以带来持续收入。 2.顾客可以接受产品或者服务,愿意为此付费。 3.产品的附加值高。 4.产品对市场的影响力大。 5.将要开发的产品生命长久。 6.项目所在的行业是新兴行业,竞争不完善。 7.市场规模大,销售潜力在 1 千万元到 10 亿元之间。 8.市场成长率在 30%~50%,甚至更高。 9.现有厂商的生产力几乎饱和。 10.在 5 年内能占据市场的领先地位,达到 20% 以上。 11.拥有低成本的供货商,具有成本优势。

续表

经济因素	1.达到盈亏平衡点所需要的时间在 2 年以下。 2.盈亏平衡点不会逐渐提高。 3.投资回报在 25% 以上。 4.项目对资金的要求不是很高,能够获得融资。 5.销售额的年增长率高于 15%。 6.有良好的现金流量,能占据销售额的 20%~30%,甚至更高。 7.能获得持久的毛利,毛利率要达到 40% 以上。 8.能获得持久的税后利润,税后利润率要超过 10%。 9.资产集中程度低。 10.运营资金不多,需求量逐渐增加。 11.研究开发工作待遇资金的要求不高。
收获条件	1.项目能带来的附加值,具有较高的战略意义。 2.存在现有的或可预料的退出方式。 3.资本市场环境有利,可以实现资本的流动。
竞争优势	1.固定成本和可变成本可控。 2.对成本、价格和销售的控制较高。 3.即将获得或可以获得对专利所有权的保护。 4.竞争对手尚未觉醒,竞争力较弱。 5.拥有专利或具有某种独占性。 6.拥有发展良好的网络关系,容易获得合同。 7.拥有杰出的关键人员和管理团队。
管理团队	1.创业者团队是一个优秀管理者的组合。 2.行业和技术经验达到了本行业内的最高水平。 3.管理团队的正直廉洁全都达到最高水准。 4.管理团队知道自己缺乏哪方面的知识。
致命缺陷	不存在任何致命缺陷问题。
个人标准	1.个人目标与创业活动相符。 2.创业者可以做到在有限的风险下实现成功。 3.创业者能接受薪水减少等损失。 4.创业者渴望进行创业这种生活方式,而不是只为了赚大钱。 5.创业者可以承受适当的风险。 6.创业者在压力下依然状态良好。

续表

理想与现实的 战略差异	1.理想与现实相吻合。 2.管理团队已经是最好的。 3.在客户服务管理方面有很好的服务理念。 4.所创办的事业顺应时代潮流。 5.所采取的技术具有突破性,不存在许多替代品或竞争对手。 6.具备灵活的适应能力,能快速进行取舍。 7.始终在寻找新的机会。 8.定价与市场领先者持平。 9.能够获得销售渠道,或已经拥有现成的销售网络。 10.能够允许失败。

马林斯认为,成功的企业至少由 3 个要素组成:市场、行业和企业家团队;刘长勇教授认为,创业机会评价主要围绕市场和回报两个层面展开。由此可见,行业和市场、经济回报以及创业团队是进行创业机会评估的最主要因素。

1) 行业和市场

行业一般是指生产同类产品或具有相同工艺过程或提供同类劳动服务划分的经济活动类别。行业由出售者即生产者或劳务提供者构成。

创业机会评价时首先要关注提供相同或类似产品或劳务的行业,包括其竞争情况、产品条件等,在行业的机会窗口打开期间进入才能获利;其次关注产品消费的市场,只有市场足够大,才能收回成本获取利润。创业者一定要能够清晰界定细分市场。

2) 经济回报

创业的目的之一便是获取经济回报,因此,经济因素和投资回报也是评价创业机会时需要重点考虑的问题。创业者应尽可能在成本效益原则的指导下,在较短时间内,以较低成本获得较高的回报。

3) 创业团队

创业团队永远是创业中最核心的因素,是决定创业成败的关键,也是风险投资家最看重的因素。创业团队的评价是项目评价中最重要的因素之一。

11.4 创业风险识别

11.4.1 创业风险的含义和构成

1) 创业风险的含义

创业获得收益和满足的同时还存在一定的风险。风险就是可能发生的危险。换句话说就是某种不利事件发生的可能性,或者是某种损害和失败发生的可能性。它是相对于安全而存在的一种不确定的因素。

创业风险,即在创业过程中存在的风险。它是指由于创业环境的不确定性、创业机会与创业企业的复杂性,创业者、创业团队与创业投资者的能力与实力的有限性,而导致创业活动偏离预期目标的可能性及其后果。其有两方面含义,一是风险因素,即创业过程有可能遇到某些风险因素的干扰;二是一旦某些风险因素真正发生,创业者即会阶段性遇到很难克服的困难,导致创业活动很难推进,甚至导致创业的失败。

2)风险的构成

构成机会风险的主要要素包括风险因素、风险事件和风险损失 3 个方面。

(1)风险因素

风险因素是指能够引起或增加风险事件发生的机会或影响损失的严重程度的因素,是风险事件发生的潜在条件,一般又称为风险条件。创业风险因素从形态上可以分为人的因素和物的因素两个方面。物的因素属于有形的情况或状态,如技术的不确定性,经济条件恶化等;人的因素指道德、心理的情况和状态,如道德风险和心理风险等。

(2)风险事件

风险事件是风险因素综合作用的结果,是产生风险损失的原因,也是风险损失产生的媒介物。创业风险事件是导致创业风险的可能性变成现实,以致引起损失后果的事件。如技术的不确定性确实引起了产品研发的失败,经济条件的恶化最终导致了销售量的下降等。

(3)风险损失

风险损失是指非故意的、非预期的、非计划的利益减少,这种减少可以用货币来衡量。风险损失包括直接损失和间接损失。创业风险损失是指由于风险事件的出现给创业者或创业企业带来的能够用货币衡量的经济损失。如由于产品研发失败引起的无法及时将产品投放市场丧失的经济利益,销售量下降导致的收入减少等。

风险因素引起风险事件,风险事件导致风险损失,三者之间密切相关,共同构成了风险存在的基本条件,如图 11.1 所示。

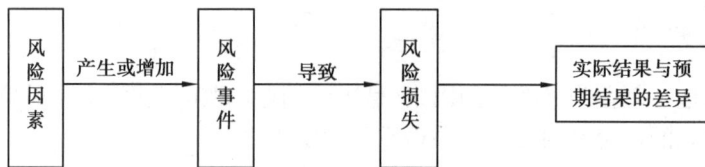

图 11.1　风险要素及其相互关系

11.4.2　风险的分类

创业所面临的风险是多种多样的,不同性质、不同条件所发生的风险对企业造成的损害也各不相同。因此,了解风险的分类,有利于对风险的识别、预测、防范和管理。创业风险的分类大致如下。

1)按风险影响范围分类

(1)系统风险

系统风险主要是指创业外部环境的不确定性引发的风险,即创业者和企业本身无法控制或无力排除的风险,因而又可称为客观风险,如政策立法、宏观经济以及社会、文化等带来的风险。系统风险由政治法律风险、宏观经济风险、社会风险组成。

①政治法律风险。

政治法律风险主要是指项目的确立是否符合国内外政治形势以及法律、法规、方针、政策等需要。国家政治的稳定性,社会政策的连贯性,法律、法规的制定和修改,都会对创业企业产生影响。

②宏观经济风险。

宏观经济风险是指国家宏观经济状况、产业政策、利率变动以及汇率的稳定性等因素所带来的损失的风险。任何企业的发展都必须依托所在国家和地区的经济环境。利率、价格水平、通货膨胀、劳动力市场等因素的变化以及金融、资本市场的层次、规模、健全程度等都会带来很大的不确定性,使创业企业容易暴露在风险之中。

③社会风险。

社会风险是指传统文化、社会意识、人口环境等社会因素引起的创业风险。一个国家或地区的风俗习惯、社会风尚、宗教信仰、价值观、伦理道德规范、审美观念、生活习惯等对创业的成功也有一定的影响。另外,社会中介服务机构和基础设施不完备等也能引起创业风险。社会风险的因素很多是固化于社会文化或社会发展之中的,短时期内不可能有大的改变。

（2）非系统风险

非系统风险是与创业者、创业投资和创业企业有关的不确定性因素引发的风险,即创业者和新创企业一定程度上可以控制的风险因素,非系统风险由技术风险、市场风险、财务风险、管理风险、人员风险构成。

①技术风险。

技术风险是指由于技术方面的因素及其变化的不确定性而导致创业失败的可能性。当一个创业者最初证明一个特定的科学突破或技术创新可能成为商业产品时,他只是停留在自己满意的论证程度上,技术尚未经过市场和生产过程的检验,技术究竟是否可行,是否能够商业化运作都还不能完全把握,在预期与实践之间就会出现偏差,形成风险。生产风险是指企业在创业过程中,由于生产环节的有关因素及其变化的不确定性而导致创业失败或利润受损的可能性。对创业企业来说,由于企业刚刚起步,生产人员的配备、生产要素的供给、各类资源的配置等容易出现问题,新产品又多是首次进入生产环节,工艺、设备等都难以得到保证,因此新产品必然要求与其质量控制相适应的新标准、新检测手段。这些在创业阶段都需要尝试和摸索,故存在着较大的风险。

②市场风险。

市场风险是指在创业的市场实现环节,创业者会遇到这样那样的市场不确定性,由此造成创业失败的可能性。这种风险体现在3个方面:一是市场接受能力的不确定性,包括创业的项目选择风险、市场进入过程中的风险、需求量的不确定性等;二是市场接受时间的不确定性,即被社会和消费者认知所需要的时间不能确定;三是竞争激烈程度的不确定性,包括争取客户、竞争对手、价格挑战等方面的竞争。

③财务风险。

财务风险是指创业者因资金链断裂,资金不能适时供应而陷入困境,导致创业失败的可能性。在企业创立后,财务风险体现为企业运营过程中资本的追加投资风险,当企业需要扩大规模,追加投资时若无法筹集到足够的资金,其生产和经营将经受严峻的考验。同时,若企业的财务管理不规范,还会出现资金周转慢、呆账和死账多的现象,也会形成财务风险。

④管理风险。

管理风险是指创业企业因管理不善而引致企业不能够获得预期利润或是威胁企业运营甚至生存的风险,其主要是由创业者的素质、决策风险和组织风险决定的。这种风险主要体现为经营决策、战略规划、营销组合不合理以及组织制度的不科学、管理层的综合素质较低,以及对生产运作、企业内沟通、激励等问题管理不力等方面。

⑤人员风险。

人员风险是指由于人的因素,包括创业者、创业团队的主要成员对创业发展产生不良影响,进而导致创业活动无法持续进行的潜在可能性。这类风险一是由于人员流失造成的;二是由于创业团队的不团结、不忠诚造成的。它主要包括人员的流失风险和人员的道德风险两个方面。

a.人员流失风险。新创企业小,一些关键人员的离开将会推迟项目的开展,甚至使项目流产,有的还带走已研发的技术和已有的客户关系,引起企业机密外泄,这些都将给新创企业造成极大的损失和打击,是很大的风险因素。

b.人员道德风险。在企业创业过程中,出于经营管理的需要,必然会聘用职业管理人员和新的技术人员加入企业,产生授权,形成委托代理关系,创业者成为委托人,外聘人员成为代理人。二者之间往往存在着利益和目标的不一致,且委托人不可能完全知道代理人的信息,造成信息的不对称,从而出现代理人以牺牲委托人利益为代价追求自身效益最大化的行为,导致委托人利益受损的风险,即道德风险。

通过以上分析可以看到,对创业中所存在的系统风险,即外在客观环境引发的风险,创业者和创业企业本身无法控制或无力排除,只能在创业过程中加以规避;而创业中所存在的非系统风险,是创业者和创业企业在一定程度上可以控制的风险,需要创业者和创业企业千方百计地设法控制和防范。在本章中,我们主要关注创业过程中的非系统风险因素如何防范。

2)按风险来源主客观性分类

(1)主观创业风险

主观创业风险是指在创业阶段,由创业者的身体与心理素质等主观方面的因素导致创业失败的可能性。

(2)客观创业风险

客观创业风险是指在创业阶段,由客观因素导致创业失败的可能性,如市场变动、政策变化、竞争对手出现、创业资金缺乏等。

3) 按照风险可控程度分类

(1) 可控风险

可控风险是指在一定程度上可以控制或部分控制的风险,如财务风险、团队风险等。

(2) 不可控风险

不可控风险是指创业者或创业企业无法左右或控制的风险。

4) 按照创业过程分类

按照风险在创业过程中出现的环节,机会风险可分为机会识别与评估风险、团队组建风险、确定并获取创业资源风险、准备与撰写创业计划风险和创业企业管理风险。

(1) 机会识别与评估风险

机会识别与评估风险是指在机会识别和评估过程中,由于信息量缺失、推理偏误、处理不当等各种主客观因素影响,创业面临方向选择和决策失误的风险。

(2) 团队组建风险

团队组建风险是指在团队组建过程中,由于团队成员选择不当或缺少合适的团队成员导致的风险。

(3) 确定并获取创业资源风险

确定并获取创业资源风险是指由于存在资源缺口,无法获得所需资源,或获得资源成本较高给创业活动带来的风险。

(4) 准备与撰写创业计划风险

准备与撰写创业计划风险是指风险创业计划的准备与在撰写过程中各种不确定因素的存在,或制定者自身能力的限制导致的创业风险。

(5) 创业企业管理风险

创业企业管理风险是指由于管理方式、企业文化的选取与创建,导致发展战略的制订、组织、技术、营销等各方面管理中存在的风险。

11.4.3 风险防范的可能途径

1) 创业风险的识别

识别创业风险是创业风险管理的重要基础和基本前提。创业风险识别是指大学生在创业时,对创业计划进行细致的研究后,运用各种方法对潜在的或已存的各种风险进行系统归类和实施全面分析研究。创业风险识别所要解决的主要问题:哪些创业风险应予以考虑?这些创业风险的性质、根源是什么?这些创业风险所引起后果的严重程度如何?

创业风险识别需要周密系统的调查分析,具体包括两个步骤:一是认识创业风险。它是指对企业所面临的创业风险,采取有效方法进行系统的考察、分析,认识创业风险的性质、类型及可能带来的损失后果,以使创业者增强对创业风险的识别和感知能力。由于创业风险本身处于一种十分不确定的状态,对创业者来说,就往往难以用一种方法孤立地考察和测量,因此,必须同时采用多种方法来综合考察。二是分析创业风险。在认知创业风险的基础上,分别考察各种创业风险事件存在和可能发生的原因,并同时考察潜在创业风险的状况。对创业风险事件的原因和潜在创业风险的分析是指对创业风险清单的分析和对潜在创业威胁的分析。分析创业风险原因的最基本、最常用的方法即是制作并分析创业风险清单,也就是采用类似备忘录的形式,将企业所面临的各种创业风险一一列举,并联系企业经营活动对这些风险进行综合考察。这样,创业者就可在此基础上对创业风险的性质及其可能产生的损失作出合理的判断,并研究采取对策来防止创业风险的发生。

2)创业风险识别的基本原则

(1)全面周详的原则

对创业风险进行识别,应该全面系统地考察、了解各种创业风险事件存在和发生的概率以及损失的严重程度,创业风险因素及因创业风险出现而导致的问题。损失发生的概率及其后果的严重程度直接影响人们对损失危害的衡量,最终决定创业风险政策措施的选择和管理。

(2)综合考察的原则

企业所面临的创业风险是一个复杂的系统,其中包括不同类型、不同性质、不同损失程度的各种创业风险。由于复杂创业风险系统的存在,某一种独立的分析方法难以对全部创业风险奏效,因此,必须综合使用多种分析方法。根据创业风险清单列举可知,企业所面临的创业风险损失一般分为两类:第一,直接损失,指由企业经营失败而直接带来的经济损失。识别直接损失的方法很多,例如,预计企业的收益与成本,查看财务报表等。第二,间接损失,指大学生在选择创业之后,无法选择其他可供选择的职业或读书的机会而带来的损失。间接损失更为隐蔽,有时候间接损失可能大于直接损失。

(3)量力而行的原则

创业风险识别的目的就在于为创业风险管理提供前提和决策依据,企业以最小的支出来获取最大的安全保障,减少风险损失。在大学生创业之初,经费有限的条件下,企业必须根据实际情况和自身的财务承受能力,选择效果最佳、经费最省的识别方法。

(4)系统化、制度化、经常化的原则

系统化、制度化、经常化的原则在很大程度上决定创业风险管理效果。为了保证最初分析的准确程度,就应该进行全面系统的调查分析,将创业风险进行综合归类,揭示其性质、类型及后果,这就是创业风险的系统化原则。此外,由于创业风险随时存在于企业的经营活动之中,因此,创业风险的识别也必须是一个连续不断的、制度化的过程,这就是创业风险识别的制度化、经常化原则。

3)创业风险识别的基本方法

(1)失误树分析法

失误树分析法是指用图解表示的方法来调查损失发生前种种失误事件的情况,或对引起事故的原因进行分解分析,判断哪些失误最可能导致创业风险的发生。

(2)调查列举法

调查列举法是指由专门管理人员将企业可能面临的创业风险逐一列出,并根据不同的标准进行综合归类。分类的标准一般有直接或间接风险,财务或非财务风险,政治性的或经济性的风险等。最后,针对不同类型、性质、特点的创业风险,研究制订不同的措施与对策。

（3）分解分析法

分解分析法是将复杂的事物分解为多个比较简单的事物，将大系统分解为具体的各个组成要素，从中分析可能存在的创业风险及其潜在损失的威胁。具体过程是先将风险分解为融资风险、市场风险、技术风险、管理风险等不同要素，然后对每一种风险作进一步的分析。

11.4.4 创业风险的衡量

创业风险的衡量是指对特定创业风险发生的可能性或损失的范围与程度进行估计与衡量。仅仅通过衡量创业风险了解损失的存在，对实施创业风险管理来说远远不够，还必须对实际可能出现的损失后果，即对不同程度损失发生的概率、损失的严重程度予以充分估计和衡量。只有准确地衡量风险，才能选择有效的手段处置风险，并实现用最少的费用支出获得最佳风险管理效果的目的。

创业风险的衡量是创业风险识别的进一步发展，如果说识别是对创业风险的定性分析，那么衡量则是对创业风险的定量分析。

1) 创业风险管理的目标

创业风险管理能保障企业经营目标的顺利实现。大学生创业的目标就是期望创业成功后，获得经济利润。而实施创业风险管理则能把创业者所面临的风险降到最低限度，并能在创业风险损失发生后及时地采取防范措施，从而保证企业的正常运转，带来经济利益。同时创业风险管理能减少或消除创业者的紧张不安和恐惧心理，为他们提供一个宽松、安全的经营环境，提高他们的工作效率和经营效益。

创业风险管理的最主要目标是在识别与衡量创业风险的基础上，对可能发生的创业风险进行控制和准备处置方案，以减少损失，保障企业经营活动的顺利进行。创业风险管理的目标一般包括两部分，即损失发生前的管理目标与损失发生后的管理目标，两者结合在一起，才形成风险管理的完整目标。

（1）损失发生前的管理目标

损失发生前的管理目标是管理成本最少的目标，又称经济目标，是创业者用最经济节约的方法为可能发生的风险作好准备，以减少忧虑心理和恐惧心理，提高安全保障。风险给人们带来了精神上、心理上的紧张不安，而这种心理上的忧虑和恐惧会严重影响劳动生产率的提高，造成人们工作效率低下甚至无效率。损失前的管理目标之一就是要减少人们这种焦虑和不安情绪，提供一种心理上的安全感和有利于生产生活的宽松环境，这是十分必要的。

（2）损失发生后的管理目标

损失发生后的管理目标是维持生存的目标，这是损失发生后风险管理的首要目标。为了使企业不至于因创业风险的发生而倒闭、破产，维持生存自然就成了风险损失发生后管理的最基本、最重要的目标。成功的风险管理，有助于企业在损失发生后承受住打击并渡过难关，继续生存下去。只有首先保住企业的存在，才有将来恢复与发展的可能性。

2) 创业风险管理的实施

创业风险管理的实施是指大学生在识别和衡量创业风险的基础上，针对所面临的创业风险损失问题,寻求切实可行的措施或工具来进行管理的一系列方法。创业风险管理方法一般分为避免风险和损失控制两类。

(1)避免风险

避免风险是指考虑到创业风险事件存在与发生的可能性,主动放弃和拒绝实施某项可能导致风险损失的方案。通过避免风险的方法,能够在创业风险事件发生之前彻底消除某一特定风险可能造成的种种损失,而其他方式只能降低损失发生的概率或损失的严重程度,或在损失发生后及时予以经济补偿。避免风险是对所有可能出现创业风险的事件和活动作尽可能的回避,以直接消除风险损失。可见这是一种简单易行、经济、彻底的风险处理方法,而且较为经济、安全,保险系数很大。避免风险的主要优点就是将创业风险损失出现的概率保持在低水平,方便易行、经济安全。尽管如此,但它也有自己的局限性。其主要表现在以下3个方面:第一,避免风险只有在人们对创业风险事件的存在与发生、对损失的严重性完全有把握的基础上才具有积极意义,否则,就无意义。事实上,人们对创业风险事件的具体状况难以作出十分准确的估计,也不能完全确定哪些创业风险事件应实施避免。第二,避免风险虽然彻底消除了某项计划或活动发生创业风险的可能性,但同时也放弃了该计划获利的机会,因为避免常常意味着放弃或拒绝实施某项计划,这种方法具有消极防御的性质。第三,避免风险的方法在实践中很难完全实现,所以,在创业风险管理的过程中,很难完全避免风险。

(2)损失控制

损失控制是指在损失发生前全面消除创业风险损失可能发生的根源,竭力降低致损事件发生的概率,并在损失发生后减轻损失的严重程度。损失控制的基本点就是预防创业风险损失的发生和减少创业风险损失的严重程度。它是创业风险管理中最积极、最主动的风险处理方法。主动预防与积极实施抢救比单纯地采用避免风险、转嫁风险和自担风险方法更具积极意义,它可以克服避免风险的种种局限。此外,损失控制还包含对意外事件的原因进行分析。通过原因分析,有助于发现风险损失发生的直接原因与间接原因,并研究能否通过改变其中的某些因素而消除风险损失发生的原因,从而作好风险损失控制的准备。

11.5　商业模式开发

11.5.1　商业模式的定义和本质

商业模式是管理学研究,特别是创业研究的新领域。商业模式在企业竞争中的地位和作用越来越受到重视。

1)商业模式的含义

商业模式以价值创造为核心,描述了企业如何创造价值、传递价值和获取价值的基本原理。商业模式就是一个企业如何赚钱的故事。商业模式是创业者开发有效创意的重要环节,是新企业盈利的核心逻辑。新企业只有开发出有效的商业模式,才会激发足够多的顾客、供应商等参与合作,创建成功的新企业才更具有可行性。

商业模式的这一逻辑性主要表现在层层递进的3个方面,如图11.2所示。

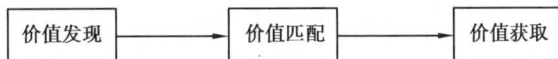

图11.2 商业模式的逻辑性

价值发现:明确价值创造的来源。这是对机会识别的延伸。创业者在对创新产品和技术识别的基础上,进一步明确和细化顾客价值所在,确定价值命题。价值发现是商业模式开发的关键环节。

价值匹配:明确合作伙伴,实现价值创造。新企业不可能拥有满足顾客需要的所有资源和能力,即便新企业愿意去打造和构建企业需要的所有能力,也常常面临很大的成本和风险。因此,为了获得先发优势并最大限度地控制机会开发的风险,几乎所有的新企业都要与其他企业形成合作关系,以使其商业模式有效运作。

价值获取:制订竞争策略,占有创新价值。这是价值创造的目标,是新企业能够生存下来并获取竞争优势的关键,是有效商业模式的核心逻辑之一。许多创业企业是新技术与新产品的开拓者,却不是创新利益的占有者。这种现象发生的根本原因在于这些企业忽视了对创新价值的获取。

2) 商业模式的构成要素

商业模式的构成要素包括经济类、营运类和战略类3个类别10多个要素,作为一个系统,单从某一个层面的一些要素出发分析难以触及其本质,需从3个层面进行系统分析。商业模式的3个层次的内涵是相互关联的,并向经济、营运层次以及战略层次递进。创业初期,从企业出发关注产品、营销、利润和流程,逐步转向关注顾客关系、价值提供乃至市场细分、战略目标、价位上涨等。创业模式一开始就强调收益模式,利润驱动导致组成要素扩展,而对收益来源的追溯使商业模式指向创业者创业的本质,即抓住市场机会为顾客创造更多价值,只有满足了消费者尚未满足的需求或解决了市场有待解决的问题,才能创造真正的价值。

商业模式是一种描述企业如何通过对经济逻辑、营运流程和战略方向等具有内部关联性的相关变量进行定位和整合的概念性工具,解释企业怎样通过对价值主张、价值网络、价值维护和价位实现4个方向的因素开展设计,在创造顾客价值的基础上,为股东及相关利益伙伴等创造价值。

11.5.2 设计商业模式的思路和方法

著名商学教授与作家加里·哈默尔(Gary Hamel)认为,有效的商业模式必须包括6个关键要素:核心战略、战略资源、顾客界面、顾客利益、构造和企业边界。只有充分掌握这些要素的重点以及彼此间的整合和搭配关系,才能设计出独特的商业模式。

1) 核心战略

核心战略是商业模式设计需要考虑的第一个要素,描述了企业如何确立使命、进行市场和产品定位、寻找差异化战略与竞争对手展开竞争。核心战略主要包括企业使命、产品和市场定位、差异化基础等基本要素。

（1）企业使命

企业使命描述了企业存在的价值及其商业模式预期实现的目标。全球最大社交软件——Facebook（脸书）的创始人马克·扎克伯格在上市"公开信"中这样写道："Facebook 的创建目的并非成为一家公司。它的诞生是为了践行一种社会使命：让世界更加开放，联系更加紧密。"Facebook 的招股书中写道："根据行业数据，全球目前有超过 20 亿网民，我们的目标是将这些人全部联系起来。"

（2）产品和市场定位

企业使命承载着企业家的价值追求和技术理想，依靠什么来实现企业使命？客户和市场的选择是关键。产品选择和市场定位决定了企业的盈利来源和方式。

（3）差异化基础

新企业在产品或市场的差异化战略是竞争制胜的重要法宝。战略学家迈克尔·波特认为，成本领先、差异化、目标聚集是企业竞争的 3 个通用战略。对新创企业，控制成本很重要，但规模小，消费市场正在开辟中，采用成本领先战略，依靠成本优势吸引顾客，缺乏基础，并非良策。相反，基于独特的市场机会，采用差异化战略，集中有限资源提供在质量、服务等某些方面具有标新立异特征的产品，往往能够体现新创企业优势，在市场竞争中出奇制胜。例如，经过乔布斯的改造，目前苹果的策略重心是设计、创新。

2）战略资源

战略资源是新创企业获取竞争优势的关键资产。实现创业使命的基础，战略资源包括企业的核心能力和关键资产。

（1）核心能力

核心能力是指公司的主要能力，即是使公司在竞争中处于优势地位的强项，是其他竞争对手很难达到或者无法具备的一种能力。核心能力主要关注各种技术和对应组织之间的协调和配合，从而可以给企业带来长期竞争优势和超额利润。

（2）关键资产

关键资产是企业拥有的稀缺的、最有价值的、不同于其他企业的有形或无形财富，包括工厂和设备、位置、品牌、专利、顾客数据信息、高素质员工和独特的合作关系。对新创企业，专利技术、有价值的创意、优秀的团队都可能构成其关键资产。不同类型的企业关键资产的种类是不同的。

企业的核心能力和关键资产相互依存、互相支撑。企业如何把自己的核心能力和关键资产综合起来以创造竞争优势是投资者评价企业的重要因素。

企业一般只能提供价值链中一个或几个环节的产品，不具有执行所有任务所需的资源，需要与其他合作伙伴一起通过分工协作完成整个供应链中的各项活动。对新企业，从专业分工的角度，依托价值链中的核心企业，对产品价值链中某一环节的开发，可能更快成就创业梦想。企业的合作伙伴网络包括供应商和其他伙伴。供应商是向其他企业提供零部件或服务的企业。传统上，企业与供应商维持有限的关系，并把他们看成竞争对手。需要某种零部件的生产商往往与多个供应商联系,以寻求最优价格。然而,过去20年来,企业逐渐抛弃了这种供应商的短期关系,转而与之结成合作伙伴以获得互利。这种转变来自竞争压力,竞争压力推动企业经理仔细审视价值链的上下游,以便发现节约成本、提高质量和改善市场进入速度的机会。经理们开始越来越多地关注供应链管理,它是贯穿产品供应链的所有信息流、资金流和物质流的协调。企业管理供应链的效率越高,其商业模式的运作效率也越高。

3) 顾客界面

顾客界面是指企业如何适当地与顾客相互作用,以提供良好的顾客服务和支持。客户所能接触到的各种与品牌相关的元素统称为顾客界面,包括实体环境及其要素(零售商店、服务场所以及产品促销信息、销售和促销人员、顾客互动的形式)和第一方影响者要素(传统媒体广告、网站、口碑推荐)。新企业针对特定的目标市场,构建友好的顾客界面是影响商业模式效果的重要因素,主要涉及顾客实现与支持、价格结构两方面。

(1) 顾客实现和支持

顾客实现和支持描述的是企业产品或服务"进入市场"的方式,或如何送达顾客的方法,也指企业利用的渠道和提供的顾客支持水平。所有这些都影响企业商业模式的形式与特征。中国秀客网通过网络这个交流平台,让全国的消费者可以把自己设计的作品(包括摄像、绘画或者涂鸦等)提交给网站,比如情侣照片,并同时提交定金,印染厂再把这些作品印染到消费者指定的商品上,比如印到情侣衫上。其实该企业的商业模式只是将传统模式中企业内部价值链的设计、制造、销售、回笼资金流程稍微调整了一下,将设计外包给消费者,形成了消费者设计,企业收定金、制造、100%定向售出并回笼资金新商业模式。

(2) 价格结构

由于价格往往是顾客接受产品的首要因素之一,创业者对创新产品或服务的定价直接影响顾客对产品的评价,因此,创业者必须使用合理的定价方法制订有效的价格。多数专家指出,新企业的价格结构必须符合顾客对产品服务的价值认知,即顾客能够接受的价格是顾客愿意支付的价格,而不是产品成本基础上的一定比例的加成。例如,在高科技产业,60%~80%的毛利润比较普遍,售价300美元的英特尔芯片,其成本可能只有50~60美元,这种实际价格与产品成本之间的分离反映了顾客对产品的认知价值。如果英特尔根据产品成本进行定价,那么产品价格可能会很低,赚取的利润也会很少。专家们认为,创业者一定要抵制以低价扩大市场份额的诱惑,因为这种方法的高销售量并没有创造高的营业利润。

4) 顾客利益

顾客利益是连接核心战略与顾客界面的桥梁,代表着企业的战略实际上能够为顾客创造的利益。首先,企业的核心战略要充分显示企业为顾客服务的意图。例如,企业的产品和市场定位必须集中在未得到充分满足的顾客需求,企业使命必须是在特定市场提供优越的顾客服务,同时还要提供与众不同的产品和服务,这样顾客才能转而购买你的产品。如星巴克的企业使命是建成世界一流的高品质咖啡店,在成长的同时毫不妥协地维持办店的原则,即6项决策标准:提供最好的工作环境,以尊重和尊严对待彼此;容纳多样性是做生意的重要元素;在咖啡的购买、烘烤和保险运输方面采用最高标准;在任何时候都让顾客满意;以积极的态度为社会和环境作出贡献;认识到收益对未来的成功很重要。其次,在构建顾客服务、支持系统以及进行产品定价的时候,也要考察这些是否与企业核心战略一致。如海尔提出的"星级服务",在网点布局、服务流程、质量监控等各个方面创造了服务规范,规定仔细接待用语、反馈时间、服务人员的着装和工具等各个细节,这些努力给客户留下了专业、用心的印象,让海尔一跃成为服务典范。因此,顾客利益是企业制订核心战略以及构建顾客服务体系必须遵守的原则,它涉及企业生存的根本。

5) 构造

构造是连接核心战略与战略资源的界面要素,主要指两者间的有效搭配关系。首先,战略资源是核心战略的基础,企业缺乏资源就难以制订和实施战略目标。企业产品和市场的选择必须紧紧围绕核心能力和关键资产。企业根据自身的核心能力和资源集中于价值链中较小的环节,较容易成为特定市场的专家,提供更高品质的产品和服务,为企业创造出更高的利润。其次,核心战略要充分挖掘企业战略资源的优势,这一方面是创造更多企业价值的需要;另一方面也是有效构建竞争障碍的选择。企业通过关键资源的杠杆作用对已有模式的不断创新,会使跟进者的模仿变得更加困难。

6) 企业边界

企业边界是企业以其核心能力为基础,在与市场的相互作用过程中形成的经营范围和经营规模,其决定因素是经营效率。企业的经营范围,即企业的纵向边界,确定了企业和市场的界限,决定了哪些经营活动由企业自身来完成,哪些经营活动应该通过市场手段来完成;经营规模是指经营范围确定的条件下,企业能以多大的规模进行生产经营,是企业的横向边界。企业边界是连接企业战略资源与伙伴网络的界面,其内涵在于企业要根据所掌控的核心能力和关键资源来确定自身在整个价值链中的角色,企业边界是企业组织结构的基本特征之一。

传统的企业边界观点是建立在成本收益原则基础上的,一项交易是新创企业自己生产还是从市场购买取决于产品的边际成本,产品的边际成本等于交易成本就成为企业的边界。而随着市场竞争的日益激烈,现代企业边界观点产生了,它把企业为什么存在以及企业应该有多大的基础问题归为企业竞争能力的问题,其中企业的核心能力与关键资源决定了企业应该做什么。企业只有围绕它的核心能力与关键资源开展业务才可能建立起竞争优势。尤其是新企业,创建之初往往面临较大的资源与能力的约束,集中于自己所长,是关乎成功的关键。

优秀的商业模式总是从整体角度审视企业,做到企业核心战略与战略资源高度一致,真正给顾客带来实惠和便利,在创造企业利润的同时,使合作伙伴也获得了足够多的好处。

11.5.3　商业模式和商业战略的关系

商业模式侧重于创造顾客价值的基础框架和系统,本质上在于回应"企业提供什么"以及"如何提供"这两个基本问题;而战略则侧重于回应环境变化和竞争,进而通过恰当的企业行为选择来赢得优势。

对创业企业而言,商业模式在很大程度上决定了其成长潜能,战略则是将潜能转变为现实的重要手段,商业模式和战略之间是互补关系而不是相互替代的关系,在既定商业模式基础上选择恰当战略更有助于发挥其商业模式所蕴含的成长潜能。商业模式是衔接战略制订与战略实施的中介平台,战略制订以商业模式构建为基础,战略实施建立在商业模式运行和改进的基础之上。创业团队的首要任务就是设计不同的商业模式,在此基础上制订恰当的战略选择。

商业模式以价值创造为核心,战略是对所创造价值的保护机制,落脚于对外部环境或竞争的回应。商业模式是企业创造价值的基础架构和体系,而战略则是在此架构基础上,在环境和竞争约束条件下以效率最大化为目标的行为与活动选择。商业模式在很大程度上可能影响着创业企业的盈利能力,但其与创业企业绩效之间并非简单的直接作用关系,可能嵌入战略选择中,并作用于创业企业绩效。

11.5.4 商业模式创新的逻辑与方法

商业模式创新作为一种新的创新形态,正在引起人们高度的重视。在2005年《经济学人》智库发起的调查中,54%的首席执行官认为,到2010年,商业模式创新将成为比产品和服务创新更重要的创新。新创企业设计的商业模式在成长过程中要根据新的竞争、资源条件不断调整;大企业的发展需要通过创新商业模式寻找新的发展动力;公益机构越来越重视导入企业家精神,将新的商业模式与社会公益事业的发展结合起来。商业模式创新不仅在企业实践中被广泛应用,而且近年来也已经成为管理学领域创新的研究热点。

1) 商业模式开发的逻辑

商业模式创新的主线是为了更好地为顾客创造价值。无论是产品或服务的创新、顾客界面的创新,还是将这些元素进行组合创新,都要以顾客价值的创造为主线。战略创新领域经典的价值网络分析方法,可以帮助人们较为清晰地梳理出商业模式创新的逻辑。企业的价值网络主要包括企业、客户、竞争者、供应商、互补者5种角色,如图11.3所示。

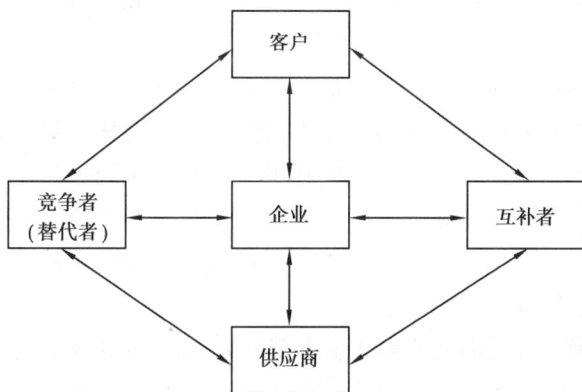

图11.3 价值网络

围绕对企业价值网络的分析,商业模式创新可以通过以下途径来实现:

①开发互补或替代产品。商业模式创新可以从寻求已有产品互补者的角度来实现。相

互替代的产品可以满足同一群顾客的同一种需求,可以从顾客的基本需求出发,才可能找到突破市场边界的途径。

②关注顾客的顾客。如果能够解决他们的顾客的购买方向或他们的顾客转移价值过程中存在的问题,那么也可以帮助企业扩大市场空间。

③整合供应链或总体替代。企业还可以通过整合供应链或成为供应链的服务商,以及总体替代(替代所有替代品)的方式进行商业模式开发。

2)商业模式开发的方法

确定了商业模式创新的逻辑,接下来企业面临的任务就是如何选择合适的方法来实现商业模式创新,对此,奥斯特瓦德提出的商业模式创新循环模型给出了较为清晰的阐释,如图 11.4 所示。

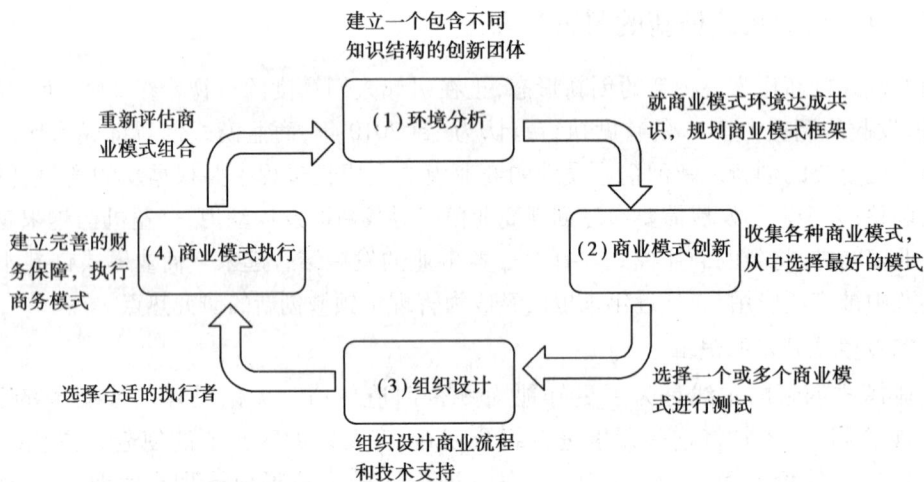

图 11.4　商业模式创新循环模型

奥斯特瓦德提出的商业模式创新循环包含 4 个阶段:环境分析—商业模式创新—组织设计—商业模式执行。

①环境分析:商业模式创新的第一步是建立一个包含不同知识结构的商业模式创新团队,这个团队的成员应该来自业务、流程、技术、客户关系、设计、研发、人力资源等部门。通过讨论,团队成员就商业模式的环境达成共识,然后规划商业模式框架。

②商业模式创新:在既定的商业模式框架下,设计团队可以开始设计商业模式原型。在这个过程中可以借鉴其他领域的成功模式,或者将某些成功模式移植到自己涉及的产业领域,甚至尝试发明或创造全新的商业模式。

③组织设计:在确定合适的商业模式组合基础上,企业应该考虑怎样才能将商业模式分解为业务单元和具体流程,即完成组织设计的工作。同时规划用于支持商业模式执行的基础信息系统,然后需要选择合适的人来执行。

④商业模式执行:最后是将设计好的模式付诸实践的阶段,在有了外部和内部保证之后,商业模式就能具体实施了。实施阶段是最具挑战性的阶段,也是常常被忽视的阶段。

[思考题]

1.创业机会的概念、来源是什么？

2.影响机会识别的因素有哪些？

3.商业模式的含义和本质是什么？

第12章 创业资源

12.1 创业资源概述

12.1.1 创业资源的内涵与种类

资源就是任何一个主体在向社会提供产品或服务的过程中,所拥有或者所能够支配的能够实现自己目标的各种要素以及要素组合。创业资源是企业创立以及成长过程中所需要的各种生产要素和支撑条件。创业本身也是一种资源的重新整合。

1) 创业资源的内涵

创业资源是企业创立以及成长过程中所需要的各种生产要素和支撑条件,是新创企业在创造价值过程中所需要的特定资产。创业资源包括有形资源与无形资源。

2) 创业资源的种类

(1) 创业资源按性质分类

创业时期的资源就其本身性质来说,分别有物质资源、财务资源、人力资源、市场资源、政策资源、信息资源、技术资源等。

在物资资源中,创业时期的资源最初主要为财务资源和少量的厂房、设备等。细分后的创业资源经过重新归纳,主要有以下几种:①人力和技术资源,包括创业者及其团队的能力、经验、社会关系及其掌握的关键技术等;②财务资源即以货币形式存在的资源;③其他生产经营性资源,即在企业新创过程中所需的厂房、设施、原材料等。

财务资源:是否有足够的启动资金? 是否有资金支持创业最初几个月的亏损? 经营管理资源:凭什么找到客户? 凭什么应对变化? 凭什么确保企业运营所需能够及时到位?

人力资源不仅包括创业者及创业团队的知识、训练和经验等,也包括团队成员的专业指挥、判断力、视野和愿景,甚至包括创业者本身的人际关系网络。

市场资源包括营销网络与客户资源、行业经验资源、人脉关系。凭什么进入这个行业? 这个行业的特点是什么? 盈利模式是什么? 是否有起码的商业人脉? 市场和客户在哪里? 销售的途径有哪些?

政策资源:比如某些准入政策、鼓励政策、扶持政策或者优惠政策等。

信息资源:依靠什么来进行决策? 从哪里获得决策所需的信息? 从哪里获得有关创业资源的信息?

技术资源包括关键技术、制造流程、作业系统、专业生产设备等。通常,技术资源包含3个层次:一是根据自然科学和生产时实践经验而发展成的各种工艺流程、加工方法、劳动技能和诀窍等;二是将这些流程、方法、技能和诀窍等付诸实施的相应的生产工具和其他物资设备;三是适应现代劳动分工和生产规模等要求的对生产系统中所有资源进行有效组织和管理的知识、经验和方法。

(2)创业资源按参与程度分类

按照资源要素对企业战略规划过程的参与方式,创业资源有间接资源和直接资源之分。

财务资源、管理资源、市场资源、人才资源是直接参与企业战略规划的资源要素,可以把它们定义为直接资源。

政策资源、信息资源、科技资源这3类资源要素对创业成长的影响更多地是提供便利和支持,而非直接参与创业战略的制订和执行,因此,对创业战略的规划是一种间接作用,可以把它们定义为间接资源。

(3)创业资源按重要性分类

根据资源基础论,创业资源可分为核心资源与非核心资源。识别核心资源,立足核心资源,发挥非核心资源的辐射作用,实现创业资源的最优组合,这就是创业资源运用机制的基本思路。

核心资源主要包括技术、管理和人力资源。这几类资源涉及创业企业有别于其他企业的核心竞争力,是创业机会识别、机会筛选和机会运用几大阶段的主线。非核心资源主要包括资金、场地和环境资源。如何有效地吸收资金资源,并保持稳定的资金周转率,实现预期盈利目标,是创业成功的关键课题。

(4)创业资源按来源分类

自有资源是来自内部机会积累,是创业者自身所拥有的可用于创业的资源,如创业者自身拥有的可用于创业的自有资金,自己拥有的技术,自己所获得的创业机会信息,自建的营销网络,控制的物质资源或管理才能等,甚至在有时候,创业者所发现的创业机会就是其所拥有的唯一创业资源。

外部资源可以包括朋友、亲戚、商务伙伴或其他投资者、投资资金,或者包括借的人、空间、设备或其他原材料(有时是由客户或供应商免费或廉价提供的),或通过提供未来服务、机会等换取的,有些还可能是社会团体或政府资助的管理帮助计划。外部资源更多地来自外部机会发现,而外部机会发现在创业初期起着决定性作用。

(5)创业资源按存在形态分类

创业资源按存在形态分为有形资源和无形资源。

有形资源是具有物质形态的,价值可用货币度量的资源,如赖以存在的自然资源以及建筑物、机器设备、原材料、产品、资金等。

无形资源是具有非物质形态的,价值难以用货币精确度量的资源,如信息资源、关系资源、权力资源以及企业的信誉、形象等。无形资源往往会撬动有形资源,是有形资源更好发挥作用的重要手段。

（6）其他分类

另外一个分类可以帮助我们分析创业资源的准备情况，即起码资源和差异性资源。进入创业阶段也必须要符合两个条件：一是要有进入一个行业的起码的资源，另一方面是具备差异性资源。对准备创业的人来说，首先必须用书面的方式列出：进入这个行业的起码资源有哪些？已经具备哪些资源？尚未具备的资源如何获取？进入这个行业的差异性资源是什么？已经具备哪些差异性资源？尚未具备的差异性资源如何获取？

3）战略性资源

战略性资源是能够建立竞争优势的资源，是与普通资源相对应的资源。资源基础理论认为，当企业拥有并且利用具备以下特征的资源和能力时，企业就可以建立持久的竞争优势。

（1）稀缺性

资源的稀缺性是在供求不平衡的状态下产生的，供应不足就意味着稀缺。如果一种资源不能被竞争对手广泛获取，那它就是稀缺资源。创业中可以被视作稀缺的资源主要有：有优势的地段，被看作卓越领导者的管理人员，以及对独特物质资源的控制。实际上，某些行业的准入资格往往也属于稀缺性资源。

（2）价值性

从管理学的角度讲，某种资源能够帮助新创企业提高其战略实施效果和效率时，就是有价值的。在新创企业运作过程中，有价值的资源具有非常重要的作用，有助于创业者更好地利用环境中的机遇，使环境中的威胁最小化。战略资源"有价值"的特点意在提示创业者要注重挖掘资源价值，从价值创造的角度分析资源，而不是一味地追求资源占用的数量，有价值的资源和能力包括财产、装备、人员以及诸如营销、融资和会计上的独特技能等。由于这些资源的普遍存在性，因此，战略性资源要有价值，还需要同时具备其他某些特点。

（3）不可替代性

如果某种资源不能被其他资源所替代，即不能以类似方式或不同的方式进行替代，则该资源具有不可替代性。由于大多数资源之间都具有相互替代的关系，因此，拥有不可替代的资源对新创企业持久竞争力的形成和保持具有非常重要的意义。

（4）难以复制性

有些稀缺资源在某些价位上可能会变得不再稀缺，或者由于价位过高而优势消耗殆尽。如果某种资源难以模仿，或者竞争者需要付出极大代价才能复制，则这种资源便具有难以复制的特性。多林哥认为，由于新创企业都是在独特的历史条件下创办的，创业者的能力和其创业背景、个人特质紧密相关，因此，伴随组织诞生的那些初始资源就具有一定的独特性而难以复制；另外，由于企业运用资源的能力和企业持续竞争优势之间的关系错综复杂，即使亲身参与创业与成长过程的人员也很难清晰地陈述其中关键的成功因素，其他人更是难以进行复制或模仿；最后，管理者、顾客和供应商之间复杂的社会关系，以及新创企业形成的独特的组织文化，使得在特定社会网络关系中诞生的企业的人力资源、声誉资源或组织资源难以被模仿或复制。

（5）创业者在获取战略性资源时要强调前瞻性和动态性

创业者若能先行一步获取战略性资源,并加以培养和部署,就会获得一定程度的竞争优势;若能保护好这些资源并很好地保持资源的上述品质,则将具备长久的竞争优势。新创企业即使成立时只具备其中的一些特征,也会具备短期或较小的竞争优势。创业者要建立新创企业的持续竞争优势,就需要控制、整合和充分利用战略性资源。

12.1.2　创业资源与一般商业资源的异同

创业资源与一般商业资源既有相同点也有一定的差别。

创业资源是商业资源,但不是所有的商业资源都是创业资源,因为只有创业者可以利用的资源才是创业资源。

创业资源更多表现为无形资源,一般商业资源则更多表现为有形资源。

创业资源的独特性更强,创业者的个人能力和社会网络资源是其中最为关键的资源。一般在商业资源中,规范的管理和制度则是企业取得成功的基础资源。

12.1.3　社会资本、资金、技术及专业人才在创业中的作用和关系

1) 创业资源和创业过程的关系

我们可以先从创业资源与创业过程的关系中去认识创业资源的重要性。

先将创业过程分为两个组成部分,企业创立之前的机会识别,以及创立之后的企业成长过程。

机会识别与创业资源密不可分。机会代表着一种通过资源整合、满足市场需求以实现市场价值的可能性。可见,机会识别的实质是创业者判断是否能够获取足够的资源来支持可能的创业活动。但从资源这一角度来看,创业机会的识别就是把落脚点落在创业资源的获取上,而创业资源的获取需要特定的技术和思维分析方式。

创业资源对创业成长具有重要的支持作用,在创业过程中,创业者的工作重点应当放在如何有效地吸收更多的创业资源并且进一步整合企业的竞争优势上。资源整合对创业过程的促进作用是通过创业战略的制订和实施来实现的。对任何一个企业来说,战略定位不清晰、核心资源不明确是其发展的主要障碍。有效的资源整合,能够帮助创业者重新认识企业的竞争优势,制订切实可行的创业战略,为新创企业的成长打下良好的基础。一方面,战略的制订和实施需要一定的资源予以支持,新创企业所拥有的创业资源越丰富,创业战略也越有保障;另一方面,创业资源还可以适当校正企业的战略方向,帮助新创企业选择正确的创业战略,企业获取的创业资源越多,创业战略的实施也越有利。

2) 各创业资源之间的关系

从本质上说,创业是一个创业者识别创业机会并整合资源的过程。

（1）没有财务资源就很难招聘到优秀雇员,而这又反过来增加了融资的难度。缺少优秀雇员往往是成功实施某项战略的首要障碍。企业往往是在利润可观之后才能吸引到优秀的员工。对最初的创业者而言,合适的员工很难招到,招到之后又怕员工跳槽,这样的风险是在人力资源获得阶段创业者时刻面临的挑战。

（2）没有财务资源恐怕也很难得到所需的物质资源，因为所有这些都不会是白白得到的。

（3）社会资源包括许多方面，如亲朋好友、同学、同乡、同事都是创业者的社会资源，换言之，社会资源对创业者的帮助是全方位的，利用社会资源的能力对创业者的成功会产生重要的影响。

（4）技术资源大多是创业者或者创业团队自有的，可以说是创业者的立身之本。作为知识资源，因为其异质性使得创业者的创业成为可能，所以创业者要尽可能地去保护好技术资源。用它可以融通资金，也可能有投资者愿意将自己所拥有的物质资源拿来共同创业。

在创业过程中，创业者不仅需要忘记自己是优秀的人，而且需要通过提供掌握更多的技术和扩充阅历的机会来吸引人，而不是通过薪水和其他选择。创业者所面临的挑战是聘到人才，并发挥他们的才能，同时要时刻保持理性，并对人才有真正的尊重。

3）各创业资源的作用

创业团队自身的人力资源是创业时最为关键的因素。在企业新创时期，专门的知识技能往往掌握在创业者等少数人手中，因而此时的技术资源在事实上和人力资源紧密结合，并且上述两种资源可能成为企业竞争优势的重要来源。拥有技术和人力这两样核心资源，就有办法获得财务资源了。

（1）技术资源是创业前最关键的资源

目前大学生的技术意识还不够强。从中国大学生创意大赛上收集到的创意方案来看，其中偏向于商务服务类的居多，而拥有核心实用技术的少。真正的创业者，一是拥有核心技术，二是拥有一流团队，依靠一个商业上的 IDEA 来融资是比较困难的。技术资源要回答这样的问题：我们能提供什么样的产品或者服务？它能满足人们什么样的需求？或者说谁会需要我们提供的产品或者服务？

有研究者指出，在创业初期，技术资源是最关键的创业资源之一。其原因有三：一是创业技术是决定创业产品的市场竞争力和获利能力的根本因素。二是创业技术核心决定了所需创业资本的多少。对在技术上非根本创新的创业企业来说，创业资本只要保持较小的规模便可维持企业的正常运营。三是从创业阶段来说，由于企业规模较小，因此对管理及人才的需求度不像成长期那样高。创建企业是否掌握创业需要的"核心技术"或"根部技术"，是否拥有技术的所有权，决定着创业的成本，以及新创企业能否在市场中取得成功。尤其对依托高科技的创业而言更是如此。美国的微软公司和苹果公司，最初的创业资本都不过几千美元，创业人员也只有几人。它们之所以能走向成功，就是因为它们拥有独特的创业技术。所以，创业成功的关键是首先寻找成功的创业技术。

很多时候，拥有核心技术，就拥有了获得资金支持的资本。例如上海交大七彩虹创业团队所持项目——分布式 ISP 接入技术。正因这项核心技术，上海交大学子科技创业有限公司和七彩虹创业团队签了投资协议。

（2）一旦创业企业成立，人力资源就成为企业持续经营最重要的资源

人力资源不仅指创业者及其团队的特长和知识、激情，而且包括创业者及其团队拥有的能力、经验、意识、社会关系、市场信息等。美国苹果电脑公司创立人史蒂夫·乔布斯曾经说

过："刚创业时,最先录用的 10 个人将决定公司成败,而每一个人都是这家公司的十分之一。如果 10 个人中有 3 个人不是那么好,那你为什么要让你公司里 30% 的人不够好呢? 小公司对优秀人才的依赖要比大公司大得多。"

阅读许多大学生的创业故事,我们发现,大学生自主创业最艰难的不是资金,而是意识、知识、信息和技能的匮乏,创业越深入,这些不足就越容易体现。一旦企业成立了,创业者团队的经营管理能力以及经验等就至关重要。中国大学生创业轰轰烈烈的多,真正成功的很少,相当一部分人甚至创业不到 3 个月就宣布解散。

总体而言,由于教育方式等多方面的因素,大学生一直在象牙塔里攻读知识、激扬文字、畅谈抱负,但起而行之者寡,难免"眼高手低"。创业的每一步都可能洒下一把泪,碰出一头包,到最后,任何一个小困难都可能成为压垮其理想与抱负的"最后一根稻草"。

来自美国的一项统计资料也显示了创业容易、持续难的现实。在美国自行创业的创业企业中,有 40% 的创业者在第一年就不得不面临关门大吉的命运,而存活下来的 60% 的创业企业中,约有八成无法欢度五周年庆,更令人惋惜的是,能够熬过 5 年的创业企业,只有 20% 能继续走完第二个 5 年。

有些时候,大学生有了内部企业管理经验,就很容易骄傲自满,忽视了自己市场能力的缺乏,创业很可能就是一个"美丽的诱惑"。

(3)资本是企业生产经营的起点,是企业持续经营的基础

创业之初最大的拦路虎就是资金问题。日本创业家中田修说,有钱谁都会创业,关键在于没有钱怎么创业。企业没有资金就像人没有血液,即使已经运行的企业,一旦出现资金链断裂,企业就很难逃脱寿终正寝的命运! 创业者确定了创业目标后,如何筹措资金? 有哪些渠道可以顺利筹措到资金,成了困扰大学生创业的核心问题,很多打算创业的人虽都有很好的想法和计划,但受到创业资金的限制,很多潜在的小企业最终都没能运作起来,虽然依靠自有资金起步是最稳妥的办法,但自有资金往往非常有限,因此创业融资至关重要。

融资决定创业行为的最终"输赢"。现在大学生创业最难的问题就是缺乏资金!

在市场经济中,成立一个企业需要有注册资本、缴纳注册费用、购买设备、招聘员工等,这一切都离不开资金的支持;而运营一个企业更需要有源源不断的资金支持,如果缺乏资金等关键资源的支持,任何优秀的项目或前景好的市场机会就都难以把握。创业者要么忽视融资,要么面对融资困难而束手无策,要么融到资金后不能有效地使用和管理,这些缺乏远见的行为直接引起资金链的断裂,最终导致失败。

资金是创业企业的基本构成要素之一,融资是创业者的一个重要工作内容,融资规模和融资结构都会影响创业的成功。任何一位创业者都必须站在战略制高点来理解资金对创业的战略意义,并扎实做好创业融资工作,才能扬长避短,促进创业活动的顺利进行。

12.1.4 影响创业资源获取的因素

资源获取是在确认并识别资源的基础上,得到所需资源并使之为创业服务的过程。创业资源的获取对创业企业来说非常重要。资源获取不仅决定着能否把创业意愿转化为行动,而且决定着企业这一契约组织的形成方式。影响创业资源获取的因素有创业导向、商业

创意的价值、资源配置方式、创业者的管理能力和社会网络等。

1）创业导向

创业导向是一种态度或意愿,这种态度或意愿会导致一系列创业行为。由于创业导向通过创业机会的识别和开发来促进对资源的获取,因此,创业者要注重创业导向的培育和实施。充分关注创业者的特质、组织文化和组织激励等影响创业导向形成的重要因素,采取有效的方式获取资源,并在资源的动态获取、整合和利用过程中,注意区分不同资源,充分发挥知识资源的促进作用。

2）商业创意的价值

创业的关键在于商业创意。商业创意为资源获取提供了杠杆,但获取资源还有赖于创意的价值被资源所有者认同的程度。换言之,只有被资源所有者认同的、有价值的商业创意,才有助于降低创业者获取资源的难度。

3）资源配置方式

由于资源的异质性、效用的多维性和知识的分散性,人们对同样的资源往往具有不同的效用期望,有些期望难以依靠市场交换得到满足,因此,如果通过资源配置方式创新,能够开发出新的效用,使之更好地满足资源所有者的期望,创业者就有可能从资源所有者手中获得资源使用权,以开展生产经营活动。

4）创业者的管理能力

创业者的管理能力是企业实力的主要表现,管理能力越高,获取资源的可能性越大。创业者的管理能力可以从其沟通能力、激励能力、行政管理能力、学习能力和协调能力等多方面予以衡量。创业者通过管理能力获取必要资源的同时,能为企业创造良好的发展环境。

5）社会网络

社会网络是机构之间及人与人之间比较持久的、稳定的多种关系结合而成的网络关系。由于创业资源广泛存在于各种资源所有者手中,这些所有者又处于一定的社会网络中,而人们对商业活动的认识和参与,客观上会受到自己所处网络及在网络中地位的影响,因此,社会网络对创业资源的获取具有重要意义。不同的社会网络和网络地位,为人们之间的沟通协作提供了不同渠道。在社会网络中处于优势地位的创业者,具有较好的社会关系依托,可以有选择地了解不同对象的效用需求,有着对新的不同对象传递商业创意的不同方面,有目的地获取不同资源所有者的理解和信任,最终成功地从不同网络成员那里获取所需资源,为自己进行资源配置方式创新提供基础。

12.1.5　创业资源获取的途径与技能

1）获取技术资源的途径

获取起步项目所依赖技术的途径有:①吸引技术持有者加入创业团队;②购买他人的成熟技术,并进行技术市场寿命分析等;③购买他人的前景型技术,再通过后续的完善开发,使之达到商业化要求;④同时购买技术和技术持有者;⑤自己研发,但这种方式需要的时间长、耗资大。我们应该随时关注各高校实验室、高校老师或者高校学生的研发成果，定期去国家专利局查阅各种专利申请情况，养成及时关注科技信息，浏览各种科技报道，留意科技成果，从中发现具有巨大商机的技术的习惯。政府机构、同行创业者或同行企业、专业信息机构、图书馆、大学研究机构、新闻媒体、会议及互联网等，都是获取这些信息的渠道。可以根据自己的实际情况与各种方式的特点，选择一种或多种方式，尽可能获取有效的需要的信息。

2) 获取人力资源的途径

这里的人力资源是指创业者及其团队拥有的知识、技能、经验、人际关系、商务网络等。创业前，如果有可能，可以在读书期间做一些产品的校园或者地区代理。不管是卖热水袋、拖鞋、牛奶、化妆品，还是卖手机卡、数码产品，或是在婚纱店、美容店、家教中心打工等，都可以去尝试。这个过程既能赚些钱，增长关于市场的知识；又可以锻炼自己的组织能力——因为创业企业往往要组织二至三人的小团队（团队人数切忌太多，二至三人就可以了，一般不超过 5 个）；还可以考虑进入企业为别人工作。通过打工，学习行业知识，建立客户资源渠道，了解企业运作的经验，学习开拓市场的方法，认识盈利模式。

3) 获取营销网络的途径

营销网络将帮助新创企业产品或者服务走向市场，换回用户的"货币选票"。在一般情况下，新创企业可通过以下途径拥有未来的营销网络：

①借用他人已有的营销网络，使用公共流通渠道；

②自建的营销网络与借用他人营销网络相结合，扬长避短，使营销网络更适应于新创企业的要求。

4) 获取外部资金资源的途径

对外部资金的获取，一般可通过以下 5 种途径获得：①依靠亲朋好友筹集资金，双方形成债权债务关系。②抵押、银行贷款或企业贷款。③争取政府某个计划的资金支持。④所有权融资，包括吸引新的拥有资金的创业同盟者加入创业团队，吸引现有企业以股东身份向新企业投资、参与创业活动，以及吸引企业孵化器或创业投资者的股权资金投入等。⑤制订一个详尽可行的创业计划，以吸引一些大学生创业基金甚至风险投资基金的目光。在获取外部资源之前，记住一个企业家曾经说过的一段话："创业首先要用自己的钱干起来，你自己的钱不先投进去，凭什么让别人为你投钱？"

5) 创业资源获取的技能

为了及时足额并以较低的成本获得创业所需要的资源，创业者需要掌握一定的创业资源获取技巧。

(1) 充分重视人力资源的获取

人力资源在创业资源中的决定性作用要求创业者必须充分重视人力资源的获取。创业者一方面应努力增强自身能力的培养；另一方面应充分重视创业团队的建设。一支知己知彼、才华各异、能力互补、目标一致和彼此信任的团队是创业资源中最为重要的资源，也是创业成功必不可少的保证。

（2）以能用和够用为原则

不是所有的资产都是企业的资源，创业者在筹集资源时应坚持能用的原则，只有满足自己需求的，自己可以支配并使其充分发挥作用的资源，才是需要筹集的资源。

另外，资源的使用是有代价的，在筹集创业资源时应该本着够用的原则，而不是多多益善。一方面资源的有限性使创业者难以筹集过多的资源；另一方面，当使用资源的收益不能弥补其成本时，资源的使用并不能给企业带来效益。

（3）尽可能筹集多用途资源和杠杆资源

资源自身的特性决定了其用途的不同，有的资源可能在不同场合具有不同的用途，筹集具有多种用途的资源可以帮助创业者应对在创业过程中出现的意外；在知识经济时代，具有独创性的知识是现代社会的高杠杆资源，对杠杆资源的合理利用，有助于创业者取得一定的杠杆收益，达到事半功倍的效果。

12.2　创业融资

创业融资是创业管理的关键内容，在企业成长的不同阶段具有不同的侧重点和要求。不确定性和信息不对称是创业融资难的影响因素。正确测算创业所需资金有利于确定筹资数额，降低资金成本。创业融资的主要渠道包括自我融资、亲朋好友融资、天使投资、商业银行贷款、担保机构融资和政府创业扶持基金融资等。创业融资不只是一个技术问题，还是一个社会问题，应从建立个人信用、积累社会资本、写作创业计划、测算不同阶段的资金需求量等方面作好准备。

12.2.1　创业融资概述

1）创业融资的重要性

创业融资指创业者根据其创业计划和创业活动对资金的需要，是创建新企业的重要步骤之一。

（1）资金是企业的血液

现金流问题。销售产品产生现金之前，必须购买原材料，投入通信费、广告费、培训员工费、付薪。如果企业在有盈利前用完了所有资本通常就会失败。为防止资金被用完，必须解决现金流短缺的问题。

资金不仅是企业生产经营过程的起点，更是企业生存发展的基础。但大量的调查表明创业的最大困难之一就是资金缺乏。

资金是企业的"血液"，资金链的断裂是企业致命的威胁。《中华人民共和国破产法》第二条规定："企业法人不能清偿到期债务，并且资产不足以清偿全部债务或者明显缺乏清偿能力的，依照本法规定清理债务。"

（2）合理融资有利于降低创业风险

资本投资不足。购买房地产、构建设施、购置设备的成本,常常超出创业者自己的资金承受能力。在企业成长的某个周期,购买资产会变得更加重要。

创业企业使用的资金,无论是从各种渠道借来的资金,还是创业者个人的自有资金,或者其他方式筹集的股权资金,都具有一定的资金成本。筹集较多的资金可以避免出现现金断流的情况,但会增加企业的融资成本,如果创业初期时企业的经营利润不能够弥补融资成本的话,就会造成企业亏损;筹集较少的资金虽可以降低融资成本,但是资金使用不合理,或者资金短缺时无法及时筹集所需资金,会使企业陷入无法及时偿债的境地,从而被迫进行破产清算。合理选择融资渠道和融资方式,有利于降低资金成本,将创业企业的财务风险控制在一定范围之内。

（3）科学的融资决策有利于企业可持续发展

企业在不同发展阶段,有着不同的现金流特点,面临着不同的风险,对资金筹集也有着不同要求。根据企业所处生命周期阶段以及企业自身的行业特点,结合宏观融资环境和创业者对控制权的偏好,考虑融资成本及融资风险,以及资金的可得性等客观情况,作出科学的融资决策。不仅有利于合理安排资本结构,将财务风险控制在可控制的范围之内,而且可以使企业的所有权得到有效配置,使企业的利益分配机制更加合理,为创业企业植入"健康的基因",保证创业企业可持续发展。

2）创业资金分类

（1）按投资回收期限分类

按投资回收期限的长短,投资可分为短期投资和长期投资。短期投资是指回收期在1年以内的投资,主要包括现金、应收款项、存货、短期有价证券等投资;长期投资是指回收期在1年以上的投资,主要包括固定资产、无形资产、对外长期投资等。

（2）按投资的方向不同分类

按投资的方向不同,企业投资可分为对内投资和对外投资。从企业的角度看,对内投资就是项目投资,是指企业将资金投放于为取得供本企业生产经营使用的固定资产、无形资产、其他资产和垫支流动资金而形成的一种投资。对外投资是指企业为购买国家及其他企业发行的有价证券或其他金融产品,或以货币资金、实物资产、无形资产向其他企业(如联营企业、子公司等)注入资金而发生的投资。

（3）按投资行为的介入程度分类

按投资行为的介入程度,企业投资可分为直接投资和间接投资。直接投资包括企业内部直接投资和对外直接投资,前者形成企业内部直接用于生产经营的各项资产,后者形成企业持有的各种股权性资产,如持有子公司或联营公司股份等。间接投资是指通过购买被投资对象发行的金融工具而将资金间接转移交付给被投资对象使用的投资,如企业购买特定投资对象发行的股票、债券、基金等。

3）创业融资难的原因

（1）新创企业的不确定性大

首先,商业机会本身具有不确定性。创业者的创业机会不可避免地会受到外界环境的影响,当外界环境发生变化时,机会也会相应丧失。对创业活动本身而言,由于创业项目尚未实施,或刚开始实施,创业项目受外界环境的影响相对于既有企业来说更大,其市场前景不够明朗。

其次,新创企业的利润具有不确定性。多数创业者创业经验缺乏,导致其应对内外部环境变化的能力不足,企业盈利的稳定性较差。最后,新创企业的寿命具有不确定性。

与此同时,与既有企业相比,新创企业在融资方面还有明显的劣势。企业创办初期一般来说规模较小,固定资产等有形资产的价值偏低,有效的可供抵押的资产较少;加上新创企业的融资规模偏小,使得投资方投入的成本较高,这不仅表现在事前的资料调查和可行性分析过程中,而且表现在事后对投入资金的管理过程中。因为无论多大规模的投资,对投资方来说必经的例行调查和事后的管理工作都不会较少,所以当融资规模较小时,就会导致单位资金的成本升高;同时,新创企业缺少以往可供参考的经营信息,使得投资者对投入企业资金的安全性判断较为困难,从而限制了企业资金筹集。

(2)新创企业和资金提供者之间信息不对称

信息不对称是经济生活中普遍存在的现象。创业融资中的信息不对称表现为创业者对自身能力、产品或服务、企业的创新能力和市场前景等的了解多于投资者,从而处于信息优势,投资者则处于信息劣势。

首先,创业者倾向于对创业信息进行保密。创业者在融资时,往往倾向于保护自己的商业机密及其开发方法,特别是进入门槛低的行业的创业者更是如此,这样,创业者对创业信息的隐藏会增加投资者对信息甄别的时间和成本,从而影响其投资决策。其次,新创企业的经营和财务信息具有非公开性。新创企业或者处于筹建期,或者开办的时间较短,缺乏或只有较少的经营记录,企业规模一般也较小,经营活动的透明度较差,财务信息具有非公开性,使得潜在投资者很难了解和把握创业者和新创企业的相关信息。最后,高素质的投资者群体尚未形成。由于中国市场经济发展的时间较短,普通大众的投资理念比较保守,尚未形成一个相对成熟的投资者群体,潜在投资者对行业的认识、直觉和经验等也相对缺乏,使得其在选择投资项目时更为谨慎。创业者、新创企业和投资者群体之间的信息不对称,会导致创业融资时的道德风险和逆向选择。

(3)资本市场欠发达

首先,中国缺少擅长从事中小企业融资业务的金融机构和针对新创企业特点的融资产品。和发达国家相比,中国人均金融机构数目偏少,尤其是擅长从事中小企业融资业务的金融机构;加上现有金融机构的创新能力不足,提供的针对中小企业特点的金融产品较少,可供新创企业选择的融资方式有限。其次,企业上市的要求较高,投入资本的推出渠道不畅。无论是主板市场还是创业板市场,对企业上市的要求条件都较高,使得相当一部分企业无法满足上市条件,从而投入资本的推出渠道不畅,影响了风险投资等投资人对新创企业的投入。最后,产权交易市场不够发达,影响投入资本的回收。市场外的产权交易是投入资本回收的重要方式,统一的产权市场有利于进行跨地区、跨行业的产权交易,相对低廉的交易成本会降低投资者回收投资的代价,使其通过产权交易的方式回收投资。但中国既没有形成全国统一的产权交易市场,而产权交易的成本又比较高,从而加大了投资者回收投资的成本,使其在投资时更加谨慎。

12.2.2 创业所需资金的测算

大学生创业者在创办企业之前,需要计算开办企业所需要的最低资金额度,以做到心中有数,避免因资金不足导致企业在创办过程中终止。

1) 运营前的投资

运营前的投资又称为"企业的投资资本",即在企业创办前期到企业开始运营这个阶段,企业必须支出的资金。

企业的投资资本除了购置土地、租赁房屋、购置生产设备等较大数额的开支之外,还有很多支出,常规的一次性支出有购置办公设备,注册登记,费用、设备安装费、材料运输费等。每月支出的费用有员工工资、水电费、电话费、房屋租赁费等。如果企业没有自己的财务人员,那么还需要委托会计公司代管财务,每月向会计公司缴纳一定费用。此外,还有许多不可预期的费用,如交通费、咨询费、公关费、差旅费等。如果租赁办公场所,按约定俗成的做法就得多缴纳几个月的保证金。如果租赁的办公场所不适合办公需要,那么还需要支出一笔费用用于装修或整治。虽然这些单项支出每项的数额并不大,但是一旦统计出来则是一笔不少的费用。正因为这些费用每项的数额较小,所以常被无经验的大学生创业者所忽略。

2) 运营前期支出

运营前期支出又称为"营运资本",即企业开始运作之后直到产生销售收入这段时间所发生的费用。同运营前的支出相比,初期运营阶段发生的费用的明目更加繁多,也往往更加难以预算。概括地说,这个阶段每月常见的固定费用支出有员工工资、水电费、电话费、房屋租赁费、财务管理服务费等,还有一些非固定费用,如库存原材料、半成品、商品等所承担的费用,以及产品的销售费用。其次,就是其他的不可预期的费用,如交通费、咨询费、公关费。

对绝大多数创业者来说,从企业创建初步完成到产生销售收入这个阶段往往是创业艰难期。这一阶段的时间跨度常因企业性质不同而有所不同。一般来说,贸易类企业可能在很短的时间内拿到订单,然后销售出产品并获得销售收入;制造类企业从开始生产之日到销售收入到账这段时间则可能要持续几个月;种植业、畜牧业等农业生产企业与制造类企业比较相似,从开始生产到生产出产品也可能要经历几个月的时间;软件开发、动漫作品设计等IT行业的生产周期也往往比较长。以软件开发为例,项目需求分析调研,将工作流程分析得一清二楚,然后才交给程序设计人员进行开发。开发基本结束后,还要导入数据进行多次调试与修正,然后再交给客户试用。这个过程不仅耗时长,而且还需要大量的人力、物力支持。由此可见,企业性质的不同往往使得生产周期长短各异,生产周期过长又会降低企业资金的周转速度。这就需要创业者在计算资金时要给流动资金留有充分的余地,尽量防止在资金回笼之前花完全部资金,导致企业资金断流,无以为继。

此外,创业者在做资金预算时应尽量考虑周全一些,特别是应考虑一些突发事件。也就是说,要作最充分的准备、最坏的打算。比如,由于大学生初次创业经验不足,本来预计自己的产品具有很好的市场前景,可是等到产品生产出来之后却发现产品已经落伍或难以销售出去,这种状况显然与之前的预期有较大差距,无望在原先设想的时间内获得销售收入,这种突发事件无疑会使本已捉襟见肘的资金立即严重缺乏。在具体的创业实践中,这种情形屡见不鲜,值得大学生创业者重视。

3) 编制精细预算报告

为了贯彻落实好资金使用原则,创业者要学会编制精细预算,这对初次创业的大学生来说是非常必要且马虎不得的。在创业初期,预算报告可以根据企业资金量和运营情况进行编制,可以月或季度作为一个预算周期,并尽可能地细化开支项目,尽量不要遗漏小细节,这些小细节常常是发生在预算表中的杂支及超支项目。创业者编制预算时,要尽量做到计划投入的资金与实际经营运作时所需的开销相平衡。在企业实施运营过程中,要严格按照既定的预算行事,做好过程监督和过程评估,把成本控制落到实处,切忌大手大脚浪费资金。

需要指出的是,即使创业者自认为编制的预算已涵盖企业运营的全部细节,还是存在着低估预算的可能,因为企业不可避免地会遇到一些始料不及的新问题、新麻烦。所以,创业者在编制预算报告时最好稍微调高所需预算比例,直到公司可以负担营运成本以及本已低估的获利能力。另一个比较可行的办法是,创业者可以把最好和最坏的财务评估案例折中试算,然后把预算设定于两者之间。当然,不管预算编制得是否精细完美,不管实施过程的监督和控制力度有多大,创业者还应始终坚守的一条是:在未获得销售收入之前,都要精打细算,节省每一分钱。

12.2.3 创业融资渠道、过程、常见陷阱

1) 融资难及其原因

融资难主要表现在以下几个方面。其一是小企业融资渠道单一,对年销售额 1 000 万元以下的小企业来说,向亲戚朋友借款仍是首要融资渠道,其次是银行及信用社贷款,其他融资渠道占比很小。很多小企业的融资渠道为家人、朋友,通过其他融资渠道融资成功的占比很小。其二是企业规模大小与取得银行贷款难度成反向关系,小企业贷款额低,财务不规范,出于风险及收益的考虑,银行倾向于给大企业及小企业中的大企业发放贷款。随着年销售规模的扩大,小企业在银行及信用社的融资比重逐步升高,从亲戚朋友处融资的比重逐步下降。有一定规模的小企业,资本积累相对较多,能够提供符合银行及信用社的担保,更容易获得银行贷款。微型企业在银行及信用社的贷款比例最低。其三是小企业融资成本高,期限短。

2) 创业融资难的现实原因

创业融资难有 3 个原因。①创业企业缺少甚至没有资产,无法进行抵押。②创业企业没有可参考的经营情况。③创业企业的融资规模相对较小。从贷款规模比较,对小企业贷款的管理成本平均为大型企业的 5 倍左右。

3) 融资渠道和融资方式

一个真正的创业者首先要具备克服困难的信心。创业者也应该感谢融资的困难,因它使很多有创业想法的人在一开始就退出了创业的赛场,那些不畏困难的创业者已经获得了首回合较量的胜利。

开始创建新企业的种子资金主要来源于创业者自己:如个人积蓄、抵押、信用卡等。朋友和家庭的赞助被称为爱心资本,包括纯粹赠送、投资等,经常是以不计报酬、减免租金等形式出现。

创建新企业的种子资金另一种来源是自力更生,利用创造性、智慧获取资金。许多创业企业不得已只能自力更生。如苹果公司最初的种子资金是乔布斯卖掉了自己的汽车和计算机,筹集到 1 350 美元。这也可以采用最小化个人开销、与其他企业共享办公空间、租赁等方式减少费用。

世界银行所属国际金融公司(IFC)对北京、成都、顺德、温州 4 个地区的私营企业的调查表明:我国的私营中小企业在初始创业阶段几乎完全依靠自筹资金,90%以上的初始资金都是由主要的业主、创业团队成员及其家庭提供的,而银行、其他金融机构贷款所占的比例很小。

要想解决融资难问题,首先需要了解可能的融资渠道和方法,其次要了解融资过程。只有这样,才能够从可以选择的渠道中找出最适合创业者自身的融资方案。

按照财务管理教科书上的说法,融资渠道是指客观存在的筹措资金的来源方向与通道。它目前的来源主要有 7 个:国家财政资金、银行信贷资金、其他金融机构资金、其他企业单位资金、民间资金、企业自留资金、外商和港澳台资金。与渠道相对应的有 7 种方式:吸收直接投资、发行股票、企业内部积累、银行借款、发行债券、融资租赁、商业信用。实际上,概括起来,融资有两个来源,包括债务融资和权益融资,如图 12.1 所示。

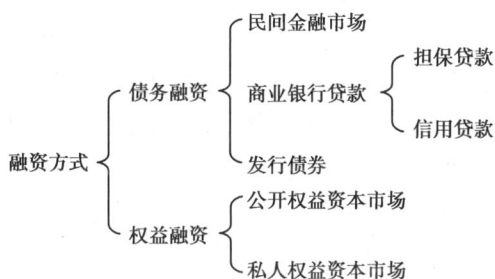

图 12.1　融资方式示意图

（1）债务融资

债务融资是指企业向银行、其他金融机构、其他企业单位等吸收的资本,企业债务融资方式主要包括银行借款、发行债券、融资租赁、商业信用等。

债务融资的具体方式:利用涉及利息偿付的金融工具来筹集资金的方式,即贷款,其偿付只是间接地与企业的销售收入与利润相联系,包括担保贷款和信用贷款,而典型的债务融资需要某种资产(车、房、工厂、机器或地产等)作抵押。银行贷款的理想候选企业,是具有强大现金流、低负债率、已审计的财务报表、优秀管理层、健康的资产负债表的企业。这些标准说明了新创企业为何难以获取银行贷款,新创企业不具备这些特征。商业银行贷款新的业务类型:个人生产经营贷款、个人创业贷款、个人助业贷款、个人小型设备贷款、个人周转性流动资金贷款、下岗失业人员小额担保贷款和个人临时贷款等。

（2）权益融资

权益融资无须资产抵押,赋予投资者在企业中某种形式的股东地位,分享企业的利润,按事先约定拥有对资产的分配权。

创业者向股东筹集资金，获得的资金是创业后所形成的企业资本，代表着对企业的所有权。所形成的所有权资金分布特点、股本额大小、股东分散程度决定了一个企业控制权、监督权、利润分配权的结构，反映一种产权关系。这意味着创业者要放弃部分所有权利益和某些企业控制权。优点是投资者成为企业的部分所有者，会提供经验和援助帮助企业。

与债务融资不同，从权益融资获得的资会不必偿还，投资者通过股利支付、出售股票获取他的投资回报，如表12.1所示。

表12.1　债务性资金和股权性资金的比较

比较项目	债务性资金	股权性资金
本金	到期从企业收回	不能从企业收回，可以向第三方转让
报酬	事先约定固定金额的利息	根据企业经营情况而变化
风险承担	不承担	承担
对企业的控制权	无	按比例享有

权益融资有3种常见形式：天使投资、风险资本、首次公开上市。

①天使投资。

天使投资是指自由投资者对创业项目的小型初创企业进行的前期投资，是一种非组织化的创业投资形式。天使投资起源于纽约百老汇的演出，原指富有的个人出资，以帮助那些具有社会意义的文艺演出，后来被应用到经济领域。20世纪80年代，新罕布什尔大学的风险投资中心首先用"天使"来形容这类投资者。

天使投资人有两类：企业高管和高校科研机构专业人员。他们有很高的收入、丰富的管理经验。由于职业和地位他们不能亲自创业，但又希望帮助有创业能力的人完成创业梦想。他们冒着可以承担的风险，在自己熟悉或感兴趣的行业进行投资，获取回报。

天使投资有3个特征：直接向新创企业进行权益投资；不仅提供现金，而且提供专业知识和社会资源的支持；程序简单，短时期内资金就可到位。

美国天使投资者每年向大约3万家企业投资200亿~300亿美元，风险投资每年投资约220亿美元。天使投资者预期会有相当高的年度回报率，通常接近35%~40%，会在董事会中占据一个席位，并提供各种管理支持。例如1977年，马库拉向苹果公司投资91万美元，并为另外25万美元贷款个人担保；苹果公司1980年上市时，他在公司的股票价值超过1.5亿美元。

虽我国天使投资还不够发达，但已经受到社会的关注。2007年3月，由新浪网、清华大学创业研究中心、中国企业家杂志社等联合策划了首届"中国最活跃的天使投资人"评选活动，评出了10位最活跃的天使投资人。各地区活跃着类似的天使投资人的"资本网络"，一个人只要有诚信，项目值得投资，就能够找到资金。天使投资人一般通过熟人网络、介绍人进行筛选。

②风险资本。

风险资本是指风险投资公司投资于新创企业或具有快速成长潜力的小企业的资本。风险投资公司力争获得30%~40%的年投资回报率,并在整个投资期内总和回报率达到最初投资的5~20倍。由于风险投资行业的营利特性,以及为成功的企业提供过融资,如Google、雅虎网站等,因此该行业引起了极大关注。美国有大约650家风险投资公司,每年向3 000~4 000家企业提供资金。由于这种投资的风险性,有些投资不会成功(成功投资25%~35%,投资失败15%~25%),因此投资成功的收益必须足以弥补失败造成的损失。

获得风险投资的优点主要表现在:利用投资家在商界的联系,可向企业提供超出投资的许多帮助。通过为初创企业融资,风险投资公司不但带来管理技巧和市场知识,还发出影响外界(潜在的顾客、合作伙伴成员工)的维持信心和品质的信号,这些都能够推动初创公司成长。但是获得风险投资必须通过尽职调查,即对初创企业价值的调查,并核实商业计划书中关键的声明和数据。然而Davis的研究表明"90%的创业企业并不是通过风险投资融资的,小企业的资金有95%以上来自风险投资以外的渠道"。

③首次公开上市。

首次公开上市是指企业股票面向公众的初次销售。企业股票上市后要在某个主要股票交易所挂牌交易。企业股票首次公开上市是企业的重要里程碑,只有在证明自己可行、具有光明未来时,才能公开上市。

4)创业融资过程

(1)融资前的准备

①建立个人信用。

信用对个人或企业都是一种珍贵的资源(无形资产)。创业者具有创业精神,在行为方式上会显示出异质性人力资本特征。信任是一种市场规则,谁不讲信用,就会在社群内通过口碑传播。如果信任度太低,那么融资难度就会加大。所以创业者需要平时注意道德修养,树立信用意识。据山东大学统计,大学生助学贷款还贷率只有50%左右,2005年全国已有100多所高校被银行列入暂停发放助学贷款"黑名单"。

②积累人脉资源。

斯坦福大学调查显示,一个人赚的钱,12.5%来自知识,87.5%来自关系。中国社会是关系本位的社会,关系网以自己为中心,以血缘、亲缘和地域为纽带,就像一块石头丢在水里所产生的涟漪一样,不断扩展。创业者的关系网络形成了创业的社会资本。

(2)测算资本需求量

估算启动资金的目的是既要保证满足企业运营需要,又不至于产生资金闲置,造成浪费。具体步骤有:第一,测算企业收入、营业成本、利润。第二,编制预计财务报表,包括预算利润表、资产负债表、现金流量表。第三,结合企业发展规划预测融资需求量。

资金投入的原则:在投入的数量、种类和时间上,以能够实现运转为限度,坚持两个凡是原则:凡是对运转所必需的投入都是合理的;凡是对运转没有直接关系的投入都是不合理的。除此之外,必须坚持:急用的先购买,不是急用的可暂缓;能租用的尽量租用,不能租用的才考虑购买;可以少用的不要多买;专用的设备、设施、工具自己拥有为宜。

（3）编写创业计划书

编写创业计划书对创业企业有巨大作用，一是创业计划书可以通过勾画未来的经营路线和设计相应的战略来引导企业的经营活动，二是创业计划书可用于吸引借款人和投资人。创业计划书的形式和内容包括企业的使命，企业与行业的特征，企业的目标，经营战略，产品或服务的说明，市场营销战略，对顾客兴趣的说明，目标市场，市场需求量，广告和促销，市场规模和趋势，地点，定价，分销，竞争者分析，创业者和管理者简历，组织结构，财务资料，资金需要，投资者的退出方式等。

（4）确定融资来源

融资来源是指能够为创业者提供创业资本支持的个人或组织，除了创业者个人资金和人脉关系外，还包括政府、银行、担保机构、行业协会、拍卖行等。

创业者在正确地测算融资需求量之后，还要确定资金的来源，对关系进行排查，以确定可以从哪里获得资金支持。

（5）融资谈判

无论创业计划书写得有多好，在与资金提供者谈判时表现糟糕的创业者很难完成交易，因此要作好充分准备。事先想想对方可能提到的问题，要表现出信心，陈述时抓住重点，条理清楚，记住资金提供者关心的是让他们投资有什么好处。

5）创业融资难题的破解策略

怎样破解融资难题，创业者自身所能做的有以下3点。

①迅速开始经营，将创意变成具体技术或产品（至少雏形），形成团队，然后寻求创业投资。依靠好的创意很难让人信服，吸引风险投资非常困难，如果组建优秀的创业团队，能够增加企业成功的可能性。不介意以小型市场为目标，从模仿别人的想法开始，因为通常这种方法运作得很好，模仿节省了市场调查的费用，所以在最初阶段进入小型市场不太可能遇到现有大公司的竞争。

②寻找快速实现收支平衡的赚钱项目，在大公司可能被看成不具吸引力的盈利机会，对创业者却是很有价值的。赚钱的企业无论顺利与否，都会在厂商、客户和雇员眼中树立信用，同时树立创业者的自信心。

③要控制发展的速度，因为受到控制的发展，不仅能帮助创业者谨慎地投资，还可以帮助他们发展管理才能，减少压力，消除问题。

（1）总体策略：分享利益，分担风险

要使任何创业活动实现，创业者首先需要的就是启动资金。明智的做法是寻找适当的投资人，好的创业投资家能给企业带来荣誉和信心，企业有可能站在巨人肩上，更快地走向成功；其次，好的创业投资家不仅投资资金，还提供增值服务和社会关系资源。如雅虎刚创业时，仅有杨致远和戴维两人，创业投资家给他们投入资本后，迅速帮助他组建了20人的经营团队，雅虎从单一的检索网站变成了经营电子信箱、新闻、游戏、电子商务、拍卖等内容的门户。融资不用着急，因为这世界上有很多的风投公司，如果创业者足够自信，这完全是个卖方市场。现在，市场上有许多的空闲资金在寻找优秀的投资机会。

在美国和以色列，个人成就和财富驱动着创业者，同时他们也很容易就同意将主要的控制权转让给投资者,目的是使公司快速成长,从退出中获益。

美国人和以色列人有一种从头再来的倾向,这就产生了所谓的"连续创业"。

大致上开办一家公司并不困难,但问题在于创业者很难决定哪些人会成为合作伙伴以及创业者与合作伙伴各占多少股份。两个同等水平的人平分股份并不困难,但是当创业者有好几个工作在不同领域和层次的合伙人的时候,合理分配股份将是无比痛苦的。不过无论如何,只要决定好了,这件事情就不能改变。一个实践中的经验就是,当每个人都觉得他们得到的股份相对于他们的付出而言算是吃了一点小亏的时候,那么这种股权分配方式是最好的。

创业投资合同谈判中最敏感的问题是双方对企业的价值评估和投资的股权结构。采取分阶段引入投资的方式如表12.2所示。前期引入投资额度少,可以避免过早地失去控股权。随着创业的进展,开发出了新产品,开始有销售额,实现盈利,下一阶段融资的合约谈判会比较容易,创业者将会有能力、有信用引入更多的创业投资。

表12.2 创业阶段特征与融资类型

创业阶段	特 征	资金来源
种子期	一个好概念,有待付诸实践	创始人的积蓄、家庭成员和朋友的投资
发展期	产品原型已经准备好进入商业化	风险资本基金、政府研发资助
生产期	产品开始销售且成长势头良好	银行将为企业融资
成长期	随着销售额的增长,公司扩张产量和产品线	公开上市 IPO

通过分阶段融资,投资者可以获得创业团队、技术、市场发展趋势等信息,有利于选择继续投资或放弃投资;创业者可以避免因一次性融资额过大而过分被稀释股权(相应地丧失控制权)。因此分阶段融资是投资者和创业者之间的双边理性选择。

关系融资,是指经济人与其他相关利益主体建立合作关系,通过合作关系降低双方信息不对称程度,利益共享,风险共担,进而从对方融集资金的融资方式。其中创业集群模式融资是关系融资的主要表现形式。区域内创业集群模式则有其独特的减少资金供需市场信息不对称的功能。

一定区域空间集聚的创业群,即使不处于同一产业内,但其天然形成集聚使得它们相互间交易对象相对稳定,有助于减少制度环境的不确定性或复杂性,使企业间的信用相互融合。如在产品、材料上有业务往来的企业,它们之间的信用互相熟悉,有利于降低信息不对称的程度,从而形成合作型信用,破解单个企业形成的融资刚性约束。

(2)争取政策性融资:国家创新基金

科技型中小企业技术创新基金是经国务院批准设立,用于支持科技型中小企业技术创新的政府专项基金,通过拨款资助、贷款贴总和资本金投入等方式支持和引导科技型中小企业的技术创新活动。根据中小企业和项目的不同特点,创新基金支持方式主要有以下3种。

①贷款贴息。

对已具有一定水平、规模和效益的创新项目,原则上采取贴息方式支持其使用银行贷款,以扩大生产规模。一般按贷款额年利息的50%~100%给予补贴,贴息总额一般不超过100万元,个别重大项目可不超过200万元。

②无偿资助。

无偿资助主要用于中小企业技术创新中产品的研究,开发及创新阶段的必要补助,科研人员携带科技成果创办企业进行成果转化的补助,资助额一般不超过100万元。

③资本金投入。

对少数起点高,具有较广创新内涵、较高创新水平并有后续创新潜力,预计投产后有较大市场,有望形成新兴产业的项目,采取成本投入方式。高新技术企业可申请获得这类直接融资,这是很多企业容易忽略的一个资金来源。

换言之,只有顾客才能够为企业创造价值,因此首先要为用户设计好产品,然后才去考虑如何利用它赚钱。就算广告商付钱给企业而用户是免费的,创业者也必须把用户放在广告商之前。如果不把用户放在首位,那么竞争对手将会有机可乘。另外,采取用户导向,积极了解用户心理,才能创造出他们喜欢的产品。

比资源更重要的是企业家精神。企业家精神是在不考虑资源目前是否对的情况下辨识机会并且利用它,目的是为私人和公共领域创造财富。具有企业家精神的创业者可以进行创造性资源配置和控制,有了企业家精神,就会直面惨淡的真相,积极创新,甚至无中生有将有限的资源发挥到极致,这才是创业的最高境界,也是一个国家和民族的希望所在。

12.3 创业资源管理

大多数创业者难以整合到充足的创业所需的资源。开发创业资源是有效利用创业资源的重要途径。开发创业资源表现为一些独特的创业行为。

12.3.1 不同类型资源的开发

1)客户资源开发

企业之间的竞争,实质上是对客户的争夺,只有以"用户满意"为中心,制订新型营销战略,实施新型用户关系管理,才能最大限度地满足用户需求,并在此基础上创造市场,引导消费,创造用户,并最终体现产品和服务价值,创造经济和社会效益。

(1)培养顾客忠诚度的主要策略

①辨别客户,事半功倍。一般可将顾客分为追求时尚型、精打细算型、重视服务型、成本消耗型4类。重视服务型的顾客愿意付出较高的代价来取得相对较好的服务,其忠诚度高,不易流失,是A级顾客;精打细算型的顾客会经常性地寻求更好的品牌,其忠诚度稍逊于A级,但还是能够带来合理的利润,是B级顾客;追求时尚型顾客则习惯性地更换品牌,即使花

成本挽留他们也可能无济于事,是 C 级顾客;对成本消耗型顾客,企业很难从他们身上赚到钱,是 D 级顾客。对 A、B 级顾客,应通过各种创意手段来强化彼此的关系;对 C 级顾客,无须特别花心力去照顾,因他们迟早要离开;至于 D 级顾客,最好敬而远之。但这种筛选要特别小心,不能因此而得罪顾客,最好是在不知不觉中逐步疏远此类顾客,甚至可以设定一些门槛让这些顾客入不了门。总之,辨别顾客,从而有的放矢地培养和维持客户的忠诚度,对提高工作效率和节约成本都有积极作用。

②捕捉交易信息,分析购买喜好和习惯。"细节决定成败",要细心捕捉消费者每次的交易信息,建立全面的客户数据库,这个数据库发展起来就将成为企业核心竞争力。数据库的主要内容包括客户数据的收集平台、客户数据的收集过程、客户数据的分级策略、客户数据的分析平台。

但只收集大量的客户信息还远远不够,成败的关键取决于利用这些信息针对个体客户制定出量身定做的服务政策。

③满足特殊需求,投其所好。满足客户的特殊需求,投其所好,是培养和维护客户忠诚度的重要策略。因为每一个客户都有其特殊需求,所以满足这一需求是个性化服务的重要特征,也是培养和维持客户忠诚度的良方。

④奖赏顾客,鼓励继续消费。消费行为学指出,奖赏和鼓励是有效的激励方式。这一理论在现实中已被商家广泛运用。

⑤至上服务,真诚服务。美国哈佛商业杂志发表的一项研究报告指出:"再次光临的顾客比初次登门的顾客,可为公司带来 25%~85% 的利润,而吸引他们再来的因素中,首先是服务质量的好坏,其次是产品本身,最后才是价格。"

⑥善于处理,化危机为机遇。企业经济活动处在社会、经济、文化、技术、时间以及员工技能和责任心等多要素组成的复杂体中。尽管尽量避免出现危机,但永远躲避不了危机,从而使得危机处理显得特别重要。成功的管理能化危机为商机,错误的管理会使危机火上浇油。

⑦运用科技,提高效率。信息科技是第一生产力。在客户管理中,信息科技已经被广泛应用。

(2)新客户开发

客户开发阶段供应商暂与客户无业务往来,本阶段供应商的主要目标:如何使潜在客户发展成为正式客户。为达到此目标供应商需要采取以下几个策略:

①等待机会——寻找最佳切入点。大部分情况是你想进入的客户已经有固定的供应商了,从潜在客户发展成为正式客户很少一蹴而就,直接就实现零的突破的可能性不大,销售人员更多的是在等待合适的切入机会,机会可能包括新产品上市,年度供应商评估,客户内部人员变动,目前供应商产品质量和服务问题,与目前供应商关系恶化,减低成本需求等。即便是你已经与客户的关键人物建立了良好关系,同时产品和服务也能够满足客户的需求,你正式的进入还是需要一个机会。

②找到关键人——成功有希望。首先在客户内部寻找内线,了解客户组织结构图,明确客户的角色与职能分工,确定影响采购关键人所占的比重,与关键人建立良好关系,同时注

意与客户中能影响采购决策的其他人保持良好关系。

③建立关系——建立信任，提供利益。中国式关系营销实质就是供应商与客户双方建立个人信任和组织之间的信任，通过对客户组织利益和个人利益的满足，最终促使交易的成功。尤其需要注意的是个人之间的信任和个人利益在中国商业环境下的重要作用。

（3）不同阶段的客户开发策略

①初期合作阶段策略。初期合作阶段的客户还有很大的波动性，供应商开始通过价格（如低价、扣点、信用支持）吸引顾客与企业建立交易关系，但却很难创造持久的顾客关系，因为竞争对手很容易模仿从而失去优势。同时，随着市场竞争的日趋激烈和自身经营管理的需要，客户往往会权衡现有供应商和候选供应商带给自己的收益和成本，如果候选供应商做得更好，他们就会放弃现有关系，转向候选供应商。处于这个阶段企业的目标：如何从次要供应商发展成为主要供应商，供应商需要采取的策略：使客户对主要产生供应商不满，销售人员需要掌握的客户关系完善、提升客户期望值、制造成功机会三大策略。

②稳定合作阶段策略。如果说客户开发阶段和初期合作阶段是进攻的策略，那么处于稳定合作阶段供应商就要采取防守策略，主要目标就是：在保持目前最大业务份额的前提下，如何从主要供应商发展成为客户长期供应商。供应商需要采取策略：让客户留下来很快乐，离开很痛苦。销售人员应掌握3大策略：客户关系升级策略、高层销售策略、客户忠诚提升策略。

2）人脉资源开发

人脉即人际关系、人际网络，体现为人的人缘和社会关系，是经由人际关系而形成的人际脉络。开发人脉资源不但要对自己的人脉网络进行规划，了解拓展人脉的途径和人脉的经营原则，还要不断提高自己的人际交往能力。

（1）人脉规划

在制订人脉规划时，应注意以下几个问题：

①人脉资源的结构要科学合理。

②人脉资源要平衡物质和精神方面的需要。

③注意人脉的深度、广度和关联度。

（2）人脉拓展途径

一般来说，人脉资源的拓展主要有熟人介绍、参与社团、利用网络等途径。

①熟人介绍。熟人介绍是一种事半功倍的人脉资源扩展方法，具有倍增的力量。可以加快人与人的信任速度，提高合作成功的概率，降低交往成本，是人脉资源积累的一条捷径。

②参与社团。在参与社团时，人与人的交往和互动是在"自然"的情况下进行的，有助于彼此间建立情感和信任，而且，通过社团里的公益活动、休闲活动，可以产生人际互动和联系。

③利用网络。网络已经成为社会交往最便捷的手段之一。网络使得人们之间的交往更加便利。

（3）人脉经营原则

建立和维持人脉资源需要遵循互惠互利原则、诚实守信原则、分享原则和坚持原则等。

①互惠互利原则，就是在人际交往中要努力做到利己利人。

②诚实守信原则。在人际交往中,一般人都喜欢与诚实、爽直、表里如一的人打交道。

③分享原则。分享是一种最好的建立人脉资源的方式,分享越多得到的就会越多。

④坚持原则。坚持不放弃的人,才能有更多正面思考的实践,有更坚定的屡败屡战的信念,从而赢得更多成功的机遇。

12.3.2　有限资源的创造性利用

资源运用就是创业者利用所获取并经过配置的资源,在市场上形成一定的能力,通过发挥资源与能力的作用为客户提供产品或服务并为客户创造价值的过程。Brush 等认为,资源运用是企业资源整合的最终目标,只有充分运用了企业获取和配置的资源,企业的各种能力才能形成,企业的发展才能够成为现实。由此可见,资源运用得当,便会提升创业资源的利用效率,进而提高创业绩效。

具体而言,创业资源整合方法主要包括拼凑法、步步为营法、杠杆作用法。

1) 拼凑法

拼凑法是指创业者在资源高度约束的情况下,利用身边已有的零碎资源制造新产品和创造价值的方法。拼凑法包含以下几层含义:

①拼凑利用的资源可能不是最好的,但可以通过一些技巧将平凡资源创造性地组合在一起。

②通过对零碎、旧的资源改进或加入一些新元素可以改变资源结构,实现资源有效组合。很多案例表明,拼凑是创业者利用资源的独特行为,利用手头存在的不完整、零碎的资源,如工具、旧货等,可以创造出独特的价值。创业者可能通过突破惯性思维、手边资源再利用、将就等策略,采用全面拼凑或者选择性拼凑的方式,解决资源高度约束的问题。

2) 步步为营法

步步为营法是指在缺乏资源的情况下,创业者分多个阶段投入资源,并在每个阶段投入最少资源的方法。美国学者杰弗里·康沃尔(Jeffrey Cornwall)指出:在有限资源的约束下,采用步步为营法整合资源,不仅是最经济的方法,而且也是一种获取满意收益的方法。由于创业者难以获得银行、投资家的资金,为了使风险最小化,创业者必须审慎地控制和管理资金。采用步步为营法有以下几个作用:

①在有限资源的约束下,寻找实现创业理想目标的途径。

②最大限度地降低对外部资源的需要。

③最大限度地发挥创业者投入在企业内部资金的作用。

④实现现金流的最佳使用等。

采用步步为营法的策略表现在保持有目标的节俭原则、设法减少对外部资源的依赖、降低资源的使用量等,以降低成本和经营风险。

3) 杠杆作用法

杠杆作用法是指发挥资源的杠杆效应,以尽可能少的付出获取尽可能多的收获。

美国银行投资家罗伯特·劳伦斯·库恩(Robert Lawrance Kuhn)认为:企业家要具有在沙子里找到钻石的功夫,能发现一般资源怎样被用于特殊作用。发挥资源的杠杆效应体现

在以下5个方面:

①比别人更加长久地使用资源。

②更充分地利用别人没有意识到的资源。

③利用他人的资源完成自己创业的目的。

④将一种资源补充到另一种资源,产生更高的复合价值(组合)。

⑤利用一种资源获得其他资源(交换)。

资源杠杆可以是资金、资产、时间、品牌、关系、能力等。对初创业者来说,最适合的杠杆是善于利用一切可以利用资源的能力。杠杆发挥作用的具体形式:借用、租赁、共享、契约等。比较容易产生杠杆作用的资源是社会资本。它为社会网络中的创业者的交易活动提供便利的资源和机会。

所以,对创业者而言,首先要清楚自身所拥有的知识技能、自身所拥有的关键创业资源和创业社会网络的价值。其次要考虑如何做才能够从供应商、客户、竞争对手获取创业所需的各种资源以及如何利用社会网络获取创业所需资源,如何在企业内部通过学习来开发形成新的资源。再次,就是要对资源进行配置,包括剥离对创业无用的资源、实现资源的转移和结合、实现内部资源的共享性配置等。最后是创业者及其团队利用个人资源和已整合的资源获取外部资源。

12.3.3　创业资源开发推进的原则和方法

1) 创业资源开发推进的原则

与外部创业资源相比,内部创业资源具有很强的明确性,因此内部资源整合的最根本目标就是如何更有效地配置和使用这些资源,而不是像外部资源整合那样需要不断地发掘各种新的资源主体。可以把内部创业资源整合形象地比喻为"内部挖潜"。鉴于内部创业资源的特点,在内部资源整合的过程中应当注意如下几个基本原则。

(1)内部原则

①公平原则。

如前所述,创业资源的整合要体现双赢原则。因此,对于具有相对独立的利益主体特征的资源,在整合的过程中要体现不同资源主体之间的公平原则。尤其是对内部的人的资源,因为创业者或者创业企业员工之间平时相互都有沟通,所以不公平的现象很容易就浮现出来,给整合带来负面影响。

②当前利益与长远利益相结合的原则。

创业资源整合的根本目的就是实现创业企业利益的最大化,但这个利益还有当前和长远之分。故在内部创业资源整合时就要充分协调好当前利益与长远利益之间的冲突。就像前面所举的例子一样,任何基于当前利益而对创业资源的过度开发,都会给企业的长远发展带来隐患。

③缓冲原则。

遇到困难和挫折是创业企业常有的事情,而应对这些困难和挫折可能更多的是依靠创业企业的自有资源,因为任何一个利益主体都不会愿意冒太大的风险去帮助一个新创建的企业。所以,在对内部资源整合的过程中一定要留有余地,以满足不时之需。比如在资金方面,适当的储备资金是有一定必要性的,因为创业企业在处于困境情况下的二次融资是非常困难的。

在创业企业甚至创业团队中,创业者和员工作为利益主体能够集合在一起是因为大家具有一些共同的目标和需求。但不可忽视的是,每个人又有着一些自身的独特需求和目标。这种独特需求和目标既为整合提供了可能,同时也对整合提出了挑战。

基于人的趋利性,对人的整合就必须与激励机制结合起来,在适当成本的前提下使得所有内部人的利益(不一定是经济利益)总和最大化,这应当是对人的整合的根本目标。除了经济利益以外,企业及个人的发展前景和企业文化(或团队文化)的渲染也都是整合人的资源的有效措施。此外,给内部人以展示的机会和场合,也是实现人的资源的有效整合的重要前提,因为只有这样才能了解每个人的素质和能力,才能更好地进行人员分工。

资产性资源就是指创业企业内部的固定资产、流动资产和资金等。除了不具备利益主体的特性以外,资产性资源还具有很强的可度量性。因此,强化财务管理是实现对资产性资源有效整合的重要工具。

具体来说,就是要建立起完善的财务管理和决策的相关体系和制度,对资产性资源的配置和使用进行财务核算,以经济效益作为选择整合手段和方法的重要标准。

实际上,时间也可以看作创业企业的一种重要的内部资源。时间的效益主要是通过影响其他资源的配置来实现的。以其设备为例,很多技术含量较高的生产设备,其报废可能不是因为物理磨损,而是因技术磨损。也就是说,这些机器设备尽管还可以运转,但其技术水平已经落后了,已经被新的机器设备所取代了。这样,就可以通过这些机器设备的更多连续运转来尽量降低技术进步带来的风险,这也就体现了时间对资源整合的影响。

(2)外部原则

由于创业者或者创业企业对外部资源缺乏控制权和支配权,因此外部创业资源整合无论在难度上还是在进展的缓慢程度上都高于对内部资源的整合。或者可以说,对内部资源进行整合的目的就是提高效率,不存在不可使用这些资源的问题。而在外部资源整合方面,基本的目标则是保证可以利用这些外部资源,然后才能谈到效率问题。在外部资源的整合上,应当遵循如下几个基本原则:

①比选原则。

由于外部资源的多样性,因此有助于某一创业任务的外部资源可能会有多个,使用每个外部资源都具有不同的收益、成本和不确定性,创业者要根据创业项目发展的需要、自身的实力以及这些资源的特点,选择最适合的外部资源。

②提前原则。

由于外部资源整合的难度较大,进展相对也较慢,并且外部资源的发现也需要一定的过程,因此不能等到需要的时候再去考虑外部资源的整合,而是应当具有一定的超前眼光,适当提前开始某些外部资源的整合。

如前所述,很多外部创业资源首先要去找,找到之后才谈得上应用问题,故信息就成为外部创业资源整合的基本要素。要想获得很好的外部资源整合效果,就必须找到尽量多的能够满足某一具体创业目标的资源要素,然后再去选择最适合的。

在某些情况下,有些外部资源可能会主动希望参与创业企业的资源整合。比如对于一个非常有前景的创业项目,可能会有很多机构愿意作为其产品的代理。此时,创业企业或创业者就可以通过进入竞争的方法,来获得对自己更为有利的代理条件。

根据熊彼特(Schumpeter)的观点,"创业者的功能就是实现新组合"。因此,创业资源的优化配置是创业者实现成功创业必须仔细斟酌的问题。吉瑞罗(Jarillo,1989)也曾经通过经验分析得出结论,"创业的精髓在于使用外部资源的能力和意愿"。现在美国用"entrepreneur"(我希望我能)专指在没有拥有多少资源的情况下,锐意创新,发掘并实现潜在机会的价值的创业者。在这个问题上我们也许还可以从阿玛·百蒂的话中得到启示:"准创始人中绝大部分面临的最大挑战不是筹集资金,而是如何在没有资金的情况把事情办好的智慧和干劲。"可以说,创业成功并不需要100%拥有所有资源,整合资源的能力远胜于拥有所有创业资源。阿里巴巴的马云,虽然他本人并不完全就具备一切创业所需的资源,但是他能通过自身的能力,将一些适用的资源(人力、物力)整合在一起并合理地运用,形成了一个强有力的多资源团队,因此他获得了成功并使阿里巴巴不断地壮大和持续发展。

实际上,所有成功创业者在新创企业成长的各个阶段,都会做到用尽可能少的资源推进企业往前发展。同时,对他们而言,资源的所有权并不是关键,关键的是对其他人的资源的控资、影响程度。这种态度的好处在于,能够减少创业者创业所需的资本量;在选择经营企业还是放弃企业时处于更有利的地位;以放弃资源所有权为代价而提高了灵活性;降低了沉没成本、固定成本,并以丰富的利润抵销变动成本的上升;进而大大降低了创业者把握商机过程中的风险。

2)创业资源开发的推进方法

资源整合是创业资源开发的核心,是资源开发的推进器。

资源整合就是创业者通过协调各种资源之间的关系,匹配有用资源,剥离无用资源,充分发挥各种资源效用的过程和方法。通过整合,把互补性的资源搭配在一起,弥补各自的缺憾,充分发挥资源的作用,使资源间形成一种独特的联系,创造竞争对手无法模仿的价值,同时为资源开发奠定基础。创业者要有效地、持久地保证创业机会实现所需要的资源,需要建立一套整合资源的机制。

12.3.4 识别利益相关者及其利益

资源是创造价值的重要基础,资源的交换和整合应建立在利益的基础之上,要整合外部资源,特别是对缺乏资源的创业者来说,更需要整合资源背后的利益机制。

组织外部环境中受组织决策和行动影响的任何相关者都是企业的利益相关者。一般来说,利益相关者分为3个层面:资本市场的利益相关者、产品市场的利益相关者、企业内部的利益相关者。

一般来说,寻找利益相关者就是要寻找那些具有共同点的人,同时也需要寻找可以互补的人。这些有能力进行投资并愿意承担风险的人包括投资或经营多样化的利益相关者、有丰富经验的利益相关者。

虽然利益相关者是有利益关系的组织和个体,但有利益关系并不意味着能够实现资源整合,创业者还需要寻找利益相关者之间的利益共同点。为此,识别出利益相关者之后,创业者需逐一分析每一个利益相关者所关注的利益,以便寻找出他们之间的共同利益。

12.3.5 管理好保持企业持续成长的人力资本

企业持续成长需要大量的人力资源作为支撑,保持企业持续成长对人力资源管理提出了更高的要求。

12.3.6 构建双赢的机制

"双赢"强调双方利益。"双赢"模式是中国传统文化中"和合"思想与西方市场竞争理念相结合的产物。市场经济是竞争经济也是协作经济,市场经济下的创业活动中,竞争与协作不可分割地联系在一起。

双赢机制是指创业者在进行资源整合的时候,一定要兼顾资源提供者的利益,使资源提供和使用的双方均能获益。

12.3.7 维持信任,长期合作

资源整合以利益为基础,需要以沟通和信任来维持。沟通是产生信任的前提,信任是社会资本的重要因素。

人际信任建立在熟悉程度以及人与人之间情感联系的基础上,是存在于人际关系中的保障性信任;制度信任是用外在的惩戒式或预防式的机制来降低社会交往的复杂性,是由对外的社会机制的信任而产生的一种对人的基本信任。这两种信任共同构成了社会的信任结构。

[思考题]

1.为什么融资是创业的大难题?

2.创业融资需求有什么特点?

3.创业融资的渠道主要有哪些?

4.为什么初创企业的资金大部分来自个人资金?

5.天使投资与风险投资有什么不同?

第13章 创业计划

13.1 创业计划概述

托马斯·沃森曾说:"一个组织的基本哲学思想对组织的作用比技术资源、组织机构、经济资源、创新和机遇的作用更大。"

创业计划书就是一个组织的基本哲学思想。创业计划也叫商业计划,是创业者实施创业计划的书面文件。创业计划不仅是创业者获得投资、打开创业之门的钥匙,而且制订创业计划的过程也是创业者重新认识自己并仔细分析自己创业思路的过程。在这个过程中,创业者可以预想在创业过程中可能遇到的困难和风险,据此制订可行性对策;可以进一步发现并分析商机,获得利用商机取得成功的最佳途径;也可以更加细致地考量自己的创业伙伴;还可以提前规划未来的财务安排,合理利用有限的资金资源等。

13.1.1 创业计划书的作用

创业计划书,既是创建一个新的企业的发展计划,又是风险资本家评估一个新的企业的主要依据。一份有吸引力的创业计划书要能使一个创业者认识到潜在的障碍,并制订克服这些障碍的战略对策。同时,编制创业计划也是每一个创业者进行创业时所必须修炼的基本功。

创业初期,不可能对市场有很详细的调查数据,也无法准确地了解竞争对手的情况,创业计划可能不会规划出必然的蓝图,但是,创业计划书至少有以下几个方面的作用:

1)把计划中要创立的企业推销给自己

创业计划书的编制过程使创业者增强自信心,这是一种对自身能力的正确估价,一种对既定目标的科学认识,一种将理想转变为现实的精神动力。如果自己都没有信心,又怎么能让别人(尤其是外部的潜在投资者)相信呢?创业计划书首先是给创业者自己看的,创业者应该以认真的态度对自己所拥有的资源、已知的市场情况和初步的竞争策略作一个简单的分析,通过创业计划书的编制逐步做到心中有数。

2)把要创建的新企业推荐给风险投资家

创业计划书是创业融资的必备工具。企业的成长基本上离不开外来资金。如果没有创业计划书,创业者就无从知道创办这家企业所需资金的确切数目,也就不知道到底还缺多少资金,这样的创业者也别指望其他组织给予贷款或投资。风险投资家都要求创业者提供创业计划书,他们依据创业计划书进行评价和筛选,选择他们认为最有发展潜力的企业进行投资。

3)有利于获得银行贷款等其他资金

银行一般只要求申请贷款的企业提供过去和现在的财务报表。但是,对银行来讲,初创的新企业经营风险太大,往往不愿意为这类企业提供贷款。如能为这类企业提供贷款,银行一般先要求创业者提供创业计划书。对银行而言,一份制作规范、专业的创业计划书就有可能叩开贷款之门。当然,创业计划书也有利于初创企业获得其他形式的资金支持。

4)有利于新创企业的经营管理

完善的创业计划会让创业者明显感到对新创企业的管理运作更有把握,对企业获得成功更有自信。创业计划书提供了企业全部的现状和未来发展的方向,也为企业提供了良好的效益评价体系和管理监控指标。创业计划书使得创业者在创业实践中做到有章可循。

13.1.2 创业计划书的内容

1)计划摘要

计划摘要是把创业计划的核心内容加以提炼,放在计划书的最前面,是创业计划书的精华。计划摘要应简明扼要,条理清晰,以便读者能在最短的时间内以最少的精力评审计划书并作出初步判断。

撰写计划书之前,创业者必须明确以下几个问题:①企业所属的行业、企业经营的性质和范围;②企业的主要产品/服务内容;③企业的目标市场、目标顾客,以及他们的需求情况;④企业的合作对象、投资人;⑤企业的竞争来源、竞争对手以及竞争对手对企业的发展有何影响。然后,开始撰写计划书摘要的主要内容:

①企业简介,包括企业经营理念、企业名称、企业所在地、企业法律形式、管理者人员名单、联系方式以及企业类型、产品/服务、企业的发展战略和经营目标的简单介绍等。

在介绍企业时,首先,要阐明创办新企业的思路、新思想的形成过程以及企业的目标和发展战略。其次,要交代企业现状、过去的背景和企业的经营范围。需要注意的是,在这部分内容中,创业者要对企业以往的情况作客观的评述。最后,还要介绍一下创业者自己的背景、经历、经验和特长等。同时,应尽量突显创业者的优点以及孜孜以求、百折不挠的进取精神。

②产品/服务介绍,包括产品/服务的开发情况、特点和优势等内容。

③目标市场,如市场现状、市场定位、市场细分和特征,选择进入这一目标市场的原因和优势以及此目标市场的相关调研和预测结果。

④营销策略,主要说明企业产品/服务如何进入目标市场并在市场中占据优势,以及为达到这种目的采用何种营销策略与营销渠道。

⑤创业团队,介绍创业团队的组成、各成员的背景和特点,尤其是团队核心人员或高层管理者的情况。

⑥竞争状况,描述目前目标市场中同类产品的竞争状况,如正在提供同类产品/服务的企业情况,它们的竞争策略和竞争特点,以及与它们相比,自己的竞争优势和不足。

⑦产品生产或服务提供,说明如何组织和开发产品生产或服务提供,包括生产制造的方式、生产设备、工艺流程等。

⑧财务管理,介绍企业财务状况,例如企业的年度财务计划、中期财务计划、长期财务计划、企业预期销售额和利润,项目所需资金的数额、来源、筹资方式,投资者的利润回报及退出方式等。

⑨企业发展目标,例如企业的短期、中期、长期发展计划等。

⑩风险评估,包括企业存在风险的种类、企业发展各阶段的主要风险水平、规避风险的措施等。

特别要详细说明企业的不同之处以及企业获得成功的有利因素。摘要部分篇幅不宜过长,一般计划摘要用2~3页纸阐述。

2)企业介绍

①企业宗旨和理念,即体现企业自身个性特征并反映企业明确经营意识的价值体系。

②企业基本情况,包括企业名称、成立时间、注册地点、经营场所、企业的组织形式、公司法人代表、注册资本、股份比例、主要股东等,此外,还应重点介绍企业未来发展的详细计划、企业的发展方向和发展战略,以及企业发展的近、中、长期目标。

③企业的发展阶段,介绍说明企业发展的不同时期,例如初创时期、发展早期、稳定发展、扩张时期的情况以及可能出现的企业兼并、企业重组情况和企业产品的市场占有情况等。

3)产品/服务介绍

企业和产品、技术或服务能否以及能在多大程度上解决现实生活中的问题,从而得到目标顾客的欢迎,最终获得利润,是投资者在进行项目评估时最关心的问题之一。此内容是必不可少的,它主要包括以下几个方面:

①产品/服务的概况,包括产品/服务的概念、性能和特性、用途及其先进性和独特性等。创业者应重点描述产品/服务的创新点和优势,使读者了解这种产品/服务能解决何种现实问题,消费者使用这种产品/服务能获得何种便利,以及投资这种产品/服务比其他同类产品/服务能获取更大回报。

②产品/服务的竞争力和市场前景,说明企业的产品/服务与同类产品/服务相比的优缺点,消费者选择使用这种产品/服务的可能性及原因,这种产品/服务的市场空间大小等。

③产品/服务的研发/提供过程,主要介绍企业的研发成果和成果的先进性;是否通过有资质的机构鉴定;是否获得有关部门或机构的奖励;是否参与制定产品的行业标准、质检标准;是否采用何种方式改进产品的质量和性能;企业是否有开发新产品的计划等。

④产品成本分析,包括产品研发费用、设备购置成本、开发人薪资成本以及每件产品的实际成本等。

⑤产品的品牌和专利,例如企业为保护自己的产品采取何种保护措施,有哪些专利许可证或者与已申请专利的厂家签订了哪些协议等。

这一部分,创业者要对产品/服务作详细的说明,说明要准确,通俗易懂,即使非专业的投资者也能通过介绍详细了解创业企业的产品/服务。一般还要附上产品样品照片或其他相关介绍。产品/服务介绍虽然难免"自我标榜",但切忌空话连篇,毕竟,创业者和投资者所建立的是一种伙伴关系,所有的承诺都会在以后的合作中一一接受检验。

4) 创业团队

企业团队的好坏,直接决定了企业经营风险的大小,高素质的创业人员和良好的组织结构是创业成功的重要保证。此外,创业团队的评估是投资者特别注重的内容之一。

一般而言,创业团队人员应该是互补的,"主外"与"主内"分工明确,"管理"和"业务"相得益彰,也就是所谓的异质性。计划书在介绍创业团队的基本情况时,应注意介绍创业团队成员,尤其是核心成员的特长和有关的教育、工作背景,创业核心成员、创业顾问、主要投资人和持股情况。此外,这部分内容还应对公司的组织结构作一些简要介绍,包括公司的组织机构图;各部门的功能与责任;各部门的负责人及主要成员:公司的报酬体系;公司的股东名单;认股权、比例和特权;公司的董事会成员;各位董事的背景资料等。

5) 市场预测

市场预测首先是对需求的预测:市场是否存在对这种产品的需求,需求程度是否可以给企业带来所期望的效益,市场规模有多大,需求发展的未来趋向及其状态如何,影响市场需求的因素有哪些。其次,市场预测还包括对市场竞争状况的分析:市场主要的竞争对手是谁,是否存在有利于企业产品发展的市场空间,企业预期的市场占有率是多少,企业进入市场会引起竞争对手何种反应,这些反应对企业发展会有什么影响等。

那么,与此相对应,创业计划书中市场预测应包括以下几个内容:

①市场需求预测。

②市场现状综述。

③竞争厂商概览。

④目标顾客和目标市场。

⑤企业产品的市场地位等。

创业企业的市场预测应建立在严密、科学的市场调查基础之上,切忌凭空猜测、主观臆断。

6) 制订计划

①产品制造方式,主要说明创业企业自己设厂还是通过委托加工或其他方式生产产品。如果自己建厂生产,就应交代是自建厂房、购买厂房还是租用厂房,厂房总面积和生产面积,厂房所在地的交通运输、通信条件等具体情况。

②生产设备,包括使用什么设备,设备专用还是通用,设备先进程度如何,价值多少,最大生产能力多大,能否满足企业产品销售需求,随着生产规模扩大是否需要增加或更新设备,设备增加与更新的数据和状况,怎样做好员工操作技能的培训工作等。

③产品的工艺和质量,描述产品的生产制造过程,采用何种工艺,工艺流程如何,各工艺流程的质量控制计划和指标如何;主要原材料、设备部件、关键零配件等生产必需品的供货渠道的稳定性、可靠性、质量如何。正常生产条件下,产品的正品率、次品率可控制在何种范围,如何保证新产品进入规模生产时的稳定性和可靠性等。

7）营销策略

营销策略包括了解产品/服务市场以及销售方式和竞争条件分别在哪里，说明营销渠道以及在建销售网、制定价格和促销手段等方面采取的策略。

在创业计划书中，营销策略应包括以下4方面内容：

①市场机构和营销渠道的选择。

②营销队伍的组建、构成和管理。

③促销计划和广告策略。

④价格决策和策略等。

就创业企业而言，由于产品和企业的知名度一般较低，很难进入其他企业已经稳定的销售网络中去。因此，企业只能暂时采取高成本低效益的营销战略，如上门推销，大量投放产品广告，让利批发商和零售商，或将产品交给有合作意愿的经销商销售。

8）财务规划

如果说创业计划书概括地提出了创业者在筹资过程中要做的工作，那么财务规划则是对创业计划书的支持和说明。一份好的财务规划对评估创业企业所需的资金数量，提高企业获得支持资金的可能性十分关键。

财务规划是一项较为复杂的综合性工作，其中包括现金流量表、资产负债表以及损益表的制备等。企业的财务规划应与创业计划书的总体假设相一致。事实上，财务规划和企业的生产计划、人力资源计划、营销计划等内容密不可分。要完成财务规划，创业者还必须要明确以下问题：①产品在每一时期的发出量是多大？②何时开始产品线扩张？③每件产品的生产费用是多少？④每件产品的定价是多少？⑤使用哪种分销渠道，预期的成本和利润分别是多少？⑥要雇用哪几种类型的人？⑦雇用何时开始，工资预算是多少？

具体来说，财务规划一般包括以下几方面内容：

①创业计划书的条件假设。

②预计的资产负债表。

③预计的损益表。

④现金收支分析。

⑤资金的来源和使用等。

9）风险评估

风险评估的主要内容有企业存在的风险种类、企业发展各阶段的主要风险、评估风险的水平、降低风险的措施等。

（1）政策风险

国家政策的调整和变化导致产业发展和产业格局的变化有可能给企业发展带来政策性风险，创业者应主动了解国家政策导向和有关主管部门的政策信息，尽可能把握政策发展或变化方向，必要时转换经营项目，减少经济损失。

（2）不可预见的风险

一些不可预见事件如战争、动乱、天灾人祸、大规模流行疾病等也可能导致企业的经营、发展面临风险。经营者要尽可能全面了解自然环境、社会环境的变化发展信息，一旦风险发生,根据风险的影响程度和范围,可采取暂停经营、裁减人员等措施,力争把风险带来的损失降低到最小限度。

(3)市场风险

国际或国内市场环境的改变、行业竞争加剧等市场环境的变化也会使企业的经营发展面临风险,经营者最好加强对市场的调查和预测,加强对竞争对手的分析,提高利用新技术开发新产品的能力,努力增强市场竞争力。

(4)经营管理风险

经营项目在运营过程中由于决策失误、开发项目失败、客户合作项目流产、工作管理失误、工作运营成本增加等问题也会使企业发展遭遇困难。创业企业应建立严格、高效的管理制度,制订项目危机管理措施和风险防范措施,努力实现管理者利益、员工利益和公司利益紧密结合,以规避风险,降低损失。

(5)财务风险

因为在企业的经营过程中会出现投资资金不到位、资金周转困难、财务管理出现漏洞以及陷入"三角债"困境,这些都会使企业的发展举步维艰。所以创业企业应完善财务管理制度,加强财务监管,积极拓宽融资渠道,多种方式突破资金瓶颈,降低财务风险。

(6)人才风险

人才管理不当、人才流失或者人才能力和素质存在缺陷等问题,有可能导致管理成本提高、效率低下等人才风险。管理者可通过撤换不当人才、调整项目组激励机制和运营模式等方式,以良好环境吸引人,以正规制度管理人,以发展空间留住人,有效规避人才风险可能带来的损失。

10)发展目标

相信大多数人选择创业都不只是为了体验创业激情,更没人愿意在激烈的市场竞争中昙花一现。在创业计划书的最后,创业者一般还要提出企业的发展目标,例如企业发展分为几个阶段,每个阶段的重点工作是什么,企业的短、中、长期发展计划是什么等。

13.1.3 创业计划书的基本结构

1)封面

创业计划书封面部分一般包括:编号;保密等级:(机密、绝密);标题:×××公司(或×××项目)商业;落款:公司名称;时间:××××年××月××日。

其中,标题应体现核心主题,使人一目了然,编号体现档案管理水平,保密等级表明商业项目的保密程度。

封面最好单独成页。此外根据项目内容和阅读对象的不同,封面可以适当包装,例如:加硬皮材面或塑料封皮等,以体现创业者对项目和阅读者的重视以及自身的风格。一般而言,计划书封面设计应简洁大方,以不加图案为宜,但对已有某种成果或具体体现画图案的项目,也可以将图案作为封面背景,以凸显主题。

2)扉页

扉页部分要有上下两部分内容,上半部分提出保密要求或提供机构简介(便于阅读者对机构进行初步的了解），这些内容可根据具体情况进行适当的修改或删除，有时也可省略不写；下半部分提供机构的联系方式，例如机构名称、地址、网址、邮编、负责人或联系人的姓名、电话、传真等信息，以便于阅读者（投资者、合作者）调查核实公司情况并及时与策划者取得联系。商业计划书封面可参考下图。

<table>
<tr><td>

编号：　　　　　　　　　机密

×× 项目
商业计划书

×× 公司
××××年×月×日

</td><td>

编号：　　　　　　　　　机密

商业计划书

项目名称：
项目单位：
项目负责人：

××××年×月×日

</td></tr>
</table>

说明

本商业计划书为商业秘密，所有权属于××公司，所涉及的内容和资料只限于已经签署投资合作意向的投资者使用，收到本计划书后，收件方应立即确认，并遵守以下约定：1.在未取得××公司书面许可前，收件人不得将计划书内容复制、泄露、散布。2.收件人如果无意向合作和投资，应尽快将本计划书完整退回。

公司地址：

公司邮编：

联系电话：

公司网站：

负责人：　　　　　　　职务：

联系人：　　　　　联系电话：　　　　　联系邮箱：

　　有的策划者出于节省成本或因自身方便的考虑，常常在商业计划书中省略目录，实际上在很多时候尤其是计划书页数较多的情况下，这种做法往往给阅读者带来很多麻烦，而且不利于他们迅速了解计划内容。所以在一般情况下，策划者应尽量为自己的计划书配上详细目录。

　　3）正文

　　这部分内容是整个计划书的核心，主要包括以下几方面：

　　①概述；

　　②产品与服务；

　　③产品制造；

④市场分析；

⑤市场营销；

⑥风险控制。

4）附录

附录可有附件、附图、附表3种形式，主要内容有以下几个方面：

①公司相关的资质材料。例如营业执照复印件、公司章程产品说明书和相关材料、产品专利相关材料、宣传材料等。

②生产、技术和服务相关的技术资料。如设备清单、产品目录、工艺流程图、技术图纸与方案等。

③市场营销相关资料。例如主要客户名单、主要供应商和经销商名单、市场调查和预测资料、产品相关资料等。

④财务相关资料。例如各种财务报表、现金流量预测表、资产负债预测表以及公司利润预测表等。

13.1.4 市场需求调查的价值

①通过市场调查，创业者能了解行业资讯，避免决策错误。调查者在对产品、销售、竞争对手、消费者购买行为等市场行情做出调研后，能基本了解行业情况。

②通过市场调查，创业者能准确把握信息，部署有效战略。根据调查结果，创业者能够知己知彼，在了解消费者需求、评估市场运营、发现市场机会和分析行业发展态势的基础上，可以明确企业发展目标，制订营销计划，确立组织和管理战略，制订财务计划。

13.1.5 市场调查的内容和方法

选择什么样的创业项目？项目的前景及可行性如何？要回答这两个问题，就需从项目的市场调查开始。优秀的创业项目选择必须要以市场需求为出发点，并将市场需求作为最终的归宿。但是，对大学生创业者来说，由于资金非常宝贵，绝不允许有任何闪失，大学生创业者也往往经不起创业挫折的打击。因此，出于创业安全的需要，还是应该在起步之前认真作好创业项目的市场调查。

大学生创业要自觉培养市场调查的意识。同在社会上摸爬滚打了多年的创业者相比，大学生创业者的创业欲望过于强烈，创业激情过于高涨，对创业愿景和构想过于乐观，这往往导致创业构想里掺杂着许多主观的成分，与理性创业的价值追求相背离。要做到主观想象与市场的实际需求基本吻合，就要发挥市场调查作为主观联系客观的桥梁作用。对初始创业来说，搞好市场调查至少有几个重要作用：一是可以真正地贴近市场掌握市场信息，了解市场供求状况、发展动态和发展趋势，便于寻找和发现商机；二是分析和论证创业项目的可行性，为是否进入该创业领域提供定性和定量分析以及决策依据；三是在市场调查过程中让自己的创业选择趋于理性，并从竞争对手和市场需求两个方面来修正或补充原始创业构思，使创业设计更加完善合理，从而提高创业成功率；四是为制订项目策略提供依据。

1) 市场调查的途径

市场调查的根本目的在于市场占有，从多个侧面运用多种途径开展市场调查。

（1）深度访谈

深度访谈，即面向特定的个体以比较深入的单独咨询或聊天探讨等方式访谈。为了保证调查确实能够取得实效，调查人员应在访谈之前提前勾勒出访谈的脉络及主要内容，有的放矢。访谈的对象既可以是产品顾客，也可选择与创业产品的类似产品的生产商、经销商或高层管理人员，只要他们对这类产品有较深入的了解，就都可以作为深度访谈对象。

（2）问卷调查

问卷调查是将事先制作好的问卷发放给调查对象，然后对问卷进行分析。问卷调查比较直观，但是受调查人员的身份是否具有代表性、受调查人员填写的资料是否属实是值得考虑的问题。在问卷调查之前，应尽量与受调查人员进行必要的沟通，在其欣然接受的情况下再填写问卷。

（3）观察调查

观察调查就是调查者亲临所要调查的现场进行实地调查，或在被调查者毫无察觉的情况下，对他们的行为、反应等进行调查、统计的一种方法。如要了解一个酒店的客流量，可以利用观察调查法，到该酒店附近实地观测人流量，连续观察几天的数据，并计算出这个酒店的客流数量。

（4）网络调查

网络调查是借助计算机网络而开展的调查。调查者可以在网络中搜集某个类似产品的网络介绍及评价，寻找对自己具有启发的成分，也可以把自己的某些设想发到访问量较大的论坛中，借以调查其他人对其的评判。

（5）商圈调查

顾名思义，商圈调查就是商业圈调查，即针对某个目标区域，以居住地的居民或过往人群构成的商业圈而开展的调查活动，其目的在于分析商圈的结构、商圈的优势与劣势，从而得出有助于项目评价或决策的结论。

不同的创业项目，其市场调查方法可能会有不同，创业者可以采用一些具有个性化的方法，而不一定要照搬照抄。

2) 市场调查的内容

所谓市场调查的内容，即调查现有市场的购买需求和趋势。购买需求包括购买力、购买动机、需求量和需求的影响因素。购买趋势是指基于购买需求的趋势和走势。

市场调查包括宏观环境调查和微观环境调查、竞争对手调查、经营策略调查。

（1）宏观环境调查

宏观环境调查包括政治环境调查、经济环境调查、法律环境调查、社会文化环境调查、地理和气候环境调查、科技环境调查等。创业的宏观环境容易被大学生创业者所忽视，其实越是大的环境问题越应引起足够重视，因为它所决定的往往是方向性或制约性问题。大的方向搞错了，细节性的问题理得再清楚再精致都于事无补。

宏观环境对创业项目的选择非常重要。一个北方的大学生到广东创业，在大学附近开设早餐店,为学生提供豆浆、油条、咸菜等,这个创业项目就不好。在广东独特的社会文化中,吃甜食、喝早茶是一大特色,吃饭是以大米作为主食的,当地人很难接受北方的饮食习惯。而广东地区水质酸性较高,昼夜温差小,吃油炸类食品很容易上火或诱发炎疾,因此,广东当地居民很少食用像油条一类的油炸性食品。由此可见,一个地区的地理环境、气候条件、季节因素以及该地区居民的文化水平、民族分布、宗教信仰、风俗习惯甚至思维方式和审美观念等情况都会对创业项目产生决定性的影响。

同样的道理,一个地区的经济环境包括该地区能源和资源状况、交通运输条件、经济增长速度趋势、产业结构、地区生产总值、通货膨胀率、失业率等。在消费方面,如国民收入、消费水平、消费结构、物价水平、物价指数等对创业项目的影响更大。比如,在2007年发生的全球金融危机中,西方国家居民的消费水平在较短时间内下降了很多,消费结构突然发生了变化,人们对高档品、奢侈品的消费减少,如果此时不了解这种大的经济环境特点就选择做奢侈品出口贸易这个项目,创业者无疑会遭受重创。

创业者在选创业项目时,还要考虑政治环境、法律环境及科技环境的影响。

从以上可以看出,对宏观环境的调查,往往影响一个企业的发展战略,从更高的层面决定企业的成败。

(2)微观环境调查

微观环境调查包含市场行销活动调查、购买力投向调查、消费者人口状况调查、消费者购买动机和行为调查、市场供给调查、市场营销活动调查等内容。大学生创业者对微观环境进行调查时,可以主要从产品供求状况、客户群体、资源配置、技术性能等几个方面着重开展调查。

①产品供求状况调查,应着重调查需求的大小及构成、产品供应情况、供求的现状和发展的趋势、价格及其变化趋势、替代品的情况等内容。

②客户群体调查,应着重调查客户的来源及分布情况、客户需求特点及要求、客户需求及发展趋势等内容。

③资源配置调查,应着重调查资金供应方式和渠道、劳动力特别是技术骨干供应情况以及产品的原料、材料、备品备件供应及成本等情况。其次,还有能源和动力供应情况和协作配套条件等。

④技术性能调查,应着重调查以下几个方面:一是可获技术的途径、方式、成本;二是选择什么样的设备,设备之间的性能及价格比较优势;三是项目相关技术目前状况、发展趋势和技术前景预期等。

(3)竞争对手调查

竞争对手调查是一项关于竞争环境、竞争对手和竞争策略的调查研究。竞争对手调查的目的是通过各种渠道收集信息,查清竞争对手的状况,包括产品及价格策略、渠道策略、营销策略、竞争策略、研发策略、财务管理以及人力资源等,了解其竞争优势和弱势,以期做到知己知彼,百战不殆。

(4)经营策略调查

经营策略调查即调查本企业产品的价格、销售渠道、广告、商标及外包装等存在的问题及跟进情况。

①销售策略调查。销售策略包括营销策略、促销手段和销售方式。营销策略包括销售渠道、销售环节和宣传方式。促销手段包括有奖销售、折扣销售、附赠销售、降低出售、折本甩卖等。销售方式包括批发、零售、代销、直销、专卖和特许经营等。销售策略调查的主要内容即对上述层面进行资料收集、直接取证,在条理分析之后作出科学决策。

②广告策略调查。广告是行之有效的营销手段,有时能够达到立竿见影的效果。广告策略要讲究实效,钱要用到刀刃上,才算财尽其用,节约资源。

3) 数据处理与分析

当调查结束之后,要对在调查过程中所采集到的信息、数据进行整理,然后进行分析。对信息、数据编辑整理之前,首先要对这些资料进行有效性分析,去掉那些误差较大或不真实的调查资料。如果调查是分组开展的,在组别之间存在较大误差时,就要考虑导致组别出现误差的原因,判断是统计错误造成的,还是由于询问冲突、设计不当、访问人员有偏见、被询问人回答不当等原因造成的。剔除不良信息之后,然后对剩余的有价值的资料进行分类统计,最后得出结论。对调查数据的分析要深入、细致,且要做到"由此及彼,由表及里"。

良好的市场调查的确有助于正确地选择创业项目。在进行市场调查时,要注意合理确定调查方法和调查范围,特别是调查范围不宜过大、过细,只要能找准最本质的东西即可。所以,调查者要兼顾调查效率和调查实效问题。

13.2　创业计划的撰写与展示

13.2.1　研讨创业构想

创业计划的拟订源于看准了商机,针对商机的实现,分析环境因素,组合各种资源研究怎么打破市场壁垒,进行风险评估,采取有效措施规避风险,进入市场并建立起自己企业的网络,制订营销原则和策略,争取市场份额等问题。同时,根据市场的变化及时作出决策和调整,以增强企业与市场的适应能力,避免僵化,这也是创业生产和发展的需要。

1) 所在行业分析

行业分析应包括对该行业的展望,即该行业的历史成就和将来的发展趋势。创业者也应该提供关于该行业新产品开发的看法。竞争分析也是重要内容,创业者应该识别主要的竞争对手,分析他们的优势与劣势,特别是分析竞争对手将如何影响本企业在市场上潜在的成功。

作行业分析时要关注以下关键问题:

过去的 5 年,该行业的销售总额是多少?该行业预计的增长率如何?过去的 3 年,该行业有多少新进入的公司?该行业最近有什么新产品上市?最接近的竞争者是谁?你的企业如何经营才能超过该竞争者?你的每个竞争者的优势和劣势是什么?你的每个竞争者的销售额是在增长、减少还是保持稳定？你的客户的特点是什么？你的客户与你的竞争者的客户有什么区别？

2）研讨所创企业

对新创企业进行的描述主要明确企业经营的范围和规模。关键要素应包括产品和服务、企业的地点和规模、所需人员和办公设备、创业者的背景以及该企业的历史。

3）市场营销计划

市场营销计划是创业计划中的一个重要组成部分，分销、定价以及促销。分销计划是新企业成功的关键。该计划准备得尽可能地全面而具体，以便投资者弄清有效地实现这个目标将实施什么战略。

营销计划包括的内容：市场机构和分销渠道的选择、营销队伍和管理、促销计划和广告策略、价格决策。

营销计划主要描述产品或服务将如何，创业者应该尽一切努力说清企业的销售目标是什么，对新创企业来说，很难进入其他企业已经稳定的销售渠道中去，故企业不得不暂时采取高成本低效益的营销战略。营销计划应该每年制订，并把它当作制订短期决策的依据。

4）生产计划

如果新创企业属于制造业，则必须制订一个生产计划，这个计划应该描述完整的生产过程。如果新创企业准备将某些甚至所有制造工序分包给其他企业，则应该在生产计划中对分包商加以说明。对创业者自己将要实施的全部或部分制造工序，也需要描述厂房的布局、制造运营过程中所需要的机器设备、所需原材料及供应商的姓名、地址供货条件、制造成本以及任何资本设备的将来的需求等。

如果新企业是零售店或服务型企业，则这一部分计划内容包括对货物购买、存储控制系统以及库存需求等的具体描述。

这部分创业计划的关键问题有：你将负责全部还是部分制造工序？如果某些制造工序被分包，谁将成为分包者？为什么选择这些分包者？分包制造的成本怎样？（包括几份书面合同）生产过程的布局怎样？（如果可能，应列出步骤）产品的制造需要哪些设备？产品的制造需要什么原材料？原材料的供应商是谁，相应的成本怎样？产品制造的成本是多少？将来的资本设备需求怎样？如果是零售或服务型企业，货物将从谁那里购买？存储控制系统如何运营？存货需求怎样？存货如何被促销？

5）组织计划

组织计划主要描述新企业的所有制形式，即新创企业的所有制是独资形式的、合伙制的还是公司制的。如果新创企业是合伙制企业，计划中就应该加合伙的有关条款。如果新创企业是一个公司，就应该明确被核准的股份份额、优先认股权、公司的经理及高层管理者的姓名、地址及简历。除此以外，还应提供组织结构图，用以表明组织内成员的授权及责任关系。

这部分计划需要创业者回答的关键问题有组织的所有制形式是什么？如果是合伙制企业，则谁是合伙者以及合伙协议的条款是什么？如果是股份公司，则谁是主要的股期持有者以及他们拥有多少股票？发行什么类型的股票，以及发行了多少有表决权股和非表决权股？谁是董事会成员？（给出姓名、地址和经历）谁有支票签字权和控制权？谁是管理小组的成员？他或她的背景怎样？管理小组的每个成员的角色和责任是什么？管理小组每个成员的薪水、红利或其他形式的收入是多少？

6）风险估计

创业者有必要进行风险估计以便制订有效的战略来应对这些威胁。新企业主要的风险来自竞争者的反应，来自自身在市场、生产或管理方面的弱势，来自技术的进步导致的其产品的过时。创业者也有必要提供备选战略以应对上述风险的发生。

7）财务计划

财务计划也是创业计划的重要组成部分，表明创业计划在经济上是可行的。

财务计划通常要包括几个项目：①新创企业开始 1 年中的预计销售额及相应的支出，其中第一年的月提供。②需要预测开始 3 年的现金流量，其中第一年的预测也要按月提供。③需要预测资产负债表。

（1）市场分析

准确的市场分析是选好创业项目的前提。创业项目的市场分析主要包括 3 个部分，即行业环境分析、目标市场分析和竞争对手分析。

行业环境分析的方法主要有行业专家访谈法和二手资料分析法。专家访谈法的访谈对象包括行业协会、政府主管部门、大学和研究院所的专家、竞争对手的雇员、客户所在单位的专家等。二手资料分析法中二手资料的来源包括专业网络、综合经济网站（中国经济信息网）、专业报纸、行业协会报告、专利数据库、专业展览会、专业研讨会、专业咨询顾问机构报告等。

目标市场分析首先必须确定市场细分的标准。如果是个人消费者，则一般的细分标准有年龄、性别、家庭人数、收入、地理区域等；如果是单位客户，则一般的细分标准有行业、地区、规模、利润、购买目的、产品性能等。如对单位客户的基本调查信息包括行业、地址、销售额、利润、员工数、主要产品和服务、现有供应商、购买决策者、需求数量等。

分析竞争对手，既有助于创业者摸清对手的情况，又能从中学习竞争对手的长处，从而提高创业者新建企业的竞争能力。分析竞争对手不但要了解现有多少竞争对手，他们提供什么样的同类产品，销售额是多少，还要确切地了解对手的产品优势，他们的研发能力和技术储备，他们的目标市场及其营销策略，他们目前的盈利状况和潜力，他们的核心竞争能力，他们的技术人员和管理人员，他们的生产设备和生产能力，他们供货商的情况，他们成功或失败的根本原因，他们采取的战略，他们的销售渠道及销售系统，他们的主要客户，他们的主要客户对他们产品/服务的评价，客户对他们的忠诚度等。

（2）产品与技术评价

评价产品的创新程度主要考查新产品的创新情况，看其功能是否有所增强，性能是否有所改善，是否能更好地满足用户的需求。评价产品的独特性，则要看新产品是否具有独一无二的特点，市场上是否存在同类产品，以及是否难以仿制。

评价技术的先进性用 3 个方面的指标来衡量，即技术功能指标、技术性能指标和技术消耗指标。技术功能指标是否先进直接决定着产品的功能水平。由于产品功能是通过技术功能实现的,因此一定要保证顾客获得先进技术功能。技术性能指标是否先进主要表现为技术参数的先进与否,是不是采用目前领先的技术。技术消耗指标是否先进,主要是指实现技术功能、技术性能的各类消耗水平。技术的实现对消耗的要求很高,降低消耗就意味着节约成本。

评价技术的可靠性体现在核心技术的成熟性、技术整体的配合性和技术的风险性3个方面。核心技术的成熟性主要是看技术效果的稳定性和产品的均一性,以及核心技术是否经过专业性试验。技术整体的配套性主要是看工业生产所用的所有技术是否配套,如果所有的技术都很先进,但是在共同使用过程中却不能相互协调,那么这样的技术就是失败的。技术的风险性是指由新思想与新技术本身的先天不足(技术不成熟、不完善)及可替代的新技术出现的时间短等多种因素带来的风险。此外,还包括制造技术和使用技术的不确定所带来的风险。

(3)财务评价

财务评价是对过去财务状况的总结分析和对未来财务状况的预测。对过去财务状况的分析主要是研究企业的财务状况和财务方面的能力,而对项目未来财务状况的预测,主要是通过对项目的未来收益进行预测,看项目是否能够给投资者带来高额回报,其重点是项目的预期收益。

财务预测主要是预测损益表、预测现金流量表,重点考查投资资本需求、资本维持水平、计划资本支出、计划折旧与摊销时间、资产寿命、融资需求等。预测损益表,重点考查各科目的变动情况及其合理性、销售和损益的对照。预测现金流量表主要是根据创业投资项目的特点,选择和确定能够正确反映项目风险的贴现率,建立合理的现金流量模型,并用这一贴现率计算项目的投资收益、净现值、投资回收期、投资回报率等。

内部收益率是进行财务评价的一个重要指标,考虑到新企业开发面临的各项风险,合理的投资回报率应在25%以上。一般来说,15%以下的投资回报率就表明这个新事业机会不值得考虑。通常,越是知识密集的新事业机会,对资金的需求量越低,投资报酬率反而越高。因此,在创业开始的时候,不要募集太多的资金,最好通过盈余积累的方式来获得资金。毛利率高的新事业机会,相对风险较低,也比较容易实现损益平衡;反之,毛利率低的新事业机会,风险则较高,遇到决策失误或市场产生较大变化的时候,企业很容易就遭受损失。一般而言,理想的毛利率是40%,当毛利率低于20%的时候,开发这个新事业就不值得考虑。

(4)风险评估

风险评估主要有以下几点:

①评估技术和产品的风险。重点分析核心技术的含金量有多少,是否具有完全的自主知识产权,技术和产品的持续发展能力如何。

②评估创业团队的风险。拥有优秀的企业家,已经成为企业经营成功的关键。应重点分析企业家的素质、核心技术人员的稳定性、团队与企业利益的关联度以及管理的开放性等。

③重点分析企业无形资产价值、企业核心资产价值回报风险。

④注重对政策环境、人文环境等风险因素的分析。

（5）致命的缺点

创业项目的致命的缺点一般会因创业项目的内涵与创业者风险承担能力不同而有所差异。如果发现创业项目有以下6个致命缺点之一，创业则要十分谨慎。因为，该创业项目极有可能面临失败。

①创业团队缺乏相关产业经验与企业管理能力。

②缺乏创业项目的市场价值和为顾客创造价值的能力，不具有明显市场竞争优势。

③创业项目的市场机会不明显，市场规模不大或实现盈利遥遥无期。

④运营创业项目的资源能力有限，无法达到具有竞争优势的经济规模。

⑤看不到创业项目能够获得显著利润的机会，包括毛利率、投资报酬率、时间等指标。

⑥不具备市场控制能力，关键资源与通路均掌握在他人手中。

13.2.2　分析创业可能遇到的问题和困难

大学生创业者要认真分析自己在创业过程中可能会遇到哪些风险，这些风险哪些是可以控制的，哪些是不可控制的，哪些是需要极力避免的，哪些是致命的或不可管理的。一旦这些风险出现，应该如何应对和化解。大学生创业者特别需要注意的是，一定要明白最大的风险是什么，最大的损失可能有多少，自己是否有能力承担并渡过难关。大学生创业的风险主要有以下几个方面。

1）项目选择

大学生创业时如果缺乏前期市场调研和论证，只是凭自己的兴趣和想象来决定投资方向，甚至仅凭一时心血来潮作决定，一定会碰得头破血流。大学生创业者在创业初期一定要做好市场调研，在了解市场的基础上创业。一般来说，大学生创业者资金实力较弱，选择启动资金不多，人手配备要求不高的项目，从小本经营做起比较适宜。

2）缺乏创业技能

很多大学生创业者眼高手低，当创业计划转变为实际操作时，才发现自己根本不具备解决问题的能力，这样的创业无异于纸上谈兵。一方面，大学生应去企业打工或实习，积累相关的管理和营销经验；另一方面，积极参加创业培训，积累创业知识，接受专业指导，提高创业成功率。

3）资金困难

资金风险在创业初期会一直伴随在创业者的左右。企业创办起来后，就必须考虑是否有足够的资金支持企业的日常运作。对初创企业来说，如果连续几个月入不敷出或者因为其他原因导致企业的现金流中断，都会给企业带来极大的威胁。相当多的企业会在创办初期因资金紧缺而严重影响业务的拓展，甚至错失商机而不得不关门大吉。

另外，如果没有广阔的融资渠道，那么创业计划只能是一纸空谈。除了银行贷款、自筹资金、民间借贷等传统方式外，还可以充分利用风险投资、创业基金等融资渠道。

4）社会资源贫乏

企业创建、市场开拓、产品推介等工作都需要调动社会资源，大学生在这方面会感到非常吃力。平时应多参加各种社会实践活动,扩大自己人际交往的范围。创业前,可以先到相关行业领域工作一段时间,通过这个平台,为自己日后的创业积累人脉。

5) 管理困难

一些大学生创业者虽然技术出类拔萃,但理财、营销、沟通、管理方面的能力普遍不足。要想创业成功,大学生创业者必须技术、经营两手抓,可从合伙创业、家庭创业或从虚拟店铺开始,锻炼创业能力,也可以聘用职业经理人负责企业的日常运作。

创业失败者,基本上是管理方面出了问题,其中包括决策随意、信息不通、理念不清、患得患失、用人不当、忽视创新、急功近利、盲目跟风、意志薄弱等。大学生创业者知识单一、经验不足、资金实力和心理素质明显不足,更会增加在管理上的风险。

6) 竞争风险

寻找蓝海是创业的良好开端,但并非所有的新创企业都能找到蓝海。更何况,蓝海也只是暂时的,竞争是必然的。如何面对竞争是每个企业都要随时考虑的事,而对新创企业更是如此。如果创业者选择的行业是一个竞争非常激烈的领域,那么在创业之初极有可能受到同行的强烈排挤。一些大企业为了把小企业吞并或挤垮,常会采用低价销售的手段。对大企业来说,由于规模效益或实力雄厚,短时间的降价并不会对它造成致命的伤害,而对初创企业则可能意味着彻底毁灭的危险。因此,考虑好如何应对来自同行的残酷竞争是创业企业生存的必要准备。

7) 团队分歧

现代企业越来越重视团队的力量。创业企业在诞生或成长过程中最主要的力量来源一般都是创业团队,一个优秀的创业团队能使创业企业迅速地发展起来。但与此同时,风险也蕴含在其中,团队的力量越大,产生的风险也就越大。一旦创业团队的核心成员在某些问题上产生分歧时,极有可能会对企业造成强烈的冲击。事实上,做好团队的协作并非易事。特别是与股权、利益相关联时,很多在初创企业时很好的伙伴都会闹得不欢而散。

8) 核心竞争力缺乏的风险

对具有长远发展目标的创业者来说,由于他们的目标是不断地发展壮大企业,因此,企业是否具有自己的核心竞争力就是最主要的风险。一个依赖别人的产品或市场来打天下的企业是永远不会成长为优秀企业的。核心竞争力在创业之初可能不是最重要的问题,但要谋求长远的发展,就是最不可忽视的问题。没有核心竞争力的企业终究会被淘汰出局。

9) 人力资源流失风险

一些研发、生产或经营性企业需要面向市场,大量的高素质专业人才或业务队伍是这类企业成长的重要基础。防止专业人才及业务骨干流失应当是创业者时刻注意的问题,在那些依靠某种技术或专利创业的企业中,拥有或掌握这一关键技术的业务骨干的流失是创业失败的最主要风险源。

10) 意识上的风险

意识上的风险是创业团队最内在的风险。这种风险来自无形,却有强大的毁灭力。风险性较大的意识:投机的心态、侥幸心理、试试看的心态、过分依赖他人、回本的心理等。

大学生在创业过程中所遇到的阻碍并不仅于此,在企业发展过程中,随时都将可能有灭顶之灾的风险。保持积极的心态,多学习,多汲取优秀经验,结合大学生既有的特长优势,我们相信,大学生创业的步伐会越走越稳,越走越远。

13.2.3　凝练创业计划的执行概要

执行概要,可以把它看作一份精简版的商业计划书,用于在创业企业的融资工作初期发给潜在投资者。如果潜在投资者看了之后有兴趣,就会约你开始下一阶段的面谈,这样你的商业计划书就能派上用场。执行概要可以说是你的门面。

执行概要包括以下 9 个关键点:

1) 开门见山

计划书的开头应该用最抓人眼球的句子写明为什么你的创意是最棒的,开句就定下整个执行概要的基调。一般来说应该是用简明的句子,写针对某个严重的问题,开发了某种独特的解决方案。句子应该直接并且明确,而不是抽象化或者概念化。如果在第一段就能提到一些使人印象深刻的名字(比如你公司的知名顾问、已经和你公司合作的大公司、有名的投资公司等),会令投资者印象深刻。不要期望投资者在第 6 段以后找到你公司的顾问团有2 个院士这样的内容,他们不会看这么仔细的。

2) 问题

需要写清楚,有个很严重、很重要的问题(现存的或者潜在的)等着你来解决。用这部分文字来建立价值公式:因为这里有个大麻烦,所以你需要通过做工作来提高利润、降低成本、加快速度、扩张市场范围、消除低效率、提高效益,等等。但是请注意,不要把这部分的内容和你的机会大小(看后面第 4 点)混淆。

3) 解决方案

你能提供的是什么? 软件、硬件、服务,还是全套解决方案? 用简单的语言解释清楚你有什么,或者是你在做什么,可以用来解决你前面提到的问题。避免写缩略语,也不要写一大串对别人毫无意义的专有名词。需要说清楚在价值链或销售渠道中你在什么位置,在行业生态系统中你和谁一起干活? 他们为什么会急着要和你一起干? 如果你已经有了客户和收入,就一定要写清楚。如果还没有,就写为什么你以后一定会有。

4) 机会

用一些句子写市场细分、容量、增长等,有多少人或者公司,有多少钱,增长将会有多快,以及市场的动力源泉是什么。最好能在一个环境良好的,并能有一定增长的市场中占有比较大的份额,而不是在一个超大的成熟市场中占有很小的份额。

5) 竞争优势

不管你怎么想,肯定是会遇到竞争的。至少,必须与问题的现存解决方案进行竞争。一般来说,总会有直接竞争者出现。所以说自己必须明白真实的竞争优势是什么,并且写清楚。不要试图以你唯一的竞争优势"你是这个市场的第一个进入者"来说服投资者。在这部分,是你有机会来说明你独一无二的优势的地方,记住一定要用一两句话说清楚。

6) 商业模式

你获得收入的方式明确吗？从谁那里获得？为什么你的商业模式是有可持续发展能力的？为什么是对投资资本有效率的？你考虑的关键点是客户、许可权、收入、利润空间，还是别的什么？不管是什么，在未来 3~5 年内你的生意能做到什么级别？是否真的能吸引人？

7) 团队

你的团队为什么有独特的资质能获得成功？不要只是简单地说你们加起来一共有 30 年的软件开发经验。例如你的 CTO 曾经是华为的软件开发经理，或者是 IEEE 标准委员会成员之类的。团队不只是简单地把每个成员的缩略版简历攒在一起，而是应该解释每个成员的背景为何有利于公司发展，以及如何互补。如果可能的话，则写出你的团队成员工作过的知名公司的名字。如果是个不知名的公司，就不用写了，如果无法给出原来公司联系人作为投资者的参考的话，也不用写。

8) 财务承诺

给投资者最基本的承诺就是你将会给他们挣很多钱，达到这个目标唯一的方式就是你要能够达到一定程度的财务成功，能够超过投资者的期望。你的财务预测应该写清楚这些。如果数字是不可信的，那所有工作就都没用了。你应该写出 5 年的收入、开支、损益、现金流、人员需求，也可以写上客户数、出货量等。

9) 资金需求

写上你需要的资金量。资金量应该是你公司发展达到下一个主要里程碑所需要的最小资金量。如果投资者愿意出更多的资金，那么你也可以要更多。如果你期望以后能进行下一轮融资，就可以写上期望的下一轮融资数目。

下面是一些其他的注意点：

关于市场机会，不要写那些宽泛、空洞的句子。重要的不是市场容量，而是引发这个市场的问题有多重要，多吸引人。投资者宁可投资一家公司，把一个小的但能够增长的市场中的一个让人绝望的问题，用革命性的方案摒除，也不愿意投资给一家公司，只是在一个很大的、成熟的市场中提供一些改进性的方案。

13.2.4　创业计划书的撰写和展示技巧

创业计划书有很多形式，如 Powerpoint 格式和 Word 格式，基于两者不同的特点，应该提供两种版本，一种是完整版本（Word 格式），一种是摘要式版本（PPT 格式）。

创业计划书编制完成之后，还应对计划书进行检查，以确保计划书能回答投资者的疑问，增强投资者对本企业的信心。通常，可以从以下几个方面对计划书加以检查：

①创业计划书是否显示出创业者管理公司的经验。如果创业者缺乏能力管理公司，那么一定要明确地说明，公司已经雇用了经营大师来管理公司。

②创业计划书是否显示了企业有能力偿还借款。保证给预期的投资者提供一份完整的财务比率分析。

③创业计划书是否显示企业已经进行过市场分析。要让投资者坚信计划书中的产品需

求量是确实的。

④创业计划书是否容易被投资者所领会。创业计划书应该备有索引和目录,以便投资者查阅各个章节。此外,还应保证目录中的信息是有逻辑的和现实的。

⑤创业计划书是否有摘要,摘要是否放在了最前面,计划摘要是否写得引人入胜。

⑥创业计划书是否在文法上正确。如果不能保证,那么最好请人帮你检查一下。计划书的拼写错误和排版错误很可能就会使你丧失机会。

⑦创业计划书能否打消投资者对你产品、服务的疑虑。如果需要,你还可以准备一份产品模型。

编制创业计划书有以下需注意的事项:

1)尽量精练,突出重点

编制创业计划书的目的是让投资者了解商业计划,内容必须紧紧围绕主题,开门见山,使投资者能在最少的时间内了解最多的关于商业计划的内容。如要在第一时间让读者知道公司的业务类型,避免最后一页才提及经营性质;要明确阐明公司目标及为达到目标所制订的策略战术;陈述公司需要多少资金以及什么时间和什么用途,并给出清晰和符合逻辑的让投资者投资的策略。摘要一般为 2~3 页,主体内容以 7~10 页为佳。注重企业内部经营计划和预算的编制,而一些具体的财务数据则可留到下一步面谈。

2)换位思考

编制创业计划书的一个重要方法就是换位思考,即融资者要设身处地假设自己是战略合伙人或风险投资人,自己最关心的问题是什么,自己判断的标准是什么。也就是说,要按照阅读创业计划书的读者的思路去写创业计划书,这就会使你知道哪些是重点,哪些需要具体陈述,哪些可以简单描述,哪些是不必要的东西,从而获取投资者的青睐。

就此而言,编制创业计划书切忌用过于技术化的词语来形容产品和经营过程,语言尽可能通俗易懂,便于读者理解。

3)以充分的调查、数据、信息为基础

市场销售以投资获利为原则,为此,融资人要充分考察市场的现实情况,广泛收集现有产品、竞争、潜在市场以及潜在消费者等的具体信息,使市场预测建立在扎实的调查、数据之上。创业计划书切忌使用含糊不清或者没有根据的陈述和数据。

同时,在收集资料时做到客观公正,避免只收集有利的信息,故意忽略那些对自己不利的信息。一般来说,战略投资者和风险投资家都是非常专业的,提出的问题会非常尖锐,如果只收集对自己有利的信息,在遇到质疑时就会显得考虑和准备得不充分。

4)实事求是,适度包装

创业计划书很重要,但它仍然只是一块敲门砖,过度包装是无益的。应该在盈利模式、现场管理、市场开发及技术研发等方面下功夫。

5)不过分拘泥格式

创业计划书固然有很多约定俗成的格式,但很多资金供给方在运作中会忽略这种格式,直接关注几个关键点,关注他们想看到的东西。企业在组织编制创业计划书的过程中,不要过分拘泥于格式,需把企业优势、劣势都告诉别人,就可能是最后的赢家。

[**思考题**]

1.创业计划书的内容是什么?

2.创业计划书结构是怎样的?

3.创业计划书的撰写技巧有哪些?

第14章 新企业的开办

14.1 企业的组织形式选择

创业者要想实现创业计划,就要依法创建企业,开展生产经营,最终达到盈利的目的。企业是依法设立的经济上以盈利为目的,自主经营、自负盈亏的经济单元。在创建企业时创业者都必须选择企业的法律组织形式。按照法律有关规定,目前企业组织形式主要有个体工商户、个人独资企业、合伙企业、中外合资企业、无限责任公司、有限责任公司、股份有限公司等。这些组织形式没有好坏之分,对创业者而言,要掌握不同组织形式的优势与劣势,以确定新企业的组织形式。

一个新企业可以选择不同的组织形式,但创业者无论选择何种组织形式,均需根据国家法律法规的要求和新企业的具体情况,在对不同组织形式的优势与劣势进行科学分析的基础上,选择适合新企业的组织形式。

14.1.1 个体工商户

个体工商户是指有经营能力并按照《个体工商户条例》的规定到工商行政管理部门注册登记,从事工商业经营的公民。

个体工商户具有以下几个特征:

①个体工商户是从事工商业经营的自然人或家庭。或以个人为单位,或以家庭为单位从事工商业经营。根据法律及有关政策,国家机关干部、企事业单位职工,不能从事个体工商业经营。

②必须依法核准登记。登记机关是县以上工商行政管理机关,且只有取得营业执照后,才可以经营。如果个体工商户变更登记、转业、合并或歇业,也需要办理登记手续。

③只能从事法律、政策允许经营的行业。

④对其所负债务承担无限责任。个体工商户的债务,以个人名义申请登记的,以个人财产清偿;家庭经营的,以家庭共有财产承担。

个体工商户的优点是申请手续简单,仅需注册登记即可;所需费用少;经营方法相对灵活。缺点是经营规模小,难以扩展业务;只能由出资人以个人借贷方式筹集资金,市场竞争力小;信用度和知名度比公司低。

14.1.2 独资企业

独资企业,是由个人出资经营、归个人所有和控制,由个人承担经营风险和享有经营收益的企业。独资企业承担无限的经济责任,破产时借方可以扣留业主的个人财产。它是古老、简单的一种企业组织形式。其主要盛行于零售业、手工业、服务业、农业、林业、渔业和家庭作坊等。独资企业的特点有以下几个:

①企业的建立与解散程序简单。

②经营管理灵活自由。企业主可以完全根据个人的意志确定经营策略,进行管理决策。

③业主对企业的债务承担无限责任。当企业的资产不足以清偿其债务时,业主以其个人财产偿付企业债务,有利于保护债权人利益,但不适宜风险大的行业。

④企业的规模有限。独资企业有限的经营所得、企业主有限的个人财产、企业主一人有限的工作精力和管理水平等都制约着企业经营规模的扩大。

⑤企业的生存缺乏可靠性。独资企业的存续完全取决于企业主个人的得失安危,企业的寿命有限。

1)独资企业的优点

①企业资产控制权、经营权、所有权、收益权高度统一。这有利于保守与企业经营和发展的秘密,有利于业主个人创业精神的发扬。

②企业业主自负盈亏和对企业的债务负无限责任成为了强硬的预算约束,企业经营的好坏同业主的经济利益乃至身家性命紧密相连,因而,会使业主尽心竭力地把企业经营好。

③外部法律法规等对企业的经营管理、决策、进入与退出、设立与破产的制约较小。

2)独资企业的缺点

①筹资困难。因为个人的财力有限,以个人名义借贷款难度也较大,所以,独资企业限制了企业的扩展和大规模经营。

②风险较大。企业业主对企业负无限责任,限制了业主向风险较大的部门或领域进行投资的活动。

③续存性不高。企业拥有所有权和经营权高度集中的产权结构,拥有充分的自主权,业主的疾病、死亡等原因会影响企业延续,可能导致企业破产。

④企业内部的基本关系是雇用劳动关系,劳资双方利益目标的差异,是企业内部组织效率的潜在风险。

14.1.3 合伙企业

合伙企业,是指由两个或两个以上的自然人,通过签订合伙协议,共同出资、共负盈亏、共担风险的企业组织形式。我国合伙组织形式仅限于私营企业。合伙企业一般无法人资格,不缴纳所得税。其包括普通合伙企业和有限合伙企业。合伙企业可由部分合伙人经营,其他合伙人仅出资并共负盈亏,也可由所有合伙人共同经营。

有限合伙企业由普通合伙人和有限合伙人组成,普通合伙人对合伙企业债务承担无限连带责任,有限合伙人以其认缴的出资额为限对合伙企业债务承担清偿责任。

合伙企业的特征有 5 点：

①手续简便。合伙企业比较容易设立和解散。

②责任无限。合伙企业作为一个整体对债权人承担无限责任。按照合伙人对合伙企业的责任，合伙企业可分为普通合伙和有限合伙。普通合伙的合伙人均为普通合伙人，对合伙企业的债务承担无限连带责任。如甲、乙、丙三人成立的合伙企业破产时，当甲、乙已无个人资产抵偿企业所欠债务时，虽然丙已依约还清应分摊的债务，但仍有义务用其个人财产为甲、乙两人付清所欠的应分摊的合伙债务，当然此时丙对甲、乙拥有财产追索权。有限责任合伙企业由一个或几个普通合伙人和一个或几个责任有限的合伙人组成，即合伙人中至少有一个人要对企业的经营活动负无限责任，而其他合伙人只能以其出资额为限对债务承担偿债责任，故这类合伙人一般不直接参与企业经营管理活动。

③相互代理。合伙企业的经营决策由合伙人共同决定，合伙人有执行权和监督权。合伙人可以推选负责人。合伙负责人和其他人员的经营活动，由全体合伙人承担民事责任。换言之，每个合伙人代表合伙企业所发生的经济行为，对所有合伙人均有约束力。因此，合伙人之间较易发生纠纷。

④财产共有。合伙人投入的财产由合伙人统一管理和使用，不经其他合伙人同意，任何一位合伙人不得将合伙财产移为他用。只提供劳务，不投入资本的合伙人仅有权分享利润，而无权分享合伙财产。

⑤利益共享。合伙企业在生产经营活动中所取得、积累的财产，归合伙人共有。如有亏损则亦由合伙人共同承担。损益分配的比例，应在合伙协议中明确规定；未经规定的可按合伙人出资比例分摊，或平均分摊。以劳务抵作资本的合伙人，除另有规定者外，一般不分摊损失。

国有独资公司、国有企业、上市公司以及公益性的事业单位、社会团体不得成为普通合伙人。合伙人可用货币、实物、知识产权、土地使用权或者其他财产权出资。对货币以外的出资需要作价评估，可由全体合伙人协商确定，也可以由全体合伙人委托法定评估机构进行评估。经全体合伙人协商一致，合伙人也可以用劳务出资，其评估办法由全体合伙人协商确定。

有限合伙企业由 2 个以上 50 个以下合伙人设立。有限合伙企业至少应当有一个普通合伙人。有限合伙企业名称中应当标明"有限合伙"字样。

有限合伙人可以用货币、实物、知识产权、土地使用权或者其他财产权利作价出资。有限合伙人不得以劳务出资。

合伙企业的优势有以下几个：

①出资人较多，扩大了资本来源和企业信用能力。

②合伙人具有不同的专长和经验，能够发挥团队的作用，各尽其才，增强了企业的管理能力。

③资本实力和管理能力的提高，增强了扩大企业经营规模的可能性。

合伙企业的劣势有以下几个：

①在合伙企业存续期，如果某一合伙人有意向合伙人以外的人转让其在合伙企业中的

部分或全部财产份额时,必须经过其他合伙人的一致同意。

②当普通合伙企业以其财产清偿合伙企业债务时,其不足的部分,由各合伙人用其在合伙企业出资以外的个人财产承担无限连带清偿责任。

③尽管合伙企业的资本来源以及信用能力比个人独资企业有所增加,但其融资能力仍然有限,不能充分满足企业进一步扩大生产经营规模的资本需求。

14.1.4 公司企业

依照《中华人民共和国公司法》,公司是指在中国境内依据法定条件和程序设立的,以盈利为目的的企业法人,分为有限责任公司和股份有限公司两种。

1) 有限责任公司

有限责任公司,是指符合法律规定的股东出资组建,股东以其出资额为限对公司承担责任,公司以其全部资产对公司的债务承担责任的企业法人。

有限责任公司的设立条件:由 50 个以下的股东共同出资设立,设立时应当具备 5 个条件:一是股东符合法定人数;二是股东出资达到法定资本最低限额;三是股东共同制定公司章程;四是有公司名称和符合有限责任公司要求的组织机构;五是公司要有办公处所。

2) 股份有限公司

股份有限公司是以其全部资本为等额股份,股东以其所持股份为限对公司承担责任,公司以其全部资产对公司的债务承担责任的企业法人。公司股东作为出资者按投入公司的资本额享有所有者的资产受益、重大决策和选择管理者等权利。公司享有股东投资形成的全部法人财产权,依法享有民事权利,承担民事责任。

设立股份有限公司应当具备的 6 个条件:一是发起人符合法定人数;二是发起人认缴和社会公开募集的股份达到法定的最低限额;三是股份发行、筹办事项符合法律规定;四是发起人制定公司章程并经创立大会通过;五是有公司名称和符合股份有限公司要求的组织机构;六是有固定生产经营场所和必要的生产经营条件。

3) 公司企业的优点

①公司的股东只对公司承担有限责任,与个人的其他财产无关,因而股东的风险不大,并且股份有限公司的股东还可以通过自由转让股票而转移风险。

②通过公开发行股票,提高了公司的社会声望,因而融资能力很强。

③公司具有独立存续时间,除非因经营不善导致破产或停业,不会因个别股东或高层管理人员发生意外或离职而消失。

④对比个人独资企业和合伙企业,公司的所有权与经营管理权分离,可以聘任专职的经理人员管理公司,从而获得高水平的管理方式,使其能够适应激烈的市场竞争环境。

4) 公司企业的缺点

①公司设立的程序比较复杂,创办费用高。

②按照相关法律要求,股份有限公司需要定期披露经营信息,公开财务数据,这样容易造成商业机密的外泄。

③由于公司是从社会吸纳资金,为了保护相关者利益,政府对公司的限制较多,法律法规的要求也较为严格。

企业法律形式如表 14.1 所示。

14.1 常见企业法律形式特点比较

因素 ＼ 组织形式	个体工商户	独资企业	合伙企业	有限责任公司	股份有限公司
法律依据	个人工商户条例	个人独资企业法	合伙企业法	公司法	公司法
创建者数量	1 人或家庭	1 人	2 人以上	50 人以下	2~200 人
创办和维持成本	低	低	中等	高	高
责任承担	无限	无限	无限连带	有限责任,以投资额为限	有限责任,以投资额为限
注册资本	无数量限制	无数量限制	无数量限制	有法定资本最低限额	有法定资本最低限额
利润分配及转让	资产归私人所有,个体是劳动者和管理者	财产归投资人个人所有,投资人是经营者、管理者	依照合伙协议,合伙经营,共享收益,共担风险	按出资比例分配利润;不公开募资和发行股票,股东出资不能随意转让	按出资比例分配利润;可公开募资和发行股票

14.2 企业注册流程

企业注册是指创业者根据国家法律、法规相关规定获得合法经营手续的行为。

为规范企业行为,保护企业及股东合法权益,维护社会经济秩序,促使社会主义市场经济发展,新企业必须经国家登记机关依法登记,领取营业执照。未经国家登记机关登记的,不得以公司与企业的名义从事经营活动。

公司注册流程依次为:核名(确定公司名字)→开验资户→验资(完成公司注册资金验资手续)→签字(客户前往工商所核实签字)→申请营业执照→申请组织机构代码证→申请税务登记证→办理基本账户和纳税账户→办理税种登记→办理税种核定→办理印花税业务→办理纳税人认定→办理办税员认定→办理发票认购手续,如图 14.1 所示。

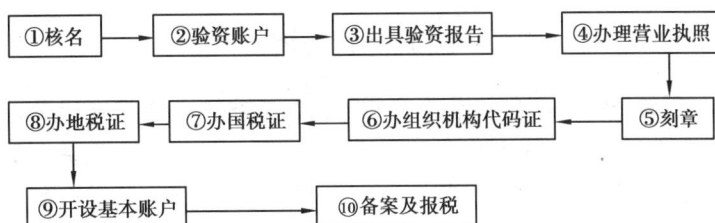

图14.1 注册公司流程

公司注册具体流程如下：

（1）准备材料

①公司名称（5个以上公司备选名称）。

②公司注册地址的房产证及房主身份证复印件（单位房产需在房产证复印件及房屋租赁合同上加盖产权单位的公章；高新区、经济开发区等居民住宅房需要提供房产证原件给工商局进行核对）。

③全体股东身份证原件（如果注册资金是客户自己提供，只需要提供身份证复印件；如果法人是外地户口，则需要提供暂住证原件）。

④全体股东出资比例（股东占公司股份的安排）。

⑤公司经营范围（公司主要经营什么，有的范围可能涉及办理资质或许可证）。

（2）注册流程

第一步：准备5个以上公司名称到工商局核名。

第二步：刻制印章一套，分为公章、财务章、法人章、合同章，同时到银行开立验资户并存入投资款。

第三步：整理资料到工商局办理营业执照。

第四步：整理资料到质量技术监督局办理公司组织机构代码证。

第五步：整理资料到国税局办证处办理国税证。

第六步：整理资料到地税局办证处办理地税证。

第七步：到开立验资户的银行或其他银行开设公司基本账户。

第八步：公司会计整理资料到国地税务分局办理公司备案及报税事宜。

【阅读材料1】

公司名称的法律规定

公司名称由4部分组成：行政区划+字号+行业特点+组织形式。例如，北京（北京市）+太平洋+科技+有限公司、太平洋+北京（北京市）+科技+有限公司、太平洋+科技+北京（北京市）+有限公司、北京（北京市）为行政区划、太平洋为字号，为减少重名，建议使用3个以上的汉字作为字号。科技是行业特点，应与申请经营范围中的主营行业相对应，有限公司是组织形式。

分支机构的名称应冠以主办单位的全称，如北京太平洋商贸有限公司方庄分店。

注册资金法规

《中华人民共和国企业法人登记管理条例》第十二条规定："注册资金是国家授予企业法人经营管理的财产或者企业法人自有财产的数额体现。"《中华人民共和国企业法人登记管理条例施行细则》第三十一条规定："注册资金数额是企业法人经营管理的财产或者企业法人所有的财产的货币表现。除国家另有规定外,企业的注册资金应与实有资金相一致。"公司的注册资本和公司在登记机关登记注册的资本额,也叫法定资本。注册资金是国家授予企业法人经营管理的财产或者企业法人自有财产的数额体现。注册资本与注册资金的概念有很大差异。注册资金所反映的是企业经营管理权;注册资金是企业实有资产的总和,注册资本是出资人实缴的出资额的总和。注册资金随实有资金的增减而增减。

【阅读材料2】

有限责任公司

①最低注册资本3万元。

②一人有限责任公司:最低注册资本10万元。

股份有限公司

最低注册资本500万元。

公司全体发起人的首次出资额不得低于注册资本的20%,其余部分由发起人自公司成立之日起两年内缴足;其中,投资公司可以在5年内缴足。在缴足前,不得向他人募集股份。

股份有限责任公司采取募集方式设立的,注册资本为在公司登记机关登记的实收股本总额。

股份有限责任公司成立后,发起人未按照公司章程的规定缴足出资的,应当补缴;其他发起人承担连带责任。

个体工商户

对注册资金实行申报制,没有最低限额基本要求。

①有经营能力的城镇待业人员、农村村民以及国家政策允许的其他人员,可以申请从事个体工商业经营。

②申请人必须具备与经营项目相应的资金、经营场地、经营能力及业务技术。

个人独资企业

对注册资金实行申报制,没有最低限额基本要求。

私营合伙企业

对注册资金实行申报制,没有最低限额基本要求。

合伙企业,是指自然人、法人和其他组织依照本法在中国境内设立的普通合伙企业和有限合伙企业。

普通合伙企业由普通合伙人组成,合伙人对合伙企业债务承担无限连带责任。公司法对普通合伙人承担责任的形式有特别规定的,从其规定。

有限合伙企业由普通合伙人和有限合伙人组成,普通合伙人对合伙企业债务承担无限连带责任,有限合伙人以其认缴的出资额为限对合伙企业债务承担责任。

14.3 新创企业的法律和伦理问题

14.3.1 新创企业的法律问题

在激烈的市场竞争中,优胜劣汰的法则是无情的。每一天都有很多新公司成立,也有众多企业被迫破产。企业不管规模大小、人员多少、产品种类、技术含量的高低,但有一点是一样的,那就是在市场经济中,企业的经营活动都必须以法律为准绳,遵循市场的游戏规则,否则迟早会被淘汰出局。对新创办企业来说在竞争中本就处于不利地位,要想在无情的商海中立稳脚跟,并逐步发展壮大,就更应该树立强烈的法律意识和善于运用法律武器,保护自己,并同时约束自己。

限于财力,新创办企业往往没有专职的律师,这更要求企业主能够切实做好以下两点:一是要知法守法,并能正确运用法律武器维护自身权利;二是要注意把握尺度,防止官司缠身,避免不必要的麻烦。唯有这样才会给企业的发展营造一个良好的环境。创业者在创业之初就应该掌握一些与企业息息相关的基本法律常识,这是企业主维护自己企业权益的第一步,千万不要大意。本节就一般大学生创业中所遇到的法律问题和所必备的法律知识作简要介绍。

1)《中华人民共和国公司法》(以下简称《公司法》)等相关市场主体规制的法律

新《公司法》新增了一项非常引人关注的内容,那就是允许设立一人有限责任公司,且有限责任公司的注册资本最低限额仅为3万元人民币。这一新的规定大大降低了创办公司的门槛,势必对大学生创业产生积极影响。目前,从投资额、治理模式、风险、责任、税收、利润分配等角度看,创业者可以有如下几种选择:一是自然人,即个人独资企业;二是合伙,即合伙企业、普通合伙;三是公司,即有限责任公司、一人有限责任公司、股份有限责任公司。对创业者而言,大学生创业者创立一人有限责任公司和有限责任公司是较为理想的创业选择形式。第一,大学生创业初期普遍存在资金短缺、融资渠道不畅、承担风险能力较弱等问题。而根据新的公司法,有限责任公司最低注册资本仅为3万元,这对很多创业者而言,并不是难事。第二,我国尚没有自然人破产制度,有限责任公司的股东以出资额为限对公司的债务承担责任,不像合伙企业那样要承担无限连带责任,因此一人有限责任公司和有限责任公司形式能对创业者起到"保护屏障"的作用。第三,面对未来,任何一个创业者都有可能成为成功的企业家,一人公司和有限公司的形式更有利于专业化管理,更有利于把企业做强做大,更能满足青年的创业欲望。具体而言关于经济法中市场主体的法律规定需要掌握以下几点:

①公司及公司股东的权利。

②有限责任公司及其设立条件。

③有限责任公司法定最低注册资本及股东出资形式。

④股份有限公司及其设立方式。

⑤合伙企业设立条件及转让财产的规定。

⑥合伙人对合伙债务所要承担的责任。

⑦个人独资企业及对企业债务承担责任的要求。

⑧企业设立登记及注册事项。

⑨企业法人税务登记及注意事项。

⑩企业领购发票需要办理的手续。

⑪企业所得税计算。

⑫企业如何申请商标注册。

2)《中华人民共和国合同法》(以下简称《合同法》)

《合同法》规定了如下主要合同的种类:买卖合同、承损合同、供用电合同、货物运输合同、建设工程合同、借款合同、仓库保管合同。除上述合同之外的其他合同,包括赠予合同、租赁合同、融资租赁合同、技术合同、委托合同、居间合同、财产保险合同等。

合同应该包括标的、数量和质量、价款和报酬、履行期限、地点和方式、违约责任、解决争议方法。合同的形式可以分为口头形式、书面形式,语言、文字以外的行为方式等。

具有民事权利能力和民事行为能力的自然人或法人具备签订合同的资格。①民事权利能力是法律赋予民事主体享有民事权利,承担民事义务的资格,它是合同主体取得具体的合同权利的前提和基础。其中自然人的民事权利能力始于出生、终于死亡;法人的民事权利能力始于法人依法设立或进行登记时,终于该法人撤销或解散时。②民事行为能力是指民事主体独立地以自己的行为为自己或他人取得民事权利和承担民事义务的能力。其中自然人的民事行为能力分为三种:完全民事行为能力,即包括十八周岁以上可以独立地进行民事活动的自然人;十六周岁以上不满十八周岁以自己的劳动收入为主要生活来源的自然人。限制民事行为能力自然人包括十周岁以上未满十八周岁的未成年人;不能完全辨认自己行为的精神病人。无民事行为能力自然人包括不满十周岁的未成年人和不能辨认自己行为的精神病人。

3)《中华人民共和国知识产权法》(以下简称《知识产权法》)

知识产权是指人们依法享有一定的知识成果的专用权利,而知识成果是人们通过脑力劳动创造而形成的具有一定表现形式的一切自然科学和社会科学成就。知识产权包括占有权、使用权、收益权和处分权。而对知识产权所有人自身的人身权,则是不能转让和放弃的。

4)《中华人民共和国劳动法》(以下简称《劳动法》)

劳动合同在明确劳动合同双方当事人的权利和义务的前提下,重在对劳动者合法权益的保护,被誉为劳动者的"保护伞",为构建与发展和谐稳定的劳动关系提供法律保障。作为我国劳动保障法制建设进程中的一个重要里程碑,劳动合同法的颁布实施有着深远的意义。

5)《中华人民共和国专利法》(以下简称《专利法》)

《专利法》是确认发明人(或其权利继受人)对其发明享有专有权,规定专利权的取得与消灭、专利权的实施与保护,以及其他专利权人的权利和义务的法律规范的总称。

"专利"一词来自拉丁文 litterae patents,含有公开之意,原指盖有国玺印鉴不必拆封即可打开阅读的一种文件。国家颁发专利证书授予专利权的专利权人,在法律规定的期限内,对制造、使用、销售(有些国家还包括进口该项专利发明或设计)享有专有权(又称垄断权或独占权)。其他人必须经过专利权人同意才能有上述行为,否则即为侵权。专利期限届满后,专利权即行消灭。任何人皆可无偿地使用该项发明或设计。

一般认为,国家颁布和实施专利法的目的,是促进市场资源向有利于发明创造不断产生的方向前进,推动经济产业的兴旺发展,为此,国家以法律程序赋予发明人一定期限内的垄断权利,同时要求其将发明的内容向全社会公开,以此在提高市场个体进行发明创造的意愿的同时,促进社会整体技术水平的快速积累和发展。关于这一点,我国专利法对立法目的的描述为:"为了保护专利权人的合法权益,鼓励发明创造,推动发明创造的应用,提高创新能力,促进科学技术进步和经济社会发展,制定本法。"

6)《中华人民共和国商标法》(以下简称《商标法》)

《商标法》是确认商标专用权,规定商标注册、使用、转让、保护和管理的法律规范的总称。它的作用主要是加强商标管理、保护商标专用权、促进商品的生产者和经营者保证商品和服务的质量,维护商标的信誉,以保证消费者的利益,促进社会主义市场经济的发展。

《商标法》是调整商标关系的法律规范的总和,即调整商标因注册、使用、管理和保护商标专用权等活动,在国家机关、事业单位、社会团体、个体工商户、公民个人、外国人、外国企业以及商标事务所之间所发生的各种社会关系的法律规范的总和。

14.3.2 新创企业的伦理问题

企业伦理观念是美国 20 世纪 70 年代提出的,近年日本也开始对企业伦理问题进行研究。有人认为,企业是将赚钱作为主要目标的,伦理则是追求的道德规范,企业的经营目标与企业社会责任没有必然联系,甚至是水火不相容的,因此认为企业的经营目标和经营伦理是相矛盾的。其实这不过是表面现象,以追求利润为唯一目标的思维方式是落后于新时代的。在当今时代,如果企业只追求利润而忽视企业伦理,则企业的经营活动会越来越为社会所不容,必定会被时代所淘汰。也就是说,如果在企业经营活动中没有必要的伦理观指导,经营本身也就不能成功。树立企业伦理的观念,体现了重视企业经营活动中人与社会要素的理念。

企业伦理的内容依据主题可以分为对内和对外两部分。内部:劳资伦理、股东伦理、竞争伦理;外部:客户伦理、社会责任、政商伦理。

①劳资伦理:劳资双方树立互信、劳资双方建立和谐关系、领导与管理、职业训练成长(员工素质的提升,包括职前训练与在职训练)。

②股东伦理：由于企业最根本的责任是追求利润，因此企业必须积极经营，谋求更多的利润，借以创造股东更多的权益。清楚严格地划分企业的经营权和所有权，让专业经理人充分发挥、确保企业公司营运自由。

③竞争伦理：不存在削价竞争（恶性竞争）、散播谣言（黑函、恶意中伤）、恶性挖角、窃取商业机密等现象。

④客户伦理：最主要是服务伦理，服务的特质包括无形性、不可分割性、易逝性、异质性。

客户伦理的核心精神：满足顾客的需求才是企业生存的基础。顾客是企业经营的主角，是企业存在的重要价值。

⑤社会责任：企业与社会息息相关，企业无法脱离社会而独立运作。取之于社会、用之于社会。重视社会公益，提升企业形象。谋求企业发展与环境保护之间的平衡。

⑥政商伦理：政府的政策需要企业界的配合与支持，金融是国家经济发展的重要产业之一，因而金融政策更是政府施政的重点，企业不但必须遵守政府相关的法规，更要响应与配合政府的金融政策。

14.4 新创企业选址策略和技巧

14.4.1 新创企业选址原则

1）经营定位、选址

企业选址之前，经营者首先要明确自己的经营范围和经营定位。如果经营日化、副食等快速消费品，就要选择在居民区或社区附近；如果经营家具、电器等耐用消费品，就要选择在交通便利的商业区；服装店、小超市要开在人流量大的地方；而保健用品商店和老人服务中心，就适宜开在偏僻、安静一些的地方。此外，经营者还需考虑自己的目标消费群体，即主要是面向普通大众消费群体，还是面向中高阶层消费群体。总之，就是要选择能够接近较多目标消费群体的地方。

2）趋闹避静

"趋闹避静"就是在选址时，根据公司/店铺的定位，选择人流密集、商业活动频繁的商圈，避免偏僻的环境。所谓"商圈"，就是以公司/店铺坐落点为圆心，向外延伸某一距离，以此距离为半径构成的一个圆形消费圈。交通条件、地理情况、顾客群体的消费特点和顾客的收入状况都是商圈好坏的决定因素。

商圈一般分为3类：成熟的中央商务圈（繁华商圈）、成型的商圈（次商圈）和社区型商圈（边沿性商圈）。第一类是城市的核心商业区域，本地人和外地人都会去，拥有最大的顾客流量；成型的商圈一般是区域性的商务办公楼或开发区，消费群体一般是生活节奏较快、追逐时尚潮流的年轻人；社区型商圈内的主要消费人群则是社区周边居民。

商圈受各种影响的制约，其形态往往呈不规则形状。但从理论上说，商圈结构的3个层次可以用3个大小不等的同心圆来表示,其关键在于确定各层次的半径距离。以位于居民小区的店铺为例,一般以半径500米为主商圈,半径1 000米为次商圈,半径1 500米为第三商圈,步行所需时间分别为8、15、20分钟左右。当然此外也有商圈以外的购买力,如流动购买力、特殊关系购买力等,但所占比重很小。

当然,上述数字只是经验数字,具体落实到每个选址活动,则需要以第一手的居民调查数据作为依据。毕竟经营内容不同,店铺规模不一,其商圈半径也大小不一。

3)实地考察

公司/店铺选址并非按照固有的经验进行就可以一劳永逸,在初步选定开店的地点后,创业者最好亲自到目标所在地实地考察,尽可能多地掌握周围环境的第一手资料。实地考察一般包括以下内容:

①周边社区、小区总人口以及消费群体的变化情况;

②人口构成和密度;

③人口性别结构和婚姻状况;

④所在地消费水平和消费偏好;

⑤顾客流量;

⑥同行业竞争状况;

⑦交通条件;

⑧房东背景。

4)尽量避开交通管制

选择门前适合停放车辆的位置。许多城市为了保障交通顺畅,便于交通管理,在一些主要道路会设置交通管制,例如单向通行、限制车辆种类、限制通行时间,等等。公司/店铺选址应尽量避开这些地方,也尽量不要在道路中间设有隔离栏的道路设址。因为这样不方便对面的人流光顾,即使公司/店铺招牌做得多么显眼,对面的顾客也只能"望之兴叹"。由上面的叙述可知,交通方便是公司/店铺选址条件之一,公司/店铺附近最好有公交车站点,以及为出租车提供的上下车站等。另外,公司/店铺门前或附近有便于停放车辆的停车场或空地更佳,这样会更方便顾客光顾。

5)选择居民集中、人口密集和居民增长较快的地区

人气旺盛的地区基本上有利于开设店铺,尤其是开设超市、便利店、干洗店这样的店铺。另外,城市新开发的地区,刚开始一般居民较少,但如果流动人口较多,在未来几年将有较大发展,有可能成为一个新兴商业圈,加之这些地方租金较低而且可能享受创业优惠政策,也可以成为公司地址的一个不错选择。

6)店铺所在道路的特点和客流的方向与分类

一个街区或一条道路会因交通条件、历史文化、所处位置不同,而形成自己的特点。"酒香也怕巷子深",要选择交通通畅、往来车辆人流较多的街道,避免在犄角旮旯里设址。此外店铺的坐落和朝向也是十分重要的,例如店铺门面应尽量宽阔,面北要注意冬季避风,朝西要注意夏季遮阳等。同样,一条街道的两侧,由于行人的走向习惯,客流量不一定相同,要细

心观察客流的方向,在较多客流的一侧选址。

7) 选择同类店铺聚集的街区,或者选择适合自己店铺的专业市场

"货比三家不吃亏。"顾客总希望他们所购物品在附近有一定的可比性。所以选择同类店铺集中的街区,更容易招揽到目标顾客,尽管这有可能加剧竞争,但相关店铺聚集更有助于提高相同目标消费群的关注。所谓的"成行成市"看重的也就是这种规模效应,例如北京的西单、王府井等。由于人们一想到购买某种商品就会自然而然想起这些地方,因此,选择同类商品中知名度较高的品牌比较集中的商业区,消费者的购买目标更明确,既能够提升店铺的形象,又有助于提高店铺人气。

8) 小城市开大店

我们往往能够准确说出世界上第一长河的名字,而对第二长河的名字不甚了了,这就是所谓的"第一原则"。这种原则在商业运用中同样明显,选址也不例外。我国加入世界贸易组织后,国外的二三线品牌进入内地首占大城市,引起国内市场竞争的巨大变化。而相对于大城市品牌的日渐饱和,小城市在位置争夺中的地位日益凸显。根据"第一原则",在强势品牌进入小城市之前,如果创业者能够把握机会,抢先立足小城市,就等于迈出了接近成功的第一步。同时,小城市还具有租金优势,在投入不变的情况下,小城市选址,能获得更大的经营面积,这样一来可以直观、有效地吸引顾客的注意力;二来入口相对宽敞,顾客更容易进入店内,并且能够滞留较多顾客,成交的机会自然较大。

小城市开大店,践行"第一原则",为经营选址提供了新的思路。那么在大城市中的选址和开店应该运用怎样的策略?答案就是大城市开旗舰店或多开店。同一品牌在同一街区连续开数家分店是现在比较流行的做法,例如石家庄的中山路有6家"真维斯"店铺;天津滨江道有5家"应大"专卖店;"耐克"在长春最旺的一条街有4家分店;贵阳一条街150米之内有两家"肯德基"等。大城市开店遍地开花的策略迎合了大城市的特点和消费者的购物心理;消费者喜欢"货比三家",同一品牌在一条街上连开几家店,就形成了品牌的"大造势",无形中强化了该品牌在消费者心目中的印象,从而增加成交概率。

选址技巧:

根据选址的条件及据此给出的若干建议进行总结,并提出公司/店铺选址的10个窍门。

①根据经营内容选择地址。经营商品种类的不同,对店址选择的要求也不尽相同。有的地址要求设在繁华热闹的地方,有的更适宜设在偏僻安静的地方。

②选接近人们聚集的地点。如影剧院、公园等娱乐场所,或者大工厂、学校、机关附近,这一方面可吸引大量顾客,另一方面也便于顾客记住公司/店铺位置。

③选择人口增加较快的地点。企业、居民区和市政的发展,都可能给公司/店铺带来更多的顾客,使其更具发展潜力。

④选择较少横街或障碍物的道路一边。行人为了安全穿过马路,往往集中精力躲避车辆或其他来往行人,可能忽略一旁的店铺。

⑤选探同类商品集中的地段。长期的经营中,某些街区会自发形成经营某类商品的"集中市场",这种"规模效应"往往会吸引更多顾客。

⑥选择交通便利的地区。在主要车站附近或者顾客步行不超过20分钟路程的街区设

址,观察马路两边行人流量,选择行人较多、有利于经营的一边为佳。

⑦要有"傍大款"意识。即将店铺开在著名连锁店或品牌店的附近甚至它们的旁边,与超市、商厦、饭店、24小时药店、咖啡店、茶艺馆、酒吧、学校、银行、邮局、洗衣店、冲印店、社区服务中心、社区文化体育活动中心等集客力较强的品牌门店和公共场所为邻,往往可以轻松分得一杯"肉羹"。

⑧注意地势与街道走向。东西走向街道最好坐北朝南;南北走向街道最好坐西朝东;尽可能设址于十字路口的西北拐角。另外,坡路上面不宜设址,路面与店铺地面高低不宜差别太大。

⑨选择有广阔空间的位置。空间广阔可以设立独立门面,店门前就会形成独立的广告空间,便于为创业者"发挥"营销智慧提供余地。

⑩选择前景看好的区位。地址选择要有前瞻性,尽可能去发现那些目前未被看好但将来可能由冷变热的街区。

14.4.2　公司/店铺选址的细节

虽然前面已经大致说明了开业选址的清晰思路,但其中还有些细节问题需要单独提出以引起创业者的特别注意。

1) 繁华商圈的次商圈选择

一般而言,繁华商圈以其旺盛的人气、集中的消费成为很多创业者开业选址的首选。但是在创业初期,繁华商圈寸土寸金的昂贵月租或者价格不菲的转让费会让创业者的资金马上捉襟见肘,即便如此,大多繁华商圈位置已被人捷足先登,创业者想取得一席之地并不容易。另外,繁华商圈内大型购物场所经常性地打折、送礼活动会让你的"小本经营"受到严重冲击。

针对这种情况,创业者不妨暂时放弃繁华商圈的诱惑,转向繁华商圈之外的次商圈。这种选择的好处显而易见:首先,节约了大量的店面沉淀资金,可以用于店面装修、货品组织等店内的硬件升级;其次,不为大型购物中心的促销活动所累,可以自由组织合适的促销活动;最后,与繁华商圈距离不远,仍然可以分享繁华商圈的旺盛人气。

2) 偏僻地段要打特色牌

在土地成为稀缺资源的当下,并非每家公司/店铺都需要在黄金地段选址,当然也并非每家公司/店铺都可以在黄金地段选址。能立足繁华商圈的公司/店铺毕竟只是少数,大多数还是要在繁华商圈之外寻找位置。

其实,营业地点的选择只是企业经营的一个方面,经营业绩还与营业内容及客源状况息息相关,各行业都有不同的特性、不同的经营手段。别具特色的精品店、手工艺品店,或者风格雅致、贴心的小餐厅、咖啡店,只要苦心经营,做出品牌,也不一定在乎地点,即使位于郊区或僻静街巷,也必然不乏"寻幽访胜"的雅客眷顾,"酒香不怕巷子深"的俗语还是有一定道理的。

3) 选址的方位与朝向

(1) 方位与走向

①方位情况。东西走向街道最好坐北朝南,南北走向街道最好坐西朝东,尽可能设址于

十字路口的西北拐角方位。

②走向情况。一般而言，人们普遍有右行的习惯，公司/店铺选择进口时应以右为佳。如果街道是东西走向，客流主要从东边过来，东北路口方位最好；如果街道是南北走向，客流主要从南向北流动，选址以东南路口为佳。

③交叉路口情况。交叉路口拐角的位置往往是选址的理想地点，它们在两条街的交叉处，可以产生拐角效应。拐角位置的优点：可以增加橱窗陈列的面积。两条街道的往来人流汇集于此，有较多的过路行人光顾；可以通过两个以上的入口缓和人流的拥挤。由于商店位置面临两条街，选择哪一面作为正门，就成为了一个十分重要的问题。一般的做法是，选择顾客流量大的街道一面作为商店的正门，而顾客流量小的街道一面作为侧门。

（2）朝向

公司尤其是店铺的朝向也非常重要。如果门面朝向南方或者西方，那么在整个夏季里，毒辣的阳光会赶走所有的客人；在人流方向上，最好在人流来向的右手边，因为我国的交通规则，大多数逛街的人会走在自己朝向的右手边，所以很多大型卖场的进口方向右手边的货架陈列费高于左手边。

（3）路面与地势

通常商店地面应与道路处在一个平面上，便于顾客出入。如果商场位置在坡路上或高度相差很多的地段上，那么最重要的就是必须考虑商场的入口、门面、阶梯、招牌的设计等一定要方便顾客，并引人注目。

14.5 新企业生存管理

新企业成立初期应以其生存为首要目标，其特征是主要依靠自有资金创造自由现金流，实行充分调动"所有的人做所有的事"的群体管理，以及"创业者亲自深入运作细节"。

研究者和企业家们都认为，企业应该被作为一个能动的有机体来看待，和所有的有机体一样，企业也有自己的生命周期。诞生、成长、壮大、衰退直至死亡，这是企业命运的里程，一般无可回避。据统计，在10年前的《财富》500强中，将近40%的企业已经销声匿迹；而在30年前的《财富》500强中，60%的企业已经被收购或破产。欧洲以及日本企业的平均寿命为12.5年。国际经理人联合会中国区首席专家，清华大学、中国人民大学客座教授史永翔先生在2005年苏州市举办的"企业效益增长大型经济论坛"上说，中国每一年成立民营企业11万家，而倒闭的却达到10万家之多。

企业存在生命周期，有长有短，想要做到兴旺发达，长久发展，甚或成为"百年老店""长寿企业"，作为企业领导者在一定阶段必然要面临这样的选择——如何根据企业发展状况和阶段，通过对技术、管理的不断创新，深入挖掘现有产业领域里的利润空间，同时找到引导企业继续成长的新产品和服务，不断给企业注入新鲜血液和打造企业的核心竞争能力，促使企业进入良性循环和持续发展的轨道，形成一个具有较强传承性的企业文化与企业品牌，最大限度地避免企业生命周期由兴到衰的宿命,这是每一个创业者在解决创业期的"生存大计",进入企业成长期后必然面临的问题。

企业成长期的持续发展谋求的是长期发展而不只是维持生存。企业在原有规模上运作,从事简单生产,尽管能有效生存却不符合持续发展的要求。持续发展追求的是几代人相传的成功,是百年的基业,是在可预见的未来企业能在更大规模上支配资源,谋求更大的市场份额,不断战胜和超越自我,从而取得良好发展。

企业持续发展可以概括为:企业在生产经营活动中能够适应市场变化,生产与经营规模逐步扩大,企业内部要素不断改善和提高,企业市场竞争能力与盈利能力持续增强,企业最终达到在综合经济效益最佳的生产经营规模下运行。

14.5.1　新创企业的特殊性

在前面章节中我们介绍过大学生新创企业在创业初期的主要任务是求得生存,在市场上站稳脚跟。然而经历了创业期的艰难,进入成长阶段后,表面上看应该是企业成功的再续,处于初创企业走向长青企业的坦途,但一系列的问题和挑战隐藏在其辉煌背后。作为大学生新创企业,此时企业创业初期原有的资源,包括物质、非物质资源都被利用到了极限,接下来的持续发展往往会受到市场、内部管理能力以及资金等多方面的制约,面临诸多障碍。

1) 市场容量的限制

市场是企业得以生存与发展的土壤,大学生创业往往基于创新,包括向消费者推出全新的产品和服务,或对现有产品或服务进行明显改进。一旦企业由此取得初期成功,很快就会有其他的企业跟进,他们或者简单模仿,或者像前面创业的企业家一样改进和创新。可以说,先进入的企业成长速度越快,跟进的企业就越多,企业家就会在更短时间内面临激烈的竞争,信息社会和市场开放使这种规律更加明显。

众多竞争对手的加入使顾客及供应商有了更多的选择,迫使成长中的新创企业不得不调整市场战略以赢得新顾客和维持已有顾客,快速进行地域扩张;同时对企业自身,新创企业普遍是在行业内的细分市场创业与经营。随着企业规模的扩大,初期的目标市场容量将无法支撑企业快速发展的需求,企业也必须寻求扩张。而地域扩张必然会受到各地文化、法律和市场环境的影响。这些情况都增加了企业活动所面临的不确定性,进而使企业面临的经营环境变得更加复杂。如果企业家不能很好地解决这些问题,那么市场的局限性就会变得明显,最终像一堵墙一样阻碍企业继续扩张和成长。

2) 管理能力的制约

进入成长关键期的大学生新创企业,市场开始逐渐扩张,部门增多,规模扩大,企业的生产人员和销售人员也大量增加。靠创业者个人或几个人维持企业运行的粗放式,或友谊加亲情式的管理模式已经不能再适应企业的发展。最初的人力资源开始枯竭,短期内这种缺乏可能会被企业快速增长的收入所掩盖。但由于专业管理人员的缺失而导致创业者长时间埋头处理日常业务,无暇顾及公司的长期发展,事事亲力亲为又使得其他管理人员甚至所有雇员都将其当作"超人",因此形成对其过度依赖。如果这时创业者未及时形成规范专业的人力资源管理制度,招募专业管理人士,对员工不能实施合理有效的绩效考核,那么企业成长过程中维持其持续发展的人力资源将难以满足需要,其管理能力将对发展形成制约。

3) 后续资金的缺乏

企业成长除了人力资源外,如何获得资金也十分重要。大学生创业初期鉴于学生身份和相关国家政策的倾向,融资渠道相对较多。一旦创业成功,生存下来,创业者的能力得到认可。按理说,此时应该能获得更多的社会资源,但事实并不如愿。原因有二:第一,新创企业自身缺陷导致融资困难。据调查,大部分新创企业在度过生存期的挣扎之后,往往还没有建立起规范完善的现代企业管理制度,财务管理混乱,财务制度不健全,现金流较易发生危机,财务账表数据缺乏可信度,使风投或银行对其实施投资的信用降低。第二,挖到第一桶金之后,创业者止步于初期成就,对企业持续发展没有良好规划,企业核心竞争力不明显,无法再用创业之初的市场稀缺创意和独家产品来吸引继续投资。

14.5.2 新创企业发展管理的技巧和策略

1) 新创企业战略确立

战略就是选择做什么的艺术,"做什么"与"不做什么"是战略讨论的主题。对新创企业的进一步发展来说,资金资源、人力资源、客户资源甚至市场资源都相对匮乏,这种资源上的匮乏使新创企业应该更加集中自己的力量。同时,新创企业在方向上更加不能犯错误,与大型企业相比,新创企业抵御方向性错误的能力更弱。大企业可以犯错失良机的失误,也可以有投资失利的错误。但是新创企业的任何一次方向性的错误都会导致企业生命的结束。故此,新创企业更需要明确的方向和清晰的目标引领前进的道路。

以大学生为创业主体的企业领导者的注意力往往更容易集中在客户、外部环境等战略要素方面,没有大型企业工作经验的学生创业,常常由于缺乏必要的商业经验与技能,使他们不能迅速完成对企业整体经营的思考。在这种情况下,系统正规的战略思考过程对创业者的帮助是巨大的,创业者能够在不断与投资人、合作伙伴、客户等利益相关者探讨公司未来发展方向的过程中形成相对完整的思路。

在创业初期,直觉、天才、运气等具有神秘主义色彩的元素都可能会帮助创业者清晰经营策略。从某种意义上说,当我们的新创企业进入发展阶段,正是思考战略的开始。因为许多创业者始终没有形成完整的经营思路,所以,要么将公司带向了毁灭,要么只能把公司的控制权拱手让人。例如:著名的思科公司的创始人是一对恋人,这对恋人创建了思科公司并发明了该公司的主要产品。虽然这项发明为公司的迅速成长带来了源源不断的订单,也为公司带来了投资和品牌,但始终没有为这两位创始人带来如何有效经营公司的整体思路,最终两人失去了企业的控制权并离开了他们亲手创建的思科公司。

大学生新创企业可能的战略选择有以下几个:

(1) 模仿战略

此战略是通过模仿竞争者提供的产品或服务,以学习模仿的形式来实施追随策略达到借力省力的目的。有的企业还进一步挖掘新兴市场中产品或服务存在的缺陷,以改进完善后的产品或服务来超越被模仿者。松下幸之助曾经说过,他成功的秘诀是六个字:"只改进,不创新。"作为大学生新创企业,在企业各种资源相对缺少,技术能力有限的条件下,可以采用直接模仿其他成功企业的技术、产品甚至营销手段等。企业经过一段时间的发展,具备相当的研发能力之后,可以在原有产品的基础上选择新的目标市场或新的创新产品。通过创新,为这些市场提供附加价值,以稳固市场地位。

（2）依附战略

依附战略是依附其他名牌的聚集效应,通过各种方法与同行中的知名品牌建立一种内在联系,使产品和品牌迅速进入消费者的视野,借助知名企业扩大影响力。比如新创企业可以公开表明甘居第二,明确承认同类产品中另有最负盛名的品牌,这样可以形成谦虚诚恳的公司形象,在某种意义上迎合了消费者同情弱者的心理,同时用已有品牌的名牌效应等无形价值来影响本企业的经营效果,树立在消费者心目中的品牌认同感。

例如,新上市的国有汽车品牌吉利熊猫以及蒙牛都采用过这样的战略。

（3）差异化战略

差异化战略是针对那些供求平衡或者供大于求的产品或服务,可以从产品性能的某一方面或经营过程某一环节的深入开发,开发出有别于竞争对手的稀缺产品或服务,从而建立差异化的竞争优势,获得超额利润。

（4）聚焦战略

聚焦战略是从竞争态势和全局出发进行专一化,把有限的人力、财力、物力、领导的关注力、企业的潜在能力等聚焦在某一方面,力求从某一局面、某一专业、某一行业进行渗透和突破,形成和凸显企业自身优势,争取企业在竞争中的主动性和有利形势。它是一种避免全面出击,平均使用力量的发展战略,更是一种进行市场和产品的深度开发,促使企业获取超额利润的竞争战略。对大学生新创企业,通过聚焦战略加强对独特的技术和产品的抢先与投入,能够在专门技术或服务领域获得控制地位,并保持这个地位。将有限的资源投入收效最快的领域,避免与资源雄厚的大型企业正面竞争,从而为稚嫩的新创企业组织创造相对宽松的发展环境。

当然,采取聚焦战略并想保持对聚焦领域的控制和领先地位,一定要在新行业、新客户、新市场或新趋势刚开始形成之际,同时要拥有独特且不易模仿的技术。最关键的是企业必须不断创新,不断超越自己,改进技术,保持领先和优势。

2）企业市场拓展

企业的持续发展,表现为企业活动若干要素的发展。从所有人的角度讲,企业应当持续盈利（或一段时期内总体盈利）；从雇员的角度讲,企业应当保持和扩大雇用的规模；从供应商的角度讲,企业应当不断提出新的订单；从政府的角度讲,企业应当不断地纳税；而从顾客的角度讲,企业应当持续地供应符合市场数量需求和价格需求的产品与服务。在所有上述表现中,最为基本的应当是企业源源不断地提供适应市场需要和变化的产品。对正在发展中的企业,扩大市场占有率成为主要驱动力。

第一矩阵:市场渗透。企业主要分析现有市场对现有产品的需求是否得到了最大满足,有没有渗透机会。如果有,企业就需要采取相应的市场渗透策略,就是企业设法在现有市场上提高现有产品的市场份额。企业要首先确定市场领域,分析市场吸引力和企业在市场上的竞争优势,继而依据分析结论逐步实施市场渗透的内部扩张战略。这主要有3种方法:一是尽力鼓励现有顾客多购买本企业的产品或服务；二是设法将购买竞争者产品的顾客吸引到购买自己的产品上来；三是说服没有用过本企业产品的人使用本企业的产品。这种策略的实施办法是变动价格或者进行促销，这种扩张战略适用于那些其产品处于生命周期的成长阶段或成熟阶段、市场份额较小的企业。

第二矩阵：市场开发。这主要是现有产品和新市场组合的市场开发战略。在这一矩阵中，主要考察在其他市场（新市场）是否存在对企业现有产品的需求。这里所说的新市场，是指包括其他消费群体、其他地理区域的市场在内的企业还未进入的所有市场。如果在其他市场上存在对企业现有产品的需求，这就是一种商业机会，企业就应该采取市场开发战略。

第三矩阵：产品开发。这主要分析现有市场上是否有其他未被满足的需求存在。如果有，经过分析和评价，这种商业机会适合企业的目标与能力，企业就要开发出新产品满足这种需求，这种策略就是产品开发策略。比如某制伞企业，在满足大众的普通用伞需求之外，可以考虑女性上班族对方便携带型伞的性能要求给予产品改善，针对残障人士的具有导盲功能的伞具开发等。

企业在开发新产品时可采取以下方式：独立研制、技术引进或者协作开发。作为大学生创业型企业，可利用自己的特殊优势，采用由企业、高等院校或科研机构协作进行新产品开发的方式，这种协作开发方式成本相对较低，但往往有较好的市场效果，并且有助企业提高产品研发能力，是值得考虑的方式。

第四矩阵：多元化战略。这主要分析新的市场中存在哪些未被满足的新需求。如果经过分析和评价后，发现这些大多属于企业原有经营范围之外，企业就应该采取相应的多元化战略。企业在实施多元化战略时必须充分考虑内外部资源条件，多元化战略往往会引起企业定义的改变，对处于扩张期的新创企业，采取多元化经营需要注意以下几个问题：

①多元化战略的实施时机。在企业规模较小而产品及市场都在不断增长的情况下，不宜采用多元化战略，而应集中资本扩大生产原有产品。在这个时机采取多元化战略是明智的。

②多元化的方式。企业的领导者必须深入研究本企业在何种领域采取何种多元化战略，实施到何种程度才能最大限度地发挥企业潜力，并使资源达到充分利用。多元化程度低，管理相对简单；多元化程度高，管理难度加大，甚至可能超过现有管理水平。因此，不能盲目决策。

③处理好专业化与多元化的关系。企业应分析实施专业化战略或多元化战略后企业的竞争优势如何、市场竞争对手的反应如何，从中找出适合本企业实际情况的战略。

大学生新创企业往往市场细分程度较高，增长空间有限，一旦市场格局发生变化之后会有较大风险。这些新创企业习惯性的举动不仅是多元化扩张，而且通常是什么赚钱就做什么，快速地把企业规模做大。这种多元化扩张涉足的主业通常与他们以前从事的主业没有关系，因为缺乏相关领域的经验，这种"非相关多元化"的扩张通常以失败告终，所以，"多元化"的发展阶段对创业者来说具有战略意义。随着全球化分工的重新布局，中国正在涌现出越来越多的"隐形冠军"，其中大多数是中小企业，虽名不见经传，却在各自的领域里占有极高的市场份额。它们并不倾慕大企业的荣耀，却自得于自己的"小而强"，而把它作为自己更

"强大"的必要前提和发展观。德国管理大师赫尔曼·西蒙将其赞誉为"隐形冠军"。亚洲最大的书写工具制造商贝发文具、中国最大的制伞企业天堂伞公司,这些并非家喻户晓的品牌却在某一个细分市场占据绝对的领导地位。它们获得市场领导地位的方法通常来源于专注、创新和差异化,往往集中全部资源,关注技术和产品的创新,"在小产品上做大文章"。

3) 企业机制完善

大学生新创企业进入持续发展阶段,其突出矛盾部分反映在生产资源的突然性增加,销售市场和销售额的爆炸性扩大。但同时,企业的管理、组织、机构和制度仍然滞后于增长前水平,这时企业就如同一个儿童拥有一副成年人的身材,出现了极度的不适应。在这个时候,企业要达到持续发展,自身组织就应该是个有机体,从制度化角度讲,这种有机体取决于动力机制的如何构建与保持。企业机制,可以理解为企业如何运作的制度安排,如组织管理机制、企业育人机制、产品研发机制等。

(1) 组织管理机制

一个企业选择不同的管理体制,决定其会设置不同的组织机构和运行规则,将会有不同的运行效果。选择符合企业发展需要的管理体制,进行详细调查分析,并系统归纳企业的优势与劣势和现有管理体制存在的问题,并在此基础上进行选择。

①集权管理体制。

集权管理体制是企业将人、财、物、产、供、销、运等管理权限全部进行统一管理。企业总部既是投资中心,又是利润中心,而其所属各部门仅是成本中心或费用中心,其组织结构形式往往用"直线职能制"。这种体制适用于规模比较小,或是产品比较单一的、专业化组织生产的企业。由于其政令通畅,资源利用充分,因而是比较好的一种管理体制。但是对规模比较大、产品构成多样、生产组织复杂的企业,如采用集权管理体制,不易发挥甚至束缚下级部门的积极性,影响工作效率的提高。

②分权管理体制。

分权管理体制是企业将人、财、物、产、供、销、运等管理权限中一部分权力,甚至某个方面的全部权力,授予下属业务部门,充分发挥两个或多个业务部门的积极性,同时对其保持必要的控制。企业的分权管理体制一般有总厂、分厂制,总公司、分公司制,母公司、子公司制等基本形式,还有总厂、分厂和分公司制,母公司、分公司和子公司制等混合形式。

③矩阵结构管理体制。

矩阵结构管理体制实质上是在同一个组织中按专业技术划分部门和按产品或工程项目划分部门相结合的组织形式。平时员工根据自己专业特点分别归到相应的专业部门进行正常的人事管理。当有任务的时候,先由总经理任命项目经理,再由项目经理根据任务从有关专业部门抽调合适的专业人员,共同组成项目部门来完成该项目。当该项目完成之后,所有的人员全部回到原来所在的专业部门,等待接受新的项目任务。这种管理体制已被广泛地用于主要从事研究开发、工程建设等领域的企业中。

前面把集权制与分权制独立开来分别进行了考察,其实,两者的独立性是相对的,绝对的集权制与分权制是不存在的,当企业发展到一定阶段,企业组织管理机制中的集权与分权界限会相对模糊,形成另外一种新型的组织管理模式。

美国通用电气公司是超大型的跨国公司,它采取了较灵活的集权和分权相结合的"全球中心体制"。

在实际的企业管理工作中,要根据企业实际情况对什么权该集、什么权该分作明确的界定,并切实地遵循。否则不仅不能获得效益,反而会引起更大的混乱。

(2)企业育人机制

企业是由其子系统(各部门)及其细胞(员工)所构成的。对于企业如何减少阻力从而加快发展速度,柳传志作了一个生动形象的比喻。他说人要跑得快,有两种办法:一是前面有堆金垛子,谁跑得快,谁就拿得多,这是动力(物质奖励、精神荣誉);二是后面有老虎追,谁跑得慢,谁就会被老虎吃掉,这是压力(员工新陈代谢、精神惩罚),企业要动力与压力共同起作用才行。

一个企业,不管其目标定得如何崇高与远大,毫无疑问,它首先是一个利益集合体,必须要用利益来驱动。利益驱动机制包括基层员工的层面,也包括高中层管理者的层面。从动力的维度来讲,绩效机制要能给基层员工切实带来利益,高中层管理者要给员工创造与维护一个公平、公正、合理的职场环境,这样员工才能有动力,信心百倍,干劲十足。从压力的维度来讲,企业中长期发展方面,创业者必须了解、掌控外部大环境的走势,把握时机,要制订出企业的中长期发展战略,给出中长期发展战略目标,给企业高管以压力。企业短期(如年度)发展方面,领导者要制订一个切实可行的年度经营战略,给出年度战略目标,并把这个目标层层分解到部门落实到员工身上。从自由行动力的维度来讲,高层管理者、中层部门领导直至基层员工,必须具备一定的职业道德与专业技术技能,来实现既定的战略目标,为企业排忧解难。而职业道德与专业技术技能的培养,离不开企业的培训体系。

随着企业经营的稳定,企业进入规范化管理阶段。这一时期企业领导者不再直接从事人力资源管理的专业职能活动,人力资源管理应该开始有比较正式的政策和工作程序。人力资源管理制度开始健全,开始引进更先进的程序和系统。例如,更成熟的招聘和竞选方法,制订职业生涯管理计划、培训计划,组织发展和规范的报酬体系,建立完善的绩效管理体系,对基层进行有效的监督,以保证基层行为的规范性。在员工关系方面,优先工作是保持和睦相处,保持员工工作的动机与职业道德。

(3)产品研发机制

这里的产品研发指的是企业技术创新,企业技术创新是指企业把新技术创造性地应用于生产经营活动,并获得预期的经济效益和社会效益的过程。企业是技术创新的主体,也是推动技术进步和高新技术产业化的主力军。由于科学技术发展的日新月异,技术的生命周期也会越来越短。对企业来说,就必须不断地用新技术代替老技术,否则,企业同样难以生存。因此技术的不断创新就成为了企业持续发展的核心。

企业的技术创新首先需要解决的是创新战略的选择,主要包括领先创新、模仿创新和合作创新战略。它是解决技术创新的基本原则、主要目标、主要规划等一些带有全局性、长远性和方向性的问题。其中,领先创新战略的难度较大,要求企业有很强的研发能力和大量的研发投入,还需要有很强的市场营销能力与之相适应。对一般企业来说,选择这样的战略比较困难。相比之下,模仿创新就显示出相对优势。模仿创新是对率先进入市场的产品进行再创新,也就是指企业通过学习和模仿创新者的创新思路和行为进行技术创新。其优势在于回避了探索的风险以及降低了市场开发的风险。然而,模仿最大的缺陷就是在技术上终究受制于人,难以在市场竞争中占据主动地位。因此合作创新模式也就成为技术创新发展的一种趋势。合作创新是建立一种技术联盟,是继技术协作、技术联合活动之后最高层次的一种技术合作活动。对中小企业而言,如果在技术创新的激烈竞争中不通过战略联盟的方式进行协同创新,那么企业将很容易就失去竞争优势。

技术创新不能脱离市场需求而追求所谓的技术领先,而必须以市场需求为导向。技术创新涉及从新创意到技术开发、产品研制、生产制造、市场营销以及服务的全过程。如果不以市场为导向,就会由于技术创新的失误而给企业带来巨大损失。因此,企业的技术创新在提高效益的同时又潜藏着很大的风险。

曾经的世界 PC 巨头康柏公司(2002 年已被惠普并购)创始人计算机专家罗德·凯宁在公司创办之初就致力于产品的高质量和可靠性,康柏的 PC 装箱可以从 3 层楼上掉下而不出问题。康柏在设计制造计算机和工作终端时追求的是世界第一的技术性能,而不是生产效率与成本控制。只要是科研需要,即使十几万美元的仪器设备,科研人员也可以自主决定购买。康柏公司的不成文准则是:让财务人员下地狱见鬼去,我们要的是顶尖产品。这种对产品与技术的疯狂很大程度上来源于创业者罗德·凯宁的技术偏好与天分。而在之后,计算机制造技术日益成熟,行业价值链的竞争要素从研发逐渐转向生产和销售环节。技术出身的康柏却不愿意相信计算机会变得像普通家电那样普及,也不相信"高技术、高价格"的高档计算机会没有足够的市场。最终一个曾经傲视群雄的著名品牌因为无视市场需求,只偏执于自己的技术开发乐趣而不得不以被收购的结局收场。

王老吉作为凉茶大王,也被尊为凉茶的始祖,在经历了岁月的沧桑和无数次的沉浮之后,成为了最著名的老字号品牌之一。虽然只是小小一杯凉茶,但正因为王氏家族对自身企业产品在市场适应性方面的不断追求,对产品种类的不断开发,才有了今天的地位。王老吉从最初的草药凉茶铺,到开发便携式袋装凉茶,经历了一个漫长的过程。企业领导者始终顺应社会和市场的需要,研制健康饮品系列,推出各种灌装茶饮料,如适合普通大众的"王老吉清凉茶""王老吉菊花茶"和适合小孩饮用的"王老吉盒仔甘和茶",都颇受欢迎。后来新创制的产品还有"干葛竹蔗汁""川贝枇杷蜜"等,填补了药性茶饮料中的空白领域。王氏家族对企业产品以市场需求为导向不断创新,使这个名号焕发出更加迷人的光彩。

4) 企业文化的建设

企业文化的概念源自欧美国家,是欧美国家在治理企业的过程中,超越管理体系和制度时运用的一种手段。其核心内容是一个企业在长期生产经营过程中形成的价值观念、经营理念、团体意识和行为规范的总和,是企业的整体价值观念或主流价值观念。这种观念的形成,决定了企业中大部分员工或经理认同什么,追求什么,从而容易产生一种"共同愿景"。翻翻国内外那些"百年老店"和重量级大企业的历史,不难发现它们都具有自己独特的优秀企业文化。

真正的企业文化就是一种企业氛围。好的企业,其内部氛围能让每个员工都热爱企业,愿意为企业奉献,这就是好的企业文化。当一个企业处在高速成长期,员工感受到企业的发展,共享成功的硕果,对未来充满希望的时候,企业员工都会由衷地表现出对企业的热爱。这个阶段,企业制度、企业文化对企业都不会显得那么重要;而当企业进入成熟期,甚至出现危机的时候,除了企业拥有完善的管理体系、管理机制之外,企业文化往往会起着至关重要的作用。它使组织成员不仅注重自我利益,更考虑组织利益,有助于增强企业系统的稳定性。同时,企业文化作为一种融合剂,通过为企业成员提供言行举止的标准,引导和塑造员工的态度和行为,而把整个组织聚合起来。

塑造企业文化,就是要总结提炼出自己的核心价值理念,明确自己企业的灵魂所在,最终用来指导企业做什么、怎么做,指导员工怎么做、怎么想,让这个灵魂发出"无声"的命令,发出心灵的呼唤,发挥无形的导向作用。建立并积极宣传员工行为规范,使公司内部的沟通和协调更容易实现,增强企业内部的凝聚力,提高整个企业的工作效率及工作质量。成立各种业余活动协会并组织多种业余活动,例如登山协会、乒乓球协会、足球协会、篮球协会等业余活动组织,丰富员工的生活,加深大家的了解、增进大家的友谊及团队精神。举办各种技能比赛,真正关心下属等。

"我认为,一个企业真正有价值、有魅力、能够流传下来的东西,不是产品,而是它的文化。"这是清华紫光总裁张本正关于企业文化的理解。他从教授到公司总裁,将清华紫光从资产20万元发展到20亿元,从一个校办小企业经营到21个事业部、9家子公司、3个合资企业的高科技大集团。他认为企业文化就是经营者要办成一个什么样的公司的宣言,对外是公司的一面旗帜,对内是一种向心力。清华紫光的企业文化概括起来是四"大":大事业的追求、大舞台的胸怀、大舰队的体制、大家庭的感受。"大事业的追求"即加入清华紫光的人必须有一个思想:我们要干的不是个人发财,满足于一点小事,而是要干一番大事业,也要与清华紫光的发展相匹配。清华紫光能给你的是干一番事业的机会,开始创业阶段一定会很穷,但是泥饭碗也可以做大,做成金饭碗,只想混口饭吃的人绝对不适合待在清华紫光。"大舞台的胸怀"是有针对性的。由于清华紫光创业之初是采取广泛撒网,重点培养以求"东方不亮西方亮"。因此这种"摸着石头过河"的策略在创业之初是有效的。但是随着公司的发展和壮大,这种不能集中优势兵力,统一规划,握紧拳头的做法不适合公司的发展,故而我们倡导要有大舞台的胸怀。同时,"大舞台的胸怀"对外倡导一种良性竞争,不搞恶意竞争。聪明的企业家应该把精力放在追求技术的不断更新,转向开发更专业化、尖端化、个性化的高档产品上来,这也体现了清华校训"自强不息,厚德载物"的包容性。"大舰队的体制"是由高科技行业特性所决定的。高科技产品要满足人们需求的多样化、个性化,经常更新换代,就需要不断调整产业结构。过去传统工业的"大船结构"显然不符合要求了。而"大舰队"的柔性结构则可以随时增加或剔除"小船",每艘"小船"好调头,这样就能保持活力,增加抗风险的能力。而"大家庭的感受"则是力求使每个"紫光人"都把企业当作自己的家。清华紫光始终认为人才是企业之本。那么,员工最需要什么,清华紫光就力求给他什么。张本正之所以这么强调企业文化,也正是因为希望企业文化能够起到抵御不良风气对企业机体的侵蚀的作用,能使企业有更强大的生命力。

14.5.3 新创企业的风险防范与管理

1) 创业风险的类型

(1) 技术风险

技术风险是指在企业产品创新过程中,因技术因素导致创新失败的可能性。导致技术风险的主要原因有技术成功的不确定性、技术前景的不确定性、技术效果的不确定性和技术寿命的不确定性。

(2) 市场风险

市场风险主要是因市场因素不确定而导致创业失败的可能性。导致市场风险的主要原因有市场需求量的变化性、市场接受时间改变性、市场价格的非承受力性和企业市场战略不正确性。

(3) 资金风险

资金风险是指资金不能适时供应而导致创业失败的可能性。在资金风险中,一个不可忽视的因素是通货膨胀问题。当发生通货膨胀的时候,政府一般会采取紧缩银根的金融政策,致使利率上升,贷款成本随之增加,或难以得到贷款,导致"转化"资金流失甚至中断。同时,通货膨胀出现后,会拉动"转化"过程中所使用的材料、设备等成本的上升,使资金入不敷出。如果资金来源是国内外的风险投资公司,那么通货膨胀引起的股市和汇率的波动,也会使投资者承担一定的资金风险。

(4) 管理风险

管理风险的大小主要由下列因素决定:管理者素质、决策风险和组织风险。

管理风险是指创业企业的组织结构不合理所带来的风险。创业企业的迅速发展如果不伴随着组织结构的相应调整,往往就会成为创业企业潜在危机的根源。因此,对新创企业,创业者从一开始就应该注意组织结构的设计、调整,人力资源的甄选、考评,薪酬的设计及学习与培训等方面的管理。从创业始就需要建立健全各项规章制度,并开始建设起企业文化。

(5) 环境风险

环境风险是指一项高技术产品创新活动由于所处的社会、政治、政策、法律环境变化或由于意外灾难的发生而造成失败的可能性。因此,高技术产品创新,必须重视环境风险的分析和预测,把环境风险减到最低限度。

2) 创业中常见风险

(1) 资金短缺

只有提供足够的现金,企业才能生存。没有必需的现金,必将影响企业的盈利能力和偿债能力,从而影响企业的信用等级和资金周转,甚至资不抵债,走向破产。

(2) 盲目跟风

有些创业者在确定经营方向时盲目跟风,哪行赚钱就做哪行,对市场上冒出的暂时需求匆忙作出反应。然而,市场运作有其自然周期,"一窝蜂"热潮有时意味着"恶性竞争"即将来临。

（3）计划不明

凡事预则立,不预则废。机遇向来垂青有准备的人;同样,失败之神也很少放过那些胸无成竹的人。计划不明就意味着盲目。如果一个盲目的人成功了,那么只能说是歪打正着,是一种偶然的幸运,绝不能作为成功经验来效仿。

（4）仓促上阵

首先是低估了创业起步阶段所需要的时间。一家公司,从无到有,从小到大,往往需要一个较长的艰难时期。而在这一较长的时期内,创业者的公司只会投入,而不会有太多盈利。

其次是创业缺乏"地利"。中国人办任何事情都讲究"天时、地利、人和"。如果把"地利"狭义地理解为选择自营企业的所在地的话,那么它在创业者的创业中所起的作用就十分重要了。选择自营企业的所在地是一门学问,创业者在选择时,房屋的租金、社区的环境、与目标顾客群的地理关系、与供应商的地理关系等,这些问题都应在考虑的范围之内。这些问题选择的原则是与企业的形象、业务范围相匹配。

最后是缺乏创业经验。创业有许多需要学习的知识,也需要有丰富的管理经验。创业者自我感觉太好,很可能会犯一些低级错误,有时这些低级错误会成为致命的错误。

（5）目标游离

人的精力有限,当创业者像走马灯一样频繁更换目标是无效的,这时需要坐下来,调整思绪,然后梳理自己的目标。

（6）遇难而退

任何成功的创业者都必须具备坚韧不拔的创业精神,这是成功的必要条件。一些失败的创业者之所以失败,正是因为缺乏创业精神。不怕苦、不怕累、不怕失败,勇往直前,不达目的绝不罢休,这就是创业精神。没有创业精神的创业者,在一些困难和挫折面前,就会心灰意冷,停滞不前。很难相信,一个没有创业精神的创业者能取得成功。

（7）个人英雄主义

成功创业者的价值被社会公众所承认,其能力也被高度肯定,个人自信心也快速提升。若不能正确看待个人的作用,自我意识极度膨胀,渐渐丢掉创业时期的风险感和谨慎心理,其直接后果就是创业的失败。

（8）管理危机

管理是一门艺术,也是一门学问。许多企业之所以失败,是因为缺乏经营管理方面的知识与技能。如果创业者选错了助手,或者任命了不称职的人担任公司的销售主管,那么就可能使公司走入困境。另外,如果创业者认为公司是自己的就没必要天天记账,那么就会造成财务状况混乱,导致创业者对自己公司的经营状况、财务状况一点也不了解,这样也会使创业失败。

（9）缺乏创新

创业过程就是不断创造与创新的过程,创新是企业的唯一生命线,失去创新,企业将停滞不前,甚至衰亡。

3) 创业风险规避

在创业过程中存在风险是正常的,只要想办法把风险降低,一切困难就会过去。方法总比困难多,遇到困难,我们要理性地去面对,找到解决困难的办法,回避是不可行的。

预防创业风险的"八字诀":分析、评估、预防、转嫁。

学会分析风险。创业者对每一经营环节都要学会分析风险,做什么都不能满打满算,要留有余地,对可能出现的风险要有明确的认识。

善于评估风险。通过分析、预测评估各种风险所带来的负面影响。

积极预防风险。事先设计各种可能风险的补救措施预案,并加强自我诊断。同时,建设可量化的预替指标,重视非量化的预警信号。

设法转嫁风险。风险虽不可避免,但可以转嫁。例如财产投保就是转嫁投资意外事故风险;以租赁代替购买设备是转嫁投资风险。虽然个人独资承担无限责任,但是几个人共同投资,就是有限责任,这也能分散风险。

规避风险有"九招"。

第一,以变制胜。所谓"适者生存",强调的就是"变",经营者要适应外部环境的变化,随时做出调整。

第二,出其不意,攻其不备。其核心是一个"奇"字,用出奇的产品、出奇的经营理念、出奇的经营方式和服务方式去战胜竞争对手。

第三,以快制胜。机不可失,时不再来,比对手快一分就能多一分机会。对什么都慢慢来,四平八稳、左顾右盼的人必然会被市场淘汰。胜利属于那些争分夺秒、当机立断者。

第四,后发制人。从制胜策略看,后发制人比先发制人更好,可以更多地吸收别人的经验,时机抓得更准,制胜把握更大。

第五,集中优势,重点突破。这一策略特别适用于小企业,因为小企业人力、物力、财力比较弱。如果不把有限的力量集中起来就很难取胜。

第六,趋利避害,扬长避短。经营什么产品,选择什么样的市场,都要仔细掂量,发挥自己的优势。干应该干的,干可以干的,有所为,有所不为。

第七,迂回取胜。企业与人竞争不能搞正面战、搞阵地战,而应当搞迂回战,干别人不敢干的,干别人不愿干的。

第八,积少成多,积微制胜。"积少成多"是一种谋略,一个有作为的经营者要用"滴水穿石""聚石成山"的精神去争取每一次胜利。轻微利、迫暴利的经营者未必一定成功。

第九,以廉制胜。"薄利多销"是不少经营者善于采用的一种经营策略。"薄利多销"的前提是能多销,"薄利少销"则是不可取的。

[思考题]

1. 企业的法律组织形式有哪些?

2. 新创企业的融资形式和策略有哪些?

3.企业文化有哪些特点?

4.企业如何成长和创新?

5.企业为何融资及融资类型有哪些?

6.创业营销组合与渠道有哪些?

7.创业风险类型及如何规避风险?

第3编
就业指导

第15章 大学生就业指导概述

15.1 就业的含义与基本特征

15.1.1 就业的含义

所谓就业,是指劳动者和生产资料相结合,从事合法的社会劳动,创造一定的经济价值和社会价值,并以此来获得劳动报酬或经济收入的经济活动。就业应该具备以下4个基本条件:

1) 劳动者的就业年龄必须符合法律规定

《中华人民共和国劳动法》第十五条规定:禁止用人单位招用未满十六周岁的未成年人。文艺、体育和特种工艺单位招用未满十六周岁的未成年人,必须依照国家有关规定,履行审批手续,并保障其接受义务教育的权利。如果劳动者的年龄小于法定年龄,即使从事了有报酬的社会劳动,也不能视为就业。

2) 劳动者从事的是社会劳动并且得到社会承认

家庭主妇和保姆虽然从事同样的劳动,但保姆是一种职业,保姆的活动是就业,而家庭主妇却不是。虽然保姆的劳动是社会分工的结果,是一种社会劳动,但家庭主妇的劳动却不是社会劳动,没有得到社会的承认。体育运动一般只是个人的爱好,也不是就业。但是如果成为职业运动员的话,就属于就业了。

3) 所从事的劳动必须有劳动报酬或者经济收入

如果劳动者从事的是不以获得收入或盈利为目的的公益劳动,就不是就业。例如志愿者从事的志愿服务是利用自己的时间、技能、资源、善心为邻居、社区、社会提供非盈利、无偿、非职业化援助的行为。由于这种服务是无偿的,因此这种服务不属于就业。奉献精神是志愿服务精神的精髓。志愿者通过参与志愿服务,使自己的能力得到提高,同时也促进了社会的进步。

4) 所从事的社会劳动必须具有合法性

如果所从事的劳动是违法行为,如制造、销售假冒伪劣商品,虽然这些活动能给制造、销售假冒伪劣商品的人带来收入,从事的也是社会劳动,但因为不合法,所以也不属于就业。

15.1.2　就业的基本特征

1）社会性

一般来说,劳动者和生产资料是构成就业的两个基本要素。就业是劳动者与生产资料在一定的生产关系中实现的,所以就业要受到生产关系及社会关系的推动和制约,总是同社会的现状和发展密切相关。从这个条件看,从事自己家的家务劳动,就不是就业。同时,就业作为个人参与社会活动的一种主要方式,必须从事满足他人和社会需要的有效劳动,才能得到社会的承认,单就体育运动而言,如果只是个人的爱好,就不是就业,但如果成为运动员,得到了社会的承认,就是就业。大学毕业生走上工作岗位,一方面为社会创造财富,满足社会某种需要,促进社会的发展;另一方面,社会的发展也为大学生的就业创造了条件,提供了契机。

2）经济性

就业活动,对社会来讲,宏观上要求尽可能充分合理地利用社会劳动力资源和生产资料资源,实现二者的最佳结合,以生产出尽可能多的物质财富和精神财富,推动经济发展,促进社会进步。对劳动者个人而言,就业不仅是实现自身社会价值的基本手段,而且是获得物质生活资料、维持生存和改善生活质量的主要途径。经济性可以说是就业的物质属性,对大部分人来说,就业的直接目的就是满足物质和文化生活的需要,提高生活水平,改善劳动力再生产条件的需要。从这点来说,无酬劳动,如在学校学习的学生所从事的劳动(学习)就不是就业。

3）变动性和相对稳定性

随着生产力的发展越来越快,社会分工的不断发展,劳动者就业岗位的变换亦越来越频繁。社会的经济结构、产业结构的调整会直接影响就业结构的变化,使劳动者容易从一个岗位转向另一个岗位,从一个部门流向另一个部门。但是,不同劳动资料与劳动对象相结合的劳动就业岗位,对劳动者的文化技术水平有着不同的要求。要提高这两者结合的效益,就要不断地提高劳动者的素质,并使劳动者尽可能地稳定在一定的就业岗位上,从而发展成职业的追求。也就是说,就业本身具有一定的相对稳定性,必须是较长时间连续进行某项活动。这一点上,就业与工作有不同的含义,工作可以指临时或短时间内的劳动活动,如学生在寒暑假或周末,从事家教或临时工,可以说他们找到了一份工作,但这是暂时性、临时性的,故不能称为就业。从大学生就业的角度讲,是指完成学业的大学毕业生,根据国家有关政策,按照一定的程序,在社会上从事一定的社会劳动并取得劳动报酬或经济收入,实现自己的社会价值、人生价值的活动。

4）流动性

劳动力流动是国民经济现代化的重要组成部分,这种流动包括劳动力从低效益的产业部门流动到高效益的产业部门,从经济不发达地区流动到经济发达地区,从一种经济所有制企业流动到另一种经济所有制企业。流动性和变动性不同,变动性研究的是微观问题,而流动性研究的是宏观问题。流动性是市场经济体制下就业的一个明显特征,它是社会合理配置劳动力资源必不可少的有效手段。

15.2 大学生就业指导的主要内容和意义

15.2.1 大学生就业指导的主要内容

大学生就业指导课是帮助学生了解当前的就业形势和就业政策,树立正确的就业观和拥有良好的就业心态,掌握就业技巧和方法,促进毕业生顺利就业的有效手段。其主要内容包括以下几个方面:

1)就业形势指导

大学生就业前应先对当前的就业形势有一个清晰的认识,以帮助自己作出正确的择业判断。就业形势反映了一段时期内就业市场的整体趋势。就业形势随着社会政治、经济的变化而变化,大学生应该理性分析和应对。

2)就业政策指导

就业政策是国家为实现一定时期的任务,为适应经济建设和社会发展而制定的有关毕业生就业的行为准则,是大学生求职择业的重要依据。大学生应了解国家制定的全国性就业政策和有关部门、各省市制定的行业性、区域性就业政策及大学生所在学校制定的具体就业工作实施意见。根据国家需要并结合个人实际,有针对性地选择职业,更好地维护自己的权益,顺利地完成求职择业。

3)就业观指导和就业心理指导

就业观是大学生选择职业的前提,是他们对职业的基本评价和看法,也是其世界观、人生观和价值观在就业问题上的反映。由于政治、经济、文化教育和社会因素的影响,大学生的就业观是不相同的,择业标准也是多样化的。大学生就业指导课通过就业观指导,帮助学生树立正确的就业观。

学生在走向就业市场,参与"双向选择"的过程中,由于主观上的不稳定性和不成熟性、客观上的诸多制约因素及就业的压力和困惑,很容易产生就业心理问题。就业心理指导能够帮助学生培养健康的心理,提高他们的心理素质。

4)就业信息指导

就业信息是指通过各种媒介传递的有关就业方面的消息和情况,它是择业的基础。就业信息指导可使学生学会全面准确地搜集就业信息,并结合实际情况对其进行加工处理,去伪存真。就业信息指导主要包括就业信息搜集的原则、方法、渠道和就业信息的运用几个方面。

5)就业技巧指导

求职是一门艺术,有许多技术和技巧,正确的方法和技巧是成功就业的重要因素之一。大学生必须掌握自荐、应聘和面试的技巧,树立竞争与把握机遇意识,提高求职择业的能力,在求职择业中掌握主动、排除障碍,最终获得求职的成功。就业技巧指导主要包括如何准备自荐材料,如何应对面试,如何有效参加人才招聘会等。

6)就业权益与法律指导

就业权益与法律是使大学生顺利实现就业的安全保障,包括劳动法和合同法的相关条款。就业权益与法律指导使大学生学会用法律来规范自己和用人单位之间的责、权、利关系,保护自身的应有权利,自觉地履行法律义务。

7)职业适应与职业发展指导

毕业生从学校走向社会,是人生道路上的一大转折。在这个过程中,需要完成从学生到职业者的角色转变,经历社会化和再社会化的过程。职业适应与职业发展指导帮助他们及时调整自己的心理,尽早进入新的角色状态;尽快适应环境、适应社会;树立信心和责任感,用自己所学知识在实际工作中乐业、敬业,脚踏实地干一番事业,获得自己职业的发展。

15.2.2　大学生就业指导的意义

1)有利于大学生顺利就业

就业是人生关键性的问题之一,直接影响个人的前途和发展,如果处理不好,将在其人生道路上出现波折。大学生能否顺利就业,归根结底取决于社会的需求和毕业生自身的就业竞争力。在新的就业形势下,就业指导帮助大学生树立正确的就业观念、确立合理的职业目标和方向,促进其在大学期间自觉培养综合素质,提高就业竞争力;帮助大学生在就业前了解就业形势,学会搜集和运用招聘信息,掌握求职技巧,调整就业心态,积极面对现实,顺利走上工作岗位、适应社会,获得个人职业生涯的发展。

2)有利于大学生就业心理的调整

由于大学毕业生涉世不深,社会经验不足,对国情和社会缺乏深刻的了解和认识,对自己究竟适合什么工作缺乏客观、科学的分析和判断,在求职过程中容易产生心理问题。就业指导能够帮助大学毕业生面临就业选择时分析主客观条件,理性看待不同工作岗位的利弊得失,在市场竞争日益加剧的环境下,把握机会,找到一个比较满意的工作。

3)有利于大学生今后的发展和成才

由于求职的过程是与用人单位沟通的过程,在这个过程中所得到的不仅是用人单位录用和不录用的结果,而且得到的还是用人单位对大学生职业素质的要求,因此大学生就业的过程也是受教育的过程。大学生就业指导中的一些要求,如展示真实形象、锻炼表达能力、增强团队意识、遵守市场的规范等,不仅是对就业的具体指导,而且是对今后事业发展的长远指导。

4)有利于社会人力资源的合理配置

我国目前经济发展不平衡,地区经济、行业之间等方面存在很大差别。经济不发达地区、艰苦行业、中小企业人才资源匮乏,高校的就业指导必须贯彻国家对毕业生资源合理配置的调控政策,加强对毕业生的正确教育和积极引导,教育大学毕业生树立正确的就业观念,引导他们到祖国需要的地方建功立业,到基层、中小企业就业。同时,大学毕业生具有思想活跃、文化素质高、有专业知识、掌握一定技术等特点,就业指导就是帮助大学生寻求最佳"人职匹配"的岗位,进而实现人尽其才,才尽其用,达到人力资源合理配置的目的,最终促进整个社会的稳定与协调发展。

[思考题]

1.大学生就业指导的含义和基本特征有哪些?

2.大学生就业指导的内容和意义有哪些?

第16章 就业形势与政策

16.1 大学生就业形势

16.1.1 面临的挑战

目前,对大学生而言,就业形势总体来说比较严峻,大学生就业面临的挑战主要有以下几个方面:

1) 大学生毕业人数逐年增多

1998年高校"并轨",扩大招生开始,我国高等教育迈入了一个空前的跨越式发展阶段,高等教育产业化已成为不争的事实。根据人力资源和社会保障部公布的相关数据显示,近年来毕业生人数逐年增多,2016年高校毕业生有765万人,2017年有795万人,2018年再创新高,达到820万人。大学毕业生人数的快速增长对他们就业造成了巨大影响,让他们就业从精英化走向了大众化。

2) 人才结构调整越来越快

随着时代的发展与科学技术的不断进步,生产结构的调整日益加快,市场需求结构急剧变迁,相对落后的产业逐渐被淘汰,而另外一些新兴产业和部门迅速成长,相应的新的就业岗位迅速出现,需要大量的新型人才。这就要求高等教育顺应时代变化,培养出当今社会需要的人才。但是由于高校自身和其他多方面的原因,高校的现有专业结构不能及时适应经济结构调整的需要,直接导致大学毕业生就业时供需失衡,专业结构失衡。

3) 用人单位对人才素养的要求越来越高

随着高校的不断扩招,每年毕业的大学生不断增多,目前,大学生就业市场已经形成了用人单位的买方市场,用人单位的用人自主权不断扩大,招聘条件也越来越高。

①用人单位对求职者的工作经验要求越来越多。市场经济条件下,用人单位作为自主管理、自主经营的利益主体,追求利益最大化是他们首要的目标。应届毕业生通常需要经过一个熟练和培训过程,才能适应新的岗位,发挥其潜能和作用,但大多数大学毕业生的工作经验最为缺乏。尽管大部分高校毕业生在高校学习期间参加过实习,但是职业能力却未达到专业工作的水平。所以一些用人单位倾向于招聘有几年工作经验的求职者,不愿意招聘应届毕业生。用人单位在招聘中对求职者工作经验的要求,对刚刚走出校门的大学生是一种严峻的挑战。

②用人单位对求职者学历的要求越来越高。虽然学历不代表一切,但是在相同的条件下,学历还是用人单位考虑的因素之一。当前,很多用人单位把学历作为衡量求职者能力大小的重要标准,认为其学历高,能力相应就强。这种招聘的"高学历门槛"人为地给大学毕业生设置了就业障碍。

4)大学生就业观念落后

在市场经济体制下,国家不再对大学毕业生统一分配工作,致使每年数百万大学毕业生走上就业市场化道路。大学生就业的市场化与落后的就业观之间存在着矛盾。很多大学生的就业观念还没有转变,不能立足于选择最能发挥自己作用、实现自我价值的岗位,而是盲目追求高工资、大单位,留在大城市、大企业。比如,我国地区经济发展不平衡,东部发达地区、省会城市、北上广热点区域等为毕业生提供了良好的生存环境和较好的发展环境,从而成为人才输入地,也是大多数毕业生首要考虑的工作目的地。由于在这些地区人才竞争激烈,因此很多大学生未能有效就业。与此相反的是,在西部地区、与省会城市相对较远的三线城市却存在着大量的岗位找不到毕业生的问题。还有很多大学生缺乏自主择业、自谋职业、积极创业的观念。

16.1.2　面临的机遇

大学毕业生在就业时虽然可能会面临种种困难,但同时也存在很多机遇。

1)国家重视大学生就业

党中央、国务院以及我国各级政府每年都把高校毕业生就业作为各项工作中的重中之重,大学生就业促进计划和大学生创业引领计划都取得了显著的政策效应。根据教育部《关于做好 2017 届全国普通高等学校毕业生就业创业工作的通知》,在深入推进创新创业教育和自主创业工作以及进一步提升就业指导水平和服务能力的同时,我国各级政府还在积极拓宽基层和重点领域就业渠道,引导和鼓励毕业生到城乡基层就业;鼓励毕业生到中小微企业就业;服务国家发展战略开拓就业岗位;持续做好大学生征兵工作;支持高校毕业生到国际组织实习、任职等。

2)"互联网+"时代带来的职业发展机会

最近几年来,以"互联网+"为代表的新经济蓬勃发展,不仅成为助推经济增长的新生动力,而且创造了大量新职业和新岗位。当今互联网的发展带动了一大批以云计算、物联网、大数据、人工智能等为主的互联网产业,互联网的应用正在全方位渗入各行各业,互联网已经成为人们在日常生活中必不可少的一部分,"互联网+"时代所产生的大量新兴就业机会属于伴随互联网时代长大的"90 后"原住民。

3)新常态下经济转型带来的职业发展机会

我国经济发展已进入新常态发展阶段,主要有如下特点:从高速增长转为中高速增长,经济结构优化升级,从要素驱动和投资驱动转向创新驱动。在新常态下我国经济发展的提质增效、产业结构的转型升级,必将推动优质企业的大量涌现和高质量就业岗位的持续增加,也对求职者的观念、心态、知识、能力等职业化素养提出了更高的要求,也为大学毕业生提供了更多的优质就业机会。

4) 创新创业大潮带来的职业发展机会

"大众创业、万众创新"作为我国经济发展的新引擎于 2015 年被写进政府工作报告。随着我国创新驱动发展战略的深入实施,社会上掀起了一轮创新创业热潮,一大批新兴企业诞生,科技含量相对较高,对就业人员素质要求相对较高的新兴服务业已经成为吸纳高校毕业生就业的主要领域之一。我国各级政府出台了一系列政策引领和推动大学生创新创业,通过构建高校、政府、市场、社会等多方联动的创新创业支持体系,初步实现了大学毕业生创业人数和通过创业带动就业人数的有效增加。

5) 战略性新兴产业的发展将为大学生就业提供广阔空间

国家大力发展的新一代信息技术、节能环保、新能源、新能源汽车、生物、高端装备制造、新材料等产业属于我国七大新兴产业,关注新兴产业及相关配套,未来将会有较大的发展。和其他就业群体相比,大学生整体素质较高,理解和接受新生事物的能力较强,在上述新兴产业中就业具有得天独厚的优势。

16.1.3　大学生应对挑战的措施

1) 认清就业形势,把握就业机会

当代大学生应理性看待当前就业形势,把握社会发展的趋势。面对机遇和挑战,大学生应积极把握与应对,同时又要理性选择,切忌盲目跟风。他们应全面冷静地分析自身情况和社会发展趋势,调整心态,不断充实自己,把握每次就业机会。

2) 转变就业观念

大学生要树立"先就业再择业"的思想,抛弃传统的"一次就业定终身"的观念,从基层做起,积累经验。

3) 努力提高自身综合素质,增强就业竞争力

综合素质不高是许多大学生就业失利的重要原因。面对日趋激烈的就业竞争,大学生只有具有较高的综合素质,才能在激烈的就业竞争中脱颖而出。

①应有扎实的理论基础和知识结构。在当今知识经济时代,扎实的理论基础是大学生成为社会有用人才的基础和必要条件。在此基础上,还须有合理的知识结构。

②培养就业所需要的实践能力。用人单位使用大学生不仅看其知识面,而且看重其实际工作能力,包括其对知识的应用能力、对环境的适应能力和实际操作能力等。

4) 明确职业目标,做好职业规划

大学生想提高自己的竞争力,必须要解决的问题是求职方向和求职目标。选择职业时,尤其需结合自身的综合能力,明确发展目标。在毕业前的最后一年,就是大学生最好的实践年,选择的实习和兼职要和自己未来的就业相结合,效果会事半功倍。做好职业生涯规划,是提升就业能力的基础。

5) 重视实习的机会

实习是大学生积累社会经验的重要途径,能够提高大学生的沟通能力、解决问题的能

力。如果大学生能从大一尽早地通过实习或参加公益活动接触社会，就越能看到社会的方方面面，从而找到自己的兴趣点，那么在大学期间就可以有目标地去择业。

6）培养创新能力

面临严峻的就业压力，很多大学生会选择自主创业，自主创业能够减轻毕业生就业的压力，但是自主创业却有更高的要求，其中创新能力是必不可少的。只有掌握好人脉、金脉、知脉这"三脉"，毕业生才能具备创业的天时、地利、人和的条件，才能在自主创业中站稳阵脚。

16.2　现阶段的大学生就业政策

就业政策是国家在一定的历史条件和历史阶段下，为促进经济发展和社会进步，为劳动者创造就业条件、扩大就业机会所指定的行为准则。它根据国家政治经济形势的变化而不断调整。

大学生就业政策是国家就业政策的一个重要组成部分，对指导大学生就业工作具有重要意义。

为了使大学生就业工作适应社会主义市场经济体制的要求，保证毕业生具有更多的就业机会和宽松的就业环境，国家进行了一系列大学生就业制度的改革，及时调整并制定了适应新形势的大学生就业政策。现行的毕业生就业政策，主要是在现今阶段（当前和今后一段时间内）正在执行的一些基本政策。就业政策直接影响大学生就业的实际过程。现阶段的大学生就业政策有：

①鼓励高校毕业生到基层和艰苦地区工作。各级政府要为高校毕业生创造工作条件，主要充实城市社区和农村乡镇基层单位，从事教育、卫生、公安、农技、扶贫和其他社会公益事业。在艰苦地区工作2年或2年以上者，报考研究生的，应优先予以推荐、录取；报考党政机关和应聘国有企事业单位的，在同等条件下，应优先录用。

②党政机关录用公务员和国有企事业单位新增专业技术人员和管理人员，应主要面向高校毕业生，公开招考或招聘，择优录用。

③鼓励各类企事业单位特别是中小企业和民营企业聘用高校毕业生，政府有关部门要为其提供便利条件和相应服务。对企业跨地区聘用的高校毕业生，省会及省会以下城市要认真落实有关政策，取消落户限制。

④鼓励高校毕业生自主创业和灵活就业。凡高校毕业生从事个体经营的，除国家限制的行业外，自工商部门批准其经营之日起1年内免交登记类和管理类的各项行政事业性收费。有条件的地区由地方政府确定，在现有渠道中为高校毕业生提供创业小额贷款和担保。

⑤为高校毕业生办理户口和人事档案手续提供便利。对毕业离校时未落实工作单位的高校毕业生，本人要求户口和人事档案保留在学校的，按规定保留两年。在此期间，档案管理机构对保管其档案免收服务费；本人要求将户口转回入学前户籍所在地的，公安机关应当按照户籍管理规定为其办理落户手续，人事、教育部门所属人才交流服务机构负责办理相关

手续,人事部门所属人才交流服务机构免费提供人事代理服务。本人落实工作单位后,公安机关按有关规定办理户口迁移手续。

⑥毕业半年以上未能就业并要求就业的高校毕业生,可持学校证明到入学前户籍所在城市或县劳动保障部门办理失业登记。劳动保障部门所属的公共职业介绍机构和街道劳动保障机构应免费为其提供就业服务。对已进行失业登记的高校毕业生,有条件的城市、社区可组织其参加临时性的社会工作、社会公益活动,或到用人单位见习,给予一定报酬。对患病等原因短期无法工作并确无生活来源者,由民政部门参照当地城市低保标准,给予临时救助。此项费用由地方财政列支。

⑦鼓励中小企业和民营企事业单位聘用高等职业学校(大专)毕业生,对就业困难的应届高职(大专)毕业生,由劳动保障、人事和教育部门共同实施"高职(大专)毕业生职业资格培训工程",对需要培训的应届高职(大专)毕业生进行职业技能培训和职业技能鉴定。培训费由教育系统承担,职业技能鉴定费由劳动保障部门适当减免。

[思考题]

1.大学生如何应对就业面临的挑战?

2.查阅资料并谈谈自己所学专业的就业形势。

3.我国对高校毕业生的就业政策有哪些?

第17章 大学生的就业观与就业心理

能否顺利就业、如何顺利就业是每一位大学生面临的重大课题。大学生就业是否合理，不仅影响其专业技能的发挥乃至日后事业基础的奠定，更影响大学生对自我的认知以及自身潜能的发挥。在就业形势日益严峻的今天，不是每一位大学生都可以顺利就业，也不是每一位大学生都能找到称心如意的职业。因此，大学生们不可避免地会遇到各种各样的问题。只有正视并有效解决这些问题，作好充分的心理准备，转变就业观念，树立积极的就业意识，做好职业定位和职业生涯规划，才能获得一份满意的工作。

17.1 树立正确的就业观

17.1.1 就业观的含义

1) 就业观的概念

就业观是指人们对某一种职业的一种观念、态度、认知及心态，是个人对就业的一种反应性倾向，是由认知、情感和行为倾向三个因素组成的。

2) 就业观的特点

①具有相对的稳定性。在特定的时间、地点、条件下，人们的就业观是相对稳定的。

②具有发展性。就业观是人们的价值观、人生观、世界观在择业问题上的综合表现，随着环境、经济地位以及价值观、人生观、世界观的改变，就业观也会随之发生变化。

③具有独特性。由于每个人受教育程度、兴趣爱好、性格特点、生活背景各异，因此每个人的就业观也不尽相同，具有独特性。

④具有时代性。人们的就业观的变化和发展与时代的变化是紧密相关的，不同年代的人们的就业观也是有明显区别的。如"70后"的就业观很单纯：务实，干好手头的活儿，对工作和单位忠诚度高；"80后"就业观很现实，外部工作机会的多样性和内心诉求的变化使他们爱跳槽；"90后"就业观的关键词是个性、创新、自我，喜欢新鲜，部分毕业生出现了"慢就业"现象。

17.1.2 大学生就业观现状

当前大学生的就业观总体上是积极的，多数毕业生就业观已趋于理性，他们已充分认识到了就业形势的严峻，能主动参与就业竞争，对就业市场和自我有客观的认识。但大学生就

业观中的消极因素也对大学生顺利就业产生了严重影响,具体表现在以下几个方面:

1) 缺乏长远的职业理想,就业目标不明确

虽然很多大学生从入学时就了解严峻的就业形势,但是不能及早确定自己的就业方向。很多大学生对自己的兴趣、性格、能力等没有进行全面的分析和评价,不能结合自己的人生观、价值观以及社会需要认真考虑自己的职业发展,对未来的发展方向缺乏清醒的认识和科学的规划。如果不能确定正确的职业发展方向,就不可能锁定职业目标,也就不会为了自己的职业目标去努力奋斗。

2) 就业期望值偏高,功利主义倾向较为突出

就业是受人的价值观念所支配的一种社会行为,在就业过程中,大学生希望得到一个收益好,能满足自身需要并有利于自身发展的工作是可以理解的,但一些大学生不能客观正确地认识自己,不能摆正自己的位置,不顾当前社会的经济形势和所学专业的人才需求状况,较少考虑自己的工作能力和素质是否适应工作要求,过分强调"钱途"和"前途",导致择业价值取向的扭曲,不利于其人生价值的实现。

3) 具有"一次就业定终身"的思想,就业观念有偏差

在当今"双向选择,自主择业"的就业制度下,大学毕业生不仅有了更多自主选择的机会,而且职业的更换流动也是社会经济发展的客观要求。随着科学技术的突飞猛进和知识的快速更新,社会对人才的要求也不断更新和提高,人力资源总是在不断的交换和流动中得到优化配置和有效利用。用人制度的改革和人才市场的建立,使失业、择业和就业必将成为大学毕业生一生中经常遇到的问题,因此必须打破"一次就业定终身"的就业观念,建立多次就业的思想准备,树立敢于面对挑战的信心。

4) 依赖性强,就业自主性差

有的大学生缺乏竞争的勇气,面对竞争时畏首畏尾、疑虑重重,存在着"等、靠、要"的观念,等着亲戚朋友给自己介绍工作,主动就业、积极参与就业市场竞争的意识还不太强,认为就业与自身无关,毕业后就业是学校或家长的事情,就业主动性的缺乏导致自己与就业机遇的错失。

17.1.3 大学生应转变就业观念

就业观念是就业行为的前提。在正确认知自己的基础上,大学生自身观念的改变对未来的择业起着重要的作用。大学生只有树立正确的就业观,才能从行动上理性择业。

树立正确的就业观,具体表现为"一降、二升、三适应"。

一降,即降低就业期望值。这就要求大学生们及时调整自己的就业理想和价值取向,降低就业期望值,拓宽就业范围,树立大众化就业观。从薪酬待遇而言,也不一定非要高薪不可,从低薪就业开始,先赚取经验也是很有必要的。

二升,即提升自身素质。大学生要提升自己就职的能力,要认清用人单位的需求,有针对性地作好适岗准备;要注意培养求职技巧。求职也是一门学问和艺术,涉及很多细节性问题,如言谈举止、交流沟通等,应在平时养成一些良好的习惯。这就要求大学生们在学好专

业知识的同时,时刻要把知识转化为能力和水平。

三适应,即适应严峻的就业形势。面对日益严峻的就业形势,大学生必须明白,就业严峻是相对的,机会永远是为有准备的人而准备的。大学生在校期间,就要积极参加各类社会实践活动,利用课余时间多接触社会,积累丰富的实践经验,加深对社会的认识。大学生竞聘岗位时,要沉着冷静,从容面对;无论求职成败,都要自信乐观,要有越挫越勇的坚强意志,同时还应随时调整自己的职业规划,分析自己的实力、价值和需求,为自己的发展制订长远的目标。

17.2   大学生就业心理分析

大学生就业心理就是大学生在选择职业时所表现出来的各种心理状态与心理特征的总和。就业活动是一个复杂的过程,对初次就业的大学生来说,会遇到比以往任何时候更复杂的矛盾、更深层次的困惑。因此,要想就业成功,就必须了解自己的心理素质状况,并根据就业的现实需要,积极调整自己的心态。

17.2.1   大学生就业常见的心理状态

1)大学生就业心理问题

大学生在求职择业中会出现一些心理问题,具体表现为以下几种情况:

(1)自信是人们对自我价值的正确认知

自信的人既能看到自己的长处又能看到自己的不足,既能扬长又能避短,还善于接受他人的建议,主动向别人学习。但是,过于自信就是自负。一些大学生对自己评价过高,自我感觉良好,对就业形势和用人单位需求不了解,完全按照自己的想法一厢情愿地谋求高薪职位,结果由于目标定位不切合实际,在择业过程中屡屡碰壁,高不成,低不就,最后错失机会。有这样一个案例:某同学尽管在社会实践期间,工作踏实,业绩出色,受到单位主管的多次表扬。该同学很渴望实习单位与其签协议,但无论他如何暗示,单位主管就是不点头,最后该同学愤然离职。该同学认为他所担任的工作,目前公司还无人能够替代,以为提出离职会得到主管的挽留,结果却失去了锻炼自己、积累经验的好机会。

自信的另一个极端是自卑。自卑是一个人对自己不满、鄙视等否定自己的心理。过于自卑的人常常自我怀疑、自我否定,从而过于自责,甚至就业不顺利时就自暴自弃。有的认为家庭条件不好,没有得体的服装参加面试;有的因为相貌平平不敢正视别人;有的因为知识欠缺、技能薄弱不敢走向求职市场;有的因来自农村,满口方言不敢与人交流,担心别人瞧不起自己,进而自我否定,自我封闭,这些自卑心理严重影响着毕业生的求职择业。由于缺乏自信心,看不到自己的优势和优点,不敢主动向用人单位推销自己,主动参与竞争,因此陷入不战自败的困境中。例如,他们在参加用人单位的面试时,常常面红耳赤,语无伦次,答非所问,面试前精心准备的内容忘得一干二净;或者由于害怕一句话说错、一个问题回答不好会影响自己在面试官心中的形象，影响自己的录用，从而不敢放开说话，没有把自己的特点和优势表现出来，这些学生也因此失去了许多好的发展机会。

（2）盲目心理与从众心理

从众心理是指个体在社会群体的无形压力下，不知不觉或不由自主地与多数人保持一致的社会心理现象。盲从心理是大学生求职择业时常常出现的一种心理现象。如大学生在求职现场热衷热门职业、体面职业，而不考虑自己的专业、学历、技能、性格是否适合本职位。反正哪家摊位前人多，就往哪家挤。一时间有的单位应聘者趋之若鹜，有的摊位前门庭冷落。这样的大学生缺乏自身认知，没有"量体裁衣"的求职意识，从而错失不少适合自己的就业机会。

（3）依赖与等待心理

依赖是不能自立的一种表现。现在大多数大学生还不能自食其力，大学阶段基本是依赖父母提供经济资助，依赖学校提供勤工俭学的岗位。他们或者缺乏自信，不敢主动出击，独立作出主张；或者懒于奔波吃苦，等着学校、家人、亲朋好友介绍工作单位，甚至有的同学将希望寄托在"拉关系""走后门"上，由家长出面与用人单位洽谈就业事宜，这样做只会给用人单位留下毕业生缺乏开拓能力、独立生活能力和工作能力差的印象，最终事与愿违。但是，这样的现象在生活中比比皆是。

（4）虚荣与攀比心理

虚荣是表面上的光彩。有虚荣心理的人常常不由自主地与别人作比较，希望处处比他人优秀。这些人求职时不是从自身实际出发，而是与他人盲目攀比，特别是看到与自己成绩、能力相当的同学找到令人羡慕、收入可观的工作，而自己找不到理想职业时，觉得颜面无光。

不从自身的实际和社会的需求出发盲目攀比，可以说是当今大学生就业中存在的一个突出问题。虽然"90后"大学生的生活水平大大提高，成长环境也较以前开放，但自我中心意识强，常依据个人喜好求职择业，而不考虑自身条件和用人单位的要求。如一些大学生看到自己的同学进了大公司，自己也要找差不多或者更好的单位。这种心理使一些大学生要么不考虑自己的实际情况就草率地签约工作单位，要么为了获得心理上的平衡，将择业目标定得过高，期望过大，从而错失了就业机会。甚至还有大学生明明没有找到工作，却不肯接受朋友提供的机会。

（5）焦虑与恐惧心理

就业对大学生来说，既是机遇又是挑战。很多大学生把人生的憧憬和前途都放在就业上，既渴望进入社会，谋求到理想职业，又担心被用人单位拒绝，担心择业失误造成终生遗憾，从而容易焦虑，对走进社会心里没底。有人甚至患了"择业焦虑症"，一提到择业就心理紧张，怀疑自己的能力。有的毕业生平时没有认真学习和积累经验，求职的知识、能力、心理准备不充分，求职屡遭挫折，产生极度的焦虑感。

大学生择业存在一定程度的焦虑很正常，但不能过度焦虑。适度的焦虑可以增强大学生对就业的理性认识，可以增强他们的进取心，产生求胜的心理和行为。但是，如果过度的焦虑不能在一定时间内化解，这些情绪则会干扰人的正常活动且易导致较严重的心理障碍或疾病。这种焦虑心理严重影响着大学生正常的学习和生活,也影响着他们的身心健康,给就业带来不必要的困难,影响就业的进程甚至导致就业失败。现实中还有一些大学生以考研或者不愿主动找工作来逃避就业,表现出就业恐惧心理。

2)大学生就业时的心理误区

大学生在就业过程中为什么会出现上述这些心理现象呢?归根结底和大学生的就业心理误区有关。具体地说,大学毕业生就业有以下几种心理误区:

(1)求稳心理

所谓求稳是指大学生在选择职业时受传统思想的影响,试图从职业的稳定性出发而寻找有"安全保障"的工作。我国传统的劳动人事制度使人们形成了"从一而终"的职业观念,这种观念至今仍在影响着人们的就业观,认为有了稳定性才有安全感。因此,部分大学毕业生放弃了一次次机遇,而选择到一些所谓保险性强的行政、事业单位或国有大中型企业工作。不少大学生择业时希望一步到位,不用操心工作。实际上,很多职业只有做了,才会知道喜欢、适合与否,才会知道是否需要再换工作岗位。更何况,很多单位实行聘用制,即便事业单位也将不再是铁饭碗。因此,不必担心跨出校门的第一份工作是否安稳,也不必为了一份安稳的工作丧失锻炼自己的机会。

大学生要记住一点:干好工作才有稳定感。只要技能过硬,就不怕找不到合适的单位。如果你才华出众,自然就有单位向你递出橄榄枝。就像李开复,微软公司和谷歌公司都希望他为公司服务,而不管他选择哪个公司都有丰厚的待遇,都不用担心失业问题。

职业是否稳定取决于自己,能否端好"铁饭碗"也取决于自己。当自己实力具备时,不是公司不聘你,而是你有能力炒公司的鱿鱼。因此,大学生要选择有利于自身发展的就业形式,为未来职业的稳定积累经验。

(2)求名心理

求名心理就是追求体面的、人人艳羡的工作。如目前大学生求职倾向中表现出的三高,即"起点高、薪水高、职位高"。很多大学生的工作地域趋向于大城市,因为这些地区经济发达,就业机会多,就业市场相对规范。好地区、好工作大学生趋之若鹜,以至于这些地区、行业"人才过剩",不得不提高入职门槛。

(3)求闲心理

除了求稳求名,求闲也是大学生选择工作的普遍状态。所谓求闲是指他们在求职择业时认为自己是大学毕业生,而追求舒适、清闲、安逸的工作,宁可待业也不干"艰苦"的工作。一些大学生在选择工作时,挑肥拣瘦,既希望工作轻松、清闲,又要求薪水高、待遇好。这样的大学生过分强调用人单位的工资福利待遇、工作环境,缺乏与别人同甘共苦的创业精神,任何用人单位都不会喜欢这样的员工。

17.2.2 大学生就业心理的调适

毕业生在就业时,虽然都希望选择的职业能最大限度地满足自己的需要,但是在市场机制下,就业是一个双向选择的过程,不可避免地会遇到困难、挫折、冲突和失败,这是很正常的事情。关键是大学生要学会梳理自己的心情,及时调适、正确驾驭自己的情绪,客观地分析出现的情况,从而保持一种稳定而积极的心态,实现个人的就业目标。

1)树立正确的职业意识

正确认识职业是大学生顺利就业的前提,因为职业认识不足是产生就业心理障碍的重要因素之一。

首先,职业体现了专业分工,没有高度的专业分工,也就不会有现代意义上的职业观念,职业化意味着要专门从事某项事务;其次,它体现了一种精神追求,职业发展的过程,也是个人价值不断实现的过程。

但是,很多大学生没有这样的职业意识,他们只将职业作为谋生的手段,没有看到职业除了提高个人的物质幸福,还能实现个人的价值。有的人会盲目地选择一份"职业"而得不到充实感和幸福感;有的人会忙于改换职业而从未思考自己究竟适合什么职业。没有在职业尝试中留下思考,就不能明确自己的职业定位。因此,从事符合个人特点的职业,会减少工作时的紧张和焦虑,也会在事业上获得更可能的成功。

2)培养良好的心理品质

具备良好的心理品质是愉快工作的保障,无论是顺境还是逆境,这样的人总会及时调整心态,正视现实。结合当今社会现实,大学生应该具备的心理品质包括乐观自信,敢于竞争,耐受挫折。

(1)乐观自信

乐观自信是人们做好工作的前提条件,是一个人立业成才的精神基石。自信心是一个人对自我价值的表达,是对自身力量的认识和充分估计。自信心强的人一贯坚信自己能完成任务,达到目标。

大学生要增强自己的自信心,首先要充实硬件,掌握扎实的理论知识和技能,增强自己的社会实践,丰富自己的临场经验。其次,提升自己说话的魅力,敢与陌生人交谈。如能把握讲话的声调,声音洪亮,不怯场。有些大学生不敢在公共场合说话,说话时声音小,不敢正视大家,这自然会影响人们对他的印象。

(2)敢于竞争

"物竞天择,适者生存。"这个生物界普遍适用的法则同样适用于人类。竞争促使人们自强、自立、自主,竞争充分挖掘了人的内在潜力,增强了其工作能力。敢于竞争、善于竞争应成为大学生重要的品质。

大学生要想在就业竞争中取胜,就必须克服焦虑、自卑、怯懦、优柔寡断等心理障碍,乐于拼搏,勇于参加竞争。但仅仅敢于竞争还不够,还必须善于竞争。善于竞争体现在具备良好的心理素质、实力和良好的竞技状态。大学生要提早树立明确的追求目标,并为自己的信念和目标坚持奋斗,不怕困难和失败,不怕压力和风险,勇于接受挑战,全力拼搏。

人生是一场竞争,对即将进入职业生涯的求职者,应该正视现实,抓住机遇,扬起理想的风帆,在竞争的激流中奋力拼搏,驶向成功的彼岸。

(3)耐受挫折

心理承受能力是否稳定,是择业能否取得成功的关键。在市场经济条件下,用人单位对毕业生要求苛刻,而大学生在就业时面对挫折,是否能够重新振作起来,关键在于是否具有稳定的心理素质。大学生要了解就业的形式,熟悉自身状况,对就业有合理的期望值,做好被拒绝的心理准备。

[思考题]

1.大学生择业常见的心理状态有哪些?

2.大学生应该怎样转变就业观念?

3.你的就业观念是什么?

第18章 就业信息的收集和运用

目前的社会已进入信息化时代,信息在现代经济生活中的作用越来越大,已经成为人们就业求职的重要手段。学会获取信息,准确判断信息,成功运用信息,机遇就会到来。作为即将走向职场的毕业生,就必须了解就业信息的相关知识,掌握收集信息的方法,利用信息来为自己服务,为成功择业打下坚实的基础。

18.1 就业信息的概念、特点和作用

18.1.1 就业信息的概念

就业信息主要是指用人单位的需求信息,包括在具体的招聘活动中各行业、企事业单位发布的具体需求信息、岗位的薪资状况、工作内容和职业发展前景等。收集和掌握求职信息是求职准备的关键,信息越多,在求职中选择的自由度就越大,聪明的求职者往往会多方面地了解各种职业信息,为自己择业奠定良好的基础。

就业信息可分为广义的就业信息和狭义的就业信息,或称为宏观信息和微观信息。宏观信息是指毕业生就业的总体形势、社会对人才的需求、就业政策、就业活动等。微观信息是指具体用人信息,如需求单位的性质、单位的特色、专业要求、行业现状及发展前景、岗位描述、用人单位提供的条件等信息。

18.1.2 就业信息的特点

就业信息作为信息资源,具有全面性、时效性、真实性、相对性、共享性的特点。

1) 全面性

就业信息既要向求职者传达用人单位对所需专业、所求人才的要求,又要向求职者展示自身的业务状况、发展前景和所能提供的薪资水平等情况,使毕业生获取有指导意义及有用的信息。毕业生在获取就业信息时,一定要保证自己关注的行业乃至地区经济形势等大的背景信息的全面翔实,要保证自己心仪的单位本身的各种信息尽可能完整和全面。

2) 时效性

每条就业信息都有时间要求,在规定的时段内是有效的,过了一定时间就失去了它的意义和作用。高校毕业生在收集、整理、处理求职信息时,一定要注意信息的有效时段,争取及早对信息作出应有的反应。对应聘者来说,过时的信息不仅没有使用价值,而且可能还是有

害的,它会使应聘者徒劳而返,浪费时间、精力和金钱。

3) 真实性

随着互联网的不断普及,就业信息的传播渠道变得更加复杂多变,大量信息扑面而来,有真有伪。正是因为虚假信息的存在,所以要求高校毕业生对待就业信息要客观分析、冷静处理;要从正规渠道获取就业信息,对不是来自正规渠道的就业信息,不要轻易相信;要养成对就业信息进行多处求证的习惯,避免被虚假就业信息所骗而造成难以挽回的损失。

4) 相对性

随着社会分工的进一步细化,用人单位所要求的人才在层次、专业等方面的要求不断提高。一则招聘信息,对一部分人是非常有价值的,而对另外一部分人可能没有任何价值。高校毕业生在收集就业信息时,要结合自己的条件进行比较分析,看看自己的知识水平、业务能力、综合素质等是否符合用人单位的实际要求,不能盲目追求当前看好的职业,对于适合自己的信息要给予重视,不适合自己的就业信息,要果断地摒弃。

5) 共享性

就业信息的共享性是指就业信息可以通过不同的载体进行传播,社会各层次的求职人员均可获取相同的就业信息。就业信息的共享性决定了就业的竞争,这样的竞争不仅限于本班同学、本校同学、本地高校毕业生,还有其他省、市高校毕业生,因此在就业竞争中应争取早一点获得就业信息,早一点作好准备。

18.1.3 就业信息的作用

在市场经济条件下,信息是一种重要的资源。当今社会是一个信息社会,一个人拥有信息量的多寡,往往成为决定其事业成功与否的关键。随着我国就业制度的改革,求职者越来越认识到就业信息是择业决策的基础。就业不仅取决于一个人的知识、能力、体力、社会和经济因素,而且取决于就业信息。就业信息的作用主要体现在以下几个方面:

1) 就业信息是职业选择的基本前提

随着大学生就业工作的进一步市场化,用人单位择人与大学生择业的自主权已得到进一步的强化,通过政府职能部门配置人才智力资源已经成为人们在教科书上加以点评的历史。当然对用人单位和大学生来说,在其各自主权得以加强的同时,他们也要体会等量的危机感。对大学生而言,如果不占有准确可靠的需求信息,就无法稳妥地把握自主择业的主动权,实现职业理想就会变成一句空话。

2) 就业信息是择业决策的重要依据

要使自己的择业决策具有更多的科学性,大学生必须要有就业信息量上的保证。如国家大的就业方针;各地方及行业的就业政策;自己所属院校的就业细则;有关的就业机构、具体职责等;当然,更为重要的还有用人单位的需求信息。在这些信息的占有量上如果存在缺陷,大学生取舍决策的科学性、准确性就会大打折扣。

3) 就业信息是顺利就业的可靠保证

如果说大学生对自己所占有的就业信息经过筛选比较、科学决策,最后瞄准了一个或几个相对确定的目标,那么最终所要面临的就是求职面试了,现在几乎所有的用人单位对即将接纳的大学毕业生都有面试要求。对大学生而言,要想顺利通过面试关,就必须对用人单位的情况有一定的了解,这就是就业信息深度的要求。如果在单位面试过程中,只能抽象地表明一个求职意愿,而对企业的经营方式、产品结构、市场行情以及以往的历史和今后的发展一无所知,那么面试的结果不可能如愿以偿。当然,由于影响就业成败的因素是多方面的,把握就业信息的深度并不必然地决定你能被录取,如果是因为这方面被淘汰,那就必须及时地作出新的选择。

18.2　就业信息的收集

收集就业信息是大学生择业的第一步,这一步能否迈好,直接关系到其他择业环节能否顺利开展,以及择业能否最终实现。实践证明,迈好第一步的关键在于掌握正确的原则与方法。大学生在收集就业信息时,只要按照准确性、真实性、适用性、针对性、系统性、连续性与计划性、条理性原则,采用合适的方法,就一定能获取大量有益的就业信息,为顺利实现就业打下良好的基础。

在信息化高度发展的现代社会,大学生只有具备"信息就是机遇,信息就是成功"的就业理念,有意识地、及时地多方面收集大量可靠的市场供求信息,才能做到目光长远、行动果断、把握机遇,在就业中获得成功。

18.2.1　就业信息收集的原则

收集就业信息是择业的基础。就业信息越广泛,择业的视野就越开阔;就业信息质量越高,择业的把握就越大。多拥有一则信息,就等于增加一次择业机会,而高质量的就业信息存在于广泛的信息之中。必须利用各种渠道、各种手段,广泛、全面、准确地收集与就业有关的各种信息,为择业作好充分准备。就业信息的收集需要遵循一定的原则,具体来说,主要包括以下几个方面:

1) 准确性、真实性原则

准确性、真实性原则要求信息所反映的情况必须真实可信。就业信息是否真实、准确,是择业人员作出决策的关键环节。信息不准,会给择业人员带来决策上的失误。

2) 适用性、针对性原则

随着人才市场的发展,就业信息越来越丰富,如果在信息收集中不注意适用性,那么就可能在众多的就业信息中把握不住方向,从而捕捉不到真实的、有价值的信息。这就要求大学生在收集就业信息时,必须对自己有一个充分的认识,然后根据自己的专长、特长、能力、性格、气质等各方面的因素去收集有关的就业信息,避免因收集范围过大,浪费不必要的人力和时间。

3)系统性、连续性的原则

就业信息的收集要求具有系统性、连续性。大学生平时获得的就业信息是零碎的、不连贯的,这就要求大学生善于将各种相关的信息积累起来,然后经过加工提炼,形成一种能客观地反映当前的就业政策、就业动向的就业信息,从而为自己的择业提供更可靠的依据。

4)计划性、条理性原则

作为信息收集者,首先必须制订信息收集计划,明确信息收集的目的。只有明确了目的,就业信息收集才有方向,才能发挥信息收集的主动性;其次要明确自己所需就业信息的内容范围,是有关就业政策的就业动向还是有关用人单位需求的信息,要做到有的放矢;最后要选择信息收集的方法和渠道。方法是达到目的的手段,方法正确就可以在信息收集中少走弯路,达到事半功倍的效果。在方法选择上要注意与就业信息内容相一致,有些信息是必须通过亲自调查获得的,有的信息是需要通过查阅资料文献获得的,总之,力求方法与内容相衔接。

18.2.2 就业信息收集的方法

1)全方位收集法

全方位收集法是把与专业有关联的就业信息统统收集起来,再按一定的标准进行整理和筛选,以便使用。这种方法获取的就业信息广泛,选择的余地大,但较浪费时间和精力。

2)定方向收集法

定方向收集法是根据自己选定的职业方向和求职的行业范围来收集相关的信息。这种方法以个人的专业方向、能力倾向和兴趣特长为依据,便于找到更适合自己特点、更能发挥自己作用的职业和单位。需要注意的是,当选定的职业方向和求职范围过于狭窄时,有可能大大缩小选择余地,特别是所选定的职业范围是竞争激烈的"热门"工作时,很可能给下一步的择业带来较大困难。

3)定区域收集法

定区域收集法是一种重地区、轻专业方向的信息收集方法,其根据个人对某个或某几个地区的偏好来收集信息,而对职业方向和行业范围较少关注和选择,按这种方法收集信息和选择职业,也可能由于所面向地区的狭小和"地区过热"(即有较多择业者涌向该地区)而造成择业困难。

上述3种收集就业信息的方法,都有各自的优缺点,大学生在求职时应当根据自己的实际情况将上述几种方法综合起来,这样才有利于选择适合自己的信息。

18.2.3 就业信息收集的渠道

虽然现在获得就业信息的途径很多,尤其是网络上的资源十分丰富,但是每个人的时间和精力有限,不可能关注到所有的就业信息。收集就业信息的渠道主要有以下几个:

1)从学校就业指导中心获取信息

学校每年都向用人单位输送毕业生,与社会各有关单位保持着广泛而密切的联系,并在与用人部门的长期合作中,建立了稳定的工作关系,其了解和掌握大量的人才需求动态和信息,是大学生重要的求职信息源。学校就业指导中心的就业信息针对性强、可信度高,且有时效性。此外,学校就业指导中心还会根据上级有关部门的指示和精神,发布各种新的就业政策和规定。大学生可以在本校通过就业指导中心了解本年度就业的动态变化及各种就业信息资料,学校就业指导中心是大学生获取就业信息的主要渠道。

2) 通过各种类型的招聘会获得信息

每年学校就业指导中心和各地的人才市场都会举办规模不等的毕业生供需见面会,这是连接用人单位和毕业生的桥梁和纽带,通过招聘会,大学生可以获取更多的就业信息。

3) 通过人才中介机构获取信息

人才中介机构包括职业介绍服务中心和人才交流中心,这些机构的主要任务就是收集、发布人才供求信息、传递人才余缺信息、办理人才交流登记、为用人单位招聘人才和个人求职做好中介服务和管理工作。人才中介机构一般定期在当地的日报、晨报和晚报等新闻媒体上发布劳动力和人才的招聘大会信息。在这类信息中,一般介绍招聘大会的单位名称、招聘专业类型、招聘人才的基本条件和要求、招聘会召开的时间和地点。参加这类招聘会要有选择性,在参加所选择的招聘大会时,应随身带上笔和纸,广泛记录和收集与自己择业目标相关、条件相当的用人单位的招聘信息,以便认真筛选和利用。通过社会劳动力市场获得的信息量大,且行业范围覆盖面广。

4) 通过各种传播媒介获取信息

一些用人单位常常通过报纸、杂志、广播、电视等大众传媒介绍本单位的现状、发展前景和人才需求信息。这类信息直接、明确、具体地反映了人才需求方向,有心的求职者会多关注这类信息,从而为自己提供较多的就业选择机会。这种渠道提供的信息传播面广,竞争性强,时效快。

利用专业求职网站收集信息。相对于人头攒动的传统招聘会,网上求职以免费浏览申请、大量的职位信息、随时随地进入的方便性吸引了大量的求职者和招聘企业。专业求职网站为找工作的人提供了一个全新的平台。在网络求职的过程中,要学习一些网络求职技巧,随时关注目标企业的招聘信息,以提高求职成功率。求职网站有以下几种类型:

(1) 招聘网站

这是目前许多企业招聘的主要途径,专业的招聘网站上不乏知名企业的招聘信息,另外还会根据情况举办不同类型的网上招聘会。在招聘网站上发布招聘广告,既方便他们收集和筛选简历,又利于他们丰富自己的人才库。比较有名的招聘网站如应届生求职网、51job、智联招聘、大街网、海投网、中华英才网等。应届生求职网是除企业门户外,吸引有效求职者的效果最好的网站。

(2) 校园 BBS

对即将毕业的大学生来说,除了招聘网站外,校园 BBS 也可以成为收集招聘信息的一个重要工具。目前大部分高校的 BBS 都设有招聘专区。校园网站 BBS 上的信息相对来说更加真实,可信度较高,而且更新较快。不过它只针对在校学生,对社会人群来说,可望不可即。

（3）企业网站

一般来说，知名企业的网站建设得都比较好，栏目丰富，而且有独立的招聘专区。在招聘专区中，会长年公布一些岗位需求信息，对岗位职责以及对求职者的要求都描述得比较详细。如果求职者对知名企业感兴趣，就可以经常进入目标公司的网站查询。网上招聘的名企很多，涉及行业也较广。自由进入某知名企业的网站，就能方便地搜索到招聘信息。

5）通过亲友和各种社会关系获取信息

（1）通过亲友、熟人寻找单位或其他社会关系获取信息

这种信息针对性强，可以避免求职人员主观判断的盲目性。它通常具有毕业生所希望的行业或地区的定向性，对用人单位可以进行更具体的了解，易于双向沟通，使求职者单枪匹马的求职活动变成众多熟人、朋友一起想方设法的群体活动。由于介绍人事先了解用人单位的需求情况，因此就业成功率较高。

利用亲友、熟人寻找单位，还可以赢得用人单位的信任。一般来说，人们对突然来访的求职人员总存有一定的戒心，如果经过熟人介绍，那么陌生感就消除了。采用这种方法，困难的一面是难于制订周密的计划，求职者不知道熟人、朋友们何时才能帮自己打听到情况，帮自己介绍的是哪类工作。因此应该早请朋友帮忙，留些时间给他们想办法，还应该多请几个人帮忙，这样成功的可能性、选择的余地要大些。在求职过程中，求职者应该随时向原介绍者汇报进展，一方面表示谢意；另一方面引起原介绍者的不断关心，帮助求职者克服可能遇到的其他困难。

利用亲友和各种社会关系获取信息同拉关系、走后门是有原则上的区别的，这是用人单位和求职者相互联系的一种方法，是建立在求职者有胜任工作能力的基础上的；而拉关系、走后门则是一种不正当手段。它把用人单位不需要的人硬塞进去，把真正优秀的人才排挤在外，是社会公德所不能容忍的。

（2）通过权威人物获取信息

这种方法就是求职者在某一特定的职业范围内借助一些具有影响力的权威人物获取信息，这些权威人物可能是你的老师，也可能是某个企业家或专家，他了解周围环境并能对其他同行产生一定的影响，可由他们出面帮助而找到工作。通过权威人物获取信息，关键在于取得权威人物的信任和帮助，使他相信你的能力和品质，只有这样才能得到他的帮助。这些权威人物有一定的社会地位，一般人较难接近，一个较好的接近方法就是你用自己的工作成果、工作态度去打动他。尤其是一些学术或技术上的权威，他们是靠自己多年艰苦的努力才拥有今天的地位。你的勤奋工作，使他仿佛又看到青年时代的自己，在你身上他看到自己事业的继续，也觉得自己有义务为青年人的成功创造条件。

跟权威人物谈话，传统的附和办法并不一定能给他留下良好的印象。只要你彬彬有礼，诚实地说出自己的想法，反而比一味奉承附和他更能博得对方的重视。保持自己独立的人格，不必害怕表达自己与他们不同的观点，这并不妨碍你对他的尊敬。若他对你的话题感兴趣，你可以用讨教的口吻与他谈新思想、新东西。关键在于你既要有思想，又要有实干精神，再加上你为人诚恳、谦虚，他自然会助你一臂之力。利用这种方法，请少数几个人帮忙就行了，可以节省大量的时间和精力。

[课堂活动]

什么人可以在求职中帮我？

打开你的通信录,查查能联系到并保持联系的,而且能为你就业提供相关信息的人,包括亲戚、朋友、老师、同学、老乡等。

按照这个条件,请列出你觉得最重要的 8 个人,在下图中记下他的名字和联系电话。

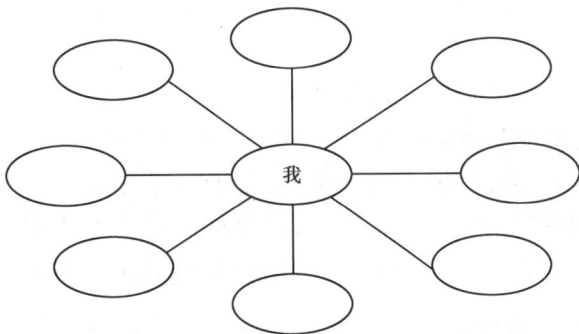

据统计,当下的求职有 65%～90%的工作是通过人际关系网找到的。我们要明确,我们是通过关系网找工作并非是依赖关系网找工作。各种关系带给你的不一定是直接就业的机会,而是各种就业的信息。关系网是双向的,在汲取关系网中就业信息的同时也要积极提供有效的就业信息。

要通过人际关系网找工作,就需要建立自己的人际关系网。进入这个关系网的人可以有很多,包括朋友、亲戚、邻居、同学、老师、校友、熟人(包括旅游时认识的、寒暑假勤工俭学或者课余时间兼职时认识的等)。

18.3 就业信息的运用

由于就业信息的来源和获取方式的不同,内容必然虚实兼有。因此,对收集到的信息去粗取精、去伪存真地进行整理、筛选,是使用就业信息的前提。

18.3.1 就业信息筛选的原则

1)确认信息、分类比较

外界的信息可谓真假难辨,有的求职信息纯粹是子虚乌有、空穴来风;有的信息则仅仅是单位出于一种宣传的目的,而非真心实意地想录用新人,这样的招聘广告含有大量的水分;有的则是一些单位尤其是一些非法机构发布的具有欺骗性、欺诈性的聘用信息,常通过收取报名费、中介费和面试费等达到骗取学生钱财的目的。由于信息的虚假常会导致求职者的决策失误,给就业工作带来多方面的麻烦和损失。因此,求职者一定要对那些值得怀疑、可信度低的用人信息多加以了解、考察、分析和核实,及早将虚假性或欺骗性的信息排除在外。

2) 深入了解

对重要的信息要顺藤摸瓜、寻根究底,务求了解透彻,不能一知半解。要全面掌握情况,了解信息的中心内容,如用人单位概要情况;招聘的专业、工种及数额;应聘资格与条件。有的应聘者"只见其一,不见其二",往往因误读了广告内容而求职失败,这种教训应当汲取。"招聘启事"规定的报名日期、截止时间、考试日程也要一一记清,不可因疏忽大意而导致失误。

3) 适合自己

人职匹配在信息选择中,要把握"适合自己的就是最好的"的原则,这一点应是筛选信息的核心。要结合自己的兴趣、爱好、能力等条件,决定自己能够适应和胜任的职业,不要好高骛远、人云亦云、迷失自我。不顾自己的专长,以待遇、地点作为首选原则的毕业生,即使侥幸在求职中取得"成功",在未来的发展中也会逐渐暴露出自己的弱势,发展后劲也不足。

18.3.2 就业信息的运用

收集信息、筛选信息的目的是运用信息,就业信息的运用包括自己运用和分享给他人两个方面。

1) 自己运用信息

利用有价值的就业信息选择适合自己的工作。每个人都要善于应用就业信息,根据职业的要求与自己具备的条件,两相对照以后,选择适合自己的最佳岗位,这是求职者收集和筛选信息的最终目的。

大学生要按照就业信息的要求调整知识、技能结构,如发现自己哪方面的知识不足,就主动去学习;或发现自己哪方面的技能欠缺,就立即进行必要的训练,主动学习和掌握相应的技能。

2) 分享给他人

及时输出对他人有用的信息。虽然有些信息对自己不一定有用,但是对他人是十分有用的。遇到这种情况,及时输出信息,不仅是对他人的帮助,而且他人的顺利就业自然也会让你减少了一个竞争者。同时,这样做还增加了与他人交流信息且增进友谊的机会,自己也会从别人手中获得十分有益的信息。

[思考题]

1.请向自己的学长、同学、亲朋好友做个调研,了解一下他们获取就业信息的方式、途径和效果,在此基础上,自己进行就业信息的收集和分析。

2.就业信息收集的原则和渠道有哪些?

3.就业信息筛选的原则是什么?

第19章　就业材料准备

毕业生在获得有效就业信息后，就要作好相应的求职准备。一方面是作好求职择业的心理和精神准备；另一方面要作好个人求职材料的准备。

所谓个人求职材料，就是作为应聘者，我们要准备提供给用人单位的个人书面材料，主要包括求职简历、求职信或者推荐信、附件材料3类。

19.1　简　历

简历是自我推销的工具，更像是一张业务名片，用来向招聘单位展示求职者的工作经历和技能以及它们对未来雇主的价值。简历的目的是帮助求职者获得面试的机会。

当今社会求职找工作的方式很多，但是简历适用于每一种、每一阶段的面试。求职者到任何一个招聘单位要做的第一件事是要投递简历，而简历就是那些单位了解求职者的第一个窗口。因此简历就成了求职者和用人单位沟通的第一通道，往往是招聘人员了解求职者的第一个途径。一份好的简历，可以在众多求职简历中脱颖而出，给招聘人员留下深刻的印象，可以使求职者得到面试通知。因此，制作出优秀的求职简历是迈向求职成功的第一步。

19.1.1　简历内容

求职简历主要包括"个人信息""求职意向""教育背景""实习经历""奖励情况""个人技能""其他信息"等基本要素。

1) 个人信息

个人信息包括姓名、性别、籍贯、专业、学历、毕业时间、毕业院校、联系方式、政治面貌、民族等信息。

2) 求职意向

求职意向位于简历的前端位置，表述明确、简洁，根据应聘职位撰写。

3) 教育背景

教育背景按时间顺序倒叙，首先列出求职者的最高学历，然后再回溯，写明学校、专业、学位等。

4) 实习经历

表述要点：你做了什么？成绩如何？学到了什么？与职位相关的经历重点突出描述，与职位不相关的经历轻描淡写,甚至不写。与应聘职位最相关的经历放在首位描述。如果缺乏实习工作经历,那么就重点描述在学校的社团、学生会等社会实践活动。

5)奖励情况

奖励情况要注意强调奖励的含金量,因为 HR 收到的学生简历中,几乎每份简历上都会有这样或那样的奖励,如奖学金、优秀学生、优秀干部等,HR 已司空见惯,所以仅列出奖励名称毫无意义。最好能将所获奖励的难度以数字或者奖励范围表示出来,让 HR 明白所获奖励的含金量,从而增加简历通过筛选的概率。如奖励年级排名前 5% 的学生;获奖比例不足千分之二。如果奖励众多,要有所选择,注意奖励与职位的相关性。同一种奖励,写一项即可,如多次获得"优秀三好学生"等。

6)个人技能

个人技能需写明外语、计算机、资格证等方面的等级与水平。

7)其他信息

其他信息包含自我评价、兴趣爱好等。如果公司要求填写的申请表上没有这两项,可以不填。

19.1.2 简历的撰写技巧

在求职过程中,大学生都希望亮出一份出类拔萃的个人简历。撰写简历有一定的技巧。

1)量体裁衣

对不同的职位,招聘单位的侧重点是不同的,一定要根据应聘职位来制作简历,才能有的放矢,充分发挥简历的作用。不要为了省事只制作一份简历,然后将其大量复印投递。对照招聘的要求来针对性地制作简历,无疑是最切合用人单位的要求的。简历制作是否能吸引眼球,取决于对应聘职位的认识。招聘人员都明确了解招聘的职位,只会注意那些看起来切合职位要求的简历。含糊笼统、毫无针对性的简历会使求职者失去很多机会,如要应聘多个职务,最好写多份不同的简历。

简历不是要展示我最优秀,而是要展示我适合你,我是为你而来。岗位需要什么我就提供什么。如大学生王某想应聘某网站的设计工作,他仔细了解了该公司和该职位的要求后,发现公司正在对原网站进行改版,于是利用自己所掌握的专业知识,提出了网站改版的思路,并精心设计了网页。当招聘人员看到这样的简历时,很快就判断出王某具备所应聘岗位要求的能力、水平和职业意识,便会马上通知他来面试。

2)突出要点

基于同样的理由,应该了解招聘者的招聘重点,看重的地方,然后突出你这方面的能力或特点。不要堆砌太多的章节,不要把所有次要的职责都列出,只写主要的,删除那些无用的东西,比如爱好,除非你知道招聘单位正在组建一支足球队,而你恰好是学校足球队的前锋。所谓的要点就只是 2 至 3 点,多点罗列不是要点,能让阅读的人留下印象的只有 2 至 3 点,太多项会超出人的记忆限制。提炼并突出这几点,能更容易给人留下清晰的印象。

3)内容真实

不要虚构自己的业绩和经历。简历最重要、最基本的要求是真实,用人单位对求职者的最基本要求就是诚实。阅历丰富的 HR,对求职者的简历有敏锐的分析能力,如遮遮掩掩或夸大其词,终究会露出破绽,求职者也难以通过面试的考核。与其费尽心机,适得其反,不如真实地反映自己的情况。

4) 注意细节

简历内容不能出现错别字和涂改痕迹。较之业务专长,招聘者更看重素质,较之能力,招聘者更看重态度。素质和态度往往从简历的细节处体现出来,因此大部分招聘者会特别重视细节,简历上出现一个错别字就可能导致简历被淘汰,招聘者认为这是求职者的态度不认真。因此在撰写简历时一定要仔细斟酌,把细节落到实处。

5) 格式恰当,篇幅适宜

很多招聘人员反映,每次都会收到一些结构很差的简历,格式杂乱无章,条理不清楚;或者简历太简单,看不出什么信息;或者简历篇幅太长,看不出重点。招聘者也相信,简历不一定能体现出一个人的能力水平,但是因收到的简历太多,这样的简历只能淘汰。简历格式要注重条理,同时篇幅应控制在刚好满足每份 1 分钟左右阅览完。

6) 精心编排打印

简历的好坏,关键在于这份简历给人的印象如何,因此,还必须对写好的简历进行必要的加工,对它进行编排打印。简历的版式编排要美观大方,让人阅览时一目了然。版式的效果好,简历翻开的第一印象就会特别好,这样招聘者会用心阅览下去。

简历的排版要简洁舒适。"简"代表简明扼要。简历即简要的履历。整洁的简历可以给阅读者提供舒适的阅读感觉,进而增加自己晋级的可能性。"洁"代表样式整洁和有条理,不仅指格式上简洁,还包括内容具有条理性。所谓有条理是指简历的顺序或者内容的排列有序。很多大学生在排列简历内容时比较混乱,缺乏条理,这种情况在应届毕业生的简历中比较多见,很多大学生为了追求简历的格式美观、样式新颖,往往在格式、字体和美工上花了很大的工夫。使用多种艺术字体和漂亮的格式,软件也相对先进,如果招聘方使用的软件有限,很可能就会导致简历格式乱七八糟甚至打不开。

一般制作简历用的都是 Word,注意 Word 文件有时会因版本不兼容而打不开,在投递电子简历的时候尽量保存低版本的 Word 格式,以避免打不开的情况发生。

19.1.3 简历的投递方式

求职简历投递的主要方式有快递邮寄、直接送达、利用网络投递等。

1) 快递邮寄

在信函或快件的封面上注明"应聘"字样和应聘职位,字迹要工整清晰。按照指定的时间、地点将自己的个人简历投寄到招聘单位。

2) 直接送达

采用此种方式使本人能够利用招聘人员初次面谈的机会,表达选择该单位的强烈意愿,为自己在众多求职者中脱颖而出,创造一次机会。要按照招聘单位指定的时间将自己的求职材料直接送达招聘人员。

3）利用网络投递

采用此种方式省时省力,节约招聘成本。应聘者最好选择在晚上或者早上八点招聘人员上班前,将自己的简历和求职信发送到用人单位指定的邮箱。

电子简历表最好放上一张照片,对招聘单位的人事经理来说,每天需要浏览大量个人简历表,如果同等的条件,一般会先通知有照片的求职者来面试,因为通过照片,人事经理对应聘者又多了几分了解。

19.2　求职信

求职信也叫自荐信,是求职者向用人单位介绍自己情况以求录用的专用性文书。它是一种私人对公并有求于公的信函,是毕业生在求职过程中常用的辅助材料,一封好的求职信是叩开就业之门的"敲门砖"。因此,求职者在写求职信时,必须思考"我想干什么""我能干什么"两个问题。明确希望自己从事什么工作,自己最适合什么工作,并且确定是否具有从事此项工作所必需的知识和技能。

求职信属于专用信函,书写时一定要符合书写格式和书信语言的规范。求职信是求职者以书面形式与用人单位进行的第一次接触,是"双向选择"的桥梁,是用人单位决定取舍的首要依据。求职信写得好不好事关求职的成败,必须要把握求职信的撰写要点,注意求职信的写作技巧,写出高质量的求职信,接受用人单位对自己的一次非正式考核。

求职信和求职简历的写作目的一样,都是要引起招聘人员的注意,获得好感和认同,争取面试机会。求职信是对求职简历的简要概述与补充,二者在很多方面有相通之处,也有明显的区别。

求职信与求职简历的写作重点不同,求职信是针对特定的招聘者而写的,求职简历则是针对特定的工作岗位来写的;求职简历主要是描述求职者的客观情况,而求职信是表述求职者的主观愿望与特长;求职信带有一定私人信件的性质,应有一定的感情色彩,行文要简明流畅,既有说服力,又有感染力,使人相信自己的资格、能力和人品。

19.2.1　求职信的基本内容

求职信属于书信的一类,格式要符合书信的基本要求。求职信一般包括称谓、正文、结尾3个部分。

1）称谓

称谓可具体到招聘单位人事主管部门领导,也可以"尊敬的领导"一语代替,不可使用不规范的称呼。

2）正文

正文是求职信的核心部分,应首先作自我介绍,写出信息的来源,阐明你对职位感兴趣的原因,以及你有价值的背景情况和满足招聘要求的能力等。

3）结尾

结尾一般应表示两个意思，一是希望对方给予答复，并盼望能得到面试的机会；二是写上简短的表示谢意、祝愿之类的祝词，如"祝贵公司事业蒸蒸日上、财源广进""深表谢意"等，或者用"此致敬礼"等通用词。结尾可以写上自己的通信地址、电子邮箱和联系电话，内容要清晰准确。

［课堂活动］

活动：求职信修改

求职信

亲爱的××公司领导、各部门负责人：

你们好！当你们拆开这封信时，正是秋高气爽的金秋，一个收获的季节。我带着16年寒窗苦读所积累下来的人文、史地、政经、科学知识，步入了寻找人生新起点的又一个艰苦阶段。求职对我来说，既是对我多年学习成果的一次大盘点，又是我展现抱负、实现人生理想的大好机会。

当我听说贵公司正在招聘人才时，毫不犹豫地决定要来一展身手。通过对贵公司的了解，我看到许多今后可以帮助我成长的闪光点。贵公司是证券行业的知名企业，具有很高的知名度和影响力，我希望有机会进入贵公司，从而得到正规的培训，提高各项工作技能，为我今后的人生画下浓墨重彩的一笔。我们学校具有悠久的历史和优良的传统，并且素以"治学严谨，育人有方"著称，我所学习的专业更是热门中的热门。在这样的学习环境下，无论是在知识能力，还是在个人素质修养方面，我都受益匪浅。四年来，在个人努力及各方严格教育下，我具备了扎实的专业基础，系统地掌握了有关专业理论，熟悉了日常工作流程，英语水平比较高，能熟练地操作计算机，并具有多个微软认证证书。还可以设计制作网页、动画，我设计的主页色彩鲜明，格调高雅，功能强大，如果你们能聘用我的话，我可以在业余时间帮助公司改良现在的网页，使它摆脱死板、灰暗、单调的现状。同时，我利用课余时间广泛地阅读了大量书籍，不但充实了自己，也培养了自己多方面的技能，更重要的是，严谨的学风和端正的学习态度塑造了我朴实、稳重、创新的性格特点。

此外，我还积极地参加各种社会活动，抓住每一个机会锻炼自己。大学四年，我深深地感受到，与优秀学生共事，使我在竞争中获益；向实际困难挑战，让我在挫败中成长。老师们教我勤奋、尽责、善良、正直；华夏大学培养了我实事求是，开拓进取的作风。我热爱贵单位所从事的事业，殷切地期望能够在您的领导下，为这一光荣的事业添砖加瓦，并且在实战中不断学习进步。

收笔之际，郑重地提个小小的要求，无论你们是否选择我，尊敬的领导和各部门负责人，希望你们能够接受我诚恳的谢意！

祝愿今后合作愉快！

华夏大学对外贸易学院李××

19.2.2　求职信的常见问题

1) 缺乏准备,无的放矢

大学生准备求职信时,常常没有作好充分的准备,临时抱佛脚,匆忙写作,没有很好地研究应聘单位或岗位情况,内容格式化,缺少信息,无的放矢。

2) 逻辑混乱,条理不清

正文内容混乱,杂乱无章,随意罗列,重点不突出,主题不鲜明,缺乏条理性。让人看后一头雾水,不知所云。

3) 言过其实,夸张炫耀

求职是一个自我推销的过程,但是推销自我也要根据实际情况适度推销。如实地介绍自己掌握的理论知识以及自己的特长和爱好,可以突出强调自己的能力与特长。

4) 过分谦虚,缺乏自信

适度谦虚是一种美德,也会获得对方的好感。但是过分谦虚,很容易使自己错失就业机会。因为过分谦虚给人留下的印象就是不够自信。

5) 滥用词句,哗众取宠

滥用各种华丽时髦的词句,有哗众取宠之嫌,容易使人反感,进而对你的人品产生怀疑。这样做,往往会出现适得其反的效果,得不偿失。

6) 主观强调

求职信中避免频繁出现"我觉得""我想"等强调观点,避免反复使用"我非常希望"这类话来强调语气。实际上,用人单位普遍喜欢待人处事比较客观、实在的求职者。

7) 限定答复时间

如"请于×月×日给予答复为盼""请贵公司从速答复"都是要避免的,如果着急,可以在递交求职材料之后,通过电话进一步咨询自己材料的受理情况及是否有下一步的机会。

8) 以上压下

避免如"贵公司的×××董事长鼓励我直接写信给您""贵公司×××主任特让我写信给您,请多多关照"这样的写法,如果事实确实如此,可以换个方式来写"我从×××董事长(主任)处得知贵公司有意聘请……"这样即说明了获取信息的渠道,又不致使对方反感。

19.2.3　求职信的写作技巧

1) 开头

写求职信的一个重要原则就是把最重要的信息放在开头,直接交代清楚你是谁,你要应聘什么职位,以及你为什么来应聘。如我是××大学大四的学生,将于今年6月毕业,专业是生物。我在××看到了你们招聘××,很感兴趣,想加入你们的企业。

2) 中间——重点突出

首先,要让应聘者知道,你不仅了解该公司,而且非常乐意在此工作。要让自己的求职信脱颖而出,不妨在求职信里写上一些自己对应聘公司的"情结"。这方面可以从以下几点入手。

- 简述接触公司产品或服务的体会。
- 列举一个有关公司较新的重大发展。
- 谈谈对公司的独特见解。
- 简述公司的影响力、管理宗旨、企业文化等。

其次,要用精简明了的语言告诉招聘人员"为什么要聘用你"的理由。这一部分应该是求职信的重点和中心,要在短短的篇幅内提炼你应聘该职位的优势、独特的资质,就像广告中的"卖点",说服招聘人员给你一个面试的机会。你展现的"卖点"可以包括以下几个方面。

- 毕业院校、对口专业,你对应聘行业的深入了解。
- 你与该行业(或职位)相关的兼职或实习经历。
- 你在工作中做出的成绩、创造的价值。

在这一部分切忌重复罗列简历信息,较好的做法是围绕简历中某一两点进行发挥。比如突出你在学业、工作中所取得的成就,以证明你具备扎实的知识基础、过硬的业务能力,使招聘经理相信你足以胜任这项工作。

3)结尾——简单真诚

在求职信的结尾部分,要避免一些许诺式的豪言壮语,例如,如果您聘用了我,我会怎样怎样。其实不妨简单地表达真诚的愿望,如"衷心希望能有机会和您面谈""感谢您的阅读,衷心期待您的回复,同时祝您在繁忙的招聘季节里身体健康"等。另外,在结尾处再次写上联系方式,这样有助于 HR 轻而易举地找到你的联系方式。同时这样的"细致周到"也一定会给对方留下良好的印象。

[思考题]

1.求职简历的基本内容及写作技巧有哪些?

2.写一份个人简历和自荐信,要求:

①格式规范,内容充实。

②使用 A4 纸打印。

第20章 面 试

大学毕业生找工作,面试这一关至关重要。面试即当面测试,是用人单位对应聘者进行选拔而采取的诸多方式中的一种。在整个求职过程中,面试无疑是最具有决定意义的一环。同时,面试也是求职者全面展示自身素质、能力、品质的大好机会,如果面试发挥出色,就可以弥补先前笔试或其他条件(如学历、专业)的一些不足。谁有能力在面试过程中打动面试官,让面试官在第一印象就对你欣赏,谁就是成功者。作为一名大学生要想在毕业以后找到一份理想的工作,除了要具备扎实的专业理论知识外还应该重视学习求职面试的基本知识和技巧。

20.1 面试的基本类型

20.1.1 结构化面试

1)结构化面试的含义

所谓结构化面试,是指根据特定职位的胜任特征要求,遵循固定的程序,采用专门的题库、评价标准和评价方法,通过考官小组与应考者面对面的语言交流等方式,评价应考者是否符合招聘岗位要求的人才测评方法。

2)结构化面试的特征

(1)面试测评要素的确定以工作分析为基础

在结构化面试中,测评要素并不是随意确定的,而是在系统的工作分析的基础上由专家研究确定的,并按一定的顺序及不同分值比重进行结构设计,同时还要在测评要素下面明确测评要点即观察要点,测评要点下面是测试题目,每个测试题目都有出题思路或答题参考要点供面试官评分时参考。面试的目的是要将对职位更合适的应考者选拔出来,如果没有对职位要求的工作分析,就无法确定与拟任职位的要求密切相关的录用标准,也就无法达到面试的最佳效果。所以,以工作分析为基础确定测评要素是结构化面试的重要特点。

(2)面试的实施过程对所有应考者相同

在结构化面试中,不仅面试题目对报考同一职位的所有应考者相同,而且面试的指导语、面试时间、面试问题的呈现顺序、面试的实施条件都应是相同的。这就使所有应考者在几乎完全相同的条件下进行面试,保证面试过程的公正、公平。

(3)面试评价有规范的、可操作的评价标准

针对每一个测评要素,结构化面试有规范的、可操作的评价标准。其突出表现在每个要

素都有严格的操作定义和面试中的观察要点,并且规定了每个评分等级(如优秀、良好、一般、较差)所对应的行为评价标准,从而使每位考官对应考者的评价有统一的标准。评价标准中还规定了各测评要素的权重,使考官知道什么要素是主要的、关键的,什么要素是次要的、附属的。应考者的面试成绩最终是经过科学方法统计出来的(即对每个要素去掉众多考官评分中的最高分和最低分,然后得出算术平均分,再根据权重合成总分)。

(4)考官的组成有结构

在结构化面试中,考官的人数必须在2人以上,通常有7~9名考官。考官的组成一般也不是随意决定的,而是根据拟任职位的需要按专业、职务甚至年龄、性别等,按一定比例进行科学配置,其中有一名是主考官,一般由他负责向应考者提问并把握整个面试的总过程。

3)结构化面试注意事项

(1)要谦虚谨慎

面试和面谈的区别之一就是面试时对方往往是多人,其中不乏专家、学者,应考者在回答一些比较有深度的问题时,切不可不懂装懂,不明白的地方就要虚心请教或坦白说不懂,这样才会给考官留下诚实的好印象。

(2)要机智应变

当求职者一人面对众多考官时,心理压力会很大,面试的成败大多取决于应考者是否能机智果断,随机应变,能当场把自己的各种聪明才智发挥出来。首先,要注意分析面试类型,如果是主导式,就应该把目标集中投向主考官,认真礼貌地回答问题;如果是答辩式,则应把目光投向提问者,切不可只关注甲方而冷待乙方;如果是集体式面试,则分配给每个应考者的时间很短,事先准备的材料可能用不上,这时最好的方法是根据考官的提问在脑海里重新组合材料,言简意赅地作答,切忌长篇大论。其次,要避免尴尬场面,在回答问题时常遇到这些情况:未听清问题便回答,听清了问题自己一时不能作答,回答时出现错误或不知怎么回答问题时,可能使应考者处于尴尬的境地。避免尴尬的技巧:对未听清的问题可以请求对方重复一遍或解释一下;一时回答不出可以请求考官提下一个问题,等考虑成熟后再回答前一个问题;遇到偶然出现的错误也不必耿耿于怀而打乱回答后面问题的思路。

(3)要扬长避短

每个人都有自己的特长和不足,无论是在性格上还是在专业上都是这样。因此我们在面试时一定要注意扬己所长,避己所短。必要时可以婉转地说明自己的长处和不足,用其他方法加以弥补。例如有些考官会问这样的问题:"你曾经犯过什么错误吗?"这时候就可以选择这样回答:"以前我一直有一个粗心的毛病,有一次实习的时候,由于我的粗心把公司的一份材料弄丢了,老总狠狠地批评了我。后来我经常和公司里一个非常细心的女孩子合作,也从她那里学习了很多处理事情的好办法,一直到现在,我都没有因为粗心再犯什么错。"这样的回答,既可以说明你曾经犯过这样的错误,回答了招聘官提出的问题,又表明了那样的错误只是以前出现,现在已经改正了。

(4)显示潜能

由于面试的时间通常很短,应考者不可能把自己的全部才华都展示出来,因此要抓住一切时机,巧妙地显示潜能。例如,应聘会计职位时可以将正在参加计算机专业的业余学习情况"漫不经心"地讲出来,可使考官认为你不仅能熟练地掌握会计业务,而且具有发展会计业务的潜力;报考秘书工作时可以借主考官的提问,把自己的名字、地址、电话等简单资料写在准备好的纸上,顺手递上去,以显示自己写一手漂亮字的能力等。显示潜能时要实事求是、简短、自然、巧妙,否则会弄巧成拙。

总而言之,结构化面试具有试题固定、程序严谨、评分统一等特点。从实践来看,结构化面试的测评效度、信度都比较高,比较适合规模较大,组织、规范性较强的录用面试,因此,结构化面试已经成为目前录用面试的基本方法。

当然,作为一种测评方法,结构化面试也有其不足。其主要表现在考官实施时灵活性不够,通常不允许在必要时对某些应考者进行有针对性的追问;而另一方面,考官对一些已经有把握的方面却仍然要问事先拟订的问题。结构化面试的另一个不足是考官实施时显得比较呆板,这样当应考者较多时考官容易疲劳。

20.1.2 无领导小组讨论

1)什么是无领导小组讨论

无领导小组讨论又称为小组面试,俗称"群面"。无领导小组讨论是评价中心技术中经常使用的一种测评技术,其采用情境模拟的方式对考生进行集体面试。它通过给一组考生(一般是5~7人)一个与工作相关的问题,让考生们进行一定时间(一般是1小时左右)的讨论,来检测考生的组织协调能力、口头表达能力、辩论能力、说服能力、情绪稳定性、处理人际关系的技巧、非言语沟通能力(如面部表情、身体姿势、语调、语速和手势等)等各个方面的能力和素质是否达到拟任岗位的团体气氛,由此来综合评价考生之间的优劣。

在无领导小组讨论中,评价者或者不给考生指定特别的角色(不定角色的无领导小组讨论),或者只给每个考生指定一个彼此平等的角色(定角色的无领导小组讨论),但都不指定谁是领导,也不指定每个考生应该坐在哪个位置,而是让所有考生自行排位、自行组织,评价者只是通过安排考生的活动,观察每个考生的表现来对考生进行评价,这也就是无领导小组讨论名称的由来。

无领导小组讨论主要测试应试者论辩能力,其中既包括对法律、法规、政策的理解和运用能力,又包括对拟讨论题目的理解能力、发言提纲的写作能力、逻辑思维能力、语言说服能力、应变能力、组织协调能力。

2)无领导小组讨论的几个阶段

无领导小组讨论的过程一般分为三个阶段:第一阶段,应考者了解试题,独立思考,列出发言提纲,一般为5分钟左右;第二阶段,应考者轮流发言阐述自己的观点;第三阶段,考生交叉辩论,继续阐明自己的观点,或对别人的观点提出不同的意见,并最终得出小组的一致意见。

3)无领导小组讨论的程序

①讨论前事先分好组,一般每个讨论组6~8人为宜。

②考场按易于讨论的方式设置,一般采用圆桌会议式,面试考官席设在考场四边(或集中于一边,以利于观察为宜)。

③应考者落座后，面试考官为每个应考者发空白纸若干张，供草拟讨论提纲用。

④主考官向应考者讲解无领导小组讨论的要求(纪律)，并宣读讨论题。

⑤给应考者5~10分钟准备时间(构思讨论发言提纲)。

⑥主考官宣布讨论开始，依考号顺序每人阐述观点，时间为5分钟，依次发言，发言结束后开始自由讨论。

⑦各面试考官只观察并依据评分标准为每位应考者打分，不准参与讨论或给予任何形式的诱导。

⑧无领导小组讨论一般以40~60分钟为宜，主考官依据讨论情况，宣布讨论结束后，收回应考者的讨论发言提纲，同时收集各考官评分成绩单，考生退场。

⑨记分员去掉一个最高分，一个最低分，然后得出平均分的方式，计算出最后得分，主考官在成绩单上签字。

在无领导小组讨论中主考官评分的依据标准：发言次数的多少；是否善于提出新的见解和方案；是否敢于发表不同的意见，支持和肯定别人的意见，坚持自己的正确意见；是否善于消除紧张气氛，说服别人，调解争议，营造一个大家都想发言的气氛，把众人的意见引向一致；能否倾听别人意见，是否尊重他人；是否具有语言表达能力、分析能力、概括和归纳总结不同意见的能力；发言的主动性、反应的灵敏性如何等。

4)无领导小组讨论的功能

无领导小组讨论具备以下3个功能：

①区分功能，在一定程度上能够区分出应考者能力、素质上的相对差异。

②评定功能，能在一定程度上评价、鉴别应考者某些方面的能力、素质和水平是否达到了规定的某一标准。

③预测功能，能在一定程度上预测应考者的能力倾向和发展潜力，预测应考者在未来岗位上的表现、成功的可能性和成就。

5)无领导小组讨论的优点

能检测出笔试和单一面试法所不能检测出的应考者能力或者素质；可以依据应考者的行为、言论来对应考者进行更加全面、合理的评价；能使应考者在相对无意中显示自己各个方面的特点；使应考者有平等的发挥机会，从而很快地表现出个体上的差异；节省时间，并能对竞争同一岗位的应考者的表现进行同时比较(横向对比)，观察到应考者之间的相互作用；应用范围广，能广泛应用于非技术领域、技术领域、管理领域等。

但无领导小组讨论对测试题目和考官的要求较高，同时，单个应考者的表现易受其他应考者的影响。

6)无领导小组讨论试题的主要类型

无领导小组讨论的试题从形式上看，可以分为以下5种：

(1)开放式问题

其答案的范围可以很广，很宽。这主要考查应考者思考问题是否全面、有针对性，思路是否清晰、是否有新的观点和见解。例如：你认为什么样的领导是好领导？关于此问题，应考者可以从很多方面，如领导的人格魅力、领导的才能、领导的亲和取向、领导的管理取向等来回答,可以列出很多的优良品质。对考官来讲,这种题虽然容易出,但是不容易对应考者进行评价,因此类问题不太容易引起应考者之间的争辩,所测查应考者的能力范围较为有限。

(2)两难问题

让应考者在两种互有利弊的答案中选择其中的一种。这主要考查应考者的分析能力、语言表达能力以及说服力等。例如你认为以工作为取向的领导是好领导还是以人为取向的领导是好领导?此类问题对应考者而言,既通俗易懂,又能够引起他们充分的辩论;对考官而言,不但在编制题目方面比较方便,而且在评价应考者方面也比较有效。

此种题型类型的题目需要注意的是两种备选答案都具有同等程度的利弊,不存在其中一个答案比另一个答案有明显的选择性优势。

(3)多项选择题

让应考者在多种备选答案中选择其中有效的几种或对备选答案的重要性进行排序。这主要考查应考者分析问题、抓住问题本质等各方面的能力。此种类型的题目对评价者来说,虽出题难度较大,但又利于揭示应考者各个方面的能力和人格特点。

(4)操作性问题

这是考官提供材料、工具或道具,让应考者利用所提供的材料,制造出一个或一些考官指定的物体来。这主要考查应考者的能动性、合作能力以及在一项实际操作任务中充当的角色特点。此类问题考查应考者的操作行为,比其他类型的问题要多一些,情境模拟的程度要大一些,但考查应考者语言方面能力则较少。考官必须充分地准备需要用到的一切材料。操作性问题对考官和题目要求都比较高。

(5)资源争夺问题

此类问题适用于指定角色的无领导小组讨论,是让处于同等地位的应考者就有限的资源进行分配,从而考查应考者的语言表达能力、概括或总结能力、发言的积极性和反应的灵敏性等。如让应考者担当各个分部门的经理并就一定数量的资金进行分配。因为要想获得更多的资源,自己必须要有理有据,必须能说服他人,所以此类问题能引起应考者充分的辩论,也有利于考官对应考者的评价,只是对试题的要求较高。

20.1.3 情境模拟面试

1)情境模拟面试的含义

情境面试又叫情境模拟面试或情境性面试等,是面试的一种类型,也是目前最流行的面试方法之一。情境模拟测评,是设置一定的模拟场景和相关情况,要求被测试者扮演某一角色并进入角色情境中,去处理各种事务、解决各种问题和化解矛盾。考官通过对应考者在情境中所表现出来的行为进行观察和记录,以测评其素质潜能,或看其是否能适应或胜任工作。

2)情境模拟面试的特征

(1)针对性

由于模拟测试的环境是拟招岗位或近似拟招岗位的环境,测试内容又是拟招岗位的某项实际工作,因此具有较强的针对性。例如某市财政局在模拟测试中,给了应考者有关财务资料,要求应考者据此写出一份财务分析报告,内容包括数据计算、综合分析、个人的观点、意见和建议。上述模拟测试就是针对财政工作和审计工作的需要以及现实中的相关问题设计的。某市审计局给应考者提供了某单位的原始凭证和账目,要求应考者挑出并改正其中的错误。实际上,情境模拟和报考部门的职位具有很强的匹配性,因而具有极强的针对性。

（2）直接性

在结构化面试中,应考者容易陷入消极被动的境地,消极地接受考官的提问,被动地思考和回答问题。在这种情况下,应考者实际上是在机械地回答问题,而不是就问题发表自己的观点与想法。在一定程度上不能充分地检测应考者的基本素质是否符合职位与岗位的要求。而情境模拟将应考者在考场上所扮演的角色,强行由消极被动接受,向积极主动转变,使应考者在考场上不再视自己为面试的附属品,而是面试的主角。如在招考秘书的情境模拟考试中,某市委宣传部将一篇成文信息抽取观点,颠倒次序后,由一位考官语无伦次地口头叙述,让应考者记录并据此写出一份"简报"。而某市检察院则用中速放了一名犯罪分子的犯罪证词录音,要求应考者做笔录,并据此撰写"起诉书",还放了一个举报电话录音,让应考者当即处理。这样的测试,不仅测试内容与拟招岗位业务有直接关系,而且使考评人员能够直接观察应考者的工作情况,直接了解应考者的基本素质及能力,从而更具有直接性。

（3）可信性

由于模拟测试接近实际,考查的重点是应考者分析和解决实际工作问题的能力,加之这种方式又便于考官根据自己丰富的工作经验进行观察、了解应考者是否具备拟任岗位职务的素质,因此普遍反映模拟测试比笔试和其他面试形式更具有可信性。如某市广播电视局在招聘编辑、记者时,组织应考者参观了该市无线电一厂生产车间,做了一次模拟的记者招待会,在听取了厂长对工厂基本情况的介绍之后,由应考者扮演记者,现场向厂长提问,招待会结束之后,各位应考者根据自己的"采访记录"分别撰写新闻综述和工作通讯。通过这种测试,观察、了解应考者是否具备编辑、记者的基本素质。

此外,情境模拟由多个主试小组成员分别对应考者进行评价,减少了因应考者发挥失常或个别主考官评价偏差而导致测评结果失真。每项测验后,请应考者说明测验时的想法以及处理问题的理由。在此基础上,主考官进一步评定应考者处理实际问题的能力和技巧,使评价结果的可靠性大大增加。

（4）动态性

如果说结构化面试还存在着静态考试的弊端的话,那么情境模拟往往会将应考者置于动态的模拟工作情境中,模拟实际管理工作中瞬息万变的情况,不断对应考者发出各种随机变化的信息,要求应考者在一定时间和一定情境压力下作出决策,在动态环境中充分展示自己的能力和素质。

总的来讲,和其他测试形式相比,情境模拟测试的特点主要表现在针对性、可信性和动态性等方面。针对性表现在测试的环境是仿真的,内容是仿真的,测试本身的全部着眼点都直指拟任岗位对应试者素质的实际需求。需要指出的是,有时表面上所模拟的情境与实际工作情境并不相似,但其所需要的能力、素质却是相同的。这时,表面的"不像"并不妨碍实质上的"像"。可信性表现为应考者在测试中所"做"的、所"说"的、所"写"的，与拟任岗位的业务直接地联系着，犹如一个短暂的试用期，其工作状态一目了然。动态性表现在测试的手段多样、内容生动，应考者作答的自由度高、伸缩性强，给应考者的不是一道封闭的试题，而是一个可以灵活自主甚至即兴发挥的广阔天地。

上述特点也派生了模拟测试的相对局限性，主要表现为测试的规范化程度不易平衡，效率较低。同时，对考官素质的要求较高。

3）情境模拟面试的应对策略

（1）对应聘的职位提前进行调研

所谓"知己知彼，百战不殆"。因为情境模拟的场景通常是工作中的一些问题，所以求职者一定要做好职位调研。求职者提前了解报考职位的岗位职责、工作内容、相关法律法规等，做到心中有数，考试中遇到工作场景的问题才不会无的放矢。

（2）保持良好心态

在面试考场上，应考者紧张是在所难免的。而情境模拟题又是将应考者置身于一个矛盾重重、困难重重的环境中，更容易引起应考者的紧张。适度紧张是必要的，但是过分紧张必然会影响应考者的表现，毕竟考官是要观察应考者的"行为表现"的。消除紧张的办法只有两个。一是要对这类题目的答题思路和方法非常熟悉，这就是工具，有了工具才可能从容应对；二是多加练习。从心理学角度而言，人们通常对陌生的东西感到恐惧继而带来紧张，如果应考者反复地练习，提高对该类型题目的熟悉程度，则可以削减紧张情绪。

无论是多么紧急的场景，解决问题的前提都要有良好的心态。要心平气和，要冷静，不要被困难打乱阵脚。求职者要有这样的意识，那就是态度决定高度。冷静、正确面对问题才是妥善解决问题的前提。

（3）掌握沟通、协调技巧

在面试时语言要流畅，说话要有逻辑性。在回答过程中，要剔除"嗯、哦"等。"在合适的时间、合适的地点对合适的人说合适的话。"在情境模拟过程中，要重点突出沟通、协调的技巧性。

（4）要守法创新

解决问题必须在遵守法规的基础上。比如处理问题的原则是不能更改的。在遵守法规的基础上进行创新，重点体现自己解决问题的能力。

（5）要角色入戏

很多求职者认为情境模拟题较难，其实很大的难度在于求职者无法进入角色。常常是会"说"不会"做"。比如："你单位一位老同志最近经常占用公家电话打私人电话，群众的电话打不进来，问题得不到解决，领导让你去和老同志交谈。"（主考官就是该老同志）。求职者往往会说应该怎么做，却难以进入角色，难以把考官当作老同志，现场表演自己的做法。

20.1.4　电话面试

1）电话面试的含义

电话面试是一种通过手机、固定电话等通信工具对求职者进行考核和筛选的面试渠道，通过电话对话来对求职者的状况进行基本了解,如自我介绍、工作经历等。

2)电话面试求职者需要注意的事项

(1)通话质量

这是成功电话面试的基础,试想如果通话质量很差,如手机信号差、手机质量差等因素影响,那么双方听到的与表达的肯定会大打折扣。除了手机本身的问题,周围的噪声也影响通话质量,求职者接到面试电话时要选择一个相对安静的地方接听。

(2)流利的自我介绍

电话面试时,最重要的部分就是简短的自我介绍,一般只要 1 分钟时间就足够了。求职者不要提及太多细节,还要避免用时过长,不然会导致 HR 对求职者表达的内容抓不到重点。建议预先写一段 50~100 字的自我介绍并背熟,等到真有电话面试时就可以流利说出来了。

(3)稳定的心理素质

电话面试不像普通的面对面面试,传统的面试基本上有一定的流程,先笔试,后面试,求职者可以事先根据面试的职位要求进行一定的复习。但电话面试是没有任何通知也没有任何安排下出现的,电话突然响就马上需要绷紧神经应付电话中的 HR。其对人的心理能力与应变能力考验相当大,有人会由于紧张而结巴,有人会突然忘记事先准备好的东西。因此,在平时需要训练遇到突发事件的心理素质。

电话面试一般出现于较大型公司或者求职者离公司较远时,公司的 HR 便会首先选择采用电话面试。电话面试往往是 HR 对求职者的第一感觉,对以后能否有第二次面试和笔试等都具有决定性的作用。但基于电话面试的条件局限性,一般都只作为初步了解求职者大体情况的方式。

20.1.5 视频面试

1)视频面试的含义

视频面试是指用人单位与求职者足不出户利用连通了互联网的电脑,通过视频摄像头和耳麦采取语音、视频、文字的方式进行即时沟通交流的招聘和面试行为。

2)求职者在进行视频面试时需要注意的问题

(1)摄像头和耳麦准备

准备一个摄像头和一个耳麦;如果求职者使用的是麦克风和音箱,在使用中,就不能麦克风对着音箱,否则会产生回音,二者的距离最好稍远一点。不要让强光直接对着摄像头的镜头,应该采用柔和一点的明亮的灯光,这样就能在使用过程中达到一个好的效果。

(2)服饰准备

虽然视频面试是通过视频进行的,但着装仍然很重要。求职者着装要尽量做到干净整洁、朴实大方、和谐得体,符合大学生身份,给面试官一个良好的印象。调整好摄像头,把自己最具风采的一面展示给面试官。

(3)谈吐要礼貌,要充分展示自我,作好自我介绍

由于视频招聘更多的是通过语音聊天来展示自己,因此要特别注意谈吐。在视频过程

中有可能出现没有听清的情况或者视频突然中断，要非常有礼貌地解释清楚，这个时候求职者的反应也许就会成为面试官判断的标准。作自我介绍时要重点突出，有的放矢。

（4）注意细节

虽然在视频面试过程中不像传统面试整个人在面试官的注意力之下，但是面试官仍然有可能通过你的一颦一笑、一举一动来判断你的素质。

求职者在面试过程中，眼睛要直视对方，目光游移不定会影响面试官对你的信赖，不仅要做到口齿清晰，更要做到思维有条理。

20.2　面试准备

"工欲善其事，必先利其器"，如果你想要面试成功，就必须在事前作好充分的准备。成功总是眷顾那些有准备的人。有了对面试的充分准备，在面试时就已经成功了一半。

1）充分了解应聘单位

"知己知彼，百战不殆"，面试之前，毕业生一定要广泛收集面试单位和应聘岗位各方面的资料和信息，即便是"临场发挥"也会相当精彩和出色。

一个人对自己要面试的单位一无所知是很严重的问题。当面试官问你相关问题时，你一脸茫然，一问三不知，不只是表现出你对这场面试的不重视，也表现出了你对这个职位、这家公司的不重视。更严重的是，让人觉得你不是个脚踏实地，做事有准备的人。无论是什么职位，当你提出申请并赢得了面试机会时，都应该好好地去珍惜和准备。这不只是对别人的尊重，也是对自己的尊重和对自己负责。

收集招聘单位的资料的途径有很多，例如上网查询，亲朋好友之间的消息，师兄师姐的介绍，老师同学们的指导和意见等，只要用心准备都会有收获的。

如果能知道一些关于面试官的相关资料就更好了，当面试时，就可以投其所好，创造共同话题，赢得实习的机会，这样有利于给他们一个良好印象。再者，知道了一些面试官的相关资料后，求职者可以在穿衣打扮上，谈话聊天时避开面试官所忌讳的领域。但是，在更多的时候求职者很难知道面试官的具体情况，有些面试关于面试官的情况事前是保密的。那么，求职者就应该了解大多数面试官不喜欢什么样的应聘者，在面试时，要尽量避免成为那样的人。

2）心理准备

心理准备实际上是对自己是否成熟的实地检验。一个成熟的人应该有足够的毅力面对挫折，有足够的勇气迎接挑战。有了这些心理准备，面试时就会临阵不乱，应答如流。面试就好比一场考试，在测试每个人的能力，也在测试每个人的心理素质和临场发挥能力。

面试时要有良好的心态。大学生一旦具备了良好心态，就会在面试时精神饱满、意气风发，充满自信，讲起话来语意肯定、语气恳切，操纵言辞得心应手，侃侃而谈，从而为应聘成功打下良好的基础。

（1）积极进取的心态

有积极进取心态的大学生，总是把每个面试机会看成千载难逢的好机遇，可遇而不可求。于是，能在面试前认真作准备，打电话，查资料摸底，对每一个可能要问的问题的细节都仔细思考，在面试时就可能有正常的或超常的发挥。有这种积极心态的人，就不怕负面消息的干扰。找工作其实是找机会，而机遇又从来不是唾手可得的。有的机遇往往稍纵即逝，你不去捕捉，定会失去良机。

（2）双向选择的心态

求职者参加面试，不是命运被操纵在对方手里，而是控制在自己手上。的确，从用人单位来看，求职者是在接受用人单位的考查，看其条件是否符合招聘的要求。不过，换个角度来看，用人单位和面试官同时也在被求职者检验，看用人单位给的条件能不能吸引你。双向选择既是求职者考察用人单位，又是用人单位考察求职者。求职者以沉着、稳健的气势面对主考官的问题，自然能表现出一种不卑不亢的态度。

再有，面试时别高估对方答应的条件，特别是对方表示接纳你的意思时，不要高兴得冲昏了头脑。要按捺住情绪，以沉稳的语气说话。也可以采用"轻处理"法，即"我很高兴参加这次面试，回去以后我再考虑一下，尽快答复您什么时候来报到（或签约）"。这种表现会给用人单位一个良好的印象。

（3）输得起的心态

如果面试时有不怕挫折、不怕失败、输得起的心态，就会大大增强自己面试时的信心，就会在面试时有板有眼，心平气和地介绍自己。就是遇到比自己强的竞争者，也不会自惭形秽，而是抱着一种"一山还比一山高""我也要成为他那样的人"的积极心态来对待。总之，经不起挫折，输不起的人才是真正的失败者。有了这种输得起的思想准备，你就会一试再试，终会找到比较称心的工作。

3）着装准备

在求职面试最初的交往活动中，一个人的仪表往往比他的简历、介绍信、证明、文凭等书面材料的作用更直接，更能产生直面的效果。由于一个人对另一个人的印象和观感，在初次见面的短短几分钟内就已经形成，这个印象无形中左右着主考官的判断。因此，求职者一定要注重求职时的外在形象，要设计好自己的形象。

4）问题准备

（1）背熟简历和自我介绍的内容

面试之前一定要把简历的内容记熟，因为简历上的内容是面试官对你的唯一了解，整个面试过程都可能围绕你简历的内容展开。自我介绍往往是面试过程中必不可少的重要环节，自我介绍的好坏将对整个面试过程产生重要影响。一些求职者在作自我介绍时由于准备不充分或方法不当败下阵来：或心理紧张、语无伦次；或漫无边际、夸夸其谈；从而失去了一次充分展示自我的宝贵机会。

（2）对可能遇到的问题进行准备

这项准备有助于认清自己真正的想法，有助于在面试现场能够清晰地自我表达。要想在面试中轻松回答，就必须在面试前适当准备。尽管不同的用人单位和面试官所提问题不尽相同,但是大体提什么问题都是有一定规律可循的。

一是对自己的认识程度。例如,请简单介绍一下你自己!你有哪些优点和缺点?你的好朋友如何评价你?二是教育背景。例如,你的专长是什么?你喜欢哪一门课程?在实习中得到和学到了什么?三是了解企业的程度。例如,你为什么来应聘?对于这个职位你最感兴趣的是什么?对这份工作抱什么期望?对公司了解吗?四是能力如何。例如,你认为你适合干什么?你能为我们公司带来什么?你为什么还没有找到合适的职位?

(3)准备向面试官提出的问题

在面试中,应聘者除了要接受面试官的提问外,面试官常常还会给你提问的机会。通过你的提问,可以使面试官看到你的目标、业务水平、看问题的角度及深度等。如果遇到这个环节,一定要抓住机会,就会在最后给考官留下一个好的印象。

首先,一些常识性的问题不要问,诸如"公司有多少年的历史?""有多少员工?"等。

其次,以自我为中心的问题少问,或者从侧面来问,不要太直接。如"工资多少?""福利有哪些?""每个月休假有多少天?"等。

最后,多问与应聘职位相关的问题,比如"这个职位还有其他的要求吗?""我们这个部门近期的工作目标是什么?"除此之外,还可以针对一些专业的特殊要求来设计这类问题。这样的问题既能反映出你的敬业精神,又能够反映出你的业务水平和思考能力,同时考官们也很乐意回答,这会为你的应聘成功奠定坚实的基础。要记住,提问题是为了告诉面试官你非常渴望得到这份工作,已经思考了很多,同时希望了解更多,而不是为了难倒面试官,或者告诉面试官你有多聪明。这个时候,你的目标是"双赢",提出一个既能让面试官对你有好感,同时面试官又很乐意回答你的问题,这是最合适的。不能问及与薪水、待遇有关的问题,这会让面试官觉得你自私,只关心待遇,不关心能为公司做些什么。问题集中在工作性质、工作内容或者面试官之前提及的内容上比较合适。总之,争取以双方非常愉快的交谈来结束你的面试,对面试双方都是一件很好的事情。

例如,下面是可以问面试官的问题:

①我懂得这个岗位的首要职责,但您能不能告诉我一下其他的要求?

②您觉得作为新员工最容易碰到的新问题和挫折是什么?

③公司对员工的长期培训计划一般都有哪些内容?

④公司的长远目标是什么?员工应该怎样配合以达到目标?

5)材料准备

面试前,应该提前准备好面试的相关材料。如备用简历、身份证、笔、笔记本、与应聘职位相关的作品。最好把这些材料都放在公文包里,实在没有公文包可以放在资料袋里,资料袋应可以平整地放下 A4 纸大小的文件。

6)细节准备

面试前要保证充分的睡眠和愉快的心情,以保证良好的精神状态。

20.3 面试礼仪

求职是一个推销自己的过程。面试礼仪属于商务礼仪的范畴,面试礼仪的精髓首先是以尊重为本,充分表现出对对方的尊重;其次是表现出高素养,通过表达把自己的能力、性格和特长等综合素质表现出来。大学生在求职过程中要注意面试时的仪容、仪表、礼仪和行为举止。

20.3.1 仪容仪表礼仪

面试时得体的打扮不仅能体现出求职者良好的精神风貌,还能体现出求职者应聘的诚意。求职者的形象不仅代表自己,更重要的是将代表所就职的单位。为此,多数单位都力求找到能够提升企业组织形象的候选人,要求候选人不仅能胜任本职工作,而且还要具备良好的仪表仪态。

1) 仪容整洁

首先,要保持面部清洁,尤其是要注意局部卫生,如眼角、耳后、脖子等易被人们忽略的地方。其次,女生最好化淡妆,将面部稍做修饰,做到清新、淡雅,使人显得精神、干练即可,一定不要化过浓或过于夸张的妆;男生则需要修面,不可胡子拉碴,不然会显得无精打采,邋里邋遢。另外,还要注意身体的异味,勤洗澡,面试前不吃大蒜等有强烈异味的东西,以免口气熏人。

2) 发型适宜

发型最能直接地反映应聘者的精神面貌。发型既要与个人的特点相符,也要与服饰相配。但在面试时,许多大学生很注意着装,却忽略了发型的设计,其实,发型在整个仪表美中,占有很重要的位置。面试时对发型总的要求是端庄、文雅、自然,避免过于前卫和另类的发型,同时还应与申请的职位要求相适宜。男生的发型以短发为主,做到前不覆额,侧不遮耳,后不及领。

3) 着装得体

得体的衣着对求职的顺利进行有着不容忽视的作用,那么,大学生求职时着装应注意些什么呢?

(1)着装必须要整洁

招聘者不会将一个不修边幅、邋遢的求职者作为首选目标。整洁着装意味着你重视这份工作、重视这家单位,也重视今后代表的企业形象。整洁并不需要过分的花费,但能赢得招聘者的好感。着装整洁要做到:衣领、袖口干净、无污渍,衣服熨烫平整挺括,皮鞋擦亮无灰尘。

(2)着装应当得体

应聘是正式场合,求职者应穿着适合这一场合的衣服,着装应该较为正式,又略带学生气。我们着装要避免两个误区：一是"年少拼命装老成"；二是"什么流行穿什么"。要根据工作性质来选择服装。面试不是约会，尽可能放弃各种装饰。要根据应聘的职业特点来打扮自己。如你要去应聘广告公司，打扮不仅要得体、大方，而且还要显得与众不同，特别在色彩的搭配上要协调、出众，这会让人感觉你有较高的审美水平，且又有创新思维，这是作为一个广告人所必需具备的。服饰打扮与应聘职业的匹配，是你应聘成功的一个砝码。

20.3.2　行为举止礼仪

1）面试前

（1）严格守时

参加面试应按照约定的时间前往，不能迟到，最好能提前 10~15 分钟到达面试地点，以有充分的时间调整好自己紧张的情绪，也表示求职的诚意。

守时是职业道德的一个基本要求，如果面试迟到，那么不管有什么理由，都会被视为缺乏自我管理和约束能力，即缺乏职业能力，给面试官留下非常不好的印象。但对招聘人员的迟到千万不要太在意，这一点一定要知道，否则，招聘人员一旦迟到，你的不满情绪便溢于言表，这会让面试成功的可能性大大降低。如果面试地点较远，宁可早到 30 分钟或者 1 个小时。但早到后不宜提早进入面试场所，需要把握时机，否则面试官很可能因为手头的事情没有处理完而觉得不方便。面试地点不熟悉、地理偏僻又比较复杂的，不妨先跑一趟，熟悉交通路线、地形，这样既清楚了面试的具体地点，同时又了解了路上需要的时间。

（2）进入面试单位要文明、有礼貌

进入面试单位，若有前台服务人员，则开门见山说明来意，经指导到指定区域落座。而不要四处打探，让人觉得你别有用心或图谋不轨，甚至被保安盯上，面试结果就可想而知了。若无前台服务人员，则找工作人员帮忙，这时要注意文明用语，开始的"你好"和被指导后的"谢谢"是必要的。在到达面试会场前，不论在走廊还是在电梯内，如遇到面试公司的职员，都应礼貌地问候，并注意自己的言行举止，切忌问东问西。

（3）面试前的等待

到达面试地点后要在门外或者等候室耐心等待，并保持安静及正确的坐、站姿势，不要随意走动，也不要与别的求职者聊天。抓紧时间熟悉可能被提问的问题，积极作好应试准备，手机关机或调成静音。

（4）进入面试现场要先敲门后进屋

不敲门就进屋是非常不礼貌的行为。敲两下门是较为合适的，敲门时用力要适中。开关门动作要轻，以从容、自然为好。见面时要向招聘者主动打招呼问好致意，称呼应当得体。

（5）入座礼仪

在面试官没有请你坐下时，切勿急于落座。面试官请你坐下时，应道声"谢谢"。

2）面试中

（1）面部礼仪

在面试时，应聘者面部表情应从容、自然，不急不躁。回答问题时要做到表情自然，切忌僵硬死板、面无表情。

微笑是运用最多的身体语言,是令人愉快的面部表情,可以营造和睦、友好的氛围,增强亲和力,可为面试加分。

眼睛是心灵的窗户,面试过程中目光很重要。面试时,应聘者应当与主考官保持目光接触,以表示对主考官的尊重。目光接触的技巧是盯住主考官的鼻梁处,每次15秒左右,然后自然地转向其他地方,例如望向主考官的手,办公桌等其他地方,然后隔30秒左右,又再望向主考官的鼻梁处。切忌目光犹疑,躲避闪烁,这是缺乏自信的表现。

(2)坐姿礼仪

进入房间后要等面试官示意你坐下时才坐下,不要擅自决定坐哪里。从座位的左侧入座,轻稳坐下,入座时要轻、要稳。女士入座前要先整理衣裙下摆,双目平视,嘴唇微闭,下颌微收,双肩平正放松,两臂自然弯曲平放在腿上,也可以掌心向下放在椅子或沙发扶手上。坐姿要求挺胸、提臀、立腰,上体自然挺直,双膝自然并拢,双脚尖向正前方或交叠,男士双脚可平行打开。

坐时切勿弯腰驼背。就座时应避免不雅体态,不要动作太大,不要低头,不要大弯腰。需要注意的是,如果与考官一起入座时要让考官先入座,入座后坐满椅子的前2/3,轻靠椅背。侧身与他人交谈时,应尽量把上身侧向对方。

总之,求职者仪态要落落大方,避免小动作,尤其是一些不良的习惯动作。如抖腿、摸头发、揪耳朵等。

(3)站姿礼仪

站立时应当身体挺直、伸展、收腹,眼睛平视前方,手臂自然下垂或右手搭在左手上叠放于体前,丁字步、"V"形或双脚平行分开不超过肩宽,这样的站姿会给人一种端庄、稳重的感觉。站立时避免探脖、斜肩、驼背、挺腹、撅臀、耸肩、双腿弯曲或不停颤抖等不雅动作,也不要将手插入裤袋或交叉在胸前,更不能下意识地做摆弄衣角等小动作,那样会显得拘谨,给人缺乏自信的感觉。另外,与人站立交谈时,身体不要倚门、靠墙、靠柱,双手可随说话内容做一些手势,但不可手舞足蹈。

(4)手势礼仪

人在紧张、兴奋、焦急时,手都会有意无意地表现其内心世界。作为仪态的重要组成部分,手势应该得到正确地使用。手势也是人们交际时不可缺少的动作,是最有表现力的一种"体态语言",俗话说:"心有所思,手有所指。"手的魅力并不亚于眼睛的魅力,甚至可以说手就是人的第二双眼睛。

进入面试现场时,如果面试官不伸手,就不要主动去握手。握手时用右手。手是仅次于头和脸的重要的身体语言的体现者。你可以有意识地利用它来帮助你控制和消除紧张状态,例如面试中可以适当地做记录,也可以通过手势来避免口头禅。在面试时控制好手和胳膊是至关重要的。所做的动作不要太夸张,那样会显得很烦躁。

(5)面试倾听与应答礼仪

面试倾听与应答礼仪是大学生求职面试的核心,其必须对自己的倾听与谈吐认真地把握。

我们在倾听与应答过程中,要注意相应的原则和礼节规范,务必要使自己的谈吐表现得文明礼貌，言辞标准，语言连贯，内容简洁。大学生面试倾听与应答礼仪包含下面几点：

①倾听是面试中重要的礼仪，好的交谈是建立在"倾听"的基础上的。求职者应注视面试官表示专注倾听，可通过直视双眼、赞许地点头等表示自己在认真倾听面试官说话。作为求职者要专心听面试官说话，记住面试官的说话重点，了解他的希望所在。即使面试官说话很无聊、乏味，也要耐心听下去，这不仅体现了你对面试官的尊重，而且还可能为你赢得面试成功的机会。

②应答要实实在在。刚走入社会的大学生，大多数都心高气傲，自我意识很强，不懂得职场规矩，面试时容易自吹自擂，说一些不着边际的话。大学生职场第一步就是"实实在在"，把自己的优势和劣势都准确地表达出来，让面试官判断。切忌只说个人优势而对自己的劣势一再地掩盖。

③应答时沉着冷静。与日常交往不同，求职应聘是一种检测性的被动交谈，尽管事前有充分准备，但主考官仍可能会提出各种各样难以回答的，甚至刁钻的问题来了解你的品德修养、思维水平和协调应变能力。应届毕业生因平时很少与领导、专家接触，遇到这种情况有的人就易紧张，出现面试恐惧症。这就需要应聘者临阵不慌，用特有的细致心理、冷静的心态、理智的语言、正确的思维予以恰当的回答。有些问题不宜正面回答，可用委婉的或带有伸缩性的语言来机智回答。如谈自己的缺点，既要讲出一两点，又不能贬低自己，最好通过谈缺点来显示自己的与众不同，且在回答主试人的问题时，吐词要清楚，声音不要太大或太小，答语要简练、完整，忌用口头语回答问题。

④诚实坦率。任何人都不可能是万能的。在面试中，遇到实在不会答或不懂的问题，应坦诚相告。

著名的交际大师戴尔·卡耐基年轻时曾到一家公司谋求推销员的工作，总经理看着这个不起眼的年轻人，出了一道试题，好让他知难而退。"嗨，假如我让你把一台打印机推销给本地的农场主，你行吗？""对不起，先生。我没办法做到，因为农场主不需要它，我的一切努力将是徒劳。"卡耐基不假思索地回答。"恭喜你，小伙子，从今天开始你就是我们公司的推销员了。"

卡耐基就是因为说了一句大实话，所以获得了一份宝贵的工作。他的成功之处，就在于他不同于其他的求职者。一般求职者会千方百计去干一件不可能的事情，而他大胆地说出了自己真实的想法。卡耐基的成功告诉我们，有时候，你头脑中真实的想法，就是你成功的法宝。

⑤正确对待"薪金"。薪金问题，是个敏感而又实际的问题，在面试应答中常被提及。对面试者来说要掌握好三个环节：第一个环节，摸清情况。求职者和招聘者面谈之前，可先了解行业的一般待遇及前任工资收入。第二个环节，选择时机。求职者不宜在刚与招聘者见面就谈待遇问题，而应掌握"火候"。最好等到招聘者表示出合作意向时，再谈论薪水问题。第三个环节，留有余地。当招聘者有意聘你时，他可能会突然提问："你希望的月薪是多少？"此时，不要惊慌，可以根据你掌握的有关情况，说出自己能够接受的最低待遇和希望获得的最高月薪。但不要把话说死，要给对方和自己留下回旋的余地。

语言沟通是对一个人知识、能力、素质的综合体验。一个语言表达能力强的人应该具备多方面的素质,如扎实的语言表达功底、丰富的知识储备、独到的个人见解等。如果给面试官的第一印象是人的外部形象的话,那么语言则是面试官决定你留用与否的第一条件。

应答过程中的语言运用反映了一个人的文化素质和修养。谦虚、诚恳、自然、亲和、自信的谈话态度会让你在任何场合都受到欢迎,动人的公关语言、艺术性的口才将帮助你获得成功。面试时要在现有的语言水平上,尽可能地发挥口才作用。对面试官所提出的问题对答如流,恰到好处,妙语连珠,耐人寻味,又不夸夸其谈,夸大其词。

20.3.3　面试后的"善后"礼仪

实际上,面试结束并不意味着求职过程的完结,也不意味着你就可以袖手旁观以待聘用通知的到来。许多求职者只留意应聘面试时的礼仪,而忽略了应聘后的善后工作。求职者不应该翘首以待聘用通知的到来,有些事还需要继续做,如表示感谢。为了加深招聘人员对你的印象,增加求职成功的可能性。面试后两天内,你最好给招聘人员打个电话或写封信表示谢意。

礼仪是无声的"语言",是促进交流、合作的手段,是一个人公共道德修养的体现,也是衡量个人形象的重要标准。作为大学毕业生,面试中的礼仪其实占了很大的比重。参加面试要掌握必要的基本礼仪,学会推销自己,为成功求职铺平道路。只有这样,才能发挥自己的竞争优势,在求职中取胜,也有利于实现自己的理想。

20.4　面试技巧

求职面试的表现如何,决定了其能否掌握面试机会,能否获得用人单位的青睐。而求职面试中极为关键的一步是自我介绍,许多面试官提的第一个问题往往就是"能否请你作一下自我介绍?"自我介绍也被称为"面试第一问"。自我介绍属于面试的头一项,一般第一印象给考官的感觉很重要。在自我介绍中,面试官一方面以此了解应聘者的大概情况,找到简历上的缺失或与简历上不一致的细节,以便后续追问;另一方面考查应聘者的口才、应变和心理承受、逻辑思维等能力。千万不要小视自我介绍,这既是打动面试考官的敲门砖,又是推销自己的极好机会,一定要好好把握。

20.4.1　自我介绍的技巧

1)让面试官记住你的名字

很多人在介绍自己名字时仅仅只有简单的一句"我叫某某某",直到其自我介绍完毕,面试官也没有记住他的名字。一般在介绍自己的名字时我们可以根据名字的意义或者字面联想的方式简单地介绍一下,这样不仅能够让面试官记住你的名字,而且还能调节气氛。

2）告诉面试官和应聘职位相关的工作经历

在自我介绍工作经历时，一定要注意哪些经历是和应聘职位相关，哪些对应聘有帮助，哪些是毫无意义的。

3）在面试官面前展现性格阳光的一面

性格也是面试官需要考查求职者的，一般来说，活泼、外向的性格始终会受到大家的青睐，我们在面试官面前一定要展示性格阳光的一面，即使性格内向，也不能表现出来。

4）简单地介绍一下自己的未来规划

未来规划这一项是为了告诉面试官，我是一个有计划、有目标、有理想的人，我参加面试是因我对这份工作比较热爱，而不是为了混口饭吃而应聘这项工作。很多老板最怕找到以混日子为目的的员工。

5）注意扬长避短

扬长避短也就是说在面试时尽量选择自己好的方面来说，只说自己的优点，避免谈及自己的缺点。从人性的角度来讲，人们总是对负面新闻感兴趣，在面试时，面试官会千方百计地发现你的缺点、你的弱项。如果我们主动将缺点暴露给对方，那么产生的影响往往是负面的。

6）避免采用"背诵"的口吻

自我介绍可以提前准备，也可以事前找些朋友做练习，面试作自我介绍时一定不要像小学生背诵课文一样的语调，不要慌张，要面带微笑，眼神镇定，直视考官的眼睛，双臂自然下垂，显得自然一点就可以了。

7）语气自然，语速正常，语音清晰

生硬冷漠的语气、过快过慢的语速，或者含糊不清的语音，都会严重影响自我介绍者的形象。

8）追求真实

进行自我介绍时所表述的各项内容，一定要实事求是，真实可信。过分谦虚，一味贬低自己去讨好别人，或者自吹自擂，夸大其词，都是不可取的。

20.4.2　求职面试者语言运用的技巧

（1）口齿清楚，语言流利，文雅大方

面试时要注意发音准确，吐字清楚。还要注意控制说话的速度，以免结结巴巴，影响语言的流畅。为了增添语言的魅力，应注意修辞美妙，忌用口头禅，更不能有不文明的语言。

（2）语气平和，语调恰当，音量适中

面试时要注意语言、语调、语气的正确运用。打招呼时宜用上语调，加重语气并带拖音，以引起对方的注意。自我介绍时，最好多用平缓的陈述语气，不宜使用感叹语气或祈使句。声音过大令人厌烦，声音过小则令人难以听清。音量的大小要根据面试现场情况而定。两人面谈且距离较近时声音不宜过大，群体面试而且场地开阔时声音不宜过小，以每个用人单位都能听清你的讲话为原则。

（3）语言要含蓄、机智、幽默

面试时除了清晰地表达以外，可以适时插进幽默的语言，增加轻松愉快的谈话气氛，也能展示自己的幽默气质和从容风度。尤其是当遇到难以回答的问题时，机智幽默的语言会显示自己的聪明智慧，有助于化险为夷，并给人以良好的印象。

（4）注意听者的反应

求职面试不是演讲，而是更接近于一般的交谈。交谈时，应随时注意听者的反应。比如，听者心不在焉，可能表示他对自己这段话没有兴趣，你得设法转移话题；如听者侧耳倾听，由于自己声音过小可能使对方难以听清；皱眉、摆头可能表示自己言语有不当之处。根据对方的这些反应，要适时地调整自己的语言、语调、语气、音量、修辞，包括陈述内容，这样才能达到良好的面试效果。

20.4.3　求职面试者回答问题的技巧

面试回答问题是必不可少的环节，也是毕业生最害怕的环节。面试时的自我介绍可以提前准备，而面试时考官的提问，却是无法预测的。在面试时回答考官问题一般应掌握以下技巧：

（1）把握重点，简捷明了，条理清楚，有理有据

一般情况下，回答问题要结论在先，议论在后，先将自己的中心意思表达清楚，再做叙述和论证。否则，长篇大论会让人不得要领。由于面试时间有限，神经难免有些紧张，如多余的话太多，容易走题，反倒会将主题冲淡或漏掉。

（2）讲清原委，避免抽象

用人单位提问总是想了解一些应试者的具体情况，切不可简单地以一句话应付。应针对面试官所提问题，揣摩其提问目的，再作回答。比如提问："你作为独生女为什么一个人来这儿找工作而不是陪在父母身边？"面试官提这个问题，可能是对应聘者的稳定性有所顾虑。应试者在回答时就要对这方面稍作解释。对这类提问，有的需要解释原因，有的需要说明程度。不讲原委，过于抽象的回答，往往不会给面试官留下具体的印象。

（3）确认提问内容，切忌答非所问

面试时，对用人单位提出的问题一时摸不到边际，以致不知从何答起或难以理解对方问题的含义时，可将问题复述一遍，并先谈自己对这一问题的理解，请教对方以确认内容。对不太明确的问题，一定要清楚理解，这样才会有的放矢，不至于答非所问。

（4）有个人见解、个人特色

招聘者有时接待应试者若干名，相同的问题问若干遍，类似的回答也要听若干遍，招聘者会有乏味、枯燥之感。只有具有独到的个人见解和个人特色的回答，才能引起对方的兴趣和注意。

（5）知之为知之，不知为不知

在面试时，遇到自己不知、不懂、不会的问题时，不要闪烁其词，默不作声，牵强附会，不懂装懂的做法均不可取，诚恳坦率地承认自己的不足，反倒会赢得主试者的信任和好感。

20.5　面试时可能会遇到的问题及对策

1) 根据简历提出相关问题

面试官一般会根据简历上的内容提出相关问题。比如,你做过的某个项目,策划过的某个活动,面试官会咨询相关的活动开展情况。通常这个环节是核实简历中的内容是否属实,以及考查求职者的表达能力。一般来说,只要真正从事过这样的活动,回答起来都不会有困难,从容应对就可以了。

2) 自我介绍

自我介绍是面试中非常关键的一步。很多面试官的第一个问题往往是"能否请你作一下自我介绍?"在求职者作自我介绍时,面试官借机了解其信息,考查求职者的语言表达能力、应变能力和岗位的胜任能力。求职者也可以趁此机会主动向面试官推荐自己,展示自己的才华和能力。

如果面试官没有特别强调,那么自我介绍的时间3分钟最合适。求职者可以根据自我介绍的内容合理分配时间:第一分钟主要介绍自己的姓名、年龄、学历、专业特长、实践经历等;第二分钟主要介绍个人业绩,应届毕业生可以着重介绍相关的在校活动和社会实践的成果;第三分钟可以谈谈对应聘职位的了解和对本行业的看法。在表述方式上尽量口语化,要切中要害,不谈无关、无用的内容。条理要清晰、层次要分明。

3) 可以为我们完成哪些其他人做不到的事情

在这个问题上,你有权利或者义务自吹自擂。谈论一些你完成工作的记录,提到你简历中的独特之处,或者列出你职业生涯中的成就。告诉面试官,你的技能和兴趣在获取这些结果的过程中发挥了很大的作用,并使得你很有价值。提到你能够合理地安排工作优先顺序,找出问题,并利用经验和精力来解决问题。

4) 觉得这个职位最吸引你的地方是什么

在回答面试官这个问题时不能太直接就把自己的心里话说出来,尤其是关于薪资方面的,不过一些无伤大雅的回答是不错的,如交通方便、工作性质颇能符合自己的兴趣等都是不错的答案。如果这时自己能仔细思考出这份工作的与众不同之处,那么相信在面试时会大大加分。

5) 自己的优缺点

有许多面试官都喜欢问求职者的优缺点是什么,其动机与目的主要有:一是考查求职者是否诚实;二是考查求职者是否能正确认识自己;三是根据求职者的陈述,推测与判断求职者是否适合应聘岗位,是否可以录用;四是想洞察求职者在遇到紧张不自在的难题时,能否从容不迫地解决。除了回答的内容外,其回答时的态度也一样重要。

面试前应好好地分析自己,将自己的优点与缺点列出,再挑选既是缺点又是优点的部分,在回答问题时,以优点作为主要诉求,强调可以为公司带来利益的优点,如积极、肯学习是最普遍的回答,注意不宜说自己没缺点。不宜把那些明显的优点说成缺点,不宜说出严重影响所应聘工作的缺点,不宜说出令人不放心、不舒服的缺点。可以说出一些对所应聘工作"无关紧要"的缺点,甚至是一些表面上看是缺点,从工作的角度看却是优点的缺点。这样才不会使面试官太过针对缺点发挥,造成面试的困难。

6)期望与目标

对工作的期望与目标是面试者用来评断求职者是否对自己有一定程度的期望,对这份工作是否了解的问题。对工作有确实学习目标的人通常学习较快,对于新工作自然较容易进入状态,这时建议求职者最好针对工作的性质找出一个确实的答案,如业务员的工作可以这样回答:"我的目标是能成为一个超级业务员,将公司的产品广泛地推销出去,达到最好的业绩成效;为了达到这个目标,我一定会努力学习,而我相信以我认真负责的态度,一定可以达到这个目标。"其他类的工作也可以参考,只要在目标方面稍微修改一下就可以了。

7)业余爱好

业余爱好能在一定程度上反映求职者的性格、观念、心态,这是招聘单位问该问题的主要原因。最好不要说自己没有业余爱好,或是庸俗的、令人感觉不好的爱好。最好不要说自己仅限于读书、听音乐、上网,否则可能令面试官怀疑求职者性格孤僻。最好能有一些户外的业余爱好来"点缀"你的形象。

8)你会在公司工作多久

求职者可以这样回答,对在这个公司的职业生涯很感兴趣,可是也得承认必须能够不断感觉到有挑战才能够继续在任何公司待着。也可以考虑这样的语句"只要我们双方都感觉有收获"。

9)为什么要聘用你

面试官提该问题的主要目的是了解你的能力、素质和优势,观察你对应聘单位及本人有怎样的认识,是否客观、准确,观察你是否是招聘单位所需的人才,能否为本单位带来一定的效益。在面试之前,最好仔细分析自己的教育背景、资历与工作经验,了解这份工作对自己的适合程度。回答这个问题要简明扼要、一语中的,切忌长篇大论,夸夸其谈,否则言多必失。针对单位相关岗位的要求,有的放矢,针对性地介绍自己的能力、品质、素质和优势等。表明自己能胜任相关工作,能为单位发展创造业绩,能为应聘单位带来一定的效益,努力证明自己正是该单位所需人才。千万不能这样回答,如"因为我才是贵单位最合适的人选"。"贵单位如果不聘用我,一定会后悔的!""因为我各方面条件都不错,十分优秀,比其他求职者更有能力。"

10)谈一谈你的一次失败经历

不宜说自己没有失败的经历,也不宜把那些明显的成功说成是失败。不宜说出严重影响所应聘工作的失败经历,所谈经历的结果应是失败的。宜说明失败之前自己曾信心百倍、尽心尽力。说明仅仅是由于外在客观原因导致失败。失败后自己很快振作起来,以更加饱满的热情面对以后的工作。

11）你是应届毕业生，缺乏经验，如何能胜任这项工作

如果招聘单位对应届毕业生的应聘者提出这个问题，则说明招聘单位并不真正在乎"经验"，关键看应聘者怎样回答。对这个问题的回答最好要体现出应聘者的诚恳、机智、果敢及敬业。如"作为应届毕业生，在工作经验方面的确会有所欠缺，因此在读书期间我一直利用各种机会在这个行业里做兼职。我也发现，实际工作远比书本知识丰富、复杂。但我有较强的责任心、适应能力和学习能力，而且比较勤奋，在兼职时均能圆满完成各项工作，从中获取的经验也令我受益匪浅。请贵公司放心，学校所学及兼职的工作经验使我一定能胜任这份工作"。

12）希望与什么样的上级共事

通过应聘者对上级的"希望"可以判断出应聘者对自我要求的意识，这既是一个陷阱，又是一次机会。最好回避对上级的希望，多谈对自己的要求。如"作为刚步入社会的新人，我应该多要求自己尽快熟悉环境、适应环境，而不应该对环境提出什么要求，只要能发挥我的专长就可以了"。

13）希望的待遇是多少

求职者回答这个问题时要谨慎，切勿让面试官觉得你脑子中只想着钱，但也不要装出一副完全不在乎金钱的样子。说到底，除了工作上的满足感外，吃饭仍是很实际的问题，我们没有必要去回避这一事实。况且，在现代社会，薪酬也逐渐成为衡量一个人社会价值的重要标准。

如果你应聘的是国家机关的公务员，那么这个问题回答起来相对容易，可申明你感兴趣的是该单位什么职位的工作，而薪酬待遇按照国家的有关政策和单位的相关制度处理就可以了。

如果你应聘的是一家公司，就需要认真对待这个敏感问题。如果仓促回答，随便说一个数字，可能就会双重吃亏：一方面会让面试官觉得你不认真，或者不了解"行情"，脱离现实；另一方面可能会令你失去争取较高薪酬的机会。

面试前，应该预先了解自己申请的这份工作大约应该得到多少薪酬，也就是说要熟悉此类工作、这个层次的工作在人才市场上的基本价位。当面试官提出这个问题时，可以巧妙地回答："我没有一个既定的额度，还需要多了解一些关于这个职位的详细情况"或"我相信我们如果互相满意的话，薪酬问题是一定可以达成协议的"或"我知道这个工作的薪水大概范围是从多少元到多少元，这个对于我来说是合适的价位"。

在不到面试过程的最后一个阶段之前，少谈论薪水的问题。到了最后阶段，你就应该知道，这个公司对你有很大的兴趣，这个时候再谈论薪水待遇的话就会有很大的余地了。

14）与上级意见不一时，怎么办

求职者可以这样回答"我会给上级以必要的解释和提醒，在这种情况下，我会服从上级的意见"。如果面试你的是总经理，而你所应聘的职位另有一位经理，且这位经理当时不在

场,就可以这样回答:"对于非原则性问题,我会服从上级的意见,对于涉及公司利益的重大问题, 我希望能向更高层领导反映。"

[思考题]

1.求职面试时需要注意的问题有哪些?

2.从今天开始,你准备做些什么以便在面试中取胜?

第21章　大学生如何有效参加人才招聘会

人才招聘会是目前人才交流的最普遍的一种方式。据大学毕业生求职调查显示，最有效的求职方式中，招聘会排在第二位。在就业过程中，参加招聘会的目的是掌握职位信掌握职位信息动态，推销自己，赢得面试。

21.1　参加人才招聘会的心理准备

参加招聘会前要做好各种准备工作，一定要明确参加招聘会的目标，有的放矢，有效利用会期时间。

参加人才招聘会最重要的是作好心理准备。在去招聘会之前首先要做好心理定位，自己要去什么地方、哪类单位，对职位的要求有哪些，心里要有数。很多应聘者是盲目的，甚至有不少人是抱着"瞎猫碰见死耗子"的心理到处投简历。这些大学生在求职时，首先想的是"这个单位适不适合我"，而不是"我适不适合这个单位"，带有这种想法去应聘的大学生难免会屡屡受挫。此外，大学生应树立坚定的自信心，勇敢走向社会，作好准备应对挫折。

21.2　参加人才招聘会的材料准备

在每场招聘会上，都可以看到四处寻找复印店或者在复印店前排着长队的求职者。参加招聘会前把应聘材料准备充分，这样不但可以节约排队等待的时间，还可以节约成本。

1）求职信

写求职信，就跟推销一样，目的都是要引起顾客（雇主）兴趣，达到成功推销自己的效果。很多求职者没有写求职信的习惯或根本不知道求职信的重要性。求职信就是用文字语言来推销自己，应该引起求职者的高度重视。

求职信的目的是起到毛遂自荐的作用，好的求职信可以拉近求职者与人事主管（负责人）之间的距离，获得更多的面试机会。求职信是自我表白，其目的和作用是要让人事主管看，因人事主管有太多的求职信函要看，所以求职信函要简明扼要。

在求职过程中,只有能体现个人才智的求职信,才能帮助求职者顺利地获得面试机会,谋求一份理想的工作。因此,需要仔细考虑所写求职信的目的及其可能产生的影响。求职信要引起读者的兴趣,既要反映出你的目的,也要符合特定的环境要求。

2) 求职简历

求职简历是求职者给招聘单位发的一份简要自我介绍信。一份良好的个人简历对于获得面试机会至关重要。

大学生把简历做得太花哨,并不一定有好的效果。比如有的大学生的求职简历制作得非常漂亮,甚至有的封面还用了铜版纸,有的简历扫描了自己的彩色照片,很多简历达到了十几页甚至更多。这种浪费是完全没有必要的。招聘人员往往没有时间去看诸如"人生格言"等内容,简历要提纲挈领,把自己最大的优势和特点简简单单地表述出来就行了。对应届毕业生来说,一页求职简历就足够了。

3) 其他材料

大学生参加招聘会除了要携带多份设计好的求职简历外,还要准备多份身份证、毕业证、学位证、获奖证书的复印件,以备用人单位现场核查;另外应备笔、记事本等,以备记录有关信息;甚至还要备有梳理用具和湿纸巾等,以备不时之需。

21.3 参加人才招聘会的服装准备

1) 服装颜色

服装颜色以黑、灰、白、米色,深咖啡,海军蓝为主。尤其是黑色服装,显得干练,并可与任何颜色搭配。总之选择单色、中性色,易搭配,不易出洋相。

2) 服装款式

服装款式讲究裁剪精良,线条简洁,从每一片裁剪中,可以体现求职者品位,增加别人的信任度。

3) 上衣

上衣最好穿充满生气的白色衬衣。着白衬衣让人看上去比较精神,且能提升一个人的气质。选一件与你西装的领形相吻合的白衬衣,即便脱去西装,仍然能显示出你的干练和自信。

4) 下装

下装穿裤着裤鞋,穿裙着裙鞋。着裙装显示出女性的阴柔之美。选裙装时要能够展露出你腿部线条的美丽和身体曲线的流畅与稳健。长丝袜的颜色一定要接近肤色或比腿的肤色深,或选透明的黑色,这会使腿显得修长(尤其是小腿粗的人着黑色效果佳)。要切记袜子的颜色不能深于鞋的颜色。与裙装相配的皮鞋,应是浅口尖头的船鞋。

西装所传达给人的信息是自信、有经验、有现代感,除了要合身之外,裤长还必须盖过脚背。最好是穿上裤子去配鞋,鞋是要搭配裤子的,且带鞋带的皮鞋只适合裤装。

5) 参加现场招聘会着装打扮的误区

误区一:参加招聘会一定要名牌包装

其实,招聘会挑选人才,企业更看重求职者的素质,过硬的专业知识、自信的仪态最能赢得企业青睐。穿着打扮只要干净整洁就行,名牌服装并不会为面试加分。

通过对多所高校大学生的问卷调查发现,如今大学生的求职成本中,形象包装支出居第一位,人均约为 1 000 元,这对尚未进入职场的大学生来说是笔不小的开支。虽然着装给企业留下的初步印象很重要,但是没有必要太过奢侈。因名牌正装不是加分必须项,着装得体、整洁即可。即便选择名牌服装,面对昂贵的价格,很多学生难以承受,他们采取了相互间"拼衣"的方式,减少了支出,不失为一种可以借鉴的方法。

误区二:参加招聘会一定要穿高跟鞋

其实,招聘会和正式面试还是有区别的。正式面试更强调衣着形象,招聘现场人挤人,是否穿高跟鞋,招聘方对你的判断不会有太大影响,学历、能力等"硬件"才是招聘单位筛选的依据。

误区三:好的服饰就是好的精神面貌

良好的精神面貌被很多企业作为选择人才的内在条件。有些求职者为了赢得招聘官的青睐,往往不惜一掷千金以打造外在形象,甚至有人花大价钱只为了烫一个自觉良好的头型。以为这样做能为自己加分,但这种做法与招聘企业的初衷相去甚远。其实,一个人的精神面貌不是纯粹用外在修饰能改变的,"形"再好也敌不过"神"的风采。精心准备的服饰加上一个人的自信、积极向上的精神面貌才是招聘企业想看到的。

21.4 参加人才招聘会的一般流程

1) 浏览人才招聘会会场

有的求职者一进会场就一头扎在某一展台前寒暄,却不知道整个招聘会到会单位整体情况,后来才发现时间不够了。求职者最好是在进场后先把整个会场浏览一遍,大致知道自己要与什么样的单位接洽,然后制订一个简单的计划,将在有关展台的所用时间作适当的分配,并使自己保持最佳的精神状态,再去进行分别接洽。这样有利于充分而合理地运用有限的时间,并使自己的心态维持在良好的水平上。

2) 招聘会现场的观、听、问、递、记

人才市场有效的招聘时间一般在上午,入场时间应早一点,可以有充分的时间收集信息,了解职位行情。在招聘会中,要有观、听、问、递、记的过程。

观:走马观花先浏览一遍,然后按照自己的求职意向,锁定几个目标,并确定主次。

听:在锁定目标的展位前,作为旁观者,听用人单位的介绍,听前来应聘者对用人单位的询问,品味用人单位的口碑。

问:选择你最感兴趣的单位,最先和他们交谈,要主动提问题。咨询用人单位的所有制性质、用工形式、企业发展情况、应聘岗位的人员结构、应聘岗位任务责任、培训情况以及其他相关信息。至于薪水、福利等问题,面试以后,要到公司对你有明确定位时方可提出。

递:决定应聘时,双手递交自己的求职简历,表示有诚意应聘这个岗位。

记:记录自己投递求职简历的公司名称、应聘岗位、地址、联系方式、联系人,怎么得到面试通知(时间、地点)等。避免事后遗忘,连自己投递了几份简历,投给了谁都回忆不上来。

此外,参加招聘会要携带多份设计好的求职简历,多份身份证、毕业证、学位证、获奖证书的复印件,以备用人单位现场核查。应备笔、记事本等。穿着打扮得体干练、素雅大方。保持良好的精神状态,文明礼貌、谈吐自然。最重要的一点是不要向用人单位抵押各种证件、交纳任何费用等。切忌家长陪同。

招聘会后,要及时电话询问投递简历的用人单位,了解自己的求职结果。如果没有面试机会,也不要气馁。总结经验,收集就业信息,等待机会,以后再战。

21.5 参加人才招聘会的有效策略

1) 掌握基本的应聘常识与技巧

在招聘会上,经常会出现有的人参加一次招聘会就能找到令自己满意的工作,而有的人频繁地步入各种招聘会现场,忙得疲惫不堪却也难尽如人意的现象,更有一些人缺乏必要的防范意识,以致上当受骗。

同样是参加招聘会,结果的反差为什么会如此之大? 不可否认,求职者的自身条件有所不同是造成这种差异的一方面原因,但更重要的是,一些求职者缺乏基本的应聘常识和应聘技巧,以至于不懂怎样去选择合适的招聘会,没能在招聘现场很好地表现自己。因此,有必要探讨参加招聘会时的注意事项和若干技巧,这对帮助求职者提高应聘成功率,尽快走上工作岗位显得相当重要。

2) 选择适合的人才招聘会

大学毕业生参加人才招聘会切忌盲目"赶场"。每年的大学生毕业季,全国各地的招聘会一场接一场,从往年大学毕业生参加人才招聘会的情况来看,一些大学生在此期间往往是东奔西走、"北上南下",遇到招聘会就忙着送资料。其实这是走入了一个误区。应届大学生应尽量选择校方或者当地教育、人事部门举办的应届毕业生专场招聘会,这样才会更容易找到理想的单位。

面对形形色色、鱼龙混杂,令人眼花缭乱的招聘会,大学毕业生面临的第一个问题是究竟该选择参加哪一场招聘会呢? 如何鉴别招聘会的"含金量"呢?

对大学毕业生而言,专场招聘会是一种比较理想的模式。如果某个招聘会上的企业来自"三教九流",岗位类型五花八门,那么可以考虑不去参加,而有些招聘会与自己的专业特长比较契合,那么值得一去,如"IT行业招聘会""营销招聘专场"等。对非技术性人才而言,可以选择综合性招聘会。公司规模多样,职务类型丰富,重视人的综合素质和实际工作能力,专业门槛不会太高,能够给参加招聘会的求职者更多的选择机会。

最后建议大家多留意那些有较多增值服务的人才招聘会,使你付出一份辛劳可以获得多倍的成效。

3) 提高参加人才招聘会的有效策略

要提高参加人才招聘会的命中率,需要有针对性地选择参加招聘会。作为直接的经典的人才招聘方式,参加人才招聘会仍然是应届毕业生的重要选择之一。毕业生都希望自己能在激烈的竞争中胜出,但稍不注意,就可能事与愿违。下面主要介绍一些提高招聘会应聘效率的方法。

①要有针对性地选择招聘会,毕业生不能盲目赶场,乱投简历。通常,第一选择是毕业生专场招聘会,参加这类招聘会的用人单位不会刻意强调有工作经验;其次是选择企业主办的专场招聘会,目标性较强;最后是瞄准行业专场招聘会,比如软件业、金融业、房地产业等专场招聘会,这样针对性较强。

②尽量不要错过企业在校园举办的小型专场宣讲会。这种直接到学校特别是院系招人的方式,是最有针对性、最容易使双方达成协议的,而且持续时间也长,可选择范围较广,还可以降低求职成本。

③在无数单位中找准适合自己的。毕业生进入招聘会现场,先仔细浏览主办方提供的招聘会刊,对到场单位情况做初步了解,然后根据自己的专业、特长来衡量哪些单位是适合自己的。确定目标单位后,安排好主次,逐一交谈。这样不仅能够节省时间和精力,还能提高应聘命中率。

④简历要简单明了,一般以1至2页A4纸为佳。简历内容分为个人基本情况、专业成绩或取得的相关证书、求职意向等几项,层次要分明,尽量不要有描述性的语言。

⑤投放简历要有的放矢。不要只针对心目中的"好单位",应尽量选择与自己专业对口的行业、岗位,这也是招聘单位希望的,否则简历很可能先被封存。

⑥学会最有效地表达自己。面对招聘人员时不要急于自我介绍,先礼貌地递上自己的简历,等对方浏览完毕,再用简练的语言自我介绍,重点突出自己的专业特长;之后,让对方提问,简要回答。自己提问时,一定要提有效问题,如企业的发展前景和企业文化如何?对应聘者有何素质要求等,切忌张口就是薪水、福利待遇等问题。

⑦第一印象至关重要。在招聘人员面前要满怀自信和热情,握手要坚定有力,眼睛直视对方,不要忘记表达对公司和就业机会的浓厚兴趣。要注重举止形象,衣着得体,切忌过分随意的打扮。同时,要掌握必要的礼仪和谈话技巧,语调平稳、语音清晰。不管对方做何回应,一定要微笑、礼貌地离开座位。

⑧以积极的态度给企业一个好的印象。对于投出多份简历的学生来说,不要指望在招聘会现场就能得到答复。因为现场人多,双方不可能进行详细交流,要抓紧时间尽量多了解应聘单位信息,留下对方的联系方式。会后及时打电话询问,不要坐等招聘企业来找你。至

于何时打电话询问较合适,应在面谈时了解清楚。

21.6　大学生参加人才招聘会的注意事项

1) 完整过程

大学生在参会时最好不要带过多的证书原件,先带上复印件,以免出现保管不当丢失证件的情况。因参会人非常多,用人单位没有时间当时验证,而主要是初次面试和看其简历。

充分利用招聘会的会刊。在招聘会入口处领取免费的会刊,上面刊登了参会所有单位及用人情况和条件。应聘者应仔细地查看会刊,把自己的专业和感兴趣的公司标注下来,然后直接到所在招聘场所,这样可节省时间,提高应聘效率。

参会时不要被应聘单位列出的条件吓到。首先要充满自信,敢于提出自己的条件和愿望;其次要表示出你有在工作中不断学习并能很快适应工作的能力;同时要表现出在试用期间发愤努力,创造业绩的信心。会后两三天内应及时与感兴趣的用人单位进行联系,不能被动等待。如果感觉双方都很满意,就应及时记下这家公司的联系方式及负责人电话。因为用人单位会收到很多简历,有可能将你忽略。要通过电话询问什么时间再次面试,一方面可以表示你对公司的尊重,另一方面可以表达出你迫切加入其公司的愿望,给用人单位又一次深刻的印象。

2) 具体细节

①要明确自身条件,不要眼高手低,更不能自卑。事先要打印好简历,把自己的工作经历及求职意向表达清楚。在简历中把自己的联系方式注明,便于用人单位能及时与你取得联系。

②保证良好的精神面貌。应该朝气蓬勃、充满自信,要相信自己所掌握的技能一定能胜任要从事的工作。

③进入人才市场不宜太晚。及时进入,可以有充足的时间搜集信息,了解行情,掌握到会单位的情况。

④交谈不必太早。进入人才市场后,最好是先尽快地浏览一遍,根据自己的求职意向,确定几个重点,再去交谈。

⑤参会时不要带过多的证件原件。因为参会人多,用人单位没时间当时验证,而主要是初次面试和看简历。

⑥充分利用大会的会刊。从会刊中查找自己的专业和感兴趣的公司,然后直接去其所在场馆,这样能够提高应聘效率。

⑦善咨询,问明白。应仔细询问招聘单位的详细情况,包括单位的上级主管部门,所有制性质、法人、招聘的内容和目的、用工形式、工作时间、月薪支付等,做到心中有数。

⑧听议论、听反响。在求职时,应注意听招聘者向其他求职者的介绍是否与你了解到的情况一致,听一听其他求职者的议论,再听取一下别人的建议和意见。

⑨提高警惕,防止受骗。近年来,一些骗子利用招聘会行骗的事时有发生,其手法往往并不高明,但总能得手,主要是不少应聘者缺乏必要的自我保护意识。

⑩不要让家长陪同。否则,会给用人单位留下"缺乏独立性"的不良印象。

⑪重视举止形象。毕业生要掌握必要的礼仪和谈话技巧,并要适当地"包装"自己。

⑫留下必需的资料。如果用人单位不能当场签约,还要继续面试或考核,就要留下自荐书、简历等材料。

⑬会后两三天内及时与用人单位联系,不能被动等待。

⑭签约一定要慎重。对毕业生而言,假如用人单位与你现场签订协议,一定要慎重。就业协议书是一种就业合同,具有法律效力,不可随便签订。

[思考题]

1.参加人才招聘会的流程有哪些?

2.参加人才招聘会有哪些注意事项?

第22章 大学生就业权益保护

大学生由于缺乏社会经验,在就业时难免会遇到自身权益受到侵害的情况,比如找工作时被歧视、签订劳动合同时受欺骗等一系列问题时有发生。在就业形势严峻的现实下,大学生往往为了找到工作,忽视了对自身权益的保护,甚至有的大学生根本就不懂如何保护自己的合法权益,为以后的各种纠纷埋下了隐患。

22.1 毕业生的基本权利和义务

随着毕业生就业工作逐步走向规范化、制度化和法制化,毕业生应该增强依法就业的意识,认真遵守国家有关毕业生就业的方针、政策、规定,自觉履行应尽义务,并学会拿起法律武器维护自己应有的权利。

22.1.1 毕业生享有的基本权利

毕业生作为就业过程中一个重要主体,享有多方面的权利,根据我国在《中华人民共和国宪法》《中华人民共和国劳动法》《中华人民共和国高等教育法》《普通高等学校毕业生就业工作暂行规定》等法律、法规和政策中的有关规定,毕业生主要享有以下几方面的基本权利:

1) 平等就业的权利

平等就业是毕业生的首要权利。我国《宪法》和《劳动法》规定:毕业生不分民族、性别、宗教信仰等,享有平等的就业权利。用人单位在招聘时不得歧视女大学毕业生,不得歧视少数民族毕业生,男女之间、不同民族之间应一视同仁。除国家规定的不适合妇女的工种或者岗位外,用人单位不得以性别为由拒绝录用女大学毕业生或者提高对女大毕业生的录用标准,在工资方面应贯彻同工同酬的原则。

但在当前,毕业生的公平待遇权受到很大的冲击,也最为毕业生所担忧。由于各项配套措施相对滞后,完全开放公平的就业市场尚未真正形成,用人单位录用毕业生还不同程度存在着不公平、不公正的现象,如女生就业难仍然是困扰女大学毕业生就业的一大问题。公平受录用权是毕业生最迫切需要得到维护的权益。

2) 接受就业指导权

接受就业指导,是每个毕业生应有的权利。《中华人民共和国高等教育法》规定,高等学校应当为毕业生提供就业指导和服务。《普通高等学校毕业生就业工作暂行规定》中明确指出,高等学校的一个主要职责就是对毕业生"开展毕业教育和就业指导工作",帮助毕业生根据自身特点和社会职业需要,选择最能发挥自己才能的职业,全面、迅速、有效地与工作岗位结合,实现毕业生的人生价值和社会价值。毕业生充分行使该项权利,有助于求职择业的顺利进行。

3) 获取信息权

毕业生获取信息权应包括3方面含义:信息公开,指所有用人单位的需求信息必须向全体毕业生公开,任何单位和个人不得隐瞒、截留需求信息;信息及时,指毕业生获取的信息必须及时、有效,而不能将过时无利用价值的信息传递给学生;信息全面,毕业生有权获得准确、全面的就业信息,以便对用人单位有全面的了解和进行筛选,从而作出符合自身要求的选择。

4) 被推荐权

高等学校在就业工作中的一个重要职责就是向用人单位推荐毕业生。历年工作经验证明,学校的推荐往往在很大程度上影响用人单位对毕业生的取舍。毕业生享有被推荐权,包含几方面内容:

①如实推荐。高校在对毕业生进行推荐时,应实事求是,根据毕业生本人的实际情况向用人单位进行介绍、推荐。

②公正推荐。学校对毕业生进行推荐应做到公平、公正,应给每一位毕业生相等的就业推荐的机会,不能厚此薄彼。公正推荐是学校的基本责任,也是毕业生享有的最基本的权益。

③择优推荐。学校根据毕业生的在校表现,在公正、公开的基础上,还应择优推荐。用人单位在录用毕业生时也应坚持择优标准,真正体现优生优分、学以致用、人尽其才,这样才能调动广大毕业生和在校生的学习积极性,使毕业生在就业过程中只能凭自身综合素质的提高来取胜。

5) 全面真实了解用人单位的权利

教育部根据《普通高等学校毕业生就业工作暂行规定》而制定的就业协议书中规定,毕业生有向用人单位了解基本情况的权利。用人单位基本情况包括单位全称、隶属关系、所有制性质、单位的规模、发展前景、地理环境、经营范围和种类、所需专业及使用意图、所需人才的具体要求,以及单位的工资、福利待遇等。

6) 自主择业的权利

根据国家有关规定,实行招生并轨改革的高校毕业生在国家就业方针、政策指导下自主择业。毕业生只要符合国家的就业方针和政策,就可以自主地选择用人单位,学校、其他单位和个人均不得干涉。任何将个人意志强加给毕业生,强令毕业生到某单位的行为都是侵犯毕业生选择权的行为。毕业生可结合自身情况自主与用人单位协商,要求学校予以推荐,直至签订就业协议。

7) 违约及求偿权

毕业生、用人单位签订协议后,任何一方不得擅自毁约。如用人单位无故要求解约,毕业生有权要求对方严格履行就业协议,否则用人单位应对毕业生承担违约责任,支付违约金,毕业生有权利要求用人单位进行补偿。求偿权,即向违约方要求其承担违约责任、获得赔偿的权利。《中华人民共和国合同法》第一百一十二条规定:"当事人一方不履行合同义务或者履行合同义务不符合约定的,在履行义务或者采取补救措施后,对方还有其他损失的,应当赔偿损失。"《合同法》第一百二十二条规定:"因当事人一方的违约行为,侵害对方人身、财产权益的,受损害方有权选择依照本法要求其承担违约责任或者依照其他法律要求其承担侵权责任。"

8) 解除协议权

当履行协议后毕业生的权益或人身自由、人身安全受到用人单位严重侵害时,毕业生可以主动提出解除协议。《劳动法》第三十二条规定:有下列情形之一的,劳动者可以随时通知用人单位解除劳动合同。在试用期内的,用人单位以暴力、威胁或者非法限制人身自由的手段强迫劳动的。用人单位未按照劳动合同约定支付劳动报酬或者提供劳动条件的。

9) 申诉权

《劳动法》第七十七条规定:"用人单位与劳动者发生劳动争议,当事人可以依法申请调解、仲裁,提起诉讼,也可以协商解决。"《劳动法》第七十九条规定:"劳动争议发生后,当事人可以向本单位劳动争议调解委员会申请调解,调解不成,当事人一方要求仲裁的,可以向劳动争议仲裁委员会申请仲裁。当事人一方也可以直接向劳动争议仲裁委员会申请仲裁。对仲裁裁决不服的,可以向人民法院提起诉讼。"《劳动法》第八十三条规定:"劳动争议当事人对仲裁裁决不服的,可以自收到仲裁裁决书之日起十五日内向人民法院提起诉讼。一方当事人在法定期限内不起诉又不履行仲裁裁决的,另一方当事人可以申请人民法院强制执行。"此外,《合同法》第一百二十八条也规定:"当事人可以通过和解或者调解解决合同争议。当事人不愿和解、调解或者和解、调解不成的,可以根据仲裁协议向仲裁机构申请仲裁""当事人没有订立仲裁协议或者仲裁协议无效的,可以向人民法院起诉。当事人应当履行发生法律效力的判决、仲裁裁决、调解书;拒不履行的,对方可以请求人民法院执行。"

10) 公平竞争的权利

公平竞争是自主择业的前提,是毕业生在择业过程中的基本权利之一。毕业生就业制度改革的方向就在国家政策的指导下,通过毕业生就业市场在公开、平等、竞争、择优的原则下自主择业。在市场经济条件下,只有提供了一个公平竞争的市场环境,才能促使生产要素的合理流动,从而实现毕业生资源的优化配置。公平竞争对毕业生来说,既是权利,又是机遇,同时毕业生也要承受竞争所带来的压力和挑战。竞争奉行的是优胜劣汰法则,毕业生就业市场中的公平竞争,一方面能够促进人才资源的合理配置,另一方面也是对毕业生基本素质和实际能力的检验。

22.1.2　毕业生应尽的基本义务

高校毕业生在享有法律、法规和有关政策规定权利的同时,也应当履行自己的义务。这些义务包括以下几个方面:

1)服从国家需要的义务

虽然毕业生在就业时有了相当大的自主择业的权利,但是并不能排除服从国家需要的义务。当国家重点建设项目或某些行业急需人才的时候,应积极为国家的重点建设工程或项目服务,如西部志愿者、三支一扶、服兵役。

2)回报国家,回报社会的义务

高校毕业生作为较高文化层次的青年群体,国家和社会乃至家庭为其成才和发展提供了优厚的条件和待遇,这是其他青年群体所无法比拟的。毕业生应积极地依靠自己的职业行为,回报国家、社会和家庭,承担起自己应尽的义务。

3)向用人单位实事求是介绍个人情况的义务

毕业生在求职择业过程中,如实向用人单位介绍自己的情况,是基本的择业道德要求,也是自己应尽的义务。毕业生在填写推荐表、撰写求职信、面试时,必须实事求是,不能弄虚作假,以利于用人单位的遴选,只有如实介绍自己的情况,才能让人觉得可靠、可信,获得用人单位的信任。

4)接受用人单位组织的测试或考核的义务

用人单位为了招聘到符合要求的毕业生,一般都要通过一些测试或考核手段来了解毕业生的情况,通过比较,作出是否录用的决定。因此,毕业生应予积极配合,充分展现自己的能力,接受用人单位的测试和考核。

5)严格按照就业协议及其他合法约定履行相应的义务

《合同法》第八条规定:"依法成立的合同,对当事人具有法律约束力。当事人应当按照约定履行自己的义务,不得擅自变更或者解除合同。依法成立的合同,受法律保护。"毕业生应认真履行协议或合同,不得无故擅自变更或自行解除。如果单方违约,必须主动承担违约责任。

22.2 就业协议与劳动合同

"口说无凭,立字为据。"在就业过程中,签订相应的协议是确保用人单位和劳动者个人权益及其义务的需要,对毕业生来说,既是一种权利,也是一种义务。常用的协议文本有两种:一是高校毕业生就业协议书(简称就业协议书);二是劳动合同。就业协议书是我国高校毕业生就业制度改革的产物,劳动合同是就业协议书的延续和法律化。全面了解就业协议书和劳动合同,对毕业生正确行使权利和履行义务有重要意义。

22.2.1 就业协议及其签订

1)就业协议的含义

《就业协议书》的全称是《全国普通高等学校毕业生就业协议书》,是由教育部高校学生司统一印制的,每位毕业生对应一个号码。该协议书一式三份,经毕业生、用人单位、学校三方签署后生效,三方各持一份。签订就业协议的当事人必须具备合法的主体资格。对大学毕业生而言,就是必须取得毕业资格,如果毕业生在派遣时未取得毕业资格,用人单位可以不予接收而无须承担法律责任。

2) 就业协议书的作用

①《就业协议书》是学校编制毕业生就业派遣计划、毕业生办理到用人单位报到、接转档案、户籍关系和党团组织关系、用人单位申请用人指标或公务员考试报名的重要依据,是毕业生与用人单位建立就业关系的正式凭证,也是毕业生毕业后到人事、教育等部门办理就业报到手续的必备材料之一。因此,毕业生必须妥善保管。

②保障毕业生在寻找工作阶段的权利与义务,约束签订劳动合同的时间,劳动合同的内容等。当发现所要签订的劳动合同与就业协议不一致,特别是出现对维护毕业生权益不利的情况时,毕业生应该要求用人单位按照已经签订生效的就业协议,制订新的劳动合同,使其内容符合就业协议。

③保障用人单位能方便地直接从学校方面清楚了解毕业生真实情况。

3) 就业协议书签订的原则和步骤

(1) 就业协议书签订的原则

①主体合法原则:签订就业协议的当事人必具备合法的主体资格。对毕业生而言,就是必须要取得毕业资格,如果学生在派遣时未取得毕业资格,用人单位可以不予接收而无须承担法律责任。对用人单位而言,用人单位必须具有从事各项经营或管理活动的能力,单位应有录用毕业生计划和录用自主权,否则毕业生可解除协议而无须承担违约责任。

②平等协商原则:就业协议的双方在签订就业协议时的法律地位是平等的,一方不得将自己的意志强加给另一方。学校也不得采用行政手段要求毕业生到指定单位就业(不包括有特殊情况的毕业生),用人单位亦不应在签订就业协议时要求毕业生交纳过高数额的风险金、保证金。双方当事人的权利、义务应是一致的。除协议书规定内容外,双方如有其他约定事项可在协议书"备注"内容中加以补充确定。

(2) 就业协议书签订的步骤

就业协议的订立一般要经过两个步骤,即要约和承诺。

①要约。毕业生持学校统一印制的就业推荐表或复印件参加各地供需洽谈会(人才市场),进行双向选择,或向各用人单位寄发书面材料,应视为要约邀请。用人单位收到毕业生材料,对毕业生进行考查后,表示同意接收并将回执寄到高校毕业生就业工作部门或毕业生本人,应视为要约。

②承诺。毕业生收到用人单位回执或通过其他方式得到用人单位的答复后,从中作出选择并到学校毕业生就业工作部门领取就业协议书,与用人单位签订协议,即为承诺。由于毕业生就业工作比较烦琐、具体,有时很难明确要约和承诺两个步骤。如有的毕业生参加公务员考试,达到面试线后,到用人单位参加面试、体检,用人单位也对毕业生进行政审、阅档,表示同意接收。在这种情况下,毕业生应与该用人单位签订就业协议,而不应再选择其他单位。又如,用人单位到学校挑选毕业生,毕业生自己主动报名,经学校积极推荐,用人单位也

表示同意接收，但要回到单位后再正式发函签协议，在这种情况下，毕业生也应安心等待与用人单位签约，而不能出尔反尔，以未正式签协议为由，置学校信誉于不顾，在这过程中与其他单位签约，这样也浪费了其他毕业生的就业机会。

4）签订就业协议书的注意事项

①签协议前，毕业生一定要全方位地了解用人单位的相关情况。例如企业的发展趋势、企业招聘的岗位性质、企业的员工培养制度、待遇状况、福利项目等系列内容，不但要掌握资料，更要实地考察，而且还需要重点了解单位的人事状况，了解企业是否具有应届毕业生的接收权。

②毕业生在签约时要按照正常程序进行。毕业生持用人单位的接收函到院系领取就业协议书，先由毕业生、院系在协议书上签署意见后交用人单位，由用人单位签署意见后再交给学校，学校签字后纳入就业计划，协议书生效。有的毕业生为省事，要求学校先签署意见，但这样做使学校无法起到监督、公正的作用，最可能受害的将是毕业生本人。

③签署协议书时，一定要认真、真实地填写协议书内容。如果报考了研究生或准备出国，应事先向用人单位说明，并在协议书中注明。以往有毕业生向用人单位隐瞒这些情况，而后遭到违约处理。

④毕业生在签约时也要考虑对自身权益的保护。协议具有双向约定的作用，如果有双方需要相互承诺的部分，一定要在协议书或补充协议上加以说明。就业协议中可以规定违约金的数额，现行规定的上限是12个月的工资总和。违约金一般由毕业生和用人单位双方协定，不少单位为了"留住"学生，以高额违约金约束学生。学生应该在协商中力争将违约金降到最低，一般应在2 000元左右，最多不得超过5 000元。

⑤毕业生在签约中，一定要注意条款的合理性。我国劳动法明确规定，用人单位不得以任何理由向毕业生收取报名费、培训费、押金、保证金等，并以此作为是否录用的决定条件。

⑥毕业生、用人单位双方都不得单方面拖延签约周期。毕业生遇到问题而犹豫不决时，最好能够及时咨询高校就业部门负责老师，征求相关的意见和指导。签订就业协议书后，一定要签订劳动合同。正式的劳动合同可能是学生毕业前签订、毕业后生效的，也可能是毕业后签订、立即生效的。一般就业协议书也会在劳动合同生效时，而终止其效力。

5）无效的就业协议

无效就业协议是指因欠缺就业协议的有效要件或违反订立就业协议的原则从而不发生法律效力的协议。无效协议自订立之日起无效。在就业工作中，凡属如下情况之一者，均为无效协议：①非毕业生、结业生本人签订的协议；②用人单位没有录用权力或者没有录用计划的协议；③不符合国家就业政策、就业规定或就业范围的协议；④采取欺诈、隐瞒、作假等手段签订的协议；⑤未经用人单位及其主管部门签署意见并加盖公章的协议；⑥其他违反法律法规或就业政策和规定的协议。

6）可变更和可撤销的就业协议

因毕业生或用人单位意思表示"瑕疵"，经撤销权人请求，由法院或者仲裁机关变更其内容或者使其效力自始消灭的就业协议。

①因重大误解订立的就业协议。如工资2 700元/月，因7写得像1，实际发工资，毕业

生认为是 2 700 元,单位认为是 2 100 元。

②显失公平的就业协议。如规定一方有权解除协议,而另一方则无权。

③基于欺诈、胁迫、乘人之危签订的就业协议。

7)就业协议的解除

为了维护就业协议书的严肃性和学校的声誉,毕业生与用人单位签订了《就业协议书》后,毕业生和用人单位都应认真履行协议。倘若毕业生因特殊原因要求违约,应承担违约责任。已签订《就业协议书》的毕业生,如要违约,需办理解约手续。解约步骤如下:

①到原签协议书的单位办理书面同意的解约函(盖单位公章)。

②向学校毕业生就业工作部门提出书面申请(阐明解约理由),并附上单位及上级人事主管部门审核同意的解约函,交招生就业办。

③学校毕业生就业工作部门根据有关规定审批换发新的《就业协议书》。就业协议的解除分为单方解除和二方解除。

单方解除包括单方擅自解除和单方依法或依协议解除。单方擅自解除协议属违约行为,解约方应对另一方承担违约责任。单方依法或依协议解除,是指一方解除就业协议有法律上的或协议上的依据,如学生未取得毕业资格,用人单位有权单方解除就业协议。毕业生被录用之后,可解除就业协议,或依协议规定,毕业生未通过用人单位所在地组织的公务员考试,用人单位有权解除协议,此类单方解除,解除方无须对另一方承担法律责任。

二方解除是指毕业生和用人单位双方经协商一致,消灭原订立的协议,使协议不发生法律效力。此类解除因是双方当事人真实意思表示一致的体现,双方均不承担法律责任,双方解除应在就业计划上报主管部门之前进行,如就业派遣计划下达后双方解除,还须经主管部门批准办理调整改派。

8)就业协议争议处理

(1)毕业生违约的主要表现

高校毕业生违约是指因毕业生个人原因造成就业协议无法履行的情况。违约的主要表现是:毕业生已与一个用人单位签订协议又提出更换就业单位的;同时与多家用人单位签约,再定取舍违约的;向用人单位提供不真实的情况,违反用人单位的选用条件;已签约毕业生对用人单位工作条件不满意而违约的;已签约毕业生又准备继续考研或出国而违约等。毕业生违约也应承担协议约定的违约责任。因此,毕业生在签订就业协议前应慎重考虑。

(2)用人单位违约的主要表现

用人单位违约是指用人单位方面的原因造成就业协议无法履行的情况。违约的原因一般包括单位经营困难导致裁员、岗位撤销、单位破产,单位无法履行原先承诺,用人单位的用人计划发生重大变动等。此外,毕业生报到时,用人单位在没有任何事实根据和法律依据的情况下,拒收毕业生,使之错过了其他选择机会,无法按时就业;用人单位提供不真实的情况和虚假材料,误导毕业生与之签约;违反行政管理机关的有关法规,不执行有关规定,侵害毕业生的合法权益,而毕业生难以与其抗争等。用人单位违约,应承担违约责任,并为毕业生开具写明原因的正式书面退函(加盖单位章)。

（3）就业协议书争议处理的程序与方法

就业协议书经各方签字、盖章生效。毕业生、用人单位都应严格履行协议，若有一方提出变更协议，须征得另一方同意。如违约，由违约方承担违约赔偿责任或按双方约定办理。

用人单位因破产、倒闭等原因不能接收毕业生的，可向省或市毕业生就业主管部门提出要求，并出具有关证明，经核实同意后，毕业生可重新落实工作单位。

用人单位单方违约，毕业生可持材料向学校毕业生就业管理部门（学生处、毕业办、指导中心）提出，由学校出面协调解决，协调仍不成，毕业生可向劳动人事仲裁部门提出申诉。

9）违约责任及毕业生违约的后果

就业协议书是明确毕业生、用人单位和学校在毕业生就业工作中权利和义务的书面表现形式，属意向性协议。就业协议书一经毕业生签字，用人单位签字盖章后即具有法律效力，任何一方都不得擅自解除，否则违约方应向另一方支付协议条款所约定的违约金。

但是从实际情况来看，违约多见于毕业生。毕业生违约，会产生诸多不良的后果，主要表现在3个方面。

（1）损害了签约单位利益

因为单位为录用一名毕业生需做大量工作，有的单位甚至对录用毕业生的工作岗位都做了具体安排，所以，一旦毕业生违约，不仅使用人单位为录用该毕业生所做的一切工作付诸东流，而且会因延误时机，增加用人单位继续选择其他毕业生的难度，这样势必会影响用人单位的进人计划。

（2）影响学校信誉

毕业生的违约会被用人单位归咎于学校管理不严、教育无方，从而影响学校与用人单位的长期合作。从实际情况来看，一旦毕业生违约，该用人单位连续几年都不会到学校来挑选毕业生。

面对激烈的就业竞争，用人单位的需求就是毕业生择业成功的前提，毕业生的随意违约，势必影响学校的毕业生就业工作。

（3）影响了其他毕业生顺利就业

用人单位到学校挑选毕业生，往往有许多毕业生竞相应聘。用人单位一旦与毕业生 A 签约，其他同学便没有与该单位签约的机会了。如果 A 违约，用人单位因时间关系无法补缺，就会造成就业信息的浪费，也使其他毕业生丧失了一次可能的就业机会。

一言既出，驷马难追，表里如一，言行一致是做人的基本准则。讲信誉是毕业生应尽的义务。如果违约，不仅会影响学校正常的就业秩序，而且会损害用人单位、学校、其他同学等各方面的利益。因此毕业生必须增强信用意识。

10）《就业协议书》填写说明

①封面：等用人单位确定后可由毕业生填写，用人单位要写全称，学校名称也要使用全称，如中国人民大学。

②正表：第一栏由毕业生如实填写。"应聘意见"一般可填同意并签上姓名、日期。学生填写自己的专业名称时，要与录取审批表上的专业名称一致，不能简写。

③第二栏上半栏由用人单位填写，注意各栏要填完整，以便彼此联系。"档案转寄详细

地址"一般是用人单位所在地人事、教育主管部门的地址或名称。

④"用人单位意见"栏应签同意录用等字样并盖上公章,注意公章应与用人单位名称一致。"用人单位上级主管部门意见"一般由用人单位所在地人事、教育主管部门签具。第三栏由院(系)和学校招就办填写。前两栏手续办好后,毕业生先到所在院(系)就业负责人或联系人处签字并盖公章,最后到学校招就办签章。

⑤封底:备注栏如果已与用人单位就见习期时间、工资福利待遇、违约责任等达成共识的也可在此栏注明。

11)就业协议书的遗失补办

①填写"补办协议书申请表"(可从就业信息网下载),由所在院系书记、毕业班辅导员调查、核实后,签署相应意见。

②毕业生将手续齐全的"补办协议书申请表"交就业指导服务中心核实、备案。

③就业指导服务中心将丢失就业协议书的情况在毕业院校毕业生就业信息网等地方进行公示。

④自公示之日起30天内无学生、用人单位提出异议的,予以补发。

⑤对弄虚作假者,追回补发的就业协议书,其后果由毕业生自行承担。

22.2.2　劳动合同

1)什么是劳动合同

劳动合同是指劳动者与用人单位之间确立劳动关系,明确双方权利和义务的协议。签订和变更劳动合同,应当遵循平等自愿、协商一致的原则,不得违反法律、行政法规的规定。劳动合同依法订立即具有法律约束力,当事人必须履行劳动合同规定的义务。

劳动合同是劳动关系建立、变更和终止的一种法律形式。根据《劳动合同法》第十条的规定,建立劳动关系的,应当及时订立书面劳动合同。

2)劳动合同的作用

(1)劳动合同是建立劳动关系的基本形式

以劳动合同作为建立劳动关系的基本形式是世界各国的普遍做法。劳动过程是非常复杂、千变万化的,不同行业、不同单位的合同劳动者在劳动过程中的权利、义务各不相同。因此,国家的法律法规只能对共性问题作出规定,不可能对当事人的具体权利、义务作出规定,这就要求签订劳动合同明确权利、义务。

(2)劳动合同是促进劳动力资源合理配置的重要手段

用人单位可以根据生产经营或工作需要确定录用劳动者的条件、方式和数量,并通过签订不同类型、不同期限的劳动合同,发挥劳动者的特长,以便合理使用劳动力。

(3)劳动合同有利于避免或减少劳动争议

劳动合同明确规定劳动者和用人单位的权利和义务,对合同主体双方来说,这既是一种保障,又是一种约束,有助于提高双方履行合同的自觉性,促使双方正确行使权力,严格履行义务。

因此,劳动合同的订立和履行有利于避免或减少劳动争议的发生,有利于稳定劳动关系。

3) 劳动合同的内容

一般来说,劳动合同的内容可分为两方面:一方面是必备条款的内容;另一方面是协商约定的内容。

劳动合同的必备条款:

《劳动法》第十九条规定了劳动合同的法定形式是书面形式,其必备条款有 7 项:

(1) 劳动合同期限

法律规定合同期限分为 3 种:有固定期限,如 1 年期限、3 年期限等均属这一种;无固定期限,合同期限没有具体时间约定,只约定终止合同的条件,无特殊情况,这种期限的合同应存续到劳动者到达退休年龄;以完成一定的工作为期限的劳动合同。用人单位与劳动者在协商选择合同期限时,应根据双方的实际情况和需要来约定。

(2) 工作内容

在这一必备条款中,双方可以约定工作的数量和质量,劳动者的工作岗位等内容。在约定工作岗位时可以约定较宽泛的岗位概念,也可以另外签一个短期的岗位协议作为劳动合同的附件,还可以约定在何种条件下可以变更岗位条款等。掌握这种订立劳动合同的技巧,可以避免工作岗位约定过死,因变更岗位条款协商不一致而发生的争议。

(3) 劳动保护和劳动条件

在这方面可以约定工作时间和休息休假的规定,各项劳动安全与卫生的措施,对女工和未成年工的劳动保护措施与制度,以及用人单位为不同岗位劳动者提供的劳动、工作的必要条件等。

(4) 劳动报酬

此必备条款可以约定劳动者的标准工资、加班加点工资、奖金、津贴、补贴的数额及支付时间、支付方式等。

(5) 劳动纪律

此条款应当将用人单位制定的规章制度约定进来,可采取将内部规章制度印制成册,作为合同附件的形式加以简要约定。

(6) 劳动合同终止的条件

这一必备条款一般是在无固定期限的劳动合同中约定,因这类合同没有终止的时限,但其他期限种类的合同也可以约定。须注意的是,双方当事人不得将法律规定的可以解除合同的条件约定为终止合同的条件,以避免出现用人单位应当在解除合同时支付经济补偿金而改为终止合同不予支付经济补偿金的情况。

(7) 违反劳动合同的责任

一般约定两种违约责任形式,第一种是一方违约赔偿给对方造成了经济损失,即赔偿损失的方式;二是约定违约金的计算方法,采用违约金方式应当注意根据职工一方承受能力来约定具体金额,避免出现显失公平的情形。违约,不是指一般性的违约,而是指严重违约,致使劳动合同无法继续履行,如职工违约离职,单位违法解除劳动者合同等。

劳动合同的约定条款:

这类约定条款的内容,是当国家法律规定不明确,或者国家尚无法律规定的情况下,用人单位与劳动者根据双方的实际情况协商约定的一些随机性的条款。劳动行政部门印制的劳动合同样本,一般都将必备条款写得很具体,同时留出一定的空白由双方随机约定一些内容。例如可以约定试用期、保守用人单位商业秘密的事项、用人单位内部的一些福利待遇、房屋分配或购置等内容。

随着劳动合同制的实施,人们的法律意识、合同观念会越来越强,劳动合同中的约定条款的内容会越来越多。这是改变劳动合同千篇一律的状况,提高合同质量的一个重要体现。

4)签订劳动合同的十大注意事项

①签订合同时,劳动者首先要弄清用人单位的基本情况,要判断是否是合法企业。它的法人代表姓名、单位地址、电话这些信息可以通过上网查询工商登记信息获取,同时,要求将这些内容明确写在合同中。

②劳动者要弄清自己的具体工作,并在合同中标明工作的内容和具体地点。案例一:张某家住北京海淀区四季青桥附近,她到离家很近的一个连锁超市应聘就职。过了一段时间,公司将她调到远郊大兴的连锁店工作,因而产生纠纷。因合同上只写了张某要在北京工作,使这起劳动争议案的焦点是合同约定的工作具体地点不详,导致败诉。案例二:赵某应聘某汽车厂担任总装调试工,这是技术活,工资较高。后来,企业将他调到一个非技术的低薪岗位,他不愿干,与企业发生劳动争议后,合同上写的是担任"操作工",这是一个范畴很广的工种,没有明确具体的工作性质,导致争议败诉。

③劳动报酬要定清楚,避免口头约定。如标准工资是多少?有没有奖金?奖金是根据什么标准发放的?这些数据一定要在合同中体现,不要轻信老板的口头承诺。

④关于试用期的问题要特别注意。法律规定试用期最长不得超过6个月,仅约定试用期的合同是无效的,试用期结束就要求劳动者走人是耍赖;在试用期间,用人单位不得无理由解除劳动关系;除非劳动者不符合招聘条件,才能走人。现实生活中,在职场上把"试用期"当成"剥削期"已经成了一些无良老板逃避法定义务的惯用伎俩。

⑤劳动报酬的支付方式与支付时间要明确,是现金还是通过银行支付到账户。有的单位采取扣发员工1个月工资的方式拴住劳动者,这种行为不具有法定效力。如果劳动合同终止后,用人单位拒绝提供被扣发的劳动报酬,劳动者可以通过劳动仲裁解决问题。

⑥劳动者工作时间与工作条件要明确,有的劳动者为多挣钱,默认了企业要求严重超时的加班加点,这是违反劳动法的,现在越来越多的工资争议案就是因此而起。此外,工作的环境有毒有害,尤其是化学性的制革、制鞋行业企业,还有机械加工行业可能给工人带来的机械性伤害的工作环境,都要在合同中将环境危害可能对工人造成的伤害明确表达出来。

⑦社会保险约定。有的企业以"不办社保可以多领工资"的说法,来误导劳动者主动选择放弃社保。律师提醒劳动者:对于社保问题要有长远的考虑,工作时间越长,这个问题就越大,它涉及养老的问题;一旦发生工伤意外等,最快速的解决方式是先通过劳动者购买的社会保险,快速选择走工伤保险补助的绿色通道救死扶伤。因而,有了社保就等于有了保障。

⑧不要签空白合同,签合同时要认真阅读合同条款,有异议的当场提出,万不可不看条

款盲目签约。空白合同是指企业为应付检查，拿出空白合同，先让劳动者签名、按手印，走一个过场，劳动者也不拿合同当回事，有的合同甚至没有盖章。一旦发生劳动争议，这类合同是无效的，同时，劳动者的维权成本较高。

由于就业形势比较严峻，大学生在求职过程中往往处于弱势地位，很多用人单位都提出了一些明显不合理的条款，如违约金、服务期等。对于毕业生来讲，虽然知道这些附加条款是显失公平的，但也不敢明确表示异议。

⑨有些合同约定了不合法的内容，如女职工不得结婚生育、因工负伤的"工伤自理"，要求劳动者签订生死契约等，这些条款在法律上无效，劳动者可以拒签。

⑩劳动合同盖章后，劳动者本人和用人单位要各保管一份。劳动合同是发生劳动争议时，劳资双方可出具的最直接、最有效的法律凭证。在办理工伤案件时，因劳动者手头没有劳动合同，要求用人单位赔偿遭到拒绝的案例不在少数。有的企业在合同签订后，把两份合同都收走，发生争议时，劳动者手里没有合同，单位可以不承认有此人。

此外，即使有劳动合同，仍要保存好能够证明劳动关系的证据，如工资条、入职面试字条、工作证件、体检表格、单位签字等。

22.2.3 就业协议书和劳动合同的使用区别

就业协议书用于签订正式录用单位，并可将报到证签发到该单位，其档案、户籍也可迁入该单位；劳动合同用于毕业生在单位聘用就业，其报到证签发到生源地，档案、户籍也可迁入生源地。请勿将两者混淆使用。

《劳动合同》是用人单位同劳动者依法确立劳动关系，明确双方权利和义务的协议。劳动合同是毕业生上岗后，从事何种岗位、享受何种待遇以及相关的权利和义务的法律依据。根据《劳动法》等劳动法律、法规依法订立的劳动合同受国家法律的保护，对订立合同的双方当事人产生约束力，是处理劳动争议的直接证据和依据。《劳动合同》由劳动局负责审查。应聘到私营、外资等性质企业就业，可以签订《就业协议书》，也可以签订劳动合同书。对其办理人事代理的单位可以签《就业协议书》，反之建议只签订劳动合同书。

1) 两者的作用不同

劳动合同是指劳动者与用人单位确立劳动关系、明确双方权利和义务的协议，是劳动者从事何种岗位、享受何种待遇等权利和义务的依据。就业协议是毕业生和用人单位关于将来就业意向的初步约定，是对双方的基本条件以及即将签订的劳动合同的部分基本内容的大体认可，并经用人单位的上级主管部门和高校就业部门同意，一经毕业生、用人单位、高校、用人单位主管部门签字盖章，即具有一定的法律效力，是明确毕业生、用人单位、高校三方在毕业生就业工作时的权利和义务的书面表现形式，作为他们办理报到、转接人事和户口的依据。

2) 两者的主体不同

劳动合同只适用于劳动者（含应届毕业生）与用人单位（不含公务员单位和比照实行公务员制度的组织和社会团体以及军队系统）之间，与学校无关；就业协议适用于应届毕业生与用人单位、学校三方之间，学校是就业协议的见证方或签约方，就业协议对用人单位的性质没有规定，适用于任何单位。

3) 两者的内容不同

劳动合同的内容涉及劳动报酬、劳动保护、工作内容、劳动纪律等方方面面,更为具体,劳动权利、义务更为明确。毕业生就业协议的内容主要是毕业生如实介绍自身情况,并表示愿意到用人单位就业,用人单位表示愿意接收毕业生,学校同意推荐毕业生并列入就业方案,而不涉及毕业生到用人单位报到后应享有的权利义务。

4) 时间不同

一般来说,就业协议签订在前,就业协议应在毕业生就业之前签订,而劳动合同往往在毕业生到用人单位报到后才签订。

5) 两者的法律效力、效力时段不同

劳动合同发生争议,应依据《劳动法》来处理。值得注意的是,就业协议不能代替劳动合同。而就业协议发生争议,除根据协议本身内容之外,主要依据现有的毕业生就业政策和法律对合同的一般规定来加以解决,尚没有专门的法律对毕业生就业协议加以调整。学生毕业到就业单位报到后,应尽快与用人单位签订劳动合同。

6) 两者发生问题时处理的部门不同

前者可根据《劳动法》处理,也可向劳动争议调解委员会或劳动仲裁机构报送,而后者由毕业生与用人单位在协商取得一致的基础上订立,报学校毕业生主管部门审查认可后,报上级主管部门审批。

《就业协议书》作为一份简单的格式文本,很多诸如工作岗位、工作条件等劳动合同必备条款并不在《就业协议书》中直接体现。因此,单凭《就业协议书》无法对学生正式报到就业后的劳动权利全面保障。

22.3　求职陷阱及安全应对策略

随着大学毕业生数量的增加和就业压力的不断加大,大学生的就业焦虑也越来越高,求职心情非常迫切。许多毕业生为了找到一份满意的工作,遍投简历,广搜信息,只要是符合自己意愿的招聘信息,就积极行动,绝不放过,但这也给不法分子可乘之机。有的不法之徒利用大学生求职心切的心理,巧设名目,设置求职陷阱,给大学生再次求职蒙上难以抹去的阴影,造成恶劣的社会影响。据公安部门统计,这种案件在近两年内呈急剧上升趋势。面对这些问题,除了学校要加强安全防护措施外,大学生自身在求职过程中更要注意提高警惕,增强安全自我防范意识。

22.3.1　常见求职陷阱的种类及辨别

1) 求职陷阱的种类

(1) 招聘单位收费

"有公司首先就让求职者交报名费,那一定是趁火打劫的骗子公司。"毕业生在应聘时遇到收取报名费、面试费、培训费等额外费用的企业,均不能相信。"不少皮包公司就是看重学生求职心切,借着招聘会骗钱。"毕业生应该警惕招聘单位入职培训费、员工管理费等任何名目的收费。

[案例]

韩某,大学毕业生,在人才交流市场经过初步了解,与某家公司达成就业协议。但韩某了解到,进这家公司,每人要收取200元的服装保证金用于制作工作服,离开公司的时候,200元可以一分不少地退还。1个月后,韩某按照公司的约定来到公司的办公地点参加培训,却发现,该公司和主管人员早已经人去楼空,才知自己上当受骗。据了解,在这起诈骗案中,有150多名求职者上当受骗,其中大多数都是刚刚毕业的大学生。

在就业过程中,像以上类似的诈骗案很多,骗子往往打着招聘的幌子,要么收取"报名费",要么收取"保证金""培训费",很多大学生为了获得工作机会,明知道是无理的要求,也不敢拒绝。但骗子们往往就抓住了大学生的这种心理,进行行骗。

(2)招聘单位"无限期试用"

"有的企业招了人,就无限期地让学生实习,待遇也是按实习期发放,这也是一种招聘陷阱。"

很多求职的大学生被所谓的实习期3个月,再加上试用期3个月搞得一头雾水。那么,为什么会出现这种现象呢?依据有关规定,试用期人员底薪通常是正式员工的1/4,劳保用品、物质奖励、各种保险和其他福利等不与正式职工享受同等待遇。因此一些用人单位为降低人力资本,大量招募短期员工,且不签订劳动合同,待3个月试用期满,就以各种各样的借口予以解雇。这样一来,求职者总是辛辛苦苦地给单位低薪干了几个月,然后被扫地出门。就这样,一群又一群大学生被用人单位榨取劳动果实。实习期过长,以有问题为名予以辞退,这是大学生以往找工作的普遍遭遇。

根据实际经验表明,有这样做法的企业往往并不是真正地需要人才。其表现有两大特征:一是会很快就提出签订劳动协议,然后马上开始工作;二是一次招收的学生数量比较多。因此,学生求职招聘时要注意以上特征,看清单位是否有真正的用人诚意。

其实,对于劳动合同中的试用期,《劳动法》早已规定:劳动合同期限在6个月以内的,试用期不得超过15日;劳动合同期限在6个月以上1年以内的,试用期不得超过30日;劳动合同期限在1年以上2年以内的,试用期不得超过60日;劳动合同期限在2年以上的,试用期不得超过6个月。试用期包括在劳动合同期限内。

(3)通过招聘剽窃求职者的作品

企业以选人为名,在笔试、业务考查等环节中让求职者撰写策划案、翻译文章,而这些都应是公司员工的本职工作。专家介绍,除了把求职学生当免费劳力外,学生在简历中把自己的毕业设计和研究理念写得一清二楚,也让不少企业坐享其成。

(4)传销公司网上设求职陷阱

政府为方便大学生找工作,开通网上求职平台,一些不法分子利用大学生求职心切,在网上设"求职陷阱"骗人。大学生网上求职要选择一些大型的、正规的招聘网站,不要轻易在不熟悉的网站填写简历。在求职过程中,要注意甄别用人单位,查实用人单位是否正规、真实、可靠。

[案例]

张某是某高校美术专业的毕业生。一天,张某接到朋友周某从广州打来的电话,希望他来公司工作。张某来到广州后,周某让他签订了一份合同书,并让他交押金3 000元,并承诺如辞职离开公司,押金随时如数退还。张某认为周某与自己是朋友,又有合同和承诺,便拿出3 000元交了押金。当天下午,周某就带三人开始岗前"培训"。"培训"主要是讲怎样赚钱,怎样暴富和赚钱要不择手段以及"发展下线、金字塔"理论等。经过几天"培训""洗脑"后,公司让他"上班",就是打电话、动员蒙骗想找工作的人来"工作"。

大学生被非法传销组织所骗受困的原因主要有:一是大学生自身防范意识薄弱,轻信他人;二是对同学、朋友的介绍过于信任,没想到熟人还会骗自己;三是就业压力过大,择业时放松了必要的警惕,轻信以用人单位身份出现的非法传销公司;四是个别学生存在不劳而获的思想,被非法传销组织宣传的高额回报引诱,甘愿从事非法传销活动。

(5)"五险一金"协商放弃,假高薪陷阱

在大学生求职招聘中,一些单位声明高工资,以此为诱饵,却以不给职工交纳社会保险为条件。正忙于四处求职的学生小张对记者说,他在通过一家私营公司的最后一轮面试后,人事主管对他说:"我们和公司的员工协商一致,都不缴纳'五险一金',因为,几年来公司没有一名员工离开公司后失业,失业保险金都是白缴,而且公司给员工的工资都很高,里面就包括这部分钱,所以,希望你也能与公司达成一致。"

一些不良的用人单位为了剥夺求职者的权利,经常会在合同中制订一些不合法的内容,这些都是签订劳动合同时应该注意的问题,因此大学生在签订合同时不仅要仔细审阅内容,当合同中出现异议时,还要运用自己的沟通技巧同用人单位谈判,争取自己应得的利益。

(6)利用求职者个人信息进行诈骗

近期以来,套取并利用求职者信息进行诈骗的案件屡见不鲜。毕业生在求职过程中,往往要填写一些表格,其中涉及很多个人信息,尤其是网上求职,要求填写的内容更是事无巨细,从个人电话号码到家长姓名、家庭住址、家庭电话、父母情况一应俱全。许多毕业生粗心大意,随意填写,结果给骗子留下了可乘之机。

[案例]

毛某,是某大学毕业生的家长,日前在家中接到一个长途电话,称其儿子在车祸中被撞伤,正在医院抢救,急需手术费5万元。毛某闻讯立即拨打儿子手机却怎么也打不通,相信真的出事了。就在此时,一个自称是儿子学校领导的人又打来电话,证实确有其事,并留下一个账号。毛先生连忙筹集了5万元汇过去。几小时后,毛先生终于打通儿子电话,方知上当受骗。

2)求职骗局的辨别

(1)骗子公司多数不规范

骗子公司往往在居民区临时租房,大学生在应聘时首先要看招聘公司像不像正规公司。

比如,如果是经贸公司或电脑公司,即使没有自己的办公大楼,通常也会选址在中高档写字楼中,其办公设备也一应俱全。

(2)骗子公司最愿招文员

专以求职大学生为诈骗对象的骗子公司与一般的骗子公司和黑职介不同,他们招聘的多数是文员、公关人员或部门经理。一般情况下,如果仅是一处几十平方米面积的小公司,就不太可能大张旗鼓地打广告招聘许多文员、公关人员,更不可能招经理。

(3)高收费肯定是骗局

骗子公司诈骗名目一般有"报名费""工作卡费""押金""培训费""服装费",个别的还以需要在公司食宿为名,收取"住宿费"和"伙食费"。

求职大学生还可以通过分析招聘广告来识破骗局:第一,对应聘者的条件要求过低,学历、工作经验,甚至年龄等条件都可放松或根本没有要求,但承诺的工资待遇却比较高。其次,一个小公司招聘的工种、职位繁多。第三,招聘程序简化,只留地址或联系电话,让求职者直接前去面试。

22.3.2　毕业生求职中的安全应对策略

求职大潮风起浪涌,既蕴含着无数机遇,又隐藏着险滩暗礁,毕业生只有牢牢系好求职安全带,不断增强安全防范意识,才能够做到一帆风顺。

1)层层过滤,确保就业信息的真实性、准确性和可靠性

学校就业信息网上发布的就业信息,都经过了严格核实,包括核实用人单位的工商许可证、营业执照以及通过电话向当地有关部门核实等,基本上确保了就业信息的真实性、准确性、安全性。对通过其他渠道获得的就业信息,一定要想方设法,通过各种途径进行核实。

2)面试过程中,要时刻保持高度的警惕性

有以下情况发生时,毕业生应保持高度的警惕性,擦亮眼睛,识别就业陷阱。

①当前往面试的第一天或职前训练的前几天,要留意该单位是否隐瞒工作性质及业务性质。

②面试地点偏僻、隐秘或是转换面试地点的状况,或是要求夜间面试者,皆应加倍小心。面谈地点不宜太隐秘,过于隐秘的地点不要去。用人单位约你面试时,如果不是学校就业指导中心发布的信息,不是你从其他渠道获得的信息,而是约你到宾馆或其他非公开、非正式场合见面,绝对不能贸然前往。

③面试时,要注意以下环节:一是应详记该单位及面试官的基本情况及特征;二是对方所提工作内容空泛不具体时,不要被其夸大的言辞所迷惑;三是身份证、毕业证书及印章等证件,不宜给对方;不可轻易出示银行账户号码及密码,以免不法之徒有机可乘;四是面试官说话轻浮,暧昧不清,眼神不正常等都是危险的前兆;五是如果有不安全、不对劲的感觉或不正常的状况,要以某种借口迅速离开该单位为宜;六是拒绝不合理的邀约及要求;七是在面试时尽量不要随便喝饮料或吃东西。

④进行面试的过程中,如果遇到用人单位要你交保证金或其他培训费用(如报名费、训练费、材料费等)时,一定要慎重,千万不要为了保住工作而盲目交费。

　　⑤面试前后随时与学校辅导员、同学、家长保持联系,并告知面试场所地址及电话号码。

　　⑥用人单位要求提供亲友名单、身份证号码(复印件)均可能有诈财之患,要注意防范!

　　在求职过程中,毕业生为了预防求职"陷阱",要做到:一忌贪心,看到"高薪"字眼首先要衡量一下自己,然后再摸清对方的背景;二忌急心,毕业生急于找工作的心理让一些人找到了借机骗财的机会,这些人以各种名目收取应聘者的费用后,便人去楼空;三忌糊涂心,求职者要对自己的职业生涯发展脉络有清楚的构想,只要仔细研究还是能识别招聘中的大多数欺骗的伎俩。要时刻提醒自己,不缴不知用途的款,不购买自己不清楚的产品,不将证件及信用卡交给该公司保管,不随便签署文件,不为薪资待遇不合理的公司工作。

　　3) 求职后,要谨慎行事,学会用法律保护自己

　　在找到合适的工作单位,双方达成就业意向后,毕业生需要签订《全国普通高等学校毕业生就业协议书》。就业协议书的签订在形式上宣告了就业工作花开有果,尘埃落定。但近年来,就业协议引发的纠纷屡有发生。有的毕业生正式到单位报到后,单位却一改初衷,擅自降低劳动报酬,变更原来双方约定的工作岗位,更有甚者以"试用期"(或见习期)为由不签订劳动合同,使得毕业生长期处于"试用期",做最累的工作拿最低的报酬,从而使其利益受到侵害。因此,在签订就业协议以前,一定要反复斟酌,多方面考察,方可落笔。

[案例]

　　某高校2016届毕业生小李,在2016年5月找到一份工作,他见很多同学都签订了就业协议书,就不假思索地与某公司签订了就业协议书,并把协议书通过辅导员汇总到了学校。在某公司工作了一个多月,小李觉得自己不适合这份工作,在给部门经理打了个电话之后,没有办理任何手续就不去公司上班了。10月当小李找到一份新的工作时,新单位提出要与小李签订就业协议书。此时,小李遇到了麻烦,因为就业协议书已与原单位签订了。在这之前,学校已根据就业协议书将小李的档案、户口等关系转到了小李的原公司。小李到原公司解决问题时,原公司人力资源部因为小李未办理任何手续而离开单位,要求他支付一笔不菲的违约金。

　　解析:本案例说明了每位大学毕业生在签订就业协议时都应采取慎重态度,必须在充分了解就业政策和进行充分分析后,认真考虑,再决定与用人单位签订就业协议。

[思考题]

　　1.大学毕业生享有的权利和应尽的义务有哪些?

　　2.就业协议书和劳动合同的区别是什么? 签劳动合同时有哪些注意事项?

　　3.大学毕业生求职时应该怎样应对求职陷阱?

第 23 章　职场适应与职业发展

23.1　职场适应

每一位即将或刚刚开始工作的大学毕业生都希望自己能够在崭新的工作岗位上很快就有优秀的表现，做出一番事业与成就。但是我们所看到的更多现实情况是，很多大学生会发现自己不能很好地适应与大学生活截然不同的全新环境，不能很好地融入到组织中来，以至于工作难以开展。其实，这些问题的出现都与毕业生的角色转换有关，只有真正认识到自己已经不再是一名生活在象牙塔中的学生，并且重新对自己进行正确的定位，了解作为一名职业人应当做什么和怎样做，才能在新的生活中很好地立足与发展。

23.1.1　学生角色与职业角色的区别

个体在社会中所扮演的角色不是一成不变的。人的社会任务和职业生涯不断变化，角色也随着变化，从一个角色进入另一个角色。大学生初入社会后表现出的种种苦恼和困惑，缘于大学生对职业角色的陌生和不适应。因此，每一个即将就业的大学生必须对社会角色的转变过程有一个清楚的了解，以便从现在起就开始有针对性地进行思想和心理辅导。

学生角色与职业角色相比，有许多不同之处，主要体现在以下几个方面：

1) 承担的社会责任不同

学生角色的主要责任是学习各种专业知识，培养健全人格，使自己成为符合社会需求的人才。虽然大学生已经开始享有绝大部分的社会权利，也需要履行同等程度的社会义务，但社会对大学生的要求更多是接受教育，完成好学业，为今后投身社会工作储备能量。而职业角色的责任是用自己所掌握的知识，通过具体的工作为社会作出贡献，以自己的行为来承担责任的过程。两种不同角色分别承担着两种不同责任。

2) 社会规范制约程度不同

社会赋予角色的规范，就是社会提供的角色行为模式。学生的规范是从培养、教育角度出发，促使其以后能顺利成长为合格人才，社会赋予职业角色的规范则更为严格、具体，违背了就要承担一定的责任。在大学里，学生犯了错误或者出现了失误，比如迟到、旷课、重修课程等，大都可以承认错误或者通过自己的努力来补救，而在职场，强调的是对工作结果的负责，一时的疏忽可能会引起不可估量的损失，同样的错误若犯上两次也就很可能失去了大家的信任。竞争激烈的职场里可能不会有太多机会让你去"失误"，一次小的意外都会导致单位向你发出"逐客令"。

3）评价标准差异

我国大学对人才的评价主要强调综合素质，通行的标准是考查大学生在校表现、学习成绩和社会活动等，但总体来说，一个学生在这三者中间有一两样突出，其他的表现一般，也可以算是"优秀学生"。而在职场，一名好员工，不仅要业务素质过硬，工作善于创新，还要有团队意识，要善于与周围同事交流、沟通、合作，处理好各种关系，这样才能获得职业的顺利发展。

4）面临的人际关系不同

在强调团队和协作精神的今天，和谐的人际关系对职业适应举足轻重。有些大学毕业生虽然能力很强，但因为与领导、同事相处不好而陷入困境，人际关系成为职业适应的绊脚石。相对于学校中的师生关系、同学关系，职场中涉及的关系更为复杂。行业之间竞争，单位里的同事、上下级之间也会有直接、间接的利益冲突，牵扯到业绩好坏、薪水增减、职务升降等具体问题，往往表现得纷繁复杂，此时学会如何处理各种关系显得尤为重要。

5）活动方式不同

学生是以学习书本知识、应付各种考试为主要活动内容的。长期以来，学生的角色处于一种习惯于接收外界给予的状态，习惯于输入，而职业人角色则要求运用所学的知识，向外界提供自己的劳动。这种从接收到运用、从输入到输出则要求结合实际创造条件地发挥才干。学生长期养成了一种应付心理，只对考试范围之内的知识采取突击记忆的方式，考试范围之外的则大多不去认真对待。

6）独立性要求不同

从学生到职业人员的角色转换，对其独立性的要求也相应有了提高。在学生时代，学生在经济上主要依靠家庭的资助，生活上依赖家长的关心和照顾，学习上习惯了老师的指导，总是处在一种被动接受的环境之中。毕业生进入职业生涯以后，对其独立性的要求既是全方位的、复合型的，又是较高的，主要表现在：有了工作应酬，经济上要求逐步成为独立者；工作上要求能够独当一面；学习上要会自我安排；生活上要会照顾自己。

毕业生在学生时代的角色是作为受教育者接受经济供给和资助，逐步掌握本领、完善自我的过程。而职业角色是用自己已经掌握的本领，通过工作为社会作贡献，以自己的行为承担社会责任的过程。

23.1.2　角色转换中容易出现的矛盾

角色转换指的就是个体因社会任务和职业生涯的变迁，从一个角色进入另一个角色的过程，其根本的变化是社会权利和义务的变化。

著名职业生涯规划大师舒伯依照年龄将每个人生阶段与职业发展配合，提出了职业生涯彩虹图这一理论。在生涯彩虹图中，纵向层面代表的是纵观上下的生活空间，是有一组职位和角色所组成。其分成儿童、学生、休闲者、公民、工作者、家长6个不同的角色，他们交互影响，交织出个人独特的生涯类型，由学生到工作者有一个明显的转换期。在毕业生从校园走向工作环境的过程中,工作者的角色比重明显增加,而与此同时,学生角色的比重则相应减少了很多。在这个角色转换过程中,会出现许多矛盾,主要矛盾表现在以下几个方面。

1) 主观愿望和社会现实的矛盾

大学生毕业之前接受的都是健康、正面的教育,常以理想的思维方式看待社会、规划人生。对社会和职业的认识,容易走两种极端:一种是对社会和人性的复杂缺乏基本的认知和准备,过于天真和无知;另一种则对社会和人性过于悲观,对现实的无奈和失望使他们对自己的人生规划抱有强烈的抵触意识,又因为过于理想化而导致苛刻、偏激、狭隘、封闭心理。社会和职业既没有一些人期望的那么美好,也不像一些人想象的那么坏。它复杂而真实,需要我们将片面的、绝对的、理性的、批判式的思维转化为感性的同情式的理解认同,用坚强而温和的眼光和宽广的胸怀去接纳。这样的人生态度和境界虽然需要一定的年龄和阅历才能达到,但职业经历能够促使大学生用一种更现实、更客观、更温情的眼光来看待社会、职业和自我。在书本上抽象地批判人性与实际同真实的人接触的感受和看法是不一样的。

2) 习惯行为与社会角色要求的矛盾

十余年的寒窗苦读使每个大学生都形成了一些习惯行为,都有自己特有的学习、生活习惯和思维方式,步入职场后一时还难以适应角色转换的要求,常常在扮演角色时惯性地表现出与职业人角色不相符的、带有明显学生气的习惯行为。我们周围就有很多"冲动、自我"的大学生,不能正确认识社会和自我的结果,直接表现为社会适应能力低下和职业角色意识模糊。如有一家公司在同一年录用三个大学生,一个纯粹无法胜任工作;一个缺乏主动性,不知道该干什么;另一个过于强势和主动,他工作是去改造别人的,还得让领导听他的。这3种类型在大学生中具有很强的代表性。

3) 社会需要与自我完善的矛盾

当今社会是改革的社会、竞争的社会、高速发展的社会。社会不仅需要基础知识扎实、动手能力强、综合素质较高的大学生,更需要具有开拓精神、勇于创造的大学生。大多数大学毕业生工作一段时间便会发现自己因知识结构不完善,思维死板,信息不灵,致使理论与实际脱节,在某些方面的能力也比较欠缺,适应工作比较困难。

现在不少大学生在思考自我与社会的关系、自我与职业的关系时,将社会化等同为"丧失自我",并从内心拒斥社会化。从中也可以看出,从学生向职业人的角色转化表面上表现为职业化,但深层的东西其实是对社会和自我的正确认识。大学生职业适应的最突出的障碍就是过于以自我为中心,不能正确认识自我、认识社会、人性、职业和他人。其实,正确地认识社会和自我是同一个问题的两个方面。

23.1.3 角色转换过程中易出现的问题

心理学认为,个体的社会角色发生变化时,新旧角色的转换过程必然伴随着不同角色之间的相互冲突。这种角色冲突是普遍存在的,因此,从学生角色转换为职业角色不可避免地会出现各种各样的问题。

大致来说,这些问题主要有依赖和恋旧心理、自负或自傲心理、浮躁心理、自卑或畏缩心理等。

1) 依赖和恋旧心理

很多大学毕业生在角色转换过程中依恋学生角色,难以从学生状态中完全摆脱出来。因为习惯了十多年的学生角色,容易使个体在学习、生活和思维方式上都养成一种相对固定的模式。在职业生涯开始之初,许多人常常会自觉或者不自觉地置身于学生角色之中,以学生角色的社会义务和社会规范来要求自己、对待工作,以学生角色的习惯方式来待人接物,来观察和分析事物。

2) 自负或自傲心理

一些大学毕业生则是对自我的认知存在偏差,认为自己接受了多年高等教育有学历、有文凭,应该在各方面都具有很多良好的条件,因而盲目自信。这种心态很容易使毕业生进入职场后纸上谈兵、眼高手低。因为觉得自己的条件优于周围的工作人员,往往不屑与他人合作,更不会虚心接受别人的指导和意见,甚至对领导和前辈也表现出轻视。

3) 浮躁心理

有些刚参加工作的大学毕业生往往弄不清楚自己在工作中真正想要什么、能做什么。国家劳动和社会保障部劳动科学研究所曾经与北森测评网、新浪网联合对当代大学生第一份工作现状进行调查。这项调查的结果发现在找到第一份工作后,有50%的大学生选择在一年内更换工作,而两年内大学生的流失率接近75%,比例之高令人震惊。这一数据恰恰反映了毕业生在角色转换初期的浮躁,对工作的兴趣总是不能持久,并且习惯把这一问题推脱为他人的责任,而认识不到自己的问题所在。

4) 自卑或畏缩心理

很多大学毕业生在初进职场的阶段,因为不知如何适应新的工作环境,会表现得怯懦、自卑。无论是做工作还是待人处事,总是担心自己的表现不够完美而被指责。要么就是过度封闭自己,不与人往来,要么就是盲目地听从他人的指使,不敢表达自己的想法,独立性很差。

这些心理问题都反映了大学毕业生没能顺利地从学生角色转换为一个社会职业人的角色,这必然会对毕业生的职业适应能力和后期的职业发展造成各种不良影响。因此,在两种角色的过渡阶段,大学毕业生一定要谨慎对待,同时采取必要的方法帮助自己平稳转换角色。

23.1.4 角色转换的途径与方法

即将进入职场的毕业生最希望了解的莫过于怎样才能尽快更好地进入职业角色。只有当顺利地从学生角色转换到职业角色,才能真正胜任工作,开始自己的职业生涯旅途。在这两个阶段相互交替的过程中,无论是即将毕业时的准备过程,还是刚刚进入职场的预备阶段都非常重要,这两个阶段的努力是顺利角色转换的必然途径。

1) 毕业前的准备

在这一阶段要学会认识自我,清楚自己真正的需要和能力范围以及职业兴趣,在此基础上寻找合适的工作,为即将面临的入职作好充分的身心准备。上述提到过角色转换中的许多问题,正是由于没有清楚的心理定位,缺乏良好的心态而造成的。学会认知自我、定位自我以及自我调适,这是入职前的一项主要工作。

(1)认知自我

认知自我包括认识自己的生理状况,例如自己的体型特征、心理特征,尤其是兴趣、能力、气质、性格等,还要认识自己的人脉关系、自己在集体中的位置与作用等。

(2)定位自我

在对自身有了明确的认知之后,接下来就是进行心理定位。心理定位能够帮助毕业生明白自己的目标和需求,在选择职业的过程中更加客观和全面,可避免好高骛远,或是高不成低不就的现象出现。

(3)恰当及时的自我调适

当择业出现困难时,毕业生非常需要进行恰当的自我调适。没有一个人的职业选择是一帆风顺的,在这期间总会遇到各种难题。无论是痛苦于找不到合适的工作,还是在多份优秀的工作中踌躇徘徊,或是经历了社会上各种不公平的待遇的刺激,都要及时地调整自己的心态。当择业不顺时,不要悲观甚至绝望,要努力看向事情的另一面,积极对待;当难以抉择时,不要一味地拿不定主意而浪费宝贵的时间和机会,要当断则断;当看到社会的不公时,更不要死钻牛角尖、愤世嫉俗,要学会心胸开阔。

2)试用期的把握

一般来说,毕业生在开始工作的最初阶段都会有见习或试用的时间,这个时间或长或短。虽然相对于今后长久的职业生涯来说,试用期所占有的分量并不大,但这一阶段在很大程度上决定着自己未来的职业生涯能否顺利。

试用期事实上就是一个学习和熟悉的阶段,甚至比学生时代要学习更多的内容,这其中最紧迫的就是职业学习。我们在大学期间学习的课程更多地偏重基础知识和普通技能,很多时候在进入职场后会觉得手足无措。因此,进入职场后要及时地对新的职业进行学习充电,最关键的就是学习和本职业相关的专业知识,尤其是如何将书本上的知识实际结合起来。

除了专业知识,学习基本的职场礼仪和公务能力也是非常必要的。职场礼仪包括的方面非常广泛,例如站、坐、行等身体姿态以及语言。毕业生要尽快地学会一些基本的礼貌用语与举止,在单位中要懂得尊重和谦让,懂得恰当的职业着装。另外,还要学习如何说话应酬与写作这些基本的公务能力。例如,如何写工作报告、发电子公文、使用传真机和打印机等。有人力资源方面的专业人士曾说,企业不会轻易用毕业生的原因之一就是,应届生动手操作能力很差,传真机、打印机的使用都要手把手地教。

23.1.5　职场适应的内容

许多毕业生走上工作岗位以后,会对新环境诸多不适应。主要表现在心理上、生活上、工作上、人际关系上和工作技能上的不适应。任何人对环境都有一个适应过程,怎样尽快适应新环境呢?主要体现在以下几个方面:

1）心理适应

关键是要发挥自身健康的心理机能——整体协作意识、独立工作意识、创造意识。一般新人刚跨入职场总是从基层做起。俗话说，"良好的开端是成功的一半"，首先要学会心理适应，学会适应艰苦、紧张而又有节奏的基层生活。毕业生缺少基层生活经历，可能不习惯一些制度、做法，这时，千万不要用自己的习惯去改变环境，而是要学会入乡随俗，适应新的环境。在这个阶段，培养出自己的整体协作意识、独立工作意识和创造意识。

要培养上述意识，首先要有自信。虽然在刚开始时可能会做错事情，但只要能够吸取经验，慢慢地，在同事、前辈们的帮助下，自己的整体协作意识、独立工作意识就会养成了。其次，做事要有耐性，要充分发挥自己的主观能动性和创造性，凡事要具体分析、具体对待，然后脚踏实地地工作，自然而然就会惊喜地发现，自己的创造力也挺强的。在一个行业准备好从底层做起，不断积累经验、提升能力，就能为今后的职业发展打下良好基础，形成一个有延续性的职业发展历程。

2）生理适应

入了职场，就已经从一个学生转变成了一个职业人。原来的许多生活习惯就都得改变。也许在学校时，喜欢睡懒觉，经常上课迟到或者频繁地"生病"。在读书期间，这也许不会带来严重的后果。可是，在工作期间，如果犯些懒病、娇病、馋病，每一种都可能会带来非常严重的后果。那么，为了自己的职业前途需调整生活规律，当然，调整规律并非要求你成为一个机器人，这主要得看工作环境与公司文化。如果是在 Google 公司工作的话，也许大部分习惯都还能保留。如果是在一些规定较严格的企业工作，那么也一定要严格要求自己。爱睡懒觉的，应该提早上床休息。常生病的，不妨平时多锻炼。爱吃零食的，一定要分清场合，爱抽烟的，需要戒烟。有时候，那些不成文的规定更需要遵守。如果想要好好地发展的话，就一定要快速地适应职场生活。

3）岗位适应

年轻人容易将事情看得简单而理想化，在跨出校门之前，都对未来充满憧憬，初出校门的大学生不能适应新环境，大多与其事先对新岗位估计不足、不切实际有关。当他们怀揣过高的目标接触现实环境时，许多所谓的"现实所迫"让他们在初入职场时就走了弯路，以至于碰壁后就不知所措。他们往往会产生一种失落感，感到处处不如意、事事不顺心。因此毕业生在踏上工作岗位后，要能够根据现实的环境调整自己的期望值和目标。原因就在于，他们都没有职业角色的意识，并不真正了解自己能做什么，该往哪方面发展，以至于频繁跳槽。如果新入职场者可以为自己制订一个良好的职业规划，明确自己的职业目标是什么，在职场中自己该扮演什么角色，该怎样强化自己的职业，并且在这个行业里钻研下去，那么自然就能得到较好的发展。

4）知识技能适应

刚入职的大学生的文凭可能比单位里一些前辈过硬，但是经常会出现这样的情况：刚刚工作的学生什么都不会。因为在学校比较注重学习理论知识，然而到了职场上，更需要的是动手能力和累积的经验。所以，大学生要投入再学习中。再学习是一种见机行事，是适应工作中的知识技能。正所谓,干到老,学到老。竞争在加剧,学习不但是一种心态,更应该是大学生的一种生活方式。21世纪,实力和能力的打拼将更加激烈。谁不学习,谁就不能提高,谁不创新,谁就会落后。同事、上级、客户、竞争对手都是老师。谁会学习,谁就有可能成功,谁就能使自己职业岗位的智能机构更加完善。学习不仅增强了自己的竞争力,也增强了企业的竞争力。

提高工作技能,除了要有坚强的毅力外,还需掌握科学的方法和具有足够的自信心。对职场新人来说,在工作中出现各种不适应是必然的,但同时我们也应看到,它又是一种暂时的现象,大学生大可不必太过忧虑。如果能够正视这种现实,以积极的态度和行动对待,那么大多数人一定可以摆脱困境,并从职业工作中得到无限的乐趣和享受。

5) 人际关系适应

戴尔·卡耐基在他的《成功之路》一书中论及:"一个人在事业上的成功,只有15%是靠他的专业技能,另外85%要靠他的人际关系和处世技巧。"哈佛大学就业指导小组调查显示,在数千名被解雇的人员中,人际关系不好的员工比不称职的员工高出两倍。从近几年大学毕业生所反馈的大量信息来看,建立良好的人际关系是多数毕业生感到困难而又十分关心的问题。

与象牙塔里单纯的人际关系不同,踏入了职场,人际关系也相应复杂化。刚走上工作岗位的大学生最容易犯的毛病是自负。我们应把姿态放低一点,恰当的礼貌往往会赢得他人的好感。无论对领导还是同事,无论喜欢还是讨厌,都要彬彬有礼。对待年长的同事,如果他没有职务,不妨称呼"×老师"或"×师傅",因为他们有很多工作经验值得学习。同时,在单位里努力工作,适当地表现自己,最大限度地得到老板和同事的认可是必需的,在论功行赏时应展现一个新人的宽广胸怀,赢得职场人缘。千万不要居功自傲,任何老板都讨厌自己的下属居功自傲、擅作主张,更没有人能忍受自己的下属指手画脚。进入了社会,不妨把自己的个性磨得圆滑一些。

23.1.6　适应工作新环境

毕业生转变角色的同时,也就意味着要适应工作这一崭新的环境。很多毕业生都会在此刻踌躇不安甚至慌张。事实上工作环境并非像很多同学担心的那样处处是陷阱、凡事皆棘手。只要做好最为基础而又最重要的几个方面,自然能够顺利地适应新环境,新职业人一样可以成为工作岗位上的佼佼者。

1) 良好个人形象的树立

几乎没有人会否认一个人的良好形象在社会中的重要性,良好的个人形象是人际交往的重要资本。个人形象的范围广泛,包括外貌仪表、言行举止,通俗来说就是一个人看起来如何,说话怎样,以及在待人接物方面的表现怎样。毕业生在初到工作岗位时,一定要先学会看看镜子中的自己,就是事先了解应该如何获取良好的形象。这其中至少要注意两个方面,一是注意自己的外表和体态语言,二是了解自己的优点与劣势,懂得从哪些方面塑造自己的形象。

外表和体态语言虽然较为表面与主观,但是却在第一印象中占有几乎最为重要的分量。

作为职业新人,毕业生一定要注意自己的着装打扮,关键是符合自己的职业身份和个性特点。无论从事的是哪种职业类型,只要工作性质允许,还是应当适当地进行颜面修饰,适度的淡妆反而比素面更能使人显得精神焕发。衣着也是如此,尽可能地摆脱学生时代的稚嫩装扮,选择一套合适的职业装,能给你的个人形象加分不少。总体上,做到成熟、稳重和大方是使自己的外表装扮适合职业环境的不变原则。同时,在注意外表的同时还要注意自己的体态语言。例如,经常性地保持微笑,并且是发自内心的笑容。不要总是一脸严肃,这会让他人觉得难以接近而和你疏远。这些小的细节都会直接影响他人对你的第一感受。

在保持自我形象中,正确了解自己的优缺点是决定因素。外表和举止是外在方面,并不代表个人形象的全部内容。个性因素则是个体形象中非常关键的内在方面。虽然一个人的个性特点很难在短时间内有明显的改变,但是可以通过了解自己的优势与劣势,尽可能地展现自己的优点,同时用优点补足自我缺陷,从而在与他人的交往中表现出最优的自我形象。

2) 和谐人际关系的建立

有相当一部分初入职场的毕业生都会对如何处理好职场中的人际关系而感到困惑和苦恼。例如,当面对领导时应当如何表现、如何反应,当与同事通过言语行为接触时又有哪些禁忌和法则。事实上,人与人之间的关系虽然复杂,但当把握一定的为人处世原则时,人际关系也可以变得很简单。美国著名的人际关系学大师卡耐基曾提出有关人际交往的五个重要法则,分别是:"互惠互利"是人际交往的根基;记住他人的名字;学会真诚地赞美别人;做一名好听众;微笑具有神奇的力量。

①所谓互惠互利,并不是指人与人相处都是带有功利性、有目的的,而是提示我们在与人相处时要时刻带有感激之心,懂得对他人表示友好在先。只有抱着这样的心态和为人之道,才会同时获取对方的尊重与友好。

②记住他人的名字是非常实用有效的方法之一。事实上,能否记住他人的名字或面孔本身就是对其是否尊重和重视的检验。有时候不是你的记性不好,而是没有用心对待。进入工作环境后,毕业生要能够尽快地记住同事、领导的名字与面孔,这样既能避免见面时不知如何应对的尴尬,又能让他人感受到你的平易近人,为建立和谐的人际关系打下良好基础。

③如果想在人际圈中得到别人的好感,就要学会在恰当的时机用恰当的方式赞美他人。所谓恰当,就意味着一定要真诚,发自内心。毕业生在初进单位时容易出现的情况是羞于大胆地夸奖他人,担心别人质疑自己的动机,又或是因为难以发现他人的优点而不愿做表面工作。事实上并不需要有太多顾虑和担忧,只要懂得和人相处时保持低姿态,就会很容易发现别人的长处,从而发自内心地给予称赞。

④当一名好听众也是在人际交往中获取好感的重要砝码。与人相处不但要懂得会说话,更要懂得倾听。因为每个人都希望别人能够分享自己的想法与情感,并且获取他人的理解与支持。作为职场新人,更要学会听别人讲话,尤其是在领导、同事和自己沟通时。

⑤微笑的力量是我们每个人都深深理解和认识的,虽然看似简单易行,但是真正在日常交际中坚持下来并非所有人的特长。有的毕业生可能会认为自己是个内向拘谨、沉默寡言的人,本身就不擅长在陌生环境中表现得轻松愉悦。其实发自内心的笑容并不难求,正如对

别人的赞美一样,只要真诚就能获取他人的好感。

对刚刚进入职业新环境的大学生,要尽可能主动地与他人沟通交流,切忌独来独往、沉默寡言。这样既不能帮助自己尽快地适应新环境,也会阻碍领导和同事对你的了解。

23.1.7 初入职场应注意的几个问题

1)了解单位的文化氛围

每个公司都有自己的文化氛围,有的崇尚张扬,有的崇尚沉稳踏实,有的要求员工按部就班,有的需要员工更活跃一些等。初入职场,要先了解这个企业的"生存法则",及早融入。

2)从小事做起

年轻人容易好高骛远,不屑做日常工作中的琐事。因为领导考查你,正是从小事开始的。所以无论领导交给你的事多么琐碎,或者根本不是你分内的事,都要及时地、充满热情地处理好。即使领导不再追问,也不可不了了之,一定要给领导一个交代。只有逐渐得到领导的信任和肯定,才会有"做大事"的希望。

3)适时表现自己

领导在场时不要畏畏缩缩,退到别人后面,而是要适度表现,敢于说话。开会时不妨坐得离领导近一点,尤其当领导让大家发言时,平时积累的几条合理化建议可以让领导对你刮目相看。当然,举止行为应当稳重,不要随便打断领导的发言,更不可夸夸其谈,喧宾夺主。

4)正确地对待批评

刚工作时犯的错误不会葬送你的前途,要抢先道歉或主动检讨,并虚心听取别人的批评。总想着掩盖错误或满口辩解之词——不是强调客观,就是推罪别人,这种表现比错误本身更糟糕。

5)不要随便踏入人际关系的旋涡

毕业生缺乏处世经验,有时一上班会发现办公室里分成了几个小帮派,千万别急着站队。有时某些同事会对你讲一大堆某人怎样好、某人怎样坏的话,道听途说、添油加醋,千万别轻易被误导。最好先对是非保持沉默,对同事全都笑脸相迎,独自观察和思考,看清形势再说。不要讲同事与领导的坏话,这些话多半会很快传到他本人耳朵里,弄得你不好立足。

6)善于向别人学习

毕业生毕竟缺乏实践经验,要想迅速成长,必须善于向同事学习,虚心请教,不要自以为是。另外,近几年企业常提到"团队精神",就是因为许多人自恃学历高或毕业于名校,不善于与他人合作,过于自我,企业绝不欢迎这种人。所以年轻人应谦虚,善于倾听,常做换位思考,不说非建设性的话。

7)注重一些细节

手脚要勤快,不仅自己的办公桌要井井有条,而且作为职场新人要嘴甜手勤,如打扫办公室卫生时一定要主动抢着做。

8)注意着装

着装干净利落,会让人觉得你精神百倍,干劲十足。

9) 不要迟到

守时是做人的基本原则,没有人会喜欢经常迟到的员工。

10) 不要轻易说我不会,我不能,我不行

必要时,把工作带回家处理,不要对领导说"这事我明天再干行不行"一类的话。

11) 不要随便抱怨

职场有形形色色的人,也许你一句无心的抱怨,听在别人耳朵里就是另外的意思了,当然传到领导那里,结果可想而知。

23.2　职业发展

职业不是一成不变的,个体职业生涯都是一个循序渐进的发展过程,是个体在职业领域中不断学习与进步的过程。在职业发展的过程中,个体要想进步,就要不断学习,为实现职业顺利发展创造条件;要加强自我职业生涯规划管理,保持职业发展有一个良好的方向。

23.2.1　疏导初入职场的压力

1) 自我放松

自我放松是一种比较理想的解压途径。当心理压力过大,难以承受时,可以尝试每天给自己一点空间放松。放松的形式有多种,例如深呼吸、慢跑、听音乐,甚至睡眠等。例如,每天晚上在工作之余花上一点时间记录一下自己今日的状况,进行自我反思和自我鼓励,将不良情绪转化为明天继续奋斗的动力。也可以在临睡前听一些舒缓的轻音乐或者是自己喜欢的音乐。

2) 倾诉

倾诉也是一种良好的解压途径。当心情烦躁难以自控时,可以立刻记录下来此时此刻的感受与烦恼,很多时候能够在书写的过程中逐渐冷静下来,甚至发现一些本质的问题。除了可以自我倾诉,还可以选择向好友或家人倾诉,及时化解不愉快的情绪,获得别人的情感支持。因此,紧张工作之余一定不要将自己封闭起来,朋友往往能成为缓解自身压力的一剂良药。

3) 寻找压力源,改变认知观念

压力的来源一方面来自外界的客观原因;另一方面则是个体自身的认知偏差所导致。例如,完美主义者总是以过高的标准要求他人和自己,一旦事情发展不足以达到其过分的要求就会产生不良的情绪,而消极主义则是因为很难发现事物的多面性,总是将认知局限于最糟糕的状况,所以也很容易在情绪上受到影响。事实上,任何事情都不是绝对的好与坏,如果能够真正认识到这一点,将消极的思维转换为积极的思维,那么本身可能是导致压力的因素自然也就不复存在了。只要我们以一种新的角度或有利视角来看待同一个情况,借力使

力,更好地发挥潜能,就能不断超越,自我释然,获得职业发展。

23.2.2　提升职业适应力的方法

职业适应力并非与生俱来,它既需要个人自身天赋,又需要经过磨炼和学习来提升。要在实际岗位上讲求学习方法和工作方法,不断提升自我,逐步适应新的工作环境。从影响职业适应力的主要因素来看,调整心态、加强实践经验是提升职业适应力的有效方法。

1)调整心态,积极应对

一般刚参加工作的大学毕业生所从事的岗位大多都是基层的,和自己的理想职业存有落差,因而需要有充分的心理准备。一方面锻炼自己的抗压能力;另一方面要以恰当的心态来面对新环境。

世界500强企业富士康公司总裁郭台铭有一句名言:"当你感到有压力的时候,说明你的能力不够。"对待压力最好的办法就是尽快熟悉业务,在平凡、枯燥的工作中,寻找乐趣,努力创新。

除了对待职场压力要保持良好的心态,事实上开始一项新工作在许多方面都需要一个稳定且乐观的心态。

①面对工作的枯燥无味时要保持好心态。很多新人在进入公司后,用学生的眼光看待企业,对企业现状不满,接受不了企业的"规矩",没有耐心去适应企业。其实,每个企业都有优势和劣势,最重要的是学会适应新环境,快速融入企业,在和企业相互深入了解后,找到自己合适的位置。

②在与人沟通交流中要有谦虚学习的心态。作为职场新人,面对上司、对待同事都要尽可能地以向他人学习的态度进行沟通交流。不要急功近利,更不能骄傲自满,要多多地观察和学习他人的经验,弥补自己的不足。

③面对挫折、遭遇低谷时更要有乐观向上的心态。没有任何人的职场经历是一帆风顺的,对刚刚毕业的大学生来说更是如此。只有经历了波折与风浪,在以后的职业生涯中才会有更加优异的表现和发展。

2)加强实践经验

在现实中,把工作经验看得比学历和学校更为重要的招聘单位并不在少数。大学毕业生无论是在学习期间还是进入职场后,都有大量的机会进一步积累自己的实践工作经验。

①大学期间的实习是一座非常良好的桥梁,能够帮助大学生对社会和职业有一定的了解,同时在实践中开阔视野,增长见识,为其进一步走向社会打下坚实基础,因而大学期间的实习是毕业生走向工作岗位的第一步。毕业生一定要认真对待实习期,不要以为与真正的工作不相关就敷衍了事。

②从平时的工作学习细节出发,也是增加工作经验的良好途径。很多大学生在毕业之前甚至连一份社会工作的经验都没有,基本上将自己封闭在一个独立于外界的真空室内,这无疑会影响企业在招聘时对大学毕业生的评价。因此,大学生应当在踏入社会之前有意识地对社会环境进行了解和认识,尝试越多经验越多,也就越有利于自身今后的职业发展。在课余时间可以通过应聘和就职一些临时的工作岗位,一方面熟悉应聘的场景和要求,锻炼自

己的应变能力；另一方面在见习的过程中多向有工作经验的同事学习，锻炼自己的工作能力。在寻求见习机会时，不要一味地考虑工资待遇或是工作环境，因为这个过程更多的是一种自我锻炼，而并非决定一生发展的真正工作。

如何才能让自己尽快尽好地适应工作是每个大学毕业生在踏入职场社会中必须要面对的首要问题。提高职场适应力能够帮助职场新人在自己的职位上站稳脚跟、快速发展。相反，一旦在职业适应上出现问题，那么影响的将不仅仅是工作，甚至是个人的人生道路。因此，大学毕业生要有心理准备和行动表现，从大学学习生活期间就开始有目的性地培养和提高自我的职业适应力，从而为今后的职业发展奠定良好的基石。

23.2.3　促进职业发展的方法

1）树立终身学习意识

社会在不断发展变化，职业的结构、内容和用人要求也在不断地变化，而个人的职业意识、职业素质以及知识能力必须通过学习才能提高。大学教育固然重要，但毕竟只是短暂的一个阶段。大学毕业之后的延伸学习和重新学习，对毕业生选择及重新选择职业岗位和取得职业成就，无疑具有更重要的意义。尤其是在当前的知识经济时代，获取知识、运用知识和创新知识的能力是一个人成功的重要因素。善于学习、有较强的学习能力和思维能力的创新型人才，才是知识经济时代的强者。一份成功的学习计划应包括以下原则：

①要有清晰的人生蓝图。知道自己想要什么，自己的职业目标和职业定位是什么。

②要有激励。终身学习不同于短时间的学习，更多的是需要一个人的意志力和持久性，因此制订一些能够自我激励的方法不失为督促终身学习的好助手。

③要明白自己的劣势。终身学习的内容已不单单是知识的学习，更多是要学习如何更好地在职业和社会中求发展，因此必须明确自己在工作中的各种劣势，从而有目的有方向地进行学习，逐渐将自己的劣势发展为优势，发挥自己的最大能力。

④要重视阅历和观摩。与学生时代的学习不同，终身学习更多伴随的是阅历的增加、视野的拓宽，要注意实践历练。同时，在终身学习中一定要学会广结良缘、寻找榜样。

2）强化职业生涯规划管理

对个体来说，要尽可能了解自己所在组织的职业生涯管理模式，要根据自己的兴趣、能力和个人发展目标有效地管理自己的职业生涯规划，使自己和组织目标协调一致、共同发展。

（1）适时进行自我评价

适时进行自我评价是职业生涯规划管理的一项重要内容。在生活中我们常常发现，虽然很多大学生在毕业前已拟订了非常具体详细的职业生涯规划，但是在以后的职业生涯发展过程中却一味地跟着感觉走，结果会慢慢地偏离自己当初的职业生涯规划，使职业生涯发展又变成了盲目的发展。因此，在职业生涯发展的过程中应适时地将自己的职业发展状况与职业生涯规划进行评价，及时调整行为或更改规划目标，使自己的职业生涯发展有规划而非盲目地进行。

美国惠普公司员工需要从多个角度对自我的职业生涯规划与管理进行评价,这些自我评价和管理的方法可以为我们提供一些参考。① 撰写自传。通过写自传的方式了解和反思自己在生活中发生的事情、工作的转化以及未来的计划等。②通过问卷量表的形式,了解自己所愿意从事的职业、喜欢的课程,以及在理论、经济、审美、社会、政治甚至是宗教信仰方面的价值观,思考自己的职业生涯规划是否与当下的价值观和个人意愿相匹配。③以24小时日记的方式,记录一个工作日和一个非工作日的活动,全方位地对自我进行检查。④与两个重要人物面谈。可以与自己的朋友、配偶、同事或亲戚谈谈自己的想法。⑤生活方式描写。以言语或者图画的形式将自己当下的生活状况传达给他人或是自己。

(2)时间管理

时间管理是职业生涯规划管理中最为关键的一个项目。一位世界知名的企业家曾经在《财富双周刊》上说道:"对我们大部分人而言,我们必须下达的最重要决策就是如何去使用自己的时间。对我来说,我就不会将自己的时间花在需要很多生产力而成果却平凡无奇的事情上面,而且,只要我能找人去做的事情,我绝不会自己去做。"对时间的管理实际上就是对资源和对自我行为的管理,因为只有管理好自己工作和生活的时间,才能更好地提高效率,才能使有限的生命发挥出最大潜能。

要想管理好自己的时间,一定要讲求一些策略。首要的就是设定时间使用标准,计划好做每件事情的时间,对每天的时间安排进行管理。其次就是要找出最重要的事情来。有研究者曾经提出,真正重要的有意义的事情只占所有使用时间中的20%,而剩余80%的时间往往都使用在了一些次要的琐事上。因此,要想有效利用和管理好自己的时间,一定要区分出哪些事情是重要的,需要尽快解决,而哪些事情只是次要的,可以不予理会。最后,在区分主次之后就要找出正确的做事顺序,其顺序依次应该是重要而紧急的、重要但不紧急的、紧急但不重要的、不紧急且不重要的。

(3)职业规划调整

人生道路没有一成不变的,职业发展也是如此。成功的职业发展路程不仅是实现自己最初的职业生涯理想,更应当是能够顺应社会和职业的发展要求,灵活变动以求最优的结果。在职业发展过程中,很多因素会导致我们职业生涯的改变甚至是重新选择职业,包括个体的主客观因素以及社会和职业因素。例如,当兴趣志向发生了转变,或教育深造所产生的变动,家庭环境的变化,工作环境的改变等。在这种时候,就需要我们对先前的职业生涯规划进行适时调整和修改。这种调整可以是对职业的重新选择,也可以是对职业生涯路线的改变,或是阶段目标的一些修正,或是变更实施措施等。

对职业生涯规划调整,要根据个人意向和环境需要而决定,而且,调整要遵循一定的法则,第一反应应当是修正计划而不是目标,当修正计划无法达成目标时才应考虑修正目标达成的时间,当延长时间和降低要求都不能实现目标时则要考虑放弃目标而重新设定新的目标。但是无论怎样调整,通过不断地评估和修正,最终的职业生涯规划应该是更成功的、更加适合自己职业发展的。

[**思考题**]

1.大学生在角色转换中容易出现的心理问题有哪些？

2.如何适应工作新环境？

3.职业适应的方法有哪些？

参考文献

[1] 胡恩立,李玲,等.大学生职业生涯规划与就业指导[M].北京:清华大学出版社,2013.

[2] 罗筑华,陈熙,张天成.独立学院大学生就业准备调查研究[J].当代教育理论与实践,2010(2):30-32.

[3] 沈学玕.论大学毕业生的就业心理准备[J].广西青年干部学院学报,2002(2):42-44.

[4] 戈河山.浅谈大学生的就业心理准备[J].职业时空,2007(12):26-27.

[5] 郭黎岩,王娟.师范生职业心理准备及其对策[J].沈阳师范大学学报:社会科学版,2009(3):175-177.

[6] 马华华,高近成.论新形势下大学生就业的心理准备[J].陕西教育:理论,2006(12).

[7] 雷英.浅析大学生就业的心理准备[J].远程教育杂志,1999(6):12-16.

[8] 刘金安.大学生就业观念转变述评[J].成功:教育,2013(2):21-22.

[9] 钱显忠,钱爱玲,钱显毅.大学生就业指导[M].北京:中国水利水电出版社,2012.

[10] 付玉华.大学生就业心理准备与辅导[J].内蒙古民族大学学报,2010,16(4):103-104.

[11] 魏改然,刘俊茹,王运敏.论大学生就业的心理准备[J].河北学刊,2011(3):198-200.

[12] 蒋欣然.哈佛职商课[M].北京:龙门书局,2011.

[13] 顾珂.大学生就业指导手册[M].郑州:郑州大学出版社,2012.

[14] 季跃东.大学生职业发展与就业指导[M].北京:科学出版社,2008.

[15] 李春兰.浅谈体育专业学生就业准备[J].中国大学生就业,2008(2):55-56.

[16] 袁晓华,何瑞强.浅谈大学生就业准备[J].安阳师范学院学报,2005(3):142-144.

[17] 郑会志.浅谈大学生就业的心理准备与调适[J].赤峰学院学报:自然科学版,2010(10):188-190.

[18] 方绍民.谈谈大学生就业心理准备[J].陕西师范大学学报:哲学社会科学版,2004(10):346-347.

[19] 李阳.浅谈当代大学生就业观念存在的问题及其对策[J].学周刊,2014(2):5.

[20] 傅新华,阳琴.大学生就业观念研究[J].教育探索,2009(7):147-148.

[21] 金正昆.职场礼仪[M].北京:中国人民大学出版社,2008.

[22] 朱小燕.工科大学生就业观念存在的问题及对策[J].青少年研究——山东省团校学报,2009(4):29-30.

[23] 杨淑芳.大学生就业观念的引导[J].晋中学院学报,2014(2):21-23.

[24] 谭刚,杨建莺.对大学生就业观念转变的思考[J].科学之友,2010(8):161-162.

[25] 文嘉.梦想与现实:广东大学生就业观念的理性选择[J].青年探索,2012(1):64-69.

[26] 赵宇飞,张桂林.大学生当保姆也能人尽其才[J].教育,2012(9):47.

[27] 吴玲娜.论大学生就业观念转变[J].中外企业家,2011(6):192-193.

[28] 侯印浩,等.大学生社交礼仪[M].济南:山东大学出版社,2001.

[29] 黄敬宝.人力资本和社会资本:大学生就业地区分布的双重驱动[J].青年研究,2008(10):12-18.

[30] 黄敬宝.中国大学生就业问题研究综述(2009—2011年)[J].经济研究参考,2012(36):46-52.

[31] 李家龙,黄瑞,等.人际沟通与谈判[M].上海:立信会计出版社,2005.

[32] 吴小龙,李德平.当代大学生创业现状与教育对策[J].学校党建与思想教育:高教版,2011(2):66-68.

[33] 曾湘泉."双转型"背景下的就业能力提升战略研究[M].北京:中国人民大学出版社,2010.

[34] 翟悸灵.知识经济背景下如何力促大学生就业[J].经济导刊,2010(5):34-35.

[35] 田光哲.职业与就业政策指导[M].北京:中国劳动社会保障出版社,2003.

[36] 杨军,万建国,刘保谦.大学生全程就业指导教程[M].北京:北京师范大学出版社,2009.

[37] 钱建国.大学生职业规划与就业指导[M].北京:人民出版社,2007.

[38] 曾杰豪.大学生就业指导[M].北京:经济管理出版社,2010.

[39] 刘艳.最新职场礼仪大全[M].北京:现代出版社,2010.

[40] 陈静.职场礼仪一本通[M].北京:外文出版社,2012.

[41] 应届生求职网.应届生求职笔试全攻略[M].上海:上海交通大学出版社,2009.

[42] 杨毅宏.世界500强面试实录[M].2版.北京:机械工业出版社,2010.

[43] 李春灿.大学生职业规划与就业指导[M].上海:上海教育出版社,2012.

[44] 王丽娟.大学生职业生涯规划与发展[M].南京:南京大学出版社,2011.

[45] 罗伯特·里尔登,等.职业生涯发展与规划[M].侯志瑾,等,译.北京:中国人民大学出版社,2016.

[46] 王培玲,等.职业生涯规划[M].北京:清华大学出版社,2015.

[47] 汪永芝,赵英.职业生涯规划与实践[M].北京:清华大学出版社,2017.

[48] 周丽虹.学业规划之棋局[M].北京:北京大学出版社,2013.

[49] 刘志阳.创业管理[M].上海:格致出版社,2012.

[50] 王天力,周立华.创业学[M].北京:清华大学出版社,2013.

[51] 杨俊辉,宋合义,等.国外创业团队研究综述[J].科技管理研究,2009(4):256-258.

[52] 刘江,邓晓华,邢鲲,等.高校学生创业团队培养模式初探[J].现代农业科学,2009(2):168-169.

[53] 叶余建.创业团队研究综述[J].技术经济与管理研究,2006(1):92-94.

[54] 林嵩,谢作渺.创业学:原理与实践[M].北京:清华大学出版社,2008.

[55] 迈克尔·塞勒.移动浪潮:移动智能如何改变世界[M].邹韬,译.北京:中信出版社,2013.

[56] 克里斯·安德森.长尾理论[M].乔江涛,译.北京:中信出版社,2006.

[57] 亚历山大.奥斯特瓦.德伊夫.皮尼厄:商业模式新生代[M].王帅,毛心宇,严威,译.北京:机械工业出版社,2011.

[58] 王艳茹.创业资源[M].北京:清华大学出版社,2014.

[59] 尤登弘.创业之初:你不可不知的财务知识[M].北京:机械工业出版社,2008.

[60] 张锡盛.亲历创业:从硅谷到中关村[M].北京:中国发展出版社,2008.

[61] 布鲁斯·R.巴林杰.创业计划书:从创意到方案[M].陈忠卫,等,译.北京:机械工业出版社,2009.

[62] 阿尔伯特·哈伯德.把信送给加西亚[M].路军,译.北京:企业管理出版社,2002.

[63] 埃里克·莱斯.精益创业:新创企业的成长思维[M].吴彤,译.北京:中信出版社,2012.

[64] 史蒂夫·布兰克,鲍勃·多夫.创业者手册:教你如何构建伟大的企业[M].新华都商学院,译.北京:机械工业出版社,2013.

[65] 李家华.创业基础[M].北京:北京师范大学出版社,2013.

[66] 徐俊祥,徐焕然.大学生创业基础知能训练教程[M].2版.北京:现代教育出版社,2017.

[67] 邵原,等.最后一堂执行课[M].史小龙,译.上海:上海远东出版社,2004.